公安学文库·专题研究

总主编：何勤华　杜志淳　杨正鸣

6

# 刑事案件现场勘查体制研究

倪铁 著

法律出版社
LAW PRESS·CHINA

# 总　序

公共安全，是一个社会傍依的柱石。维护公共安全，是社会管理最为重要的目标之一，既需要相关国家机关的专门性工作，也需要民众积极参与。周恩来总理曾经指出“国家安危，公安系于一半”。切实发挥公共安全机关的职能作用，加强公安学的理论研究，丰富公安学的学术成果，打造法治公安，是推进依法治国战略、建设法治中国的重要一环。公安学是一门研究社会科学与自然科学之相关内容的交叉学科和综合学科。就相涉社会科学而言，主要是指研究调整有关国家安全与社会治安秩序的社会关系之行为规律；就自然科学而言，主要涉及各种侦查、检验等的技术手段。应该说，公安学近年来才成为一门独立的学科。2011 年为适应我国高等教育、公安工作快速发展和社会形势不断变化的需要，根据《国家中长期教育改革和发展规划纲要（2010—2020 年）》精神，国务院学位委员会、教育部增列公安学为一级学科（学科代码：0306），公安学的学科建设迎来了重大发展机遇。虽然，作为一级学科的公安学包含的二级学科内容并没有最终确定，但学界普遍认同它应当包括犯罪学、治安学、侦查学、边防管理、禁毒学等二级学科内容。当前，我国各政法院校和公安院校正如火如荼地展开公安学学科建设。中国人民公安大学、中国刑事警察学院已建立起较为完整且成体系的公安学一级学科，二级学科体系也基本建立起来。中国政法大学、华东政法大学、西南政法大学、西北政法大学以及中南财经政法大学等院校，也已在现有公安类专业的基础上，积极筹建公安学一级学科。各省所属的公安院校也都积极开展本科层面的公安学教育,同时开始培育公安学学科建设。这是公安类专业高等教育建立动态调整机制、优化学科结构的一项重要举措,为公安学各专业学士、硕士、博士的学位授予、招生和培养提供了良好的发展平台。

华东政法大学刑事司法学院是全国高等院校中公安类专业办学历史最悠久的单位之一,也是华东地区公安类专业办学层次和水平最高的单位。自 1984 年起,华政已开展犯罪学专业研究生的培养工作,是国内较早开展公安类研究生教育的政法院校。其后,在刑法学专业中,设置犯罪学、青少年犯罪方向,进一步推进公安学专业理论研究。1996 年诉讼法专业中增设刑事侦查专业方向获得批准,2002 年在诉讼法专业中设司法鉴定方向。随即,开始招收犯罪学专业博士研究生,2008 年开始招收司法鉴定专业博士研究生。由此,华东政法大学刑事司法学院在公安学建设中发挥长期积累的学科优势,整合侦查学、治安学、边防管理等专业力量,并依托司法鉴定与计算机科学与技术(网络安全)等学科作为公安学的重要支撑,形成了较为丰富的理论与实践成果。

为了迎接公安学确立为一级学科后的发展,充分利用现有优势和资源,进一步夯实、建设、发展公安学学科,我们计划出版一套《公安学文库》,第一批书目有《侦查理论前沿问题研究》、《侦查实务前沿问题研究》、《经济犯罪侦查》、《刑事专案侦查》、《传统侦查制度现代转型》、《证据调查学》、《刑事案件现场勘查体制研究》、《侦查学案解》、《特大城市地铁运行安全风险及防范》、《网络犯罪侦查技术》等数十部专著、教材,力争使公安学成为我校学科建设的优势领域,成为在全国同类高校中具有鲜明的国际化、开放性特色并处于领先水平的公安学学科。

法律出版社沈小英分社长以及责任编辑为本文库的策划、出版付出了辛勤劳动。华东政法大学科研处和发展规划处为本文库的推出进行了指导,司法鉴定中心为本文库的出版提供了经费支持。在此,我们表示诚挚的谢意。当然,对作品中可能存在的缺陷,将全部由我们负责。敬请各位读者给予批评、指正,以便我们在再版时予以改正。

何勤华　杜志淳　杨正鸣

于华东政法大学

2016 年 5 月 16 日

# 目　录

# 第一章　犯罪现场勘查学理诠释

## 第一节　犯罪现场理论定位

### 一、现场的界定

在人们的生活中,“现场”一词并不陌生,我们经常提到的“新闻现场”、“工地现场”、“事故现场”、“犯罪现场”,等等。一般意义上,现场有两层意义:一是发生案件或事故的场所以及该场所在发生案件或事故时的状况;二是直接进行生产、演出、比赛、试验等的场所。① 犯罪现场往往是在第一层意义上使用该词语。

“现场”一词由“现”(一个具有时间含义的词)和“场”(一个具有空间含义的词)组成,这显然表明现场是一个时空概念,即人们实施某一行为的场所或某一事件发生的场所,前者如施工现场、实验现场、比赛现场等;后者如地震现场、洪灾现场、交通肇事现场等。在现实生活中存在各式各样的现场,这些现场的形成既可能是由于人为因素的影响,也可能是自然因素的作用,人为因素造成的现场如生产现场、交易现场、会议现场等;自然因素造成的现场如雷击现场、自燃现场、火山爆发现场等。

### 二、犯罪现场的界定

对于犯罪现场勘查对象的犯罪现场,有人称为“案件现场”、“刑事案件现场”、“疑罪现场”、“可能犯罪现场”、

---

① 《现代汉语词典》,商务印书馆2005年版,第1479页。

“可疑犯罪现场”、“出事地点”等,[①]学界并没有完全统一的认知。犯罪现场,又称为刑事案件现场,最广为接受的观点认为,指的是犯罪行为人实施犯罪行为及可能遗留有与犯罪有关的物品、痕迹的一切场所。[②] 也有学者认为,犯罪现场是指由犯罪行为引起变化的环境以及产生的犯罪证据和犯罪行为信息的载体,既可以是承载犯罪行为或证据信息的具体或抽象的空间环境,也可以是某一物体,甚至可以是被害人、犯罪行为目击者等可以成为证人的人的大脑。[③] 犯罪现场是犯罪行为人在特定时间内实施犯罪行为空间,是犯罪行为的客观反映,也是储存有犯罪信息和犯罪证据的遗址。犯罪现场既包括现实空间,也包括网络虚拟空间。

传统犯罪行为的发生都是在三维立体的空间进行,它所依托的犯罪现场是我们通常意义上可以感知的时空场域,是一种现实空间。但随着计算机技术和信息通讯技术的发展,尤其是物联网、互联网的广泛使用,计算机犯罪和网络犯罪也呈上升趋势,不仅数量剧增,手段也是花样百出,危害越来越严重。纵横交错的网络为人们创造了一个全新的世界——网络虚拟世界,由此也产生了一种新的犯罪现场,即虚拟犯罪现场。犯罪现场也应该越出传统的现实空间限制,被赋予其新的内涵,即犯罪行为人实施犯罪过程中所涉及的遗留有与犯罪有关的痕迹、物证及其他证据和犯罪信息的场所。[④]

犯罪现场是一种现场,是一种特殊的现场,它既有现场的一般特征,又有其独有的特征。

**(一)犯罪现场的内涵**

1. 犯罪现场必须是人为因素造成的现场

犯罪现场首先是人为造成——犯罪行为人实施犯罪行为——的场所,因此,因自然因素而形成的现场不可能是犯罪现场,如因雷击而造成人员伤亡的现场则不属于犯罪现场。

2. 犯罪现场必须是与犯罪有关的现场

并不是所有人为造成的现场都属于犯罪现场,还必须与犯罪有关联,如证券交易所内的证券交易现场、马路旁工人的施工现场、自杀现场,虽然都是由人的行为造成的现场,但由于其与犯罪无关,因此不属于犯罪现场。

---

① 刘文韬、张晓东:“犯罪现场概念研究综述”,载《上海公安专科学校学报》2011年第2期。

② 也有学者认为,“犯罪现场勘查”的对象“犯罪现场”具有二重属性,既可能是确实发生了犯罪行为的相关场所,也可能是“可能存在犯罪事件的现场”。耿连海:“犯罪现场概念质疑”,载《中国人民公安大学学报》(哲学社会版)2009年第3期。

③ 庄东哲:“犯罪现场概念新论”,载《北京人民警察学院学报》2006年第2期。

④ 王国民主编:《犯罪现场勘查》,四川大学出版社2008年版,第1页。

3. 一起犯罪可能有好几个犯罪现场

一般情况下,一起案件只有一个犯罪现场,但有时候,一起案件特别是一起复杂的犯罪案件,可能存在几处犯罪现场。犯罪行为人为了顺利地完成犯罪行为,必须有准备犯罪、实施犯罪和犯罪后隐匿罪证的过程,这些过程一般不可能在一处地点完成,而往往是在不同的时间,在若干个地点陆续完成的。这样,就形成了若干个发展阶段内的几个犯罪现场。

犯罪现场是犯罪人为了实现其犯罪意图,在一定时间、空间侵犯一定的对象,从而引起该对象及其所在物质环境发生一系列变化的客观存在。换言之,犯罪人的犯罪行为必然要受一定的时间和空间限制,必然要受一定时空中的一定客体的制约。也就是说,犯罪现场必须具备犯罪人的犯罪行为、犯罪的时间与空间和被犯罪侵犯的物质实体的变化三种要素,缺一不可,离开任何一种要素,犯罪现场就不存在。①

**(二)犯罪现场的外延**

1. 犯罪行为人实施犯罪行为的地点

犯罪行为人一般都会选一个对其作案有利的空间来实施犯罪行为,这一空间是案件发生地,即犯罪行为人直接侵犯对象的地点。每一起犯罪案件都存在发生地,如杀人案件的杀人地,盗窃案件的盗窃地,强奸案件的实施强奸地。相对而言,在案件发生地遗留的痕迹、物证较多,蕴含的犯罪信息量较大。所以,一直以来,案件发生地都是侦查人员勘查的重点,是侦查破案的关键所在。

2. 遗留有与犯罪有关的痕迹、物品的一切场所

一起犯罪案件除了案件发生地外,一般还存在一些其他的遗留有与犯罪有关信息的场所,这些场所的形成可能是犯罪行为人有意为之,也可能是犯罪行为人无意之下形成的。这些场所包括:

(1)犯罪前的准备场所

在预谋犯罪中,犯罪行为人在作案前都会事先"踩点"以了解犯罪对象的情况,再根据这些收集的资料来制定最有利的计划。犯罪行为人在"踩点"地点活动过,势必会留下一些与犯罪有关的痕迹或物品,如犯罪行为人在"踩点"地留下的脚印、烟头等。除此之外,还有犯罪行为人自行制造工具的地点、犯罪成员聚集谋划犯罪事项的地点、犯罪行为人守候伺机作案的地点,这些场所都可能存在破案的线索,因而侦查人员不可忽视对这些场所的勘查。

① 何家弘著:《新编犯罪侦查学》,中国法制出版社 2007 年版,第 247 页。

(2)犯罪后转移的场所

许多犯罪行为人犯罪后,为了嫁祸替罪羔羊或扰乱侦查员的视线,可能会实施一些转移痕迹、物品的行为,以此企图逃脱惩罚。如杀人案件中,犯罪行为人杀人后,将尸体搬上车到一处偏僻地抛尸,此时车就成为第二现场,抛尸地则成了第三现场。这些第二现场、第三现场也是具有重要勘查价值的场所。

(3)犯罪行为人来去犯罪现场的道路

犯罪行为人要去某一地点准备犯罪或实施犯罪行为,都必须选择一定的道路前往目的地,这一道路可能是公路,可能是乡间小道,也可能是人迹罕至的偏僻之处。不管是哪种,犯罪行为人只要出现过就可能会留下一定的痕迹,也许是给他人留下了记忆痕迹,也许是在道路上留下了实物痕迹,如犯罪行为人在道路上留下的足迹,行人行走时对犯罪行为人留下的印象等。因此,犯罪行为人进入和逃离有关场所的路线也应视为犯罪现场的范围。这些犯罪行为人来往的道路,有的有重大的勘查价值,有的勘查价值很小,有的甚至根本没有勘查价值,对此,侦查员可具体案件具体分析。

对于如何寻找这些道路,不同区域可利用不同的方式来进行,对在城市发生的案件,可通过查找案件发生地四周的电子监控录像;对发生在乡村的案件,因乡村土地开阔,任何地点都有可能,此时应着重访问行人及周边村民来掌握犯罪行为人来去犯罪现场的行动轨迹。

(4)犯罪后隐匿罪证的场所

逃避追究是犯罪行为人的天性,作案后,他们必然会想尽办法掩饰犯罪时留下的痕迹,这些隐匿罪证的场所有时也是能否破案的关键或是突破犯罪行为人心理防线的重要因素。这些场所包括遗弃犯罪工具的场所,隐藏赃物的场所等,但不是所有的案件都有该类场所。

(5)可能遗留有电子数据证据的场所

这类场所范围很广,既可以是使用计算机和网络终端设备的场所,也可以是遗留有计算机、平板电脑、移动硬盘、优盘等电子储存介质等实物的场所,还可以是使用其他电子类产品来控制犯罪的场所等。这些场所可能距离作案地点较远,也可能距离较近。

### (三)犯罪现场的特点

犯罪现场是特殊人为因素造成的现场,其特点是指犯罪现场所呈现出的不同于其他类型现场的特性。研究犯罪现场的特点,对于正确认识和揭露犯罪现场的本质、指导犯罪现场勘查的正确实施,都有十分重要的作用。[①]

1. 犯罪现场是载有犯罪信息的场所

犯罪既是一种特殊的社会现象,又是一种特殊的个体行为,只要犯罪行为人在特定的场所针对特定的对象实施了某种犯罪行为,就必然改变犯罪现场的物质形态,留下各种反映、证实犯罪活动的犯罪痕迹,从而形成特定的犯罪现场。例如,室内盗窃犯罪的现场,门、窗有被打开或撬开的痕迹、屋内橱柜有翻动的痕迹、物品有短缺的痕迹等。没有或不储存犯罪信息的现场就不是犯罪现场。

侦查员通过勘查这些遗留痕迹可以推测出犯罪的性质、类型,犯罪行为人的作案目的、作案手段、作案过程及犯罪行为人的体貌特征、习惯和犯罪条件等,为揭露犯罪、惩罚犯罪行为人提供了基础。即使有些犯罪行为人作案后伪装甚至伪造犯罪现场,这些伪装痕迹或伪造痕迹在破坏一些原有痕迹的同时也创造了新的痕迹,这些储存了破坏行为或伪装行为本身的痕迹同样可以反映犯罪行为人的个性特征和犯罪条件等信息。

2. 犯罪现场是随犯罪行为的发生而形成

没有犯罪行为就没有犯罪现场。犯罪现场是犯罪活动的共生体。[②] 犯罪行为人都是在一定时空中实施犯罪行为的,都处于自然环境和社会环境之中,其犯罪行为都要受到自然或社会环境的影响或制约,为了达到犯罪目的,犯罪行为人必须克服环境中的阻碍因素,这一克服阻碍的过程也就是犯罪现场形成的过程。这两者是同步的,也正因如此,侦查员才可以通过勘查犯罪现场了解犯罪过程。

3. 犯罪现场复杂且多变

犯罪现场形成后,由于人为有意、无意地破坏或自然因素的影响,会发生变动乃至消失,特别是室外的犯罪现场。如海上船舶场所发生的刑事案件的现场,由于海上风、雨、雪、海浪等自然因素以及船员、渔民、犯罪行为人等人为因素的破坏,加之船舶种类繁多、结构差异较大,致使犯罪现场极为多变。[③] 有些犯罪行为人犯罪后可能会重新回到犯罪现场,放火烧毁整个现场,这是有意地破坏;而犯罪行为人留在户外的足迹可能会因天气下雨而被冲刷不见,这是自然因素的作用。这些因素同样使犯罪现场变得复杂难辨,为侦查员的侦查工作带来了障碍,再加上犯罪现场中遗留的痕迹、物品种类繁多,数不胜数,大到汽车、割草机,小到毛发、金属碎屑、粉尘颗粒,这些都让侦查员头痛不已。

---

① 苑军辉主编:《犯罪现场勘查》,中国人民公安大学出版社 2005 年版,第 9 页。

② 杨正鸣主编:《侦查学》,中国方正出版社 2007 年版,第 193 页。

③ 李宝字:“船舶现场勘验笔录制作规范化探究”,载《公安海警学院学报》2015 年第 1 期。

## 三、犯罪现场的分类

### (一)可勘查与不可勘查现场

以犯罪现场有无勘查的价值,可以将犯罪现场分为可勘查现场和不可勘查现场。可勘查现场,是指有勘查价值的现场,即有明显的发案地点(犯罪地点和场所),并且留有犯罪行为人遗留下的各种犯罪痕迹和物品。不必(可)勘查现场,是指没有具体发案现场或没有勘查价值的现场,如走私、诈骗、各种经济犯罪,扒窃、拎包,完全被破坏、掩盖掉的现场等。也可叫为有(勘查)价值现场和无(勘查)价值现场。这种分类可以使我们在接警初期就决定需不需要对现场进行勘查,有些案件确实没有对现场进行勘查的必要和价值,只能通过其他手段来破获,如查公司账目、抓现行等,这样就可以优化我们警力配置,避免造成不必要的警力资源浪费。

### (二)主体现场与关联现场

根据犯罪现场在犯罪中所处的地位和作用,可以将犯罪现场分为主体现场和关联现场。主体现场,是指犯罪行为人实施主要犯罪行为的处所,就是犯罪行为人对犯罪对象直接实施犯罪行为的场所。主体现场是每一起犯罪案件必备的。一般情况下,一起案件只有一个主体现场,有时也会出现一起案件有多个主体现场的情况。关联现场,是指与实施主要犯罪行为有关的处所,主要是指犯罪预谋活动和处理赃物、罪证等活动所涉及的场所。这种分类可以帮助我们的勘查人员更加系统、科学地进行勘查工作。一般情况下,我们直接接触到的都是主体现场,通过对主体现场的初步观察,我们有时可以判断甚至确定其他关联现场的存在,这样就可以让我们的勘查工作更加全面。很多情况下,在犯罪的主体现场,犯罪行为人更容易进行伪装、隐匿证据活动,而在关联现场却疏忽大意。因此,通过对主体现场和关联现场勘查的相互印证和补充,使我们的勘查工作能够达到价值最大化。①

### (三)动态现场和静态现场

动态现场,是指由于犯罪行为的实施而使发案前之状态发生了很大变化的犯罪现场。静态现场,是指犯罪行为仅导致犯罪对象自身的变化,未导致犯罪对象以外的案前现场发生明显变化或较大变化的犯罪现场。

动态现场和静态现场的划分可以使勘查工作给我们的侦查活动提供很多信

---

① 郝宏奎:"犯罪现场分类的新视角及其意义——中美犯罪现场分类之比较研究",载《公安大学学报》2001年第5期。

息,如犯罪行为发生的内容和过程,犯罪行为人与被害人之间的关系,对现场的熟悉程度,犯罪的动机,等等。这样就可以对我们后面的犯罪现场重建提供很大的帮助。

**(四)原始现场和变动现场**

根据犯罪现场是否变动,可将犯罪现场分为原始现场和变动现场。原始现场是指犯罪现场形成后到犯罪现场勘查之前,未遭受人为地破坏和自然因素的影响的犯罪现场。此时的现场最能反映犯罪人的作案手段、作案心理和作案过程。因为现场的物证、书证、痕迹都是犯罪人当场遗留下来的,都保持着原始的状态,这些处于原始状态的痕迹物证为侦查人员侦查案件,明确侦查方向和侦查范围提供了有利的客观依据。

变动现场指犯罪现场形成后,由于人为地破坏或自然因素的影响而导致犯罪活动的原始状态遭到部分或全部改变的现场。造成犯罪现场改变的因素主要有自然因素和人为因素。自然因素造成的现场变动,如下雷阵雨,尸体可能会沿着街道漂走,而遭受地震、洪水等严重自然灾害时,整个现场可能会被毁灭。人为因素又分为人为有意造成的现场变动和人为无意造成的现场变动。人为无意造成的现场变动。有时这种变动既是无法避免的,也是无可奈何的。如在一个现场中,被害人遭到严重的暴力攻击,但尚未死亡,为了挽救被害人的生命,救护人员陆续进入现场,进行紧急抢救,然后将被害人搬走,送往医院,此时的现场则是不能避免的人为无意造成的改变,因为侦查员不能禁止医务人员去救人。同样,当犯罪行为人纵火烧毁犯罪现场时,不能因会将现场的证据冲刷掉就阻止进入现场救火。

以上两种现场中的现象都已经遭到破坏,无法全面地呈现出犯罪人犯罪时的真实行为和目的,这就要求侦查人员在侦查时要细致入微,分辨真假。很多时候,犯罪人实施犯罪后,为了逃避追究,他们会故意地破坏现场,或无中生有,将一个无关紧要的场所伪造成犯罪现场混淆侦查人员的视听。此时的现场虽已被犯罪人改造或完全是伪造而成,但这些改造或伪造的痕迹又形成新的证据,这些新证据同样能反映犯罪人的特征和目的,因为改造总是不能完全掩藏原始的痕迹,而伪造总会存在缺陷和漏洞,只要侦查人员细心地去分辨就能看出端倪。

**(五)犯罪预备现场、犯罪实施现场和犯罪掩饰现场**

按照犯罪现场形成的阶段,可分为犯罪预备现场、犯罪实施现场和犯罪掩饰现场。犯罪预备现场是犯罪人为了犯罪准备工具,制造条件的地点,如犯罪人制造犯罪工具的地点,犯罪成员聚集谋划犯罪事宜的地点,犯罪人守候伺机作案的地点。

犯罪实施现场是犯罪人实施犯罪行为,造成犯罪后果的地点,有时一起犯罪案件中存在几个实施现场,即犯罪人针对犯罪目标实施侵犯行为的地点与造成犯罪后果的地点并不是同一地点,更有甚者,犯罪人有时在几个不同的地点对犯罪对象实施侵害行为。

犯罪掩饰现场指犯罪人在犯罪后破坏犯罪证据,隐藏犯罪工具的地点。逃避追究是犯罪人的天性,作案后他们必然会掩饰犯罪时的痕迹,由此便形成了掩饰犯罪现场。

**(六)第一现场、第二现场等**

按照犯罪行为实施的先后顺序,可分为第一现场、第二现场等。有时一起案件可能存在好几个犯罪现场,犯罪行为人实施犯罪行为的现场称为第一现场,亦称为主体现场,其他与犯罪有关联的现场则为第二、第三现场等,又称为关联现场。

**(七)户外现场和室内现场**

按犯罪现场所处的空间位置不同,分为户外现场和室内现场。户外现场指犯罪行为人在户外作案时所形成的现场,如犯罪行为人在树林、田野、操场、小巷中作案所形成的现场。

室内现场指犯罪行为人在封闭的环境内作案时所形成的现场。如犯罪行为人在房间、商店、银行、仓库内作案所形成的现场。户外犯罪现场要比室内犯罪现场更难调查,它们很容易受到环境变化的影响。道路上的行人,田野中玩耍的小孩,树林中的动物都可能让整个户外犯罪现场变得面目全非。

需要注意的是,当一个犯罪现场既有室内现场又有室外现场时,那么"室内现场"和"室外现场"就不再是两个独立的现场,而是同一个犯罪现场的相互联系紧密的两个部分,应成为现场的室内部分、室外部分。事实上,纯粹的室内现场几乎是不存在的,即使主要犯罪行为发生在室内,室外也常发生其他犯罪行为并留下相应的痕迹、物品而成为犯罪现场的一个组成部分,即现场的外围部位。①

**(八)杀人现场、盗窃现场、抢劫现场、爆炸现场等**

按案件性质不同,可以犯罪现场分为杀人现场、盗窃现场、抢劫现场、爆炸现场等。研究犯罪现场分类的目的,在于使广大侦查人员了解各类犯罪现场的不同地位、作用和特性,以便制定相应的勘查对策,采取行之有效的勘查方法,确保侦查质量的提高。② 侦查人员在发现两个以上犯罪现场时,应分清主次,以主要的、

---

① 苑军辉主编:《犯罪现场勘查》,中国人民公安大学出版社 2005 年版,第 19 页。

② 杨永川、蒋平、黄淑华编著:《计算机犯罪侦查》,清华大学出版社、中国人民公安大学出版社 2006 年版,第 95 页。

最能反映案件性质的现场为主;不同性质的犯罪案件,其犯罪现场也不同,在制定现场勘查计划时,勘验的重点和勘验的对策也应存在差异。

## 第二节 犯罪现场勘查理论定位

### 一、犯罪现场勘查的界定

犯罪现场勘查,是指在犯罪案件发生后,侦查员为了查明案件性质及案件事实,收集犯罪证据,发现侦查线索,揭露犯罪行为人,依照法律的规定,运用一定的技术手段和策略,对与犯罪有关的场所、物品、尸体、人身进行勘验和检查的一种侦查行为。①

但也有学者认为,现场勘查行为并不一定是侦查行为,而且不能将之称为犯罪现场勘查。其立论依据为:现场勘查行为具有或然性。现场勘查,之所以不冠之以犯罪现场勘查,就是因为现场的性质还包含有意外事故现场、伪造假案现场。只有在确定为犯罪现场后,才有立即启动侦查的必要。② 对此观点,笔者持保留意见,笔者与绝大多数学者一样也将现场勘查行为定位为侦查行为,认为该侦查行为是具有特定强制性,以获取诉讼证据、查明案件事实为任务的刑事诉讼法活动。③

### 二、犯罪现场勘查的内涵

#### (一)犯罪现场勘查的主体是侦查人员

根据业界的通说,犯罪现场勘查是一种侦查行为,是一种对犯罪现场进行勘验、检查、分析的侦查活动。因此,它必须受规范侦查行为的法律的规制。我国刑事诉讼法明确赋予了侦查人员勘查权,《刑事诉讼法》第126条规定:“侦查人员对于与犯罪有关的场所、物品、人身、尸体应当进行勘验或者检查。在必要的时候,可以指派或者聘请具有专门知识的人,在侦查人员的主持下进行勘验、检查。”由此可见,只有侦查人员才有权对犯罪现场进行勘查,其他任何机关、团体或公民个人都无权进行这一行为。现场勘查不仅是侦查人员的一项权力,更是侦查人员必须履行的义务。如果案件发生了,存在犯罪现场,侦查人员就必须去勘查,否则就是侦查人员的失职。一旦发现犯罪现场或接到报案,侦查人员就应立即赶赴现

---

① 吕云平主编:《犯罪现场勘查教程》,群众出版社2002年版,第39页。

② 束裕:“论现场勘查中的组织指挥意识”,载《辽宁警专学报》2010年第6期。

③ 赵琳琳:“程序法视野中的犯罪现场勘查”,载《公安研究》2007年第3期。

场进行现场保护并开展现场勘查工作,及时、全面、客观地收集侦查线索和犯罪证据。现场勘查是一项策略性和技术性很强的侦查措施,侦查人员是否具备独立的现场勘查能力,对现场勘查工作的质量和效率有着至关重要的影响。尤其是现场勘查的指挥员还需要具有较强的组织指挥能力。

现场勘查的主体是侦查人员,这不仅是法律的规定,也是侦查工作的需要。侦查人员负责勘查现场,开展现场访问、实地勘验、现场搜索等各项具体工作,能够熟悉犯罪现场的情况,全面、深入地了解现场上的犯罪活动,有利于对犯罪行为人及其犯罪活动作出切合实际的分析判断。这样才能把犯罪现场与侦查活动有机地结合起来,使侦查破案建立在以犯罪事实为依据的基础之上,有的放矢地开展侦查工作,提高侦查工作的效率。但是为了保证勘查工作的质量,公安机关要对侦查人员的业务素质有更高的要求。《公安机关刑事案件现场勘验检查规则》第 6 条规定:"公安机关现场勘验、检查人员是指公安机关及其派出机构经过现场勘验、检查专业培训考试,取得现场勘验、检查资格的侦查人员。"①

**(二)犯罪现场勘查的对象是特定的**

依《刑事诉讼法》的规定,犯罪现场勘查的对象是与犯罪有关的场所、物品、尸体、人身;其中人身特指活体,包括犯罪嫌疑人、被害人的身体。《刑事诉讼法》第 130 条规定:"为了确定被害人、犯罪嫌疑人的某些特征、伤害情况或者生理状态,可以对人身进行检查,可以提取指纹信息,采集血液、尿液等生物样本"。

犯罪嫌疑人如果拒绝检查,侦查人员认为必要的时候,可以强制检查。检查妇女的身体,应当由女工作人员或者医师进行。即使是现场访问、现场勘验、检查,也都是围绕着与犯罪有关的情况及其后果进行的,凡是与犯罪无关的人、事、物,均不在勘查之列。

**(三)犯罪现场勘查必须依据法定程序**

犯罪现场勘查是一项程序性很强的侦查措施,《刑事诉讼法》第 50 条规定:"审判人员、检察人员、侦查人员必须依照法定程序,收集能够证实犯罪嫌疑人、被告人有罪或者无罪、犯罪情节轻重的各种证据。"同法第 128 条规定:"侦查人员执行勘验、检查,必须持有人民检察院或者公安机关的证明文件。"《公安机关办理刑事案件程序规定》第 189 条规定:"公安机关侦查犯罪,应当严格依照法律规定的条件和程序采取强制措施和侦查措施,严禁在没有证据的情况下,仅凭怀疑就对犯罪嫌疑人采取强制措施和侦查措施。"

---

① 高春兴、苑军辉、邹荣合主编:《犯罪现场勘查》,中国人民公安大学出版社 2007 年版,第 28 页。

## 三、犯罪现场勘查的意义

犯罪现场勘查是法定侦查措施，是一种极其重要的侦查行为，是发现和获取证据、查明案情的重要手段，对侦查破案有特别重要的作用。任何一起犯罪案件都存在犯罪现场，只是每起案件的犯罪现场的表现形式及勘查价值不同而已。因此，犯罪现场勘查是案件侦查中使用最普遍、最多的侦查措施。

### (一)现场勘查是刑事案件侦查的起点和基础

对于一起犯罪案件，呈现在侦查人员面前的是反映犯罪后果的犯罪现场，因此，对有犯罪现场的犯罪案件而言，现场勘查就成为侦查该案的起点和基础。现场勘查的目的是在确定案件性质的基础上，揭露犯罪现场的犯罪现象，研究现场现象与犯罪行为之间的因果关系，查明犯罪情况，从而准确刻画犯罪嫌疑人的特征和犯罪条件，确定侦查方向和侦查范围，全面推动侦查工作的顺利进行。

由上述内容可以得出，现场勘查工作进行的如何，直接关系到整个侦查工作的成败。现场勘验、检查得越仔细，获取的痕迹物证越多，现场访问收集的与犯罪案件有关的信息越充分，对案件分析地越透彻，侦查工作就进行得越顺利，破获案件的概率就越大。

### (二)现场勘查获取的资料是侦查工作的客观依据

犯罪案件的侦查必须在现场勘查的基础上确定案件的性质，分析、判断案情。现场勘查所获得的证据材料越全面，对案情的分析和判断就会越准确。现场勘查获取的情况还是寻找犯罪嫌疑人的重要依据，根据现场遗留的凶器、细微痕迹、物品可以判断犯罪嫌疑人的作案方式、与被害人的关系、犯罪嫌疑人的人数等情况，为最终抓获和证实犯罪嫌疑人提供基础。

### (三)现场勘查是获取犯罪线索和犯罪证据的重要途径

任何犯罪都是在一定时间和空间内进行的活动，所以，犯罪嫌疑人在实施犯罪行为时，必然会在犯罪现场留下一定的痕迹、物品，会对被害人人身造成一定的伤害，有时作案人自己也会遭到被害人的反抗而受伤，在作案人身上，也可能留下犯罪痕迹。在有些情况下，犯罪嫌疑人还可能对犯罪现场加以伪装和掩盖，可是就在伪装和掩盖的过程中，有可能留下伪装或者掩盖的痕迹。所以，通过勘验、检查，可以发现和取得犯罪活动留下的种种痕迹和物品。而对这些证据材料加以分析研究，就可以了解犯罪人实施犯罪的情况，判断案件的性质以及犯罪嫌疑人的特征，发现侦破案件的各种线索，明确侦查方向和范围，从而为彻底查明犯罪事实、查获犯罪嫌疑人提供依据。

## 四、犯罪现场勘查的任务

现场勘查的任务，是查明犯罪现场的情况，发现和收集证据，研究分析案情，判断案件性质，确定侦查方向和范围，为破案提供线索和证据。犯罪现场勘查是取得第一手资料的重要途径，对于收集固定证据，揭露和证实犯罪都起着重要作用。

### （一）深化对案情的认识，判断案件的性质

侦查人员接到报案人的报案后，对案件的第一认识都是来源于报案人的陈述，而这种陈述只是报案人基于看到的表面现象作出的，由于报案人的心理因素，认知水平的局限，这种陈述难免会出现一些差错，所以要了解事情的详细内容必须到现场去勘查，分析这一现场究竟是犯罪现场抑或不是，对于不是犯罪现场的，侦查人员应交有关部门处理，对于属于犯罪现场的，侦查人员应予以仔细侦查。

在现场勘查过程中，侦查人员必须对每一个地方进行细致地勘查，进而准确地确定案件性质，这是是否立案，是否进行下一步侦查行为的关键。既不能将非犯罪案件当成犯罪案件，造成冤假错案的同时，又浪费司法资源；也不能将犯罪案件当成意外事件来处理，从而放纵犯罪行为人，对社会造成不好的影响。

现场勘查过程中所涉及案件性质判断以《刑法》的有关规定为基本依据，着眼点在于及时地破案。但本处的案件性质判断是为了满足案件侦查的需要，为侦查方向和侦查范围的划定提供依据，但它与《刑法》所规定的罪名是不一样的，判断案件的主要依据是犯罪人犯罪的动机、目的，犯罪人与事主、被害人之间是否存在因果联系，犯罪人的行为方式以及犯罪人应具备什么样的条件。①

### （二）分析犯罪行为人及其实施犯罪行为的情况

犯罪现场就像一个犯罪信息库，只要认真寻找，仔细揣摩，就能将存在于现场中的零碎信息整合起来，串成一个较完整的信息网，从而了解犯罪行为人及犯罪行为的情况。

1. 查明犯罪时间

时间是一个十分重要的信息，特别在杀人案件中，被害人的死亡时间往往是侦查员要确定的最重要的信息，它可以告诉人们谁是最后一个与被害人在一起的人，它肯定能够揭示被害人在生命的最后时刻曾去过什么地方。这些就可能揭示出谁杀死了他。侦查员可以收集一些现场物证以推断案发时间，如尸体的腐烂程度、被害人胃内食物的消化程度、遗留在现场的钟表等。

---

① 郑晓均："论现场勘查的取证标准"，载《吉林公安高等专科学校学报》2008 年第 2 期。

2. 找出关联现场

有时一起犯罪案件有几个犯罪现场,侦查员可通过对已发现现场的勘查来找出其他与犯罪有关的现场。

3. 查明犯罪行为人的情况

犯罪行为人在作案时会不知不觉地将平时的生活习惯融入其中,通过分析犯罪现场的一些细小物质和痕迹变化可推测出犯罪行为人的年龄、身高、身份、职业、文化程度、作案熟练程度、使用何种工具、作案人数、同被害人的关系等。

4. 查明犯罪过程及后果

侦查人员在勘查犯罪现场时要注意查明犯罪行为人的进出路线、实施犯罪行为的先后顺序、犯罪行为人作案时的状态、犯罪造成的后果。

5. 发现、收集、固定物证

犯罪现场勘查的过程,也就是发现、收集、固定物证的过程,侦查员应当尽可能毫无遗漏地将犯罪行为人遗留在现场的各种各样的物品、痕迹收集起来,以便以后在控诉过程中作为揭露犯罪的物证,在勘查过程中,不仅收集犯罪行为人遗留的痕迹,还要收集被害人留下的痕迹、物证,不但要收集有罪的物证,而且要收集无罪的物证。

6. 收集言词证据

包括被害人的陈述、证人证言、知情人所述情况及群众等提供的各种言词证据。

7. 获得勘验笔录这一证据

《刑事诉讼法》第131条规定:"勘验、检查的情况应当写成笔录,由参加勘验、检查的人和见证人签名或者盖章。"这是现场勘查的重要任务。现场勘查笔录是犯罪现场的客观反映,是重要的法律文书,对于分析研究案情印证犯罪嫌疑人口供,破获案件,认定犯罪人都具有重要的作用。现场勘查记录也是法定的证据之一,在整个诉讼过程中具有不可忽视的重要作用。①

8. 确定侦查方向和范围

侦查员通过对犯罪现场的勘查,掌握犯罪案件的整体情况,以这一情况为基础,运用科学的方法进行现场分析,从而确定下一步的侦查方向和大致的侦查范围,为以后深入地侦查奠定良好的基础。一旦确定了侦查方向和侦查范围,就可以制定一个初步的侦查方案。

---

① 苑军辉主编:《犯罪现场勘查》,中国人民公安大学出版社2005年版,第55页。

## 五、犯罪现场勘查的原则

侦查员在进行犯罪现场勘查时，不能随性而为，切忌主观臆断，应当遵循一定的行为准则，这样才能完成现场勘查的各项任务。在现场勘查实践中，行为准则的提出，有利于规范侦查员的勘查行为，有利于保障现场勘查的质量。

### (一)合法原则

《公安机关刑事案件现场勘验检查规则》第8条规定，现场勘验、检查工作应当遵循依法安全、及时、客观、全面、细致的原则。现场勘查是一项侦查活动，其任务是为了查明案件性质，确定是否立案，发现和提取犯罪现场的各种痕迹物证和信息证据，了解犯罪嫌疑人的特征，明确侦查的方向和范围，为侦查破案提供前提，其中最主要是为了提取各种类型的证据。为了证据能在随后的起诉和审判中被法庭采纳，为了证据具有足够的证明力，侦查人员必须依法定程序进行现场勘查并收集证据，唯有如此，现场勘查所获取的证明材料才能作为揭露、证实犯罪的证据，否则即使证明材料客观真实且能够证明案件情况，也不能在刑事诉讼中作为证据加以运用。具体包括以下几个方面：

1. 勘查主体合法

现场勘查的主体只能是县级以上公安机关侦查部门的侦查人员及其指派或者聘请的具有专业知识的人，公安机关现场勘验、检查人员应当具备现场勘验、检查的专业知识和专业技能，具有现场勘验、检查的资格。对刑事案件现场进行勘验、检查时不得少于2人。执行现场勘验、检查任务的人员，应当带有由公安部统一制发的《刑事案件现场勘验检查证》。

2. 依法邀请见证人

按照《刑事诉讼法》和公安部制定的《公安机关办理刑事案件程序规定》、《公安机关刑事案件现场勘验检查规则》的规定，勘验检查人员在现场勘验时，应当邀请一至二名与案件无关的公民作见证人。这样可以对公安人员的勘验、检查行为进行监督，保证现场勘查的客观性和合法性。

3. 具体程序合法

对勘验、检查过程中所涉及的具体事项，如解剖尸体、提取及扣押痕迹物品、现场实验等，勘验检查人员必须严格按照国家法律和有关的行政规章进行。例如，解剖尸体应当经县级以上公安机关负责人批准；解剖前应当通知死者家属到场，并让死者家属在《解剖尸体通知书》上签名或者盖章。死者家属无正当理由拒不到场或者拒绝签名、盖章的，也可以解剖尸体，但是应当在《解剖尸体通知书》上注明。提取现场痕迹、物品，应当分别提取，分开包装，统一编号，注明提取的地点、部位、日期，提取的数量、名称、方法和提取人。对特殊检材，应当采取相应的方法提取和包装，防止损坏或者污染。提取秘密级以上的文件，应当由县级以上公安机关负责人批准，按照有关规定办理，严防泄密。扣押物品、文件时，当场开具《扣押物品、文件清单》，由扣押经办人、见证人和物品、文件持有人分别签名或者盖章。进行现场实验应当经县级以上公安机关负责人批准。

**(二)及时原则**

正如前文所提到的，犯罪现场具有易变的特点，也许几分钟的时间就可以让整个现场变得面目全非，特别是发生在人群密集地如大街及一些公共场所等的案件，侦查员赶到现场的时间就决定了以后的工作能否顺利进行。一旦现场的物品被移动或改变，一旦失去了这个机会，那么将永远也不会有第二次机会了。有些案件中的犯罪人作案后并未立即离开现场而是逗留在现场伺机破坏犯罪证据，此时就看哪方更快一步掌握现场，时间就成了破案的关键环节。因此，公安部在发布的《公安机关刑事案件现场勘验检查规则》第 4 条中规定，公安机关对具备勘验、检查的刑事案件现场，应当及时进行勘验、检查。及时勘查体现在以下三个方面：

1. 及时赶赴现场

案发地公安机关接到刑事案件报警后应当迅速派员赶赴现场，做好现场保护工作。要做到这一点，公安干警们就必须保持警惕，做好随时出警的准备，保证交通工具和勘验设备性能良好，通讯畅通无阻。这样可以尽可能地节省出警时间，减少案发到勘验的间隔时间，可以尽可能地保证现场的原始性。

2. 及时采取紧急措施

现场勘验、检查人员到达现场后，应当了解案件发生、发现和现场保护情况。需要采取搜索、追踪、堵截、鉴别、安全检查和控制销赃等紧急措施的，应当立即报告现场指挥员，并果断处置，以迅速查获、控制犯罪嫌疑人，特别是在暴力犯罪案件中，及时控制犯罪嫌疑人可以防止其再次行凶，避免严重后果。如果现场有伤员的，应立即部署，进行抢救工作，以减少伤亡情况。

3. 及时部署各项勘查工作

一方面，现场勘查工作内容多且繁杂，必须认真、有条不紊地进行；另一方面，勘查时间有限，尤其是当犯罪案件发生在一些公共场所，如商场甚至高速公路时，侦查人员必须抓紧时间进行勘查，以尽快恢复公共秩序和公共交通。侦查人员到达现场后，应当及时保护现场并组织现场勘验、检查，同时可以进行现场访问，两项工作同步进行，获取不同的证据和线索。现场勘验、检查结束后，应当及时进行现场分析，明确侦查方向和范围，为下一步工作做好准备。

**（三）细致原则**

侦查人员在进行现场勘查时一定要全面客观，细致入微，不放过一点蛛丝马迹，有时一些看似细小的东西却对侦查破案起到关键作用。

（1）在现场访问时，要注意访问方法，针对不同年龄的人要使用不同的语气和语调，针对不同身份和不同阶层的人要使用不同的态度和方法；要认真了解与犯罪案件有关的所有情况；在被访问者回忆、陈述时，要仔细地聆听，注意他们描述地细节，观察他们在访问过程中的表情和神态，思考他们的话语中是否一致，有没有相矛盾的地方。

（2）在提取和发现时，一定要精心仔细。不仅要注意那些明显的痕迹、物品，还要注意寻找那些细微的物质，特别是微量痕迹、物品以及经过拭擦但仍然遗留下来的痕迹，如血迹；不仅要注意显而易见的地方，也要注意容易忽视的地方，如床下、门后、墙角等地；不仅要收集完整的痕迹、物品，还要收集破损的、不完整的痕迹、物品；不仅要收集证明有罪证据，也要收集无罪证据。例如，美国某州侦查人员在一所公寓的厨房地板上发现了一具女性裸尸，被害人的脸部朝下。她的前男友发现了她的尸体，并向警察报案。他告诉警察说，他只接触过她的胳膊，想看看她是否还活着，但是，并没有破坏现场，被害人的喉咙被锋利的工具割破。此案场勘查人员在她的背上喷洒血液增强显示试剂之后，显现出三枚残缺不全的鞋印。这些印痕包括一个圆点形鞋底痕迹，该图案类似于某品牌运动鞋的鞋印。侦查人员对被害人男朋友的鞋子进行了检查，结果发现，被害人男朋友的鞋子印痕与犯罪现场上遗留的鞋印具有相同的种类特征。另外，在被害人男朋友的鞋底存在的树枝形状的花纹里，现场勘查人员发现了微量的血迹。该信息表明，被害人的男朋友做出了虚假的陈述。①

（3）现场分析要全面细致，从局部到整体，先对每个细小现象进行分析，再将这些现象联系起来，综合分析，最后对案件形成一个整体认识。

**（四）客观原则**

客观原则要求侦查人员在进行犯罪现场勘查时，应当客观真实地记录现场的痕迹状态，不可任意增加、删减或改变，实事求是地做好证据收集和固定工作，按照事物的本来面目去发掘现场信息，不可先入为主，以个人的主观印象去评断现场的物证价值。公安部颁布的《公安机关刑事案件现场勘验检查规则》第 8 条明文规定：刑事案件现场勘验、检查工作应当遵循依法、安全、及时、客观、全面、细致

---

① ［美］李昌钰、蒂莫西·M. 帕姆巴奇、玛丽莲·T. 米勒著：《李昌钰博士犯罪现场勘查手册》，郝宏奎等译，中国人民公安大学出版社 2006 年版，第 190 页。

的原则。

(1)进行现场勘验、检查时,要认真发现、提取痕迹、物品,并记录下发现、提取的过程,尊重客观事实,实事求是地记录和反映现场真实情况,绝不能按照自己的主观需要,随意删减、更改事实,或者随意添加某些事实。对于一些可疑的痕迹,应当仔细勘查,确定是否可以作为证据,对于一时无法确定的痕迹,不可轻易将其排除,应当反复进行检验,只有穷尽一切可能,证明其与案件无关,才可能将其否定。

(2)在现场访问过程中,对于被访问者的陈述,不可全信,也不可不信,但不管怎样,应先将所有的信息都如实记录下来,因为每个人的感知、认知能力不同,侦查人员不能以个人的想法来决定记录的内容,对自己认为有用的就听取、记录,自己认为无用的就舍弃。

(3)在进行现场分析时,应当以勘查和访问所获的材料为依据,发表自己的看法和意见,切不可依自己的主观想象来作出臆断,否则将导致根本性错误。在分析失误时,勇于承认和面对,本着实事求是的态度,对失误予以纠正。

**(五)保密原则**

现实中发生的许多案件都不同程度上涉及了公民个人的隐私问题,尤其在强奸案中,被害人不仅身体上受到伤害,心理上也受到了极大的摧残,但侦查人员为了侦查破案的需要,必然要接触到这些信息,为了避免给被害人带来更大的伤害,也为了避免承担民事责任和刑事责任,侦查人员对于侦查过程知晓的个人隐私或其他秘密必须严格保密,不得泄露给任何人知晓。依《公安机关刑事案件现场勘验检查规则》的规定,具体要做到以下几点:

(1)现场勘验、检查人员应当严格保守秘密,不得向无关人员泄露现场信息,不得擅自接受新闻媒体的采访。

(2)负责保护现场的人民警察应当根据案件具体情况,划定保护范围,设置警戒线和告示牌,禁止无关人员进入现场。

(3)勘验、检查现场时,非勘验检查人员不得进入现场。

(4)为了鼓励群众提供线索,或查找尸源,或通缉、堵截犯罪行为人,可以根据具体情况适当地公布案情,但被害人要求不予公布的或者涉及个人隐私的,要注意不泄露。侦查人员要正确处理好保密和适当公布案情的关系。

(5)严厉处理泄密的人员。处理的目的并不在于惩罚,而在于警示,让相关人员引以为戒,规范自身的行为。

**(六)安全原则**

随着勘查实践的变化,随着对人权问题的日益关注,安全侦查也显得更为迫切,在保证破案效率的同时,也强调保障侦查人员的生命安全和身体健康。依公安部颁布的《公安机关刑事案件现场勘验检查规则》第27条的规定:公安机关应当为现场勘验、检查人员配备必要的安全防护设施和器具。现场勘验、检查人员应当增强安全意识,注意自身防护。对涉爆、涉枪、放火、制毒、涉危险物质、危险场所等可能危害勘验、检查人身安全的现场,应当先由专业人员排除险情,再进行现场勘验、检查。

正如学者罗亚平等所言,犯罪现场勘查人员注重防护也正是侦查行为规范化、标准化的一个重要表征。"犯罪现场勘查是证据的重要来源之一,这一环节中的标准化,不仅可以使证据的搜寻、采集、保存等程序更为规范,同时使证据的证明力有了保证。尽管目前我国还没有独立的证据法,对于证据的证据力和证明力还没有非常严格的法律规定,但随着证据立法的不断完善,公民法治意识和人权理念的不断增强,现场勘查工作会遇到更多的监督,现场勘查所搜集到的证据在法庭上会受到更为严格的审查,只有重视标准化程序,才是唯一的出路。"①

## 第三节　犯罪现场勘查前沿问题

### 一、当前中国犯罪现场勘查所遭遇的窘境

当前,中国各地的侦查部门对刑事案件现场勘查工作高度重视,为侦查破案及其后进行的刑事司法工作打下了坚实的证据基础。当由于当前犯罪现场勘查的制度规范化水平较低以及具体侦查人员在现场勘查工作中存在的一些问题和疏漏,导致犯罪现场勘查率低下、勘查水平不高、后期诉讼阶段犯罪嫌疑人当庭翻供情况屡见不鲜。当下犯罪现场勘查工作所遭遇的窘境主要有:

#### (一)犯罪现场勘查工作尚需规范化

目前犯罪现场勘查工作规范化水平较低,勘查基础建设滞后,法律体系不完备。作为犯罪现场勘查最基本操作依据,《公安机关刑事案件现场勘验检查规则》只是在流程上对勘查程序作出了粗疏规定,很多具体勘查行为缺乏明确细致规范。尤其是忽略了物证的发现、提取、固定和保存等方面的细致规范,致使物证管理较松散,甚至存在违法违规、侵犯公民合法权益的现象。② 与其他法定侦查措施相比,犯罪现场勘查工作具有专业性强、技术含量高的特点,工作过程中所受

---

① 重视和强调现场勘查人员的自我防护,是今后我国刑事案件调查取证工作标准化的一个重要组成部分,是将调查取证工作纳入法制化轨道的必然要求。参见罗亚平、胡昀昀、董凯:"现场勘查员面临的危险与自我防护",载《中国人民公安大学学报》(自然科学版)2006年第1期。

② 王小光:"现场勘查规范化研究",西南政法大学2011年硕士学位论文。

内外部监督相对较少,难以用直观方式进行有效的考核,即使出现偏差和失误,也很难当场发现。在犯罪勘查工作结束后,犯罪现场因生产、生活等原因往往难以恢复原状,往往没有补救的余地。①

**(二)犯罪现场勘查管理水平尚需提高**

《公安机关刑事案件现场勘验检查规则》规定:"公安机关对刑事案件现场勘验、检查应当统一指挥,明确分工,落实责任,及时完成各项任务。"有些地方发生案件后,勘查现场时找不到现场勘查指挥人员,或虽然有现场勘查指挥人员,但指挥不力,或忙于具体勘查工作,或为了应付汇报和接待新闻媒体等事务性工作而不顾现场勘查工作,形成了现场勘查混乱的局面,以致产生不可弥补的严重后果,给案件侦破工作和诉讼带来了极大的困难。②

**(三)犯罪现场保护工作能力有待提升**

良好的现场保护是决定现场勘查质量的基础,现场保护不应局限于案发后到勘查之前,而应贯穿于刑事案件发生之后到痕迹物证处理完毕的始终。但是在实际的工作中,却普遍存在这样的问题:首先,被害人没有保护现场的意识,使现场被破坏。比如,入室盗窃案现场,当事人发现被盗时,第一反应往往不是保护现场,而是去查看家中物品有哪些被盗了,而通常这些地方就是现场勘查的重点。其次,有些民警也缺乏现场保护意识,到达现场后忙着与被害人聊天或进入现场,对现场形成破坏。比如,在勘查入室盗窃案现场时,就曾经遇到过这样的情况:被害人称卧室衣柜旁的地面上遗留有一把螺丝刀,但被害人家中并没有此类工具,据此推断,这把螺丝刀应该是犯罪嫌疑人所用的作案工具,但是接处警民警到现场后,第一时间就走到卧室,捡起了这把螺丝刀,对现场形成了破坏。最后,勘查人员也缺乏对现场痕迹的保护和再利用意识,在勘查现场时不自觉地对现场进行了破坏。③

**(四)收集证据能力有待提升**

固定保全证据能力差,物证提取合法性遭质疑。一些地方侦查部门的专职勘查力量严重不足,有的勘查人员一天勘查五六个现场,疲于应付,变"勘"现场为"跑"现场,有效物证提取率不高,甚至产生"厌战"情绪,甚至变成"看"现场严重影响了现场勘验质量。现场勘查不细的问题相当严重,有很多案件到现场后只是

---

① 曹军哲、崔龙:"完善刑事侦查现场勘查工作的初步思考",载《湖北警官学院学报》2014 年第 6 期。

② 钟新文:"现场勘查工作存在的主要问题及对策",载《吉林公安高等专科学校学报》2007 年第 6 期。

③ 孙高明:"现场勘查制度存在的问题及完善意见",上海交通大学 2014 年硕士学位论文。

简单拍照，没有认真勘查现场，甚至有的命案现场勘查不细致，使许多案件现场应当发现的物证没有发现，应当提取的物证没有提取，导致证据不足，在勘验环节就失去了定罪证据，直接削弱了刑事案件侦破和诉讼能力。有些地方年均勘查现场的物证提取率极低，生物检材、痕迹物证提取数几乎为零。① 侦查人员不能严格按照相关法律法规进行现场勘验检查工作，不依法制作笔录，不重视邀请见证人制度，虽然收集到了相关物证材料，但是因缺乏合法性而引发争议，甚至导致证据能力丧失，为犯罪嫌疑人当庭翻供埋下伏笔。

**（五）侦查部门与刑事技术部门的衔接尚需进一步紧密**

在一线实战部门中，往往将刑事侦查部门与行动技术部门分设，侦查人员负责调查访问等侦查活动，技术人员负责技术勘验部门之间的界限造成侦查与技术严重脱节，导致现场勘查人员和侦查人员的知识结构产生缺陷。现场勘查是一项十分复杂、艰苦细致、需要投入、需要技术、需要时间的活动，有些地区的侦查人员每天要出大量的现场，巨大工作量使他们无法再顾及取证的规范和科学。② 由于人为地在刑事技术和刑事侦查中间划分界限，把刑事技术从刑事侦查中割裂出来并神秘化，刑事侦查人员与刑事技术人员缺乏沟通，现场中的外线调查和内线勘验难以交叉和重叠，③导致现场勘查工作成果难以得到有效利用，物品痕迹的利用率偏低，④给犯罪现场勘查工作造成了不良影响和后果。

## 二、侦勘一体的现场勘查体制

**（一）侦勘一体化新模式**

“侦勘一体化”，是指在基层公安机关实行“侦勘合一”工作模式，将区县一级公安机关的刑事技术部门与刑事侦查部门合二为一，侦查人员既负责一般性案件、简单现场的勘验工作，又负责一般性案件的侦查破案工作，即在区县一级公安机关打破“侦技分离”的格局，实现“侦技结合”。当遇到复杂现场、重大案件时，区县一级的侦查人员可以请求市一级公安机关的技术人员进行协助勘验。这种模式最为重要的特点就是合作、协调和交流。在“侦勘合一”的模式下，承担案件侦查任务的专业侦查队、中队或探组，担负着从立案、勘查、办案到破案等侦查和技术的全部工作，侦查人员既是指挥员，又是调查员，还是技术员。在破案责任制

---

① 吕木荣：“公安机关现场勘查规范化研究”，华侨大学2013年硕士学位论文。

② 李勇权：“完善我国刑事案件现场勘查工作的思考”，载《湖北警官学院学报》2010年第5期。

③ 曹军哲、崔龙：“完善刑事侦查现场勘查工作的初步思考”，载《湖北警官学院学报》2014年第6期。

④ 王小光：“现场勘查规范化研究”，西南政法大学2011年硕士学位论文。

的推动下,侦查人员必然会重视现场访问与现场勘验的结合。勘验人员会以服务侦查的意识进行痕迹物证的采集工作,并及时将信息反馈给访问人员,访问人员也会自觉关注现场信息,以信息引导访问,以期获得更多的侦查线索。这样,无须刻意强调沟通和交流,在制度的约束和调整下,现场勘验和现场访问工作就真正实现了有机结合,提高了现场勘查工作的效率,节约了侦查成本。①

让侦查人员在现场勘查大环境的基础上学习、掌握现场勘验的基本技术,让刑事科学技术人员学习侦查办案的基础思路,使刑事侦查与刑事科学技术有机结合,达到现场勘查的高效、高能。"侦技一体化"要求侦查人员投入现场勘验、检查的工作中去,甚至在小案犯罪现场侦查员可以独立完成现场勘验工作。这样减轻了刑事科学技术人员的工作量,同时使侦查人员能更深刻全面地认识现场,更有效地提取痕迹物证;在减轻刑事科学技术人员工作压力的同时,侦查人员积极投入到小案现场的勘查工作,切实提高了公安侦查部门对现场的勘验率,落实了对现场"必勘"的要求。"侦技一体化"的新模式打破了现有的犯罪现场勘查体制,加强了刑事科学技术人员与侦查人员之间的工作沟通与交流,打破了刑事科学技术人员和侦查人员工作沟通的壁垒。

公安机关还可以与公安院校合作,将一线的侦查员、技术员分期分批送到公安高校,接受系统的、全面的、专业的、有针对的封闭式培训,让侦查员在学校系统地学习刑事科学技术,掌握不同案件现场的勘验方法;让技术人员在学校深刻理解侦查思路,建立刑事案件整体观念,从而提升刑事犯罪现场勘查信息和基础信息的综合研判能力。以专业的队伍建设来支撑"侦技一体化"工作新模式,以"侦技一体化"工作新模式来贯彻落实公安部提出的"一长四必"的工作新机制,推动公安刑侦工作步入一个新的发展阶段。

**(二)构筑"一长四必"新机制②**

"一长四必"的立足点就是要达到对案件现场的必勘必检,一般刑事案件、小案的现场要做到现场必勘、痕迹必采、信息必录、信息必比。结合当下数据信息的社会背景,它的着力点就是对现场痕迹物证的传统提取技术以及视频、基站等新证据全面的采集、录入、比对。其中,视频、基站的技术侦查手段就是侦查向技术的融合,是"侦技一体化"的重要实践基础。

---

① 李蕊:"推进现场勘验和现场访问工作有效结合的构想",载《铁道警官高等专科学校学报》2012 年第 3 期。

② 现场勘查工作经历了 4 种模式,即专职技术员勘查制、兼职与专职技术员混合勘查制、分类分级勘查制和"一长四必"勘查制。参见王汝健、谭晓斌:"'一长四必'现场勘查机制研究",载《科技与创新》2016 年第 2 期。

1. 全局统筹,"一长"负责

"一长四必"中"一长"是指县市区公安局长对现场勘查工作负总责,"四必"是指全部刑事案件实行"必勘、必采、必录、必比"。一长四必"没有明确界定现场勘查主体,把裁定权给了县、市(区)公安(分)局长。① 虽然"一长四必"对现场勘查主体未加明确,做了"技术处理",但是勘查的范围、内容、方式、效能均有了质的改变。

"一长四必"的关键在于"一长"。在各县市区公安局局长负总责的基础上,还应确认各级"一把手"为重要负责人,对自己辖区内的刑事案件现场的勘查工作负主要责任,同时应对具体案件定时间、定人员,深入研究,细化组织实施方案,确保各项任务顺利完成。各县市区公安局局长还应不定期下基层,了解基层办案民警的实际办案条件,发现问题,解决问题。要切实解决阻碍办案民警的各种障碍,营造重视现场,重视业务的良好环境。

2. 科学分工,必勘必采

要保证必勘必采的有效施行,就要对侦查人员、技术人员对现场勘查工作以及案件进行科学、合理的分工分类。公安刑侦部门可以根据现场的类型,将现场按照案情的内容、涉案金额的大小、危害结果的程度、现场的复杂与破坏程度及造成的社会影响等几个方面进行分类。小案、一般的刑事案件现场由培训后的侦查员勘验,刑事技术人员负责勘验结果的质量把关;重大、复杂的刑事案件由技术人员负责现场的勘验,侦查人员协助勘查。合理地划分案件现场、科学地分配勘查任务,形成现场的分级分类勘查模式,才能确保每一个现场都能做到必勘必采。技术人员应注重对侦查员在现场勘验过程中存在的问题进行指导、修正,切实提高侦查员的现场勘查水平,提高公安刑侦部门的破案率。②

3. 责任划分,必录必比

合理划分技术人员、侦查人员的勘查责任,切实落实"必录必比"。侦查员和技术员在现场提取到的大量痕迹物证以及其他信息,及时、准确、规范地将其录入到相关系统,形成有效、客观、标准的信息资源。将公安刑侦民警的工作进行合理分工,依据责任划分,切实减少侦查人员和技术人员程序性的工作,让他们将有限的精力全身心投入侦查破案中去,才能提升当下刑侦部门的破案率。

---

① 王汝健、谭晓斌:"'一长四必'现场勘查机制研究",载《科技与创新》2016 年第 2 期。

② 庞浩、刘赟:"'一长四必'现场勘查机制探究——以广西公安机关现场勘查为例",载《广西警官高等专科学校学报》2015 年第 3 期。

## 三、犯罪通信痕迹勘查①

### (一)犯罪通信痕迹的界定

犯罪通信痕迹是由犯罪嫌疑人、事主、被害人,以及与犯罪有关的人员等相互传递信息时,在公共通信系统中留下的特殊痕迹。在刑事案件中,犯罪嫌疑人、事主、被害人等案件相关人员使用的公众通信服务系统的不同,可以将犯罪通信痕迹分为无线移动通信犯罪痕迹、有线固定通信犯罪痕迹、互联网络通信犯罪痕迹。三类犯罪通信痕迹的工作原理各不相同,在犯罪痕迹的表现形式上也有所区别,在案件侦办中的应用形式和分析方法也有所不同。犯罪通信痕迹现场定义为:犯罪嫌疑人在涉及的刑事案件中,产生信息通信痕迹的任何空间环境和场所,除了犯罪嫌疑人实施犯罪的地点外,还包括犯罪嫌疑人在案发前多次踩点路径的路线和场所,出入现场路线和实施犯罪后藏匿的一切场所等。

### (二)犯罪通信痕迹特点

犯罪通信痕迹现场除具有常规痕迹现场的特点,还具有以下特征:

1. 表象的无形性

犯罪现场是犯罪活动之场所,是犯罪的因果联系最为集中,留有痕迹、物证相对较多的地方。在现场勘查过程中,常规痕迹物证具有物理化学、生物方面的形态特征,是一种看得见、摸得着的客观实体。而犯罪通信痕迹在勘查过程中无迹可循,看不见、摸不着,大多以电磁辐射信号或0、1编码的二进制数字信号存在。这就要求侦查人员要具备基本的通信基础知识,并借助一定的技术方法,仔细勘查任何接收或发送通信信号的服务终端或中继节点。

2. 时间的连续性

在刑事案件发生前后及发生过程中,犯罪嫌疑人使用通信工具与同伙、被害人等相关人员发生信息通信时,在相应的公共通信系统中产生犯罪通信痕迹,从而必然引起现场通信环境的改变。犯罪嫌疑人在案件发生前,通信痕迹显示反复出现的地点一定是犯罪嫌疑人踩点的现场。案件发生时,犯罪嫌疑人使用的通信工具在公共通信系统中产生长时间的通信痕迹记录信息的地点一定是第一现场。根据犯罪通信痕迹信息记录的时间,可以将之进行有效串联,把踩点现场、案发现场、第二现场、逃匿现场、藏匿现场等有序连接起来。

3. 空间的广袤性

空间因素是犯罪现场存在的首要因素。犯罪活动直接作用于客观事物,必然

① 张冬冬、闫万鸿:“犯罪通信痕迹的现场勘查”,载《公安研究》2013年第6期。

引起周围环境的变化,或是物品的变动、损坏,或是犯罪痕迹、物证的留存等。信息通信网络已覆盖地球上大部分地区,包括陆地通信系统、无线通信系统及卫星通信系统三大网络,数据资源信息的储存以及通信中继节点分布于全球的各个角落。每一次通信服务的请求都可能经过几次路由中转,使通信数据在很大区域内传输。侦查人员在勘查过程中,要根据当时的通信环境加大现场的勘查范围,将通信信息可能路径的一切中继节点纳入查找范围,为侦破案件提供有力线索。

4. 环境的可变性

犯罪通信痕迹以通信技术为依托,易受主观因素的影响,能够反映犯罪嫌疑人或见证人的犯罪动机、目的、手段等,相对来说能够较准确地反映犯罪嫌疑人进行犯罪活动的部分情节或其他相关因素。但同时,犯罪通信痕迹的这种准确性和指向性又易受到现场各种环境条件和人为因素的影响。一方面,电磁无线信号容易受到周围环境的影响,现场天气、湿度、灰尘浓度、云层度、临时障碍物等都会有所影响。通信服务终端会实时根据信道择优原则选择不同的中继路径,从而给侦查人员的现场勘查增加了难度。另一方面,通信信息使用二进制数字信号传输,而数字信号是非连续性的,如果有人故意或操作失误对通信痕迹现场的通信记录进行截取、删节、剪接、覆盖,从技术上是很难查清的。

**(三)犯罪通信痕迹现场勘查的运作**

1. 调查访问

在侦查案件中,被害人或者某些知情人了解犯罪嫌疑人在作案时或作案前后曾使用过电话、QQ、E-mail 等通信服务终端的情况,因此,在围绕案件开展调查访问过程中要注意向被害人及有关知情群众了解犯罪行为人在作案前、作案中、作案后一定时间内是否使用过手机或其他通信服务终端,以及使用该通信服务终端的具体时间、地点、口音、主叫还是被叫、QQ、E-mail 地址等案件相关的通信痕迹信息。如果被害人手机被盗或被抢,还应向被害人了解被盗、抢手机的 EMSI(国际移动用户识别码)串号等信息。①

2. 本地现场勘查

本地现场勘查是指侦查人员在案发现场,对与犯罪通信痕迹相关的手机、固定电话、计算机等通信服务终端及手机基站、网络路由器等通信节点所做的勘查和检验。

第一,固定电话的现场勘查。犯罪嫌疑人在使用固定电话通话时,很多固定程控电话机本身也会储存一定量的通信痕迹信息,如常用电话的快捷呼出功能、

---

① 薛殿杰:“利用通信信息痕迹的侦查方法”,载《江苏警官学院学报》2004 年第 1 期。

最近十次呼入呼出电话、通话时间、通话时长、电话留言等信息。侦查人员在现场勘查的过程中，要及时提取程控话机上储存的相关信息，认真做好勘查记录。针对犯罪嫌疑人使用过公用电话的情况，应注意从公用电话的计费器中获取。有人值守的公用电话在通话时，除了在电信部门的系统服务器上留下相应话务资料外，在电话亭的计价器上也会留下相应的呼入和呼出电话号码、通话时间和应交费用等通信痕迹信息，并在一定时间内保存。一般计价器可保存 20 ~ 30 条通话记录，并随着新记录的写入，将旧记录覆盖。所以在案件侦查中涉及有人值守公用电话时，一定要快速行动，以免贻误战机。

第二，手机等移动电话的现场勘查。对本地现场上可能留存、记录有涉案通信痕迹信息的移动电话，要注意查看其中的通信记录，如手机中储存的呼出、呼入电话号码及通话时间、通话时长、通话起止时间、短信内容，等等。对于手机中储存的通讯录等也要注意收集分析，予以查看、收取，在勘验检查中要增强保护涉案通信痕迹信息的意识，并注意对现场上的手机等与案件有关的移动通信工具不要随意按动、拨打或关机，以免破坏或删除原有的涉案电话通信信息。随着现代化通信科学技术的发展，手机终端的功能已不是传统意义中的简单通话功能，它已经逐步向多媒体化、功能化、智能化的方向发展。在这种科技快速发展的形势下，侦查人员必须与时俱进，紧随时代潮流，时刻更新自己掌握的科学技术知识，在现场勘查过程中，认真细致找寻任何与犯罪通信痕迹有关的线索、证据。在现场勘查中，现场遗留的手机除了储存有常规的通话信息和通讯录信息外，还会在外置的储存卡中储存一些额外信息，特别是多媒体信息，例如，拍摄的图片、视频、录音，接收或下载的彩信类多媒体信息，蓝牙、红外、wifi 等方式接收储存的多媒体信息等，此外，大多智能机都已经集成安装了类似 QQ、微信、微博、人人等即时通信的 JAVA 程序，手机中储存了大量手机上网时即时聊天的记录信息等。上面谈到的这些痕迹信息，侦查人员在现场勘查时，都要及时予以拍照、摄像、收集，加以固定。

第三，QQ、MSN、E-mial 等即时通信的现场勘查。即时通信是指能够即时发送和接收互联网消息等的业务。利用即时通信工具可以实现网络用户间的文字、语音、视频等多媒体的实时互通交流。常见的即时通信工具软件有 QQ、MSN、UC、POPO、微信、人人、阿里旺旺等，他们的功能大致相同，但也存在诸多差异。侦查人员首先详细勘查现场计算机中安装的即时通信软件，然后针对性地利用相对应的侦查软件，在不掌握密码的情况下，以非在线状态对本地计算机上的通信信息进行获取和分析。其中，在现场勘查中详细全面地检查现场的即时通信痕迹信息可以包括：即时通信软件中的联系人、最近联系人、联系频率高的人员名单；

通信联系的具体时间和详细内容;登录在线及下线的时间和登录IP地址、上传或下载的多媒体信息等。有些刑事案件中,犯罪嫌疑人具有一定的反侦查能力,往往在作案后,通过某些手段将即时通信软件卸载并删除相应的登录记录及用户数据。这时要求侦查人员本着对案件负责任的态度,全面细致勘查现场的计算机,利用计算机取证软件对计算机中删除的通信信息进行恢复、并获取和分析,为案件的侦破提供线索和方向,这要求侦查人员具备一定的计算机技术知识。

第四,无线通信环境的勘查。无线通信环境的勘查,是指对案发现场的无线通信环境进行探测,查找并记录为案发现场环境提供无线通信服务的基站信息,以达到发现案件线索,查找确定犯罪嫌疑人的目的性侦查。基站是指在一定的无线电覆盖区中,通过移动通信交换中心,与移动电话终端之间进行信息传递的无线电收发信电台。基站可看作一个无线调制解调器,负责移动通信信号的接收、发送处理。一般情况下在某一特定区域内,多个子基站和收发台共同组成一个蜂窝状的网络,通过控制收发台与收发台之间的信号相互传送和接收来达到移动通信信号的传送,这个范围内的地区也就是我们常说的网络覆盖面。因此,在案发现场的电磁环境中充斥着来自三大运营商网络基站的无线电覆盖。这就要求侦查人员利用相应的无线通信环境探测工具,认真仔细地对现场的三大运营商的基站信息进行全方位的搜集和记录。只有全面细致搜集了相应的基站信息,才会为下一步犯罪嫌疑人的碰撞筛查及侦查实验等工作提供强有力的信息支撑。同时,侦查人员还应遵循及时性的原则。因为无线电磁信号容易受到周围环境的影响,如现场天气、湿度、灰尘浓度、云层浓度、临时障碍物等,以致通信服务终端会实时根据信道择优原则在相邻的服务基站间选择最优路径进行传输,从而给侦查人员的现场勘查增加了难度。

3. 远程关联现场勘查

远程关联现场,是指在案件发生前后、案件发生中,犯罪嫌疑人、被害人、事主使用通信服务终端发生通信行为时,在现场的手机、程控电话、计算机中留有通信痕迹,与此相关的网络节点及系统主服务器即为远程关联现场。

第一,与固定电话相关联的远程现场勘查。利用固定电话通话时,电信局中心服务器会自动记录下该电话用户呼出和呼入的所有通信联系号码及通话日期、通话时间、通话时长、电话留言等多种话务信息记录。通过对用户的话务信息查询,可以结合案情分析通话双方与案件的联系,以便从中发现案件相关线索。

第二,与移动电话相关联的远程现场勘查。使用移动电话进行通信联系时,运营商的计算机网络主服务器会自动记录下通话双方的电话号码、通话时间、通话时长、短信信息、位置信息等有关信息。犯罪通信痕迹信息除一部分存储于手机等通信工具中外，大部分信息会保存在通信传输媒体的计算机网络主服务器中。因此，在案件侦查过程中，一旦获悉犯罪嫌疑人持有、使用的手机号码或被盗、抢手机号码等信息后，侦查人员应立即获得有关涉案通信痕迹信息，为案件侦破提供有力线索。最近几年，随着“云”概念的提出，手机运营商给手机用户提供了更为便捷的“云存储”服务。手机用户可以将自己的通信录信息、关键的短息信息、多媒体类信息等分类上传至自己的“云空间”。这又为侦查人员对案件的侦查提供了一条新思路。

第三，与即时通信相关联的远程现场勘查。犯罪嫌疑人使用 E-mail 及 QQ 等即时通信软件工具时，在相应的通信传输节点也会形成痕迹信息，如 E-mail 服务器、网站主机、路由节点、即时通信服务器上都会留有用户的通信痕迹信息。当犯罪嫌疑人、被害人、事主作为用户通过自己的软件客户端登陆系统服务器后，从服务器获取当前的用户信息列表，列表信息包括了系统中每个用户的 IP 地址。在程序运行的过程中，服务器负责实时地将系统内用户的变动情况及时地通知在线的每个成员用户。用户就可以开始独立工作，自主地向其他用户发送消息。每当有新用户加入或在线用户退出时，服务器都会及时发消息通知系统中的所有其他用户，以便它们实时更新用户信息列表。对于远程主服务器中通信痕迹信息的勘查，除了要收集常规的聊天时间、时长、内容、联系人信息外，在主服务器上还可以找到聊天双方的 IP 地址信息、双方上传下载的资料信息、离线上传的资料信息，以及即时通信软件提供的 VIP 服务信息等，从而为尽快确定侦查方向，有效定位犯罪嫌疑人提供有力的证据和依据。

犯罪现场勘查人员为了获取犯罪线索，分析并弄清案情，依法运用相关通信探测工具，以提取、固定现场留存的与犯罪有关的通信终端、中继节点、无线电磁数据、即时通信数据、服务器信息数据、传统物证和其他信息，即犯罪通信痕迹现场勘查；通过犯罪通信痕迹现场勘查与传统现场勘查的有机结合，才能更加有效地扩展侦查思路，准确地确定侦查方向和范围，为侦破案件提供有力证据。

## 四、犯罪心理痕迹勘查

### （一）犯罪心理痕迹概念

犯罪心理痕迹，是指犯罪行为人形成犯罪决意，并支配犯罪行为实施的各种心理因素的总和，是犯罪行为人在一定情境和条件下，心理活动过程和个性特征的综合反映。[①] 犯罪心理痕迹是由犯罪行为作用引起的，利用犯罪心理痕迹揭示

① 罗元明、张宇：“犯罪行为和犯罪心理痕迹分析”，载《湖北警官学院学报》2013 年第 10 期。

犯罪心理，是一种逆向地从作案人行为活动所遗留下来的心理痕迹入手分析案情、刻画案犯特点、追溯犯罪行为人的方法，符合心理学的基本原理。

**（二）犯罪心理痕迹特征**

1. 犯罪心理痕迹的普遍性、客观性

人的心理活动是普遍存在的，是人类演变发展及从事生产活动的客观产物。人的一切行为都必须依靠心理支配，有客观行为就必然有主观心理支配，虽然犯罪心理痕迹看不见，摸不到，但是无论是在犯罪行为实施进行中，还是在犯罪的预备准备阶段，抑或是在犯罪完成之后的掩盖行为中，犯罪心理痕迹都是普遍存在的，必然依附于行为者的外在行为之中，通过各种“载体”表现出来。犯罪心理痕迹的普遍性告诉我们，只要存在犯罪活动，就必然有犯罪心理痕迹，它不仅存在于一切人的一切犯罪，而且贯穿于犯罪的始终。

2. 犯罪心理痕迹的特殊性

犯罪心理痕迹是以物质痕迹为载体的，它不是依靠人的感官器官所能直接发现并且提取的，它的特殊性在于它是无形的、间接的，是需要侦查人员的抽象思维分析、甄别、处理、筛选才能综合得到的痕迹信息。犯罪心理痕迹总是隐藏在犯罪行为背后，但却反映客观行为。每个人的心理活动都需要经历认识过程、分析过程、接受过程、意志过程，但是由于个体的先天因素不同，生存环境不同，接受教育的程度不同，接触的人与事的角度不同，因此每个人必定拥有自己独特的个性心理特征。犯罪心理痕迹因“人心不同”的个体差异和“人心易变”心理差异，不同的犯罪嫌疑人，其年龄、性别、文化程度、人生阅历是互不相同的，因此其在犯罪过程中所留下的犯罪心理痕迹也是互不相同的，从中体现出犯罪心理痕迹的个体差异性。

3. 犯罪心理痕迹的相对稳定性、可认知性

犯罪心理痕迹是不依侦查人员或犯罪嫌疑人的意志为转移的客观存在。从心理学的角度来看，“一个人的心理发展是心理状态向个性特点演变的过程”。[①]人的某些个性心理特征如性格、气质、能力、兴趣、爱好、习惯、技能熟练程度等在较长的一段时间内，甚至在一生当中都发生作用，并保持相对的稳定性，受到心理活动的推动，犯罪嫌疑人在实施犯罪时所留下的心理痕迹也具有相对的稳定性，无论是无意遗留，还是有意掩盖，只要犯罪嫌疑人实施了犯罪行为，有行为就必然有各种痕迹暴露的可能性，有了这种可能性侦查人员就可以发掘和提取，即具有可认知性。

结合个体特性，犯罪心理痕迹的相对稳定性决定了其可认知性。因此，侦查

---

① 刘帆、周文斌：“犯罪现场心理痕迹的利用”，载《贵州警官职业学院学报》2005 年第 4 期。

人员可以利用犯罪现场提取到的物质痕迹载体——手印、足印、枪弹痕迹、笔迹等分析其中隐含的犯罪心理痕迹，只要侦查人员具有良好的观察、分析和判断能力，有意识提取犯罪心理痕迹，科学运用心理学及相关理论作铺垫和对应的犯罪心理测试技术等犯罪心理痕迹检验方法，能够发现和提取犯罪心理痕迹，从而研究和解决相关问题，有利于侦查破案。犯罪心理痕迹的可认知性，不仅提高了侦查人员勘查分析的能力，而且对于锁定犯罪嫌疑人，指引侦查活动的方向，提升破案速度和效率大有帮助。

**（三）犯罪心理痕迹在现场勘查中的运用**

犯罪心理痕迹的潜在性、隐蔽性、抽象性等特征使侦查人员在现场勘查的过程中并不能直观、直接地提取和分析利用。另外，犯罪心理痕迹的分析，必然要借助犯罪现场物质、有形痕迹的提取分析然后再过渡到心理层面的研究利用，这不仅要求侦查人员具有良好的勘查能力和技术、敏锐的观察和分析能力，还有必要掌握相应的心理学知识，并且要具备大局和整体意识，综合各个方面各个角度对犯罪嫌疑人的犯罪心理进行猜测、勾画，从而达到准确分析犯罪嫌疑人个性倾向，个性素养，个性特征等方面的目的。由于犯罪心理痕迹的分析是一种心理层面的假设和猜测，因此，不同侦查水平、业务能力、感知和想象能力、办案经验的侦查人员对犯罪心理痕迹的分析会存在一定的差别，因此，犯罪心理痕迹分析在现场勘查中的运用又有其局限性特点。应注意以下几个问题。

1. 充分利用犯罪现场

犯罪现场是犯罪行为痕迹的发源地，是侦查人员按照各项程序要求发现和提取各类痕迹物证，因为物质痕迹是犯罪心理痕迹的载体，只有准确、全面地发现和提取物质痕迹。在此基础上，犯罪心理痕迹的挖掘和分析才具有可能性，这就要求侦查人员要对犯罪现场进行仔细勘查、详细记录，反复研究，调查询问、必要时可以进行犯罪现场重建和侦查实验，并根据司法鉴定专家的意见，还原犯罪行为，再通过这些行为进行犯罪心理痕迹分析。

2. 严格遵循客观逻辑顺序

犯罪心理痕迹分析有严密的逻辑顺序，在现场勘查的过程中，只有严格遵循犯罪心理痕迹分析的逻辑顺序，才能使勘查活动做到有的放矢。侦查人员在提取物质痕迹之后，必须依照犯罪心理痕迹分析的逻辑步骤层层递进，严格按照物质痕迹→犯罪行为→心理活动→犯罪嫌疑人个性特征的逻辑思路，一步步地分析犯罪心理痕迹。[①] 在现场勘查进行中，尤其是对一些多变的、易逝的物质痕迹，一方

---

① 蒲莹："论犯罪心理痕迹分析在现场勘查中的运用"，中国政法大学2011年硕士学位论文。

面要加强保护措施;另一方面要结合其他证据综合分析,做到由表及里,由感性认识上升至理性认识,做到厘清思路、前后一致、科学合理、不相矛盾。由此可知,利用逻辑思路指导现场勘查活动,是犯罪心理痕迹本身客观逻辑性的必然要求。

3. 综合分析各种痕迹证据

针对犯罪现场勘查所提取到的各种痕迹证据,运用不同的检验方法。侦查人员在对每个独立的物质痕迹分析得出结论的时候,不可忽视每个物质痕迹之间相应的联系。对于侦查人员来说,在现场勘查的过程中,不但要将已经取得的物质痕迹整合起来分析,还要把犯罪嫌疑人、犯罪行为、犯罪手段、犯罪工具和犯罪现场的整个态势综合起来研究。

4. 甄别犯罪现场的伪装性

侦查人员的任务是在现场勘查过程中透过现象看到本质,戳穿假象,恢复原状。犯罪现场的伪装性表征着犯罪嫌疑人的犯罪能力和犯罪经验,而且伪装的技术越高,代表着犯罪嫌疑人的反侦查能力越强。识别犯罪现场的伪装性,是对侦查人员侦查业务水平和侦查经验的考量。因此,侦查人员必须具备敏锐的分析能力,揭穿假象,还原真相,从本质上分析犯罪心理痕迹。

**(四)犯罪心理痕迹在现场勘查中运用的难点**

犯罪心理痕迹具有隐蔽性、潜化性,或然性特征,或然性其本身就给现场勘查的犯罪心理痕迹分析带来了极大的阻碍与困境。此外,分析犯罪心理痕迹必须运用逻辑顺序及进行逆行思维,从结果发掘原因,又从原因勾画犯罪嫌疑人的“肖像”,环环紧扣,步步相连,其中每一步的进行又要将多种因素综合考虑,而每一个因素都要与犯罪情景,犯罪现场的突发因素结合起来研究。①

1. 利用犯罪心理痕迹分析还原犯罪行为中的难点

依据犯罪现场的物质痕迹,可以进行犯罪行为的重建,但是犯罪现场的物质痕迹并非属于同一种类,有的是犯罪现场遗留物,有的是犯罪工具的使用造成的痕迹。要还原每一个物质痕迹的行为,就势必会出现一个犯罪现场同时出现许多行为的情况,而每一种行为的付诸执行必然是某一种心理驱动使然。但是这每一种行为的心理活动究竟与犯罪动机的关系如何,是同一犯罪动机的各种表现,还是与犯罪动机无关的其他行为。后者往往在犯罪现场成为一种反常态,容易引起侦查人员的注意。

侦查人员要将每一种行为(犯罪行为)所反射出的犯罪嫌疑人的心理状态,根据案情的基本情况和基本的犯罪动机,结合犯罪现场的环境条件和其他条件以

① 傅锐:“浅议犯罪心理痕迹分析的应用”,载《北京人民警察学院学报》2012 年第 2 期。

及整个案情进行分析。立足这些基础，侦查人员可以进行大胆的假设与猜想，并通过其他侦查成果验证假设，从而达到整体综合立体地分析案件的效果。例如，新疆某市某女被杀一案，经过现场勘查，法医发现死者身体仅有一处刀伤，即刚刚划破心脏，且犯罪嫌疑人用刀手法熟练，力度到位，虽然创伤不大，但是一刀致命。经分析，侦查人员怀疑犯罪嫌疑人可能对人体解剖学研究比较到位，而且实战经验丰富，种种猜测摆在了侦查人员的面前：犯罪嫌疑人可能是外科医师，可能是医科大学的老师或是研究人体解剖学的学者。但是，犯罪现场的另一反常痕迹揭开了侦查人员的谜团：死者死时平稳躺于床上，身上的血衣褪下，并被换上一身干净衣物，死者身体全部被床单遮掩，而且室内物品摆放整齐，犯罪现场未见任何血迹。如果抛开常态痕迹，单独分析这一反常态痕迹，我们会认为犯罪嫌疑人可能出于惭愧恻隐之心，也有可能犯罪嫌疑人与死者相熟且生前关系较好，杀害死者之后又用此方式为死者送行，当然我们还可以得出许多大胆的猜测。单独分析反常态并非错误，反而可以大大拓展侦查人员的思路，得到大量的假设，但是犯罪现场是一个整体，侦查人员必须站在全局的高度分析问题。

回到案例，通过常态与反常态痕迹的综合比对分析，家中财物未盗，断定为仇杀，在此犯罪动机之下，犯罪嫌疑人又为何在犯罪行为实施之后进行后续行为，后续行为显然与报复杀人不相关，但是，就是这后续行为，影射出犯罪嫌疑人的职业特点，即可能在医院工作，在日常工作中有一些“洁癖”的心理，存在一定“职业病”，后续行为利落完整，可见实施行为时内心平静，可能工作中接触过尸体，对尸体的处理方式经验较充足。经过综合分析，可以得出外科医师的犯罪嫌疑最大。犯罪现场的复杂状态，必然要求侦查人员缜密细致综合地分析问题，克服现场勘查中犯罪心理痕迹分析的难点，指引侦查活动的进一步顺利进行。

2. 犯罪心理痕迹分析中的取舍问题

侦查人员在现场勘查中进行犯罪心理痕迹分析的时候，常常会对犯罪嫌疑人的内心活动、个性特征，得到许多符合实际条件的假设猜测，每一个假设猜测在犯罪现场的整体分析中都有其真实性和可能性。这是侦查人员分析犯罪心理痕迹的后期阶段所应该查明和解决的问题，要把对犯罪心理痕迹的分析放进整个现场勘查阶段，并结合其他侦查方式和手段，多管齐下为侦破案件服务。

## 五、信息引导犯罪现场勘查

### （一）现场勘查工作信息化的定位

从目前学者的普遍观点来看，“现场勘查信息化”存在两种不同的理解：从广义上来讲，是指以信息科学为依托，凭借相关信息技术和网络技术，在相关部门的统一组织下,处理与现场勘查有关的各种信息,并以此为依据指导现场勘查工作的深入进行,实现信息"导勘"的理念制度和勘验模式。从狭义的信息技术层面上来讲,即现场勘查部门在勘查工作结束后,及时录入相关现场信息,使现场信息能够在可控的范围内实现信息共享,以求在案件串并的基础上实现侦查协作与情报共享的信息平台建设。①

本书所谓之现场勘查工作信息化,是广义理解,是指以信息科学为先导,以信息技术和计算机网络技术为载体,在侦查部门的统一规划下,搜集、储存、传输、分析、研判和现场勘查有关的各种信息,并以此为依据指导现场勘查工作的深入进行,制定侦查决策,以实现信息主导现场勘查工作的过程。②

**(二)刑事案件要素的信息化变革**

随着信息通信技术的发达,刑事案件也呈现出一些新特征:③一是刑事案件信息形式的多元化。随着信息技术的发展,众多先前不能够被侦查人员利用的信息形式逐渐进入我们的视野,如手机通话信息、视频监控信息、移动终端定位信息,等等。其中,手机作为现代方便人们交流的通讯工具,从目前的侦查实践来看应用效果最好。通过到电信部门调取通话记录等相关信息加以研判,就可以获知目标人员的通话地点、时间、联系对象、活动范围等。

二是传统情报资源的信息化。公安信息化建设以前,各地公安机关都通过阵地控制等措施加强对旅馆业、娱乐业、二手市场等行业的控制,成为警务工作的重要信息来源。通过信息化建设,这些情报信息都能纳入情报系统中来,提高了信息的利用效率和功效。

三是案件信息关联更加复杂。在传统的信息收集、管理和利用模式中,信息基本处于静止和孤立的状态,信息的利用经常只局限于某个侦查人员或者某个区域。信息化背景下,我们可以用信息化手段将各种不同的案件信息加以管理,通过相关信息之间的关联,挖掘出深层次的情报信息。

**(三)现场勘查信息化的平台建设**

犯罪现场勘查工作包括了犯罪现场保护、实地勘验、现场访问、临场分析等内容,它融合了现场勘查人员、组织机制、法律规则等多元内容。从其信息运作的视角来看,它是从获知现场形成到信息转交的一个长线工作结构。"现场勘查的信

---

① 张全涛、霍然:"论当前现场勘查信息化建设存在的困境与突破",载《中国刑警学院学报》2013年第1期。

② 欧林波:"信息化背景下现场勘查工作的变革与发展",载《湖北警官学院学报》2011年第5期。

③ 同上。

息化建设不能局限于简单的现场信息共享，而是内部信息传递与外部信息交流协作的集合体，其物质建设也应当以此为理念。”①

1. 报警平台信息化建设

犯罪现场勘查往往是从接报警开始的，知情群众的报警是侦查机关认知刑事案件发生的重要渠道，报警平台是侦查机关信息处理的前哨阵地，它具备以下特点：第一，接警方式多样化，短信接警、网络接警、呼叫应答式接警、巡逻接警、警务室接警等方式必须统一运用，统一规范。第二，接报警也实现“网格化”、“扁平化”，接警区域化、智能化，基层接报警并迅速处警，掌握现场情况，基层接警平台与上级危机处理平台互通。第三，在应对突发案件现场勘查时，能够充分紧急动员侦查及其他警务力量，允许紧急状态下的呼叫集结，以求最大限度、最快速度地控制现场。

2. 现场勘查组织模块化建设

当前，现场勘查力量大多采用分散式战备值班设置，即在接到现场勘查任务后，通过具体指挥人员，向侦查访问人员、技术勘验人员、警犬、电子侦防人员下达集结命令，继而赶往现场进行工作。这种方式虽然满足警力资源的最大使用限度，能够保证日常工作的良好进行，却不利于紧急现场勘查任务下信息传递和命令下达。应当构建“模块化”的现场勘验战备制度，应当从以下两方面入手：一方面，根据案件性质和种类，设定多层次的技术力量和访问力量战备，构建层次分明的现场勘查队伍。另一方面，在同级犯罪现场勘查组织内部，实行侦查力量和刑事科学技术力量组织的模块化建设，随时可以形成战斗力。

3. 现场勘查信息沟通机制建设

现场信息平台建设是信息内部公开的一种重要形式，其优点是，能够客观反映现场情况，避免信息处理人员主观影响所造成的信息失真，其缺点便是发布对象、共享主体、信息二次传播不受控制，难免造成信息发布扩大现象出现。② 现场勘查信息化平台建设应当遵从以下几个方面：第一，全面的信息展示，将第一手的图片、勘验笔录、录像资料上传平台；第二，规范化的信息录入机制，在摒弃个人主观信息臆测处理基础上，按照种类、性质、文件类型进行扇区式储存共享，便于查阅；第三，建立现场勘查信息平台权限制度，给予各公安机关侦查部门负责人、指挥人员、情报分析人员以相应的查阅权限，形成二次信息控制，实现有限的信息内

---

① 裘树祥、马跃忠：“现场勘查过程中的信息化应用——以‘信息导勘’为切入点”，载《北京人民警察学院学报》2015 年第 5 期。

② 张全涛、霍然：“论当前现场勘查信息化建设存在的困境与突破”，载《中国刑警学院学报》2013 年第 1 期。

部公开。①

**（四）现场勘查信息化建设的障碍**

1. 勘查人员信息化素养欠缺

多年的工作经历和思维方法在基层民警的内心中已经形成了定势，面对迅速推进的信息化进程，许多勘查人员没有充分转变观念，往往相信自己的经验和直觉，在勘查工作中仍然遵循着以往的思考和行为方式。信息化对勘查人员的素质提出了较高的要求，然而许多勘查人员并没有牢固掌握计算机和网络技术方面的知识和操作技能。在基层公安机关中，真正能熟练运用计算机网络开展侦查工作的信息化人才十分缺乏，民警掌握不了现代化器材的实用技术，信息收集、整理、分析能力也不强，这些都阻碍了现场勘查工作信息化建设的推进。

2. 勘查专业化人才不足

警力不足问题已成为制约和困扰基层公安工作协调运作的一个重要因素。侦查机关的现场勘查力量不足是一个普遍存在的问题。基层勘查人员有时候在一天内可能需要勘查10余个现场，往往一两名民警承担了从提取痕迹物证到记录、绘图的全部工作。在这种情况下，移动终端、信息采集设备等往往得不到充分使用，背离了信息化建设的初衷。另外，在目前的体制和机制下，侦查人员破案立功的机会多，升迁容易，而从事技术工作最多只能成为一名优秀的技术人员，发展前途受限。这也导致了许多优秀的技术人才不愿进入技术部门，他们或是调到侦查破案部门，或是升职为行政领导，客观上形成了专业人员流失的现状。

3. 勘查中侦技衔接脱节

现场勘查工作既是侦查工作的基础，又是刑事技术工作的重头戏。但在实际工作中，侦技人员没有实现有效衔接，使现场调查情况与现场勘验情况无法有机结合起来。现在有的刑事技术人员不了解侦查工作，只管勘验现场，提取痕迹物证，不管对现场的分析判断，不能及时将现场的信息反馈给侦查人员，失去了许多宝贵的破案机会；有的侦查人员由于利用现场信息的意识淡薄，不主动找技术人员了解现场勘查的情况，也不将调查情况向技术人员通报以获取技术支持，形成了侦查与技术脱节的现象。刑事侦查人员不懂技术，而刑事技术人员又不熟悉侦查；刑事侦查人员不了解现场取得的痕迹物证，刑事技术人员也很少关心侦查工作进展。由于彼此不能互通信息，现场发现的痕迹物证不能得到及时有效的利用，直接影响到现场信息的充分使用，更谈不上现场潜隐信息的挖掘。

---

① 裘树祥、马跃忠："现场勘查过程中的信息化应用——以'信息导勘'为切入点"，载《北京人民警察学院学报》2015年第5期。

4. 各信息系统整合不力

目前，按照公安部的要求，公安机关建有全国刑侦综合信息系统、全国情报信息研判平台、在逃人员信息系统、全国失踪人员信息系统，全国未知名尸体信息系统、全国DNA信息系统、全国指纹协查平台等，这些信息系统都是单独存在，彼此缺乏联系，给基层技术人员带来了超负荷的信息录入等工作压力，也造成了人、财、物的公安资源浪费。①

**(五)推进现场勘查工作信息化建设完善**

1. 指标规范化建设

为信息化建设提供制度支撑要充分发挥信息化在现场勘查工作中的作用，必须深化现场勘查信息化改革，针对具体工作中的分工职责和实施环节，建立一整套科学、合理、实用的规章制度和操作规范。当前，公安机关的侦查信息化建设主要是在公安部“金盾工程”、“三项建设”等方针指引下进行的，具体的执行标准都是各级各地公安机关结合本地的实际情况自行制定的，缺乏全国性的统一标准和规范，造成情报系统中的信息质量欠佳。伴随着大情报体系的构建，现场勘查作为信息收集获取的重要渠道，有必要由相关部门制定全国性的统一建设标准和规范，引导现场勘查信息化建设朝着最有利于侦查的方向发展。

2. 加强人员教育培训

勘查人员是现场勘查信息化建设的主导。深入推进现场勘查信息化建设，首先，现场勘查人员必须增强自身的信息化意识，树立信息主导勘查的理念，以便在工作中能充分有效地收集信息，实现勘查人员以及各部门之间的资源共享和信息互通。其次，加强对勘查人员的教育培训，尤其是信息化培训。最后，在专业人员招聘上予以倾斜。在当前信息化建设的重要阶段，可以选择招收适当比例的计算机和软件工程专业的毕业生，引进一批软件研发和网络应用的人才并对其进行专业培训，将他们的专业知识和侦查工作有机结合起来，必将大大推进现场勘查信息化进程。

3. 推进侦技合一

从目前的现场勘查工作模式看，由于人为地将现场勘验和现场访问划分开来，把刑事技术与刑事侦查割裂，侦查人员与技术人员缺乏良好的沟通，现场中的外线调查和内线勘验难以交叉和重叠，从而导致侦查与技术严重脱节的现象较为普遍。侦查人员和技术人员的配合，不应该只是形式上的配合。侦查人员也应该

---

① 欧林波：“信息化背景下现场勘查工作的变革与发展”，载《湖北警察学院学报》2011年第5期。

加入到现场勘验中来，而不是仅仅局限于外围现场的调查、访问、搜索。技术人员要以服务侦查的意识进行痕迹物证的采集和信息收集工作，并及时地将信息反馈给侦查人员；侦查人员要在配合勘查的过程中，在技术的层面上掌握现场的第一手信息，进而更有效地为侦查破案服务。

4. 启动犯罪现场勘查平台建设

网络化查询、指挥与监督信息平台、技术设备是现场勘查工作信息化的前提，是实现信息传递、指挥调度以及监督控制的基础。首先，应当积极顺应现阶段公安信息化建设的大趋势，犯罪现场勘查信息平台。平台要以全国公安机关现场勘查信息系统为基础，以指纹、足迹、枪弹痕迹等自动识别系统为主干，最大程度地实现与刑事案件、违法犯罪人员等信息系统的共享和整合。其次，根据本地的经济条件，适度改进升级录音、录像设备，采用较先进的数字音频视频采集、存储技术，由此所获取的音、视频数据在后期的案情分析能更直观地展现在侦查人员面前，突出现场的真实状况。在此基础上，通过网络传输技术实现对勘查活动的全程指挥调度，及时获取案件最新进展，指导现场勘查工作深入进行。尤其是在涉及多个现场同时进行勘查时，可以利用平台将最新信息提供给在主体、关联现场以及外围的侦查人员。

# 第二章　犯罪现场勘查体制源流

在中国浩瀚的简册、绵帛、史书等资料中，我们处处可觅犯罪现场勘查的踪迹。秦时，相关律令就已为该种综合性常规侦查措施规定了步骤和文书格式；而帝制兴盛时期的众多折狱著作则为我们提供了更多的现场勘查规范。从某种意义上讲，中国传统侦查措施的“法制化”往往就体现在现场勘查的法律体系上。随着法医、文书等技术的发展，踏勘、检验、检查手段的发达，传统现场勘查一度兴盛。在清末中国传统侦查现代转型之前，现场勘查一直是中国传统侦查措施中至为重要的证据采集手段，也是最为重要的综合性侦查措施。

## 第一节　传统现场勘查体制流变简析

在中国传统社会中，自然经济条件下发生的普通刑事案件都会有犯罪现场。“在收集犯罪证据确定刑罚权以及犯人之程序中最要者，为犯罪现场之侦查，所谓现场侦查者，即在犯罪发生地点及其附近各种事物之搜查也。”①犯罪现场之侦查，亦即现场勘查，现场勘查是指侦查人员依据传统法律规定，运用科学技术和调查手段，对与犯罪有关的场所、物品、人身、尸体、犯罪痕迹物证和事主、被害人、证人所进行的实地勘验、实地调查和分析研究。现场勘查是侦查工作中普遍采取的一项重要的综合性侦查措施，它对于侦查的启动、案件性质的判断、犯罪

---

①　俞叔平著：《刑事警察与犯罪侦查》，远东图书股份有限公司1946年版，第110页。

线索的获取、犯罪嫌疑人的确定、侦查方向和范围的划定都具有重要意义,并以其对多种证据综合性采集的功能,在侦查措施体系中发挥着无可替代的重要作用。

在中国古代侦查活动中,人们较早地摆脱了神明裁判对犯罪调查的影响,很早就关注犯罪现场所留之"形迹"。早在周朝,兼管侦查事务的官吏——"理"就已使用"瞻伤"、"察创"、"视折"等措施勘验检查人身伤害,①对犯罪作用于被害人身体形成的伤害痕迹进行勘验、检查。在传统侦查模式定型之前的历史时期,现场勘查的具体情形难以窥知,但我们可以推断现场勘查在周朝和春秋战国时代得到了长足发展,因为紧邻其后的秦王朝缔造了一个初具规模的现场勘查制度,没有前代现场勘查的制度积累和铺垫,不可能有秦汉时期分工较为细致、措施较为科学的传统勘查体制。

中央集权帝制时代的到来,为中国传统侦查措施体系得到了强有力的体制支撑,现场勘查也获得发展新契机。秦汉时期的现场勘查已具有相当规模,睡虎地秦墓竹简中《封诊式》是传统中国最早的现场勘查系统法规,也是"迄今为止世界上发现最早的一部关于侦查工作的法律规范"。② "封诊式"的名称即体现了其现场勘查的本质——"封"指的是查封,"诊"指的是诊察,"式"指的是程式,《封诊式》共98 支竹简、25 节文字,对现场勘查主体、流程规则、现场勘查文书格式都有详细的记载和描述。③ 汉简《奏谳书》对现场勘查活动也有所反映,"孔盗伤人案"中记载了一起刑事案件的现场勘查过程,被害人被人从背后贼刺,并被盗夺钱,在犯罪现场提取到犯罪行为人遗留下的一根商人用的荆券。以《封诊式》为标志,传统中国现场勘查出现首个发展高峰。

至唐宋时,人们对现场勘查的重要作用有了更深层次的认识,"狱事莫重于大辟,大辟莫重于初情,初情莫重于检验",认为现场勘验检查乃是整个案件"死生出入之权舆,直枉屈伸之机括"。④ 正是在该思想的指导之下,中国传统现场勘查体制得到了进一步的法制化和体系化。《唐律疏议》对现场勘验检查的规范不多,可以考察到的现场勘查条文只有一条——"诈病死伤检验不实",它要求勘验检查官员必须如实检验。"诈病死伤检验不实"条对检验不实做出规定:"诸有诈病及死伤,受使检验不实者,各依所欺,减一等。若实病死及伤,不以实验者,以故

① 《礼记·月令第六》,"命理瞻伤、察创、视折"。

② 周欣主编:《中外刑事侦查概论》,中国政法大学出版社 1999 年版,第 8 ~9 页。

③ 《封诊式》前两节是关于治狱、讯狱的原则,其余则是办理各种案件的案例和程序。但是绝大部分规范和案例对现场勘查和检验具有指导意义。

④ (宋)宋慈:《〈洗冤集录〉今译》,罗时润、田一民译释,福建科学技术出版社 2006 年版,洗冤集录序。

入人罪论。……”【疏】议曰：“有诈病及死若伤，受使检验不以实，‘各依所欺减一等’，即上条诈疾病者杖一百，检验不实，同诈妄，减一等，杖九十；伤残徒一年半，减一等，徒一年；若诈死，徒二年上减一等，处徒一年半之类。‘若实病及伤’，谓非诈病及诈伤，使者检云‘无病及伤’，便是故入人徒、杖之罪；若实死，检云‘不死’，即是妄入二年徒坐，使人枉入杖者得杖罪，枉入徒者得徒坐，各依前人入罪法。未决者，减一等。”①

宋时，中国传统侦查进入鼎盛期，其律令对现场勘查的规范更为体系化。终宋一世，先后制定了诸多指导现场勘查的法规——《验状》、《验尸格目》、《检验尸背人形图》等。同时，一大批记载现场勘查检查案例的著作得以问世：郑克的《折狱龟鉴》、桂万荣的《棠阴比事》和宋慈的《洗冤集录》。《洗冤集录》是世界上第一部法医学著作，其作者宋慈是一个具有丰富侦查经验的提刑，他的这本著作是传统中国现场勘查经验的积累，该书兼有侦查和法医内容，对现场勘查的官吏、勘验检查步骤、勘验检查记录、各类犯罪现场勘查等都有细致规范，这标志着中国传统现场勘查第二个历史发展高峰。

明清时，帝制趋于没落，现场勘查体制基本上沿袭了唐宋时现场勘查的大体制度框架。明清时的现场勘查承继了唐宋盛世时的成熟规范和丰富经验，沿用了《洗冤集录》对现场勘查的若干指导性规范。这反映在清人辑录的《唐律疏议》把《洗冤集录》附录其后，视为“检验滥觞之本”。② 清律的相关规则设定基本上能体现这一历史时期现场勘查整体面貌，③对现场勘查的规范集中在“检验尸伤不以实”条。清律中现场勘查规范较为体系化，表现在以下几个方面：首先，它为现场勘查规定了“地方印官立即亲往相验”的迅速及时规则、“如法相验”、如实检验、细致检验等规则。其次，它实行强制勘验制度，并设置了现场勘验检查的若干例外：事无可疑，“亲属情愿安葬，官司详审明白，准告免检”。最后，它还分门别类地规定了不同检验主体所依据的不同检验流程，如正印官外出，则由“经历、知事、吏目、典史等官”、“酌带谙练仵作，速往如法相验，写立伤单、报明印官，回日查验，填图通报”。④ 此外，它还规定了不同情况下的代为勘查制度、勘查时限制度，并为以上规则配备了刑事司法官吏的勘查责任机制，以保证现场勘查制度的贯彻

① 《唐律疏议·诈伪》，第384条，“诈病死伤检验不实”条。

② 《唐律疏议》，“重刻故唐律疏议序”。赐进士及第、山东等处督粮道兼管德常临清仓事务加二级孙星衍撰“重刻故唐律疏议序”记载：“国家辑四库全书，唐律疏议入于史部法令，秘府所藏，世人罕见。偶得元刻本，字画精致，镌梓传之。附宋提刑洗冤录于后，知检验滥觞之有本。”

③ 陆新淮：“论中国古代侦查制度的演变”，载《郑州经济管理干部学院学报》2005年第2期。

④ 《大清律例·刑律·断狱》（下），第412条，“检验尸伤不以实”条。

落实。

## 第二节 传统现场勘查组织制度

传统侦查的开展依附于现场勘查的进行，几乎所有的刑事案件都要求侦查人员在辖区内组织实施勘查。在秦前历史时期的传统侦查实施过程中，现场勘查措施中的“瞻伤”、“视折”、“察创”等都是由司法官——“理”来组织和实施。在这一历史时期，主持现场勘查的职能官吏必须是具有侦查管辖职权的法司机关官员和地方官。

秦时的现场勘查往往由基层县丞、令史、隶臣妾等负责实施。县司法机关接受案件以后，通常是县丞“即令令史”前往调查或勘验，然后作出调查或勘验笔录，形成“爰书”。[①] 在现场勘查时，由专门负责勘查现场的官员实地勘查、访问、记录、写出正式报告。相关法令要求犯罪现场的记述、痕迹形状等描绘必须客观、形象、认真、细致。凡现场勘查人员都必须有一定的现场勘查检验知识，在遇到专门问题时，由具有专门知识的人参加现场勘验和检查，如麻风病要由医生鉴定、流产要由“隶妾”参加勘查。[②]

到了传统侦查发展最为兴盛的宋朝，传统现场勘验检查已发展到较为完备的阶段。唐律对现场勘查主体的规范太过简单和原则，而宋在这一方面的相关规范则有了质和量的飞跃，律法对现场勘验检查的主体首次做出明文规范，南宋的宋慈在《洗冤集录》中记载了现场勘查的“条令”：“诸验尸，州差司理参军，本院囚别差官，或止有司理一院，准此。县差尉，县尉阙即以次差簿、丞，县丞不得出本县界。监当官皆缺者，县令前去……应牒最近县，而百里内无县者，听就近牒巡检或都巡检。内复检应止牒本县官而独员者，准此。谓非见出巡捕者。监当官出城验尸者，县差手力、伍人当直。”[③]

在南宋的现场勘查运行中，其主体是州县的司理参军、县令、县尉、县簿、县丞、巡检、都巡检，还包括执行具体操作任务的仵作、手力、伍人等勘查人员。不过，他们勘查现场、检验尸体的职权并不是平等而一致的，不同身份职位的人具有不同的勘查顺位：州差司理参军，县差尉，县尉；如果出阙，则差县令。在主官进行具体勘验活动时，有权指挥仵作、手力、伍人具体实施；对妇人的勘验检查则由“坐

① 蒲坚编著：《中国古代法制丛钞》，光明日报出版社 2001 年版，第 318 页。

② 周欣主编：《中外刑事侦查概论》，中国政法大学出版社 1999 年版，第 8 ~ 9 页。

③ （宋）宋慈：《〈洗冤集录〉今译》，罗时润、田一民译释，福建科学技术出版社 2006 年版，第 3 页。

婆”具体实施。

明清时期,通过一系列条例纂修,对现场勘查的组织规范予以补充和完善。清代的现场勘验检查制度比以前各代都要完善和细致,①规定以下主体具有勘查现场的职权:一是州县“正印官”,包括正印官外出时,代为勘查之邻邑正印官。对于斗殴伤重案件、命案等的现场,“照例正印官亲诣验看”。② 对于现场勘验检查之法,“凡为牧令悉当留心,讲究熟习”,凡遇报命案,应“传集仵作刑书,单骑简从,亲经相验”。③ “地方呈报人命到官,正印官公出,壤地相接不过五六十里之邻邑印官未经公出,即移请代往相验。”④二是州县佐贰官属吏,包括同知通判、州同州判、县丞、经历、知事、吏目、典史等州县官吏。“地方呈报人命到官,正印官公出……地处窵远,不能朝发夕至,又经他往,方许派委同知通判、州同州判、县丞等官,毋得滥派杂职。”⑤“黔、蜀等省遇有命案,其府、州、县原无佐贰,及虽有佐贰而不同城者,印官公出,准令经历、知事、吏目、典史等官,酌带谙练仵作,速往如法相验,写立伤单报明,印官回日查验填图通报。……其各省所属府州县内有与黔蜀等省相似者,一体酌量办理,其余仍照定例遵行。”⑥

辅助官吏进行现场勘查的是仵作等无官品的公人。在清代,现场勘查的具体工作由仵作和刑书来承担,妇女由产婆、稳婆来检验。清代现场勘验检查体制集历代之大成,其具体实施现场勘查工作的仵作制度亦是相当完善,这集中体现在仵作的编制、学习、培训、薪资等方面。

其一,仵作编制体系。仵作有额设、募设之别,并设学习仵作。“凡州县额设仵作,大县三名,中县二名,小县一名。并于额设之外再募一二人”,⑦“在京五城司坊,每城额设仵作一名,之外各添设额外学习仵作一名,令该巡城御史召募考试充当。……遇有额设仵作病故革退,即以额外仵作顶补,再行考募学习之人”。⑧“若仵作额缺不行募补,州县官及各上司堰交部分别议处;倘州县不将仵作补足,因而私侵工食银两者,州县官革职提问,该管上司一并交部议处。在京五城司坊

---

① 闫晓君:“清代的司法检验制度”,载《中国刑事法杂志》2005 年第 5 期。

② 《大清律例·刑律·斗殴》,第 303 条,“保辜限期”条,条例二。

③ 田文镜著:《钦颁州县事宜》,载郭成伟主编:《官箴书点评与官箴文化研究》,中国法制出版社 2000 年版,第 117 页。

④ 《大清律例·刑律·断狱》(下),第 412 条,“检验尸伤不以实”条,条例五。

⑤ 《大清律例·刑律·断狱》(下),第 412 条,“检验尸伤不以实”条,条例五。

⑥ (清)吴壇著:《大清律例通考》,马建石、杨育棠主编,中国政法大学出版社 1992 年版,第 1102 页。

⑦ 《大清律例·刑律·断狱》(下),第 412 条,“检验尸伤不以实”条,条例十四。

⑧ 《大清律例·刑律·断狱》(下),第 412 条,“检验尸伤不以实”条,条例十五。

额设仵作,即责成该巡城御史,每年照此办理。”

其二,仵作学习培训机制。清没有专业性的仵作培训机构,它实行学徒制。“凡州县额设仵作……并于额设之外再募一二人,令其跟随学习,每名给发《洗冤录》一部,选委明白刑书一人,与仵作逐细讲解。每年开印后,该州县将额设学习名数造具花名清册,申送该管府州,汇册通送院司存案。该管府州每年随时就近提考一次,考试之法,即令每人讲解《洗冤录》一节,如果明白,当堂从优给赏;傥讲解悖谬,饬令分别责革及勒限学习;另募充补,仍汇册申报院司查核,并将召募非人懈于查察之州县分别查参。”

其三,仵作薪资制度。区分额设仵作、学习仵作分别授薪,并确立赏罚制度。“至仵作工食,每名拨给皂隶工食一分;学习者,两人共给皂隶工食一分。若有暧昧难明之事,检验得法,果能洗雪沈冤,该管上司赏给银十两。傥有故行出入,审有受贿情弊,照例治罪。”①在京五城司坊的“额外学习仵作”,“其工食照额设仵作减半赏给,每名月给工食银五钱,由户部支领,以资养赡”。②

## 第三节 传统现场勘查流程体制

在中国传统社会的现场勘查领域中,虽然没有现代法治意义上的“程序”,但现场勘查活动也要遵循一定的流程和步骤。

### 一、传统现场勘查的启动

首先,启动现场勘验检查的第一道工序是犯罪知情人的报检。在传统侦查过程中,现场勘查的启动与传统侦查的启动发生了交集,在绝大多情况下,启动传统侦查的被害人“告报”、犯罪嫌疑人“自首”、知情人“告奸”、职能官吏“官纠举”都可以启动现场勘查活动。传统社会中的现场勘查往往始于被害人或基层治安官吏的报案,即事主或地方保甲的报词,“呈报命案,非尸亲,即地保”。③ “报词者,乃通案之纲领”,对那些涉及犯罪和犯罪现场情况的报案信息,现场勘查官吏必须多加注意。由于“尸亲遇有人命,多有捏砌牵连,轻重不实”。相比较而言,基层负责治安的保甲之报词要更加可靠,“地保之报词乃案中之纲领也”。④

其次,甄别不同案件类型,实行重案疑案强制勘验检查制度,并规定了现场勘

① 《大清律例·刑律·断狱》(下),第412条,“检验尸伤不以实”条,条例十四。
② 《大清律例·刑律·断狱》(下),第412条,“检验尸伤不以实”条,条例十五。
③ (清)汪辉祖:《学治臆说》,第217页。
④ 《办案要略》,第158页。

验检查的若干例外。唐以前有无对犯罪现场的强制性勘查，我们已经无从考证，但根据《封诊式》所载之“贼死”、“经死”、“穴盗”等详尽的现场勘查报告，我们可以推知：那些非正常死亡和盗窃犯罪现场，秦代应是强制勘查的。宋朝明文规定“诸因病死谓非在囚禁及部送者，应验尸”。明清时期沿袭强制性现场勘查制度，“凡五城遇有命案，除道涂倒毙、客店病亡，经该城验讯属实，即自行完结外，其余金刃、自戕、投井、投缳等案，俱令该城指挥照例验报，由该城御史审讯，转报刑部核覆审结。傥有漏报，将该城官员指名参处”。[①] “若据杀伤而死者，亲属虽告，不听免检。”[②]对重案疑案犯罪现场进行强制性勘查，可以有效地制止民间私和，保证国家刑罚权的有效实现。

再次，传统法律为现场勘查的强制性规则设定了免检例外。传统法律并不僵化规定勘验检查所有犯罪现场，对于明白无疑的犯罪现场，经过特定范围苦主的申请，可以免检。宋时对现场勘查的例外要求：“同居缌麻以上亲，或异居大功以上亲至死所而愿免者，听。若僧道有法眷，童行有本师未死前在死所，而寺观主首保明各无他故者，亦免。其僧道虽无法眷，但有主首或徒众保明者，准此。……诸命官因病亡，谓非在禁及部送者。若经责口词，或因卒病，而所居处有寺观主首，或店户及邻居并地分合干人，保明无他故者，官司审察，听免检验。”明洪武旧例规定：对尸体免检要由被害人家属提出，官司审核后，确认无其他隐情，方可准免。清律例则沿袭明朝的免检规定，并进一步丰富，规定：“诸人自缢、溺水身死，别无他故，亲属情愿安葬，官司详审明白，准告免检。若事主被强盗杀死，苦主自告免检者，官与相视伤损，将尸给亲埋葬。其狱囚患病，责保看治而死者，情无可疑，亦许亲属告免，覆检。”[③]

对于苦主申请免检的，职能官吏应细致查明缘由，防止为节约司法资源而造成冤滥。清代的王又槐对苦主申请免检提出以下观点：“似言亲诣尸所，相视情形，并讯取众供确凿，毫无疑义。如尸亲恳求免检，亦不妨当场准结，以顺下情，仍一面通详立案。若甫经报官，忽递拦词，又或于中途拦险，则不可准行也。”[④]

最后，对于不符合法定免检条件的案件，负有勘查之职的正印官必须组织人员勘查犯罪现场。州县正印官必须亲临犯罪现场进行勘验检查，宋朝法律明确规定了正印官对于杀伤和非正常死亡的案件必须进行勘查，受差验尸的官员不得借故推诿；验尸官员接到验尸公文后，必须带领仵作在两个时辰内躬亲检验，亲临现

---

① 《大清律例·刑律·断狱》(下)，第412条，“检验尸伤不以实”条，条例十六。

② 《大清律例·刑律·断狱》(下)，第412条，“检验尸伤不以实”条，条例。

③ 《大清律例·刑律·断狱》(下)，第412条，“检验尸伤不以实”条，条例。

④ 《大清律例通考》，第1101页。

场勘查每案致死原因，并将检验结果于验尸当日向上司汇报。明清时期，重大疑难案件的现场勘查也由正印官负责。① “检验尸伤，照磨司取部印尸图一幅，委五城兵马司如法检验，府则通判、推官，州县则长官亲检，毋得委下僚。”②“人命呈报到官，地方正印官随带刑书、仵作，立即亲往相验。仵作据伤喝报部位之分寸，行凶之器物，伤痕之长短浅深，一一填入尸图。”③

## 二、传统现场勘查中的犯罪现场保护

犯罪现场是犯罪行为实施的场所，它还包括遗留有与犯罪有关的一切痕迹物品的场所。在犯罪现场能够提取到物证、书证、视听资料、证人证言等多种证据种类，犯罪现场能够为重建犯罪提供第一手信息和线索。但犯罪现场又具有变动性，容易受到自然界、人为等多种因素影响而变化，必须在勘查进行前和进行中尽可能地保持犯罪现场原貌，这就对犯罪现场保护提出了相关要求。在中国传统侦查过程中，犯罪现场保护措施也发展出了一个相对完整的体系。

秦朝对犯罪现场做出了“封守”的规范，它实质上就是犯罪现场保护：对于犯罪现场，需要“封守”。封守由典史、公士、里人等共同承担，封守要有详细记录，如被保护起来的犯罪场所之房屋、牲畜、人口等，都要清楚汇报到县，县还要派人轮流看守。④ 睡虎地秦墓竹简留下了中国首例的犯罪现场保护记录，秦《封诊式》“有鞫”篇载：“敢告某县主：男子某有鞫，辞曰：‘士五(伍)，居某里’……遣识者以律封守，当腾，腾皆为报，敢告主。”

同文的“封守”篇对犯罪现场保护的规范反映得更加详尽：“(封守)乡某爰书：以某县丞某书，封有鞫者某里士五(伍)甲家室、妻、子、臣妾、衣器、畜产。甲室、人：一宇二内，各有户，内室皆瓦盖，木大具，门桑十木。妻曰某，亡，不会封。子大女子某，未有夫。子小男子某，高六尺五寸。臣某，妾小女子某。牡犬一。几讯典某某、甲伍公士某某：‘甲党(倘)有它当封守而某等脱弗占书，且有罪。’某等皆言曰：‘甲封具此，毋(无)它当封者。’即以甲封付某等，与里人更守之，侍(待)令。”

---

① 但并不是所有的犯罪现场都由正印官亲临勘查。“凡斗殴伤重之人，除附近城郭，以及事简州县，照例正印亲诣验看外，其亲城窎远之区，及繁冗州县，委系不能逐起验看者，许委佐贰、巡捕等官代往据实验报，仍听州县官定限保奉。倘佐贰、巡捕等官，验报不实，照例议处。如州县官怠弛推诿，概委佐贰、巡捕等官代验，致滋扰累捏饰等弊，仍照例议处。”《大清律例·刑律·斗殴》，第303条，“保辜限期”条，条例第二。

② 《明史·刑罚志二》。

③ 《清史稿·刑罚志》。

④ 蒲坚编著：《中国古代法制丛钞》，光明日报出版社2001年版，第318页。

"识者"、"典史"、"公士"、"里人"等都是犯罪现场保护的主体,财产所有人(往往是受害人)也是犯罪现场保护的具体执行者。对犯罪现场保护,相关职能主体必须"以律封守",严格划定"当封者"的范围,并执行相关的"封具"法则。对于"有它当封守而某等脱弗占书"的失职行为,要追究相关责任人的刑事责任。犯罪现场保护的撤除,须由主司下令,不可随意撤除保护。

及至宋朝,现场勘查要求及时性和效率性,对检验官吏临场之前的现场保护没有特别强调。宋基本沿袭前朝的现场保护规定,对现场保护的规范集中体现在:"凡初、复检讫,血属、耆正副、邻人并责状看守尸首,切不可混同解官,徒使被扰。""复检官验讫,如无争论,方可给尸与亲属。无亲属者,责付本都埋瘗,勒令看守,不得火化及散落。如有争论,未可给尸。且掘一坑,就所簟物尸安顿坑内,上以门扇盖,用土罨瘗作堆,周回用灰印印记,防备后来官司再检复,仍责看守状附案。"

明清时期的犯罪现场保护没有新发展,沿袭了宋时相对完整的现场保护规则。这一时期律令集大成者——《大清律例》中的"发冢"条规范对破坏犯罪现场的惩处做出了规定:[①]"若地界内有死人,里长地邻不申报官司检验,而辄移他处及埋藏者,杖八十;以致失尸者,杖一百;残毁及弃尸水中者,杖六十,徒一年。弃而不失及髡发若伤者,各减一等;因而盗取衣服者,计赃准窃盗论,免刺。"

里长地邻对命案犯罪现场负有保护之责,律令责之以"申报官司检验"的义务。对不告官现场勘查、"辄移他处及埋藏"的违法行为,根据不同的后果,分别处以不同的刑事处罚,以此规范对重大犯罪现场的保护工作。

## 三、传统现场勘查中的实地勘查

对犯罪现场的保护,是为了保证现场中各种证据和线索尽可能保持最原始样态;而对犯罪现场的实地勘查,则是对犯罪现场中的各种证据和线索进行发现、收集、提取和固定,它是整个现场勘查工作最核心的措施,为侦查破案提供最坚实的支撑。在传统现场勘查中,一般是在接到案情报告以后,即派遣官吏前往犯罪现场进行勘验诊察。到达现场以后,现场勘查人员对尸体、场所、人身、物品展开勘验、检查,以求了解犯罪现场的真实情况,防止先入为主的主观臆断。[②] 睡虎地秦墓竹简所留存的几则现场勘查记录——"爰书"为我们完整地再现了秦时的实地勘查活动,仅以其中的"经死"为例:"(经死爰书)诊必先谨审视其□,当独抵死

---

① 《大清律例·刑律·盗贼》,第276条,"发冢"条。

② 闫晓君著:《出土文献与古代司法检验史研究》,文物出版社2005年版,第7页。

(尸)所,即视索终,终所党有通,乃视舌出不出,头足去终所及地各几可(何),遗矢弱(溺)不殹(也)?乃解索,视口鼻渭(喟)然不殹(也)?及视索口郁之状。道索终所试脱头;能脱,乃□其衣,尽视其身、头发中及篡。舌不出,口鼻不渭(喟)然,索□不郁,索终急不能脱,□死难审殹(也)。节(即)死久,口鼻或不能渭(喟)然者。"

该爰书完整地记载了实地勘查的一般规则:"先静后动",即对于犯罪现场,先不变动任何物品,进行静态勘查,再进行动态勘查。在该"自经"案发后,对犯罪现场进行实地勘查的"令史、牢隶臣""独抵尸所",防止过多无关人员对犯罪现场中的证据痕迹的破坏。在对"自经死"现场的实地勘查过程中,先不解开绳索,尸体仍悬挂原处,对之进行静态的仔细勘查,查明悬挂的处所、绳索、结套方式、支点。接着,"解索",对尸体进行翻检查探,并扩大现场勘查的范围,对现场周围进行踏勘搜索。① 在实地勘查过程中,先外围、后中心,先环境、后尸体,对于"自经"死尸及其悬吊场所进行细致勘查。即使从现代现场勘查技术角度来看,它们也具有相当科学性。

在实地勘查过程中,现场勘查官吏十分注重对物品、痕迹等证据的发现和提取。通过对犯罪现场的实地勘查,司法官吏主要对以下痕迹和物证进行提取:工具痕迹,如"刃痏"、"刃夬"、"穴壤"、"臬索道"等刀、剑、凿、绳等痕迹;人身痕迹,如"污血"、"瘢"、残损肢体、"矢弱(溺)"、"手迹"、"手迹"、"膝迹"和"足迹"等等;此外,还包括"布禅襦"和"綦履"等各种物证。②

在后世传统社会的现场勘查过程中,对实地勘查要求越来越严格:不但对实地勘验的司法官吏提出了严格要求,而且对实地踏勘步骤和细节要求更加细致。首先,在南宋以后的现场勘查中,实地勘验必须由正印官主持,正印官须"约束行吏等人不得少离官员"。③ 清时则要求"仵作喝报后,印官犹必亲验,以定真伪。佐杂则惟据仵作口报而已,何足深信"。④ 并对实地勘查犯罪现场官吏的住宿、饮食等事项都提出特殊要求,以防止检验不实的枉法行为。

其次,宋之后的传统侦查对实地勘验的具体运作提出了更为细致的要求,宋慈在《洗冤集录》中指出:"凡承牒检验,须要行凶人随行,差土着、有家累田产、无过犯节级、教头、部押公人看管。如到地头,勒令行凶人当面,对尸仔细检喝;勒行人公吏对众邻保当面供状;不可下司,恐有过度走弄之弊。如未获行凶人,以邻保

① 闫晓君著:《出土文献与古代司法检验史研究》,文物出版社2005年版,第7页。

② 阎晓君:"秦汉时期的刑事侦查",载《寻根》2001年第1期。

③ 《洗冤集录》,第二,"检复总说,上"。

④ (清)汪辉祖:《学治臆说》,第217页。

为众证。”“凡到检所,未要自向前,且于上风处坐定,略唤死人骨属或地主、湖南有地主,他处无。竞主,审问事因了,点数干系人及邻保,应是合于检状着字人。齐足,先令扎下硬四至,始同人吏向前看验。”①在实地勘查过程中,进行适度公开,向犯罪嫌疑人、干系人及邻保等公开,以保证踏勘检验现场的公正性。至明清时期,要求仵作在实地勘查过程中须“检报”“质对”,以防奸非。“(正印官)亲诣尸所,督令仵作如法检报,定执要害致命去处,细验其圆、长、斜、正,青赤分寸,果否系某物所伤,公同一干人众质对明白,各情输服,然后成招。”②

最后,宋以后传统现场勘查还规范了犯罪现场覆检。南宋时称“覆检”为“复验”,虽没有明确的适用条件,但对覆检的主体和文书有所规范:“诸尸应复验者,在州申州;在县,于受牒时牒尸所最近县。状牒内各不得具致死之因。相去百里以上而远于本县者,止牒本县官。独员即牒他县。”③明清时期对实地勘查的覆检规定了主体、条件、罚则等,一般案件只须检验一次即可定拟,情况特殊的可覆检,但不得多次对犯罪现场进行勘验检查,以防造成低效。《大清律例》规定:“凡人命重案,必检验尸伤,注明致命伤痕。一经检明,即应定拟。若尸亲控告伤痕互异者,许再行覆检,勿得违例三检,致滋拖累。如有疑似之处,委别官审理者,所委之官带同仵作亲诣尸所,不得吊尸检验。”④

## 四、传统现场勘查中的现场访问

对犯罪现场周围的群众进行访问,一方面可以获取被害人陈述、犯罪知情人的证人证言;另一方面还可以获知犯罪线索,追缉犯罪嫌疑人。在刑事科学技术尚未发达的传统侦查中,在犯罪现场周围进行调查访问是查明案情、收集证据的重要方法。早在秦代,在犯罪现场展开调查访问就被列为现场勘查的一项基本工作,秦墓竹简在“贼死”、“经死”、“穴盗”三案的现场勘查中,对“甲亭人及丙”的“讯”、对“同居”之“问”、对“丁、乙伍人士五(伍)”之“讯”都是对犯罪现场周围群众的访问。

自然经济条件下犯罪形势日益复杂,历代王朝日益认识到现场访问对于现场勘查和案件侦破的重要作用。南宋时宋慈认为:“官守,戒访外事。惟检验一事,若有大段疑难,须更广布耳目以合之,庶几无误。如斗殴,限内身死,痕损不明,若有病色、曾使医人、师巫救治之类,即多因病患死。若不访问则不知也。虽广布耳

① 《洗冤集录》,第一,“条令,上”。

② 《大清律例·刑律·断狱》(下),第412条,“检验不实”条,条例第一。

③ 《洗冤集录》,第二,“检复总说,上”。

④ 《大清律例·刑律·断狱》(下),第412条,“检验不实”条,条例第三。

目,不可任一人,仍在善使之;不然,适足自误。”①中国传统侦查人员都对现场访问给予足够的重视,清时《大清律例》的“检验不实”条中称:“正印官务须于未检验之先即详鞫尸亲、证佐、凶犯人等,令其实招以何物伤何致命之处。”②但同时,现场勘查官吏必须防止不必要的法外干扰。如南宋时期,要求踏勘检验人员“承牒之后不可接见在近官员、秀才、术人、僧道,以防奸欺及招词诉”。③

至于现场访问的时机选择,中国传统律法没有特殊要求,传统现场勘查人员往往选择在实地勘验之前进行。宋代宋慈也对现场访问的时机选择有过论述,他认为:“凡到检所,未要自向前且于上风处坐定,略唤死者骨属。或地主、竞主,审问事因了……始同人吏向前看验。凡体究者必须先唤集邻保,反复审问。”在侦查人员到达现场后,应当先进行现场访问,了解大致案情,然后再行勘验。“(刑部司官及五城兵马司、京县知县、州县正印官)务须于未检验之先,即详鞫尸亲、证佐、凶犯人等,令其实招以何物伤何致命之处、立为一案。”④

但也有学者认为,中国现场勘查遵循先实地勘查、后现场访问的程序顺位,这在帝制早期的现场勘查过程中尤为明显。“秦汉时期的刑侦活动非常重视对现场群众的走访。现场勘查的最后一道步骤是案情调查,之所以如此,是为了防止办案人员在未明了案情以前即被误导。”⑤对现场周围群众的走访即为现场勘查中的现场访问,该学者认为它是现场勘查的最后一个步骤,并指出在睡虎地秦墓竹简的《封诊式》所载几则爰书都把现场访问列在最后。但是,该种观点并没有秦汉时期法令的证实,《封诊式》所载的爰书将现场访问记录在文末,这可能是它的一种行文格式要求使然,也有可能是把与实地勘查同时进行的现场访问放在文末,这种现场记录的行文安排并不必然意味着现场访问必须在实地勘查之后。

## 五、传统现场勘查的时限

同其他侦查措施一样,现场勘查这种综合性侦查措施也必须遵循迅速及时的运作原则。历代王朝的法司当局都强调现场勘查措施的及时性,并为之设置了一系列时限制度。最早设置现场勘查时限的传统法令已不可考,但秦之《封诊式》“贼死”、“经死”等爰书中都载有“即令令史某往诊”,虽然没有具体时间规定,但要求令史等官吏在案发后“即”“往诊”犯罪现场,当可视为传统现场勘查时限制

---

① 《洗冤集录》,第三,“检复总说,下”。
② 《大清律例·刑律·断狱》(下),第412条,“检验尸伤不以实”条,条例第一。
③ 《洗冤集录》,第二,“检复总说,上”。
④ 《大清律例·刑律·断狱》(下),第412条,“检验尸伤不以实”条,条例一。
⑤ 闫晓君著:《出土文献与古代司法检验史研究》,文物出版社2005年版,第8页。

度之滥觞。

唐时对拷死人犯的现场，要求有关官吏立即对拷讯现场进行勘查。《唐律疏议》"拷囚不得过三度"条对"依法拷决，而邂逅致死"的现场勘查作出了规范，要求"仍长官以下，并亲自检勘，知无他故，具为文案"。"若长官等不即勘检者，杖六十。"①

南宋以后，律法对命案现场勘查做出了具体时限规定。南宋时，律法要求勘查官吏接到验尸公文——牒——后，必须在两个时辰内出发，若"受差过两时不发，遇夜不计……各以违制论"。② 一当获知犯罪，法司官吏应"一面差拘凶首，勿使疏脱，一面传集仵作刑书，单骑简从，亲经相验"。③ 现场勘查结束后，应"当日内申所属"。④

明清时期，京城犯罪现场的勘查，"京师五城指挥相验城内不得过两日，关名不得过三日"。"如一时案件坌集，指挥不能分身者，准委副指挥、吏目代验，仍归指挥承办。傥指挥有心规避、委验之员有心推卸者，巡城御史稽查参奏，御史姑容，经他人查出参奏者，一并交部议处。"⑤

为了保证现场勘查工作迅速及时地进行，中国传统律法还为勘查时限配备了严格的责任机制。在勘查时限责任制度中，以《大清律例》的相关规定最具代表性："凡（官司初）检验尸伤，若（承委）牒到托故（迁延）不即检验致令尸变……正官杖六十，（同检）首领官杖七十，吏典杖八十。"⑥通过惩治现场勘查官吏违反时限的行为，以防"为时愈久，滋弊愈多，死骨有蒸刷之惨，生命含覆盆之冤"。⑦

## 第四节 传统现场勘查记录格式规范

传统现场勘查是一项侦查措施，它一方面收集到各种实物证据和言词证据；另一方面，现场勘查所形成的结果，其本身也是一种能够综合反映犯罪现场的证据。对现场勘查的完整详尽的记录，对正确地分析案情、确定侦查方向、划定侦查范围等，都能提供了重要的线索和证据。在中国传统侦查领域中，现场勘查记录

---

① 《唐律疏议·断狱》，第477条，"拷囚不得过三度"条。
② （宋）宋慈：《洗冤集录》，第一，"条令"。
③ 《钦颁州县事宜》，第117页。
④ （宋）宋慈：《洗冤集录》，第一，"条令"。
⑤ 《大清律例·刑律·断狱》（下），第412条，"检验尸伤不以实"条，条例十八。
⑥ 《大清律例·刑律·断狱》（下），第412条，"检验尸伤不以实"条。
⑦ 《钦颁州县事宜》，第117页。

主要通过文字形式来表达,并形成了较为格式化的体例规范。

秦时,现场勘查记录已体现出初步格式化的轮廓,《封诊式》所载几则爰书完整地反映了犯罪现场勘查记录已经初步格式化。随着传统中国现场勘查体制不断衍变,勘查记录的规范也越来越严格。在“爰书”格式的基础之上,宋以后的现场勘查记录体例实现了全面格式化,主要表现在以下几个方面:首先,现场勘查记录的颁发和制作提出了要求。南宋时,要求命案的现场勘查的“格目”由法定主司颁发,并限定份数和发给对象。正如宋慈在《洗冤集录》中所言:“诸初、复检尸格目,提点刑狱司依式印造。每副初、复各三纸,以《千字文》为号凿定,给下州县。遇检验,即以三纸先从州县填讫,付被差官。候检验讫,从实填写。一申州县,一付被害之家,无,即缴回本司。一具日时字号入急递,径申本司点检。遇有第三次后检验,准此。”①

明清时期,命案犯罪现场勘查记录也有定例。明时要求“检验尸伤,照磨司取部印尸图一幅”。② 清律例则要求:“凡检验,以宋宋慈所撰之洗冤录为准,刑部题定验尸图格,颁行各省。”在现场勘查过程中,“仵作据伤喝报部位之分寸,行凶之器物,伤痕之长短浅深,一一填入尸图”。③ 最后,由验官当场用朱笔在尸格上填写,尸亲在尸格上具结。④

其次,对记录现场勘查情况的“格目”、“验状”,宋以后的传统律法规定得更加细致而严格。虽说宋代尸格体例与秦之爰书格式极为接近,⑤但其各项格目设置更为详尽,如《洗冤集录》所载之“验状”格式就有至为完备的特点:“凡验状,须开具死人尸首元在甚处?如何顿放?彼处四至?有何衣服在彼?逐一各检劄名件。其尸首有无雕青、灸瘢?旧有何缺折肢体及伛偻、拳跛、秃头、青紫、黑色、红志、肉瘤、蹄踵诸般疾状,皆要一一于验状声载,以备证验诈伪,根寻本原推勘。及有不得姓名人尸首,后有骨肉陈理者,便要验状证辨观之。今之验状若是简略,具述不全,致妨久远照用。况验尸首,本缘非理、狱囚、军人、无主死人,则委官定验,兼官司信凭检验状推勘,何可疏略?又况验尸失当,致罪非轻,当是任者切宜究之。”⑥

---

① 《洗冤集录》,第一,“条令”。

② 《明史·刑罚志二》。

③ 《清史稿·刑罚志》。

④ 陈抱成:《白话类编二十五史·缉捕推勘术》,辽宁古籍出版社1996年版,第291~292页。

⑤ 陈公柔:“云梦秦墓出土〈封诊式〉简册研究”,载《燕京学报》1997年新3期。转引自闫晓君著:《出土文献与古代司法检验史研究》,文物出版社2005年版,第7页。

⑥ (宋)宋慈:《洗冤集录》,第五十三,“验状说”。

最后，宋以后律法对记录语词的规范，使中国传统律法现场勘查记录格式化的特点更加鲜明。如在南宋的格目规定中，对犯罪嫌疑人（不论其是现行犯与否）称呼的规范，就体现了这种有意义的格式化。南宋时，要求被缉获的犯罪嫌疑人必须在现场勘查记录中的“凶身”项下签字画押，“顽凶多不伏于格目内凶身下填写姓名、押字。公吏有所取受，反教令别撰名色，写作‘被诬’或‘干连’之类，欲乘此走弄出入。近江西宋提刑重定格目，申之朝省，添入被执人一项。若虚实未定者，不得已与之，就下书填。其确然是实者，须勒令佥押于正行凶字下，不可姑息诡随，全在检验官自立定见”。[①] 从“凶身”到“被诬”、“干连”，再到“被执人”，这种称呼的规范过程，正体现了当时刑事司法人员对犯罪嫌疑人态度的变化。

在现场勘查记录行文过程中，也有语词禁止性规范，这也是记录格式化不可忽略的内容。南宋时，“凡检验文字，不得作“皮破血出”，大凡皮破即血出。当云：“皮微损，有血出。”[②]要求在请求覆检的文书中不得列明初检结论，“诸尸应复验者……状牒内各不得具致死之因”。[③] 清代对勘查记录的用语要求也较为严格：“叙伤要照尸格声明致命某处某处、不致命某处某伤，并长阔、深浅、分寸额色，不可但称某处某伤，而不照写致命、不致命也。至无伤之处又不必声明。其有死后残毁、别伤及生前疮杖旧痕，亦须分别填明，取具件作供结。至于尸格内‘偏左，才偏右’，专对因门顶心而言，其余左右不得加以‘偏’字，致令混淆。叙完各伤之后，点出委系因何身死一语，最宜详真，不可率混，致有出入。”

## 第五节　传统现场勘查责任机制

传统中国要求官吏在犯罪现场勘查必须做到迅速及时、客观真实、细致全面，并且在现场勘查活动中做到权力节制。为此，传统律法为现场勘查各项制度都配备了责任机制，这些责任机制主要针对那些负有现场勘查之责的官吏，它也是一种司法责任机制。该责任机制体系包括以下方面。

第一，不临场勘查的责任机制。宋以后的历朝历代都强调现场勘验检查应由正印官主持，“凡检验，不可信凭行人”。[④] 宋时，负有现场勘验检查之责的验官“不亲临视”犯罪现场的，“以违制论”。《刑统·制》曰：“谓奉制有所施行而违者，

---

① （宋）宋慈：《洗冤集录》，第三，“检复总说，下”。
② （宋）宋慈：《洗冤集录》，第三，“检复总说，下”。
③ （宋）宋慈：《洗冤集录》，第二，“检复总说，上”。
④ （宋）宋慈：《洗冤集录》，第三，“检复总说，下”。

徒二年,若非故违而失错旨意者,杖一百。"[1]清代强行要求州县官亲临犯罪现场勘查,"不亲临(尸所)监视,转委吏卒(凭臆增减伤痕),若初(检与)复检官吏相见扶同尸状","正官杖六十,(同检)首领官杖七十,吏典杖八十"。[2]

第二,不及时的责任机制。宋律令要求现场勘查必须迅速及时地进行,对相关官吏拖延、推诿等行为进行严厉惩治。"诸验尸,报到过两时不请官者",处以"杖一百"的刑罚。"诸被差验复,非系经隔日久而辄称尸坏不验者,坐以应验不验之罪。""(验尸)受差过两时不发","以违制论",并且"不以失论",处以"徒二年,若非故违而失错旨意者,杖一百"。"牒至应受而不受"、"若验讫不当日内申所属者",杖一百。"诸县承他处官司请官验尸,有官可那而称阙;若阙官而不具事因申牒;或探伺牒至而托故在假被免者,各以违制论。"[3]明清对勘查官吏拖延推诿责任机制做了进一步细化规定。如《大清律例》规定:"凡(官司初)检验尸伤,若(承委)牒到托故(迁延)不即检验","致令尸变",造成严重后果的,"正官杖六十,(同检)首领官杖七十,吏典杖八十"。[4]

第三,滥用权力的责任机制。宋以后的历朝法令对现场勘查权力提出了节制的要求,规定其运作不得滋扰百姓、骚扰乡众。宋慈曾批评过滋扰乡众的踏勘,说:"凡验官,多是差厅子、虞候,或以亲随作公人、家人各目前去,追集邻人保伍,呼为先牌,打路排保、打草踏路、先驰看尸之类,皆是搔扰乡众,此害最深,切须戒忌。"[5]明清时的律令为勘查权力的滥用规定了责任机制,如《大清律例》的条例即规定:"凡人命呈报到官,该地方印官立即亲往相验,止许随带仵作一名,刑书一名,皂隶二名。一切夫马、饭食俱自行备用,并严禁书役人等,不许需索分文。其果系轻生自尽、殴非重伤者,即于尸场审明定案,将原被邻证人等释放。如该地方印官不行自备夫马、取之地方者,照因公科敛律议处。书役需索者,照例赃计,分别治罪。"[6]该规定能够保证官吏在勘查犯罪现场时务求精简、廉洁,同时,在客观上有助于"原被邻证人"等摆脱无休止的"讼累"。

第四,现场勘验检查不实的责任机制。国家追诉和惩罚犯罪的前提是查明犯罪事实,而查明犯罪事实必须建立在坚实的证据基础之上,这就要求历代司法官吏必须实事求是地进行现场勘查,获取犯罪现场中留存的各种证据材料和犯罪线

① (宋)宋慈:《洗冤集录》,第一,"条令"。
② 《大清律例·刑律·断狱》(下),第412条,"检验尸伤不以实"条。
③ (宋)宋慈:《洗冤集录》,第一,"条令"。
④ 《大清律例·刑律·断狱》(下),第412条,"检验尸伤不以实"条。
⑤ (宋)宋慈:《洗冤集录》,第二,"检复总说,上"。
⑥ 《大清律例通考》,第1100页。

索。唐宋律法明确规定“检验不实”,《唐律疏议》“诈病死伤检验不实”条规定:“诸有诈病及死伤,受使检验不实者,各依所欺,减一等。若实病死及伤,不以实验者,以故入人罪论。”①

唐对不实现场勘验检查行为区别故意和过失,并根据“实病死及伤”与“检验所得”之间的误差,分别定罪处刑。《宋刑统》沿袭了这一如实检验的责任规定,并具体化为:“检验不实同诈妄,减一等,杖九十。”

明清基本沿袭了唐律中如实勘查的责任机制,只是更为细致,并无甚特殊变化。这一时期该责任机制较为典型的规范是《大清律例》“检验尸伤不以实”条:“不为用心检验,移易轻重、增减尸伤、不实定执、致死根因不明者,正官杖六十,首领官杖七十,吏典杖八十。仵作、行人检验不实,扶同尸状者,罪亦如之。因而罪有增减者,以失出入人罪论。若受财故检验不以实者,以故出入人罪论;赃重者,计赃以枉法,各从重论。”②

负有不同现场勘查责任的侦查官吏分别承担不同的刑事责任——“正官杖六十”,“首领官杖七十”,“吏典杖八十”。“仵作、行人”检验不实的,“罪亦如之”。同时,清律还结合不如实勘查造成的后果严重性,对不实检验行为计赃确定刑罚等级。

① 《唐律疏议·诈伪》,第384条,“诈病死伤检验不实”条。

② 《大清律例·刑律·断狱》(下),第412条,“检验尸伤不以实”条。

# 第三章　犯罪现场勘查体制比较

作为侦查活动中特定国家机关行使刑事调查权力来收集证据从而进一步揭露证实犯罪相关事实的重要技术手段,犯罪现场勘查在从其诞生之日起就一直在各个历史时期的世界各地刑事司法活动中扮演着重要角色。作为查明刑事案件事实的重要途径,犯罪现场勘查发展出了超国界的共同规则,世界各国的犯罪现场勘查工作机制都有一些相似之处,但同时各国也有自身法律体系下独特的犯罪现场勘查经验和制度设计。我们通过对英、美、法、德、日、俄等国较有特色的犯罪现场勘查程序规范和组织形式进行比较研究,以期探寻适合中国的科学合理的犯罪现场勘查工作体制。

## 第一节　英国[1]犯罪现场勘查体制

### 一、英国犯罪现场勘查主体

在侦查过程中,英国的警察和其他刑事调查机关采行之侦查模式是"一步式"。"一步式"侦查模式指的是:在侦查活动中,刑事侦查部门没有具体区分具体承担任务的侦查单位的侦查范围和权力,往往由同一部门从刑

---

① 英国,全称为"大不列颠及北爱尔兰联合王国",简称"联合王国"。严格意义上的英国法律体系应该包括了三个法律体系,分别是英格兰和威尔士法律体系、苏格兰法律体系和北爱尔兰法律体系。由于英格兰和威尔士的领土面积占据了联合王国的主要地位,所以若无特别说明中国学者一般所说之英国法,往往指的就是英格兰和威尔士法律体系。本处英国犯罪现场勘查体制,主要指的也是英格兰和威尔士的犯罪现场勘查体制。

事案件受案开始到侦查终结一直行使侦查权,包括进行犯罪现场勘查活动以及进行讯问取证等。

在英国近代警察出现之前,英格兰的治安法官有权逮捕罪犯,全面调查和指控各种刑事犯罪(从重罪到经济犯罪、施巫罪等犯罪行为),行使了现代警察的犯罪现场勘查、刑事侦查、逮捕人犯和羁押人犯的职能。[①] 19 世纪上半叶,英国创立了现代警察机构,"治安法官等地方外行人士的部分刑事职能逐渐让位给新建制的英国警察",[②]犯罪案件的侦查和起诉主要是由警察部门承担的,这种局面一直持续到 1986 年王室检察院的建立,[③]但警察部门的侦查所得资料仍然没有与检察机关分享。

1829 年罗伯特·皮尔爵士(Sir Robert Peel)、罗恩上校(Colonel Rowan)和理查德·梅恩(Richard Mayne)联手缔造了世界上第一个现代警察组织——大伦敦警察厅(Metropolitan Police Force),从而取代了以前的巡夜队和私人侦探组织——"鲍街侦缉队"(Bow Street Detectives),这是建立现代警察负责维持和犯罪追诉的开始。全英国共有 118 个警察机关,内政部利用补助制度,每年派专家大员前往视察,故行政上一切都有相当之标准。[④] 因伦敦警察局选址于 Scotland Yard,故被称为"苏格兰场"。1829 年《大都会警察法令》(The Metropolitan Police Act)并没有组建起全英统一的警察机构,爱尔兰的现代警察机构组建则迟至 15 年后。[⑤] 初建时期的英国警察虽有侦查职能,到那并无专门的侦查队伍。但是,对于现代警察机构而言,只推行预防型警务是不够的,他们必须向那些守望者前辈一样,承担起犯罪侦查和罪犯缉捕的职责。[⑥] "侦探人员在 1842 年尚未便衣警察,其中多数人员在普通警察局内担任工作,另一部分则在刑事登记局内担任登记案件及保管工作。在英伦侦探,本为普通警察之一部分。"

1842 年因维多利亚女王遭受两次暗杀,因时之需,苏格兰场设立专门的侦探

---

① 黎敏著:《西方检察制度史研究——历史缘起与类型化差异》,清华大学出版社 2010 年版,第 186 ~ 187 页。

② John H. Langbein, *The Origins of Adversary Criminal Trial*, Oxford Univeristy Press, 2003, pp. 106 – 108.

③ [英]麦高伟、杰弗里.威尔逊主编:《英国刑事司法程序》,姚永吉等译,法律出版社 2003 年版,第 5 页。

④ 余秀豪著:《现代犯罪侦查》,商务印书馆 1944 年版,第 189 页。

⑤ Philip Rawling, *Policing: A Short History*, Willian Publishing, 2002, p. 143.

⑥ Preventive policing was not enough, like the watch before them, were blamed for crime and expected to have a system of detection. See Philip Rawling, *Policing: A Short History*, Willian Publishing, 2002, p. 167.

部门,专职犯罪的侦查工作。[1] 初设之时,内政大臣仅仅批准主事的梅恩先生建立一个由6个人组成的警察侦探分支机构。这些便衣侦探进行定期巡逻,为了避免腐败,非巡逻期间须穿回制服。及至1868年伦敦警察已经扩充至8000人,警察侦探组织人数也扩充至15名。因为19世纪60年代不断上升的犯罪率而引起的精神恐慌的刺激,梅恩先生的继任者——埃德蒙德·亨得利(Edmund Henderson)先生创建了永久性的侦探部门。

现今,英国的警察系统主要由两部分组成:中央警务管理机关,即内政部,警察的最高领导是内政部长。警察实行分散制,在52个郡设立了警察局,其中英格兰和威尔士43个,苏格兰8个,北爱尔兰1个。其中负责刑事案件的有内政部警政司第三处,主要负责刑事案件的侦查。有9支地区犯罪侦缉队活动于苏格兰、威尔士地区,它们收集的证据由法庭科学实验室鉴定。

在进行犯罪现场勘查和侦查破案时,英国刑事警察主要是按照地域管辖原则划分管辖权。上级警察总局只负责对某些专案进行侦查,他们与各地区警察局之间仅仅是一种密切协作、互相配合的关系,而没有通常所谓的垂直的上下级式的领导与被领导的关系。因此,各个地区的侦查机关彼此之间相对独立,互不隶属。侦查机关一般在侦查终结之后将案卷连同材料全部移交公诉单位,为下一步的起诉工作做好准备。

## 二、英国犯罪现场勘查权能

在刑事案件发生后,英国负责犯罪现场勘查的主体包括侦查人员、从事法庭科学鉴定的技术人员、基层巡警。一般刑事案件的犯罪现场勘查由上述机构的技术人员负责,但是法官与陪审员都可以参加,而且法官有权决定是否进行犯罪现场勘查。根据有关规则规定:犯罪现场勘查的任务是查明和记录现场情况,寻找并提取有关证据。对在现场上发现的证据必须做好标记,并用文字或照片注明其在现场的准确位置,然后认真包装好再送到犯罪侦查实验室。物证的运送和保管都要由专人负责。

英国验尸官参与犯罪现场勘查的工作体制较有特色。英国有着重视尸体检验的良好传统,因此在涉及可疑死亡的案件中,现场勘查工作由验尸官负责。目前,全国共有300多名验尸官,其中大多数人都同时具有法律和医学的专门知识与经验。管辖区以尸体发现地为准,验尸官必须是从事高级、初级律师或从医5年以上的人,经由郡议会任命。验尸往往在验尸官法院中进行,而且有验尸官陪

---

① 何家弘主编:《中外司法体制研究》,中国检察出版社2004年版,第80页。

审团参加，其主要任务是查明死者身份和确定死亡原因。① 验尸时，警察、当事人、证人、律师也应到场，在听取律师评议后才能交给陪审团。评审后认为有犯罪发生则由验尸官移交侦查、起诉，若案情简单则直接起诉到法庭。

### 三、英国犯罪现场勘查程序

在犯罪现场勘查的过程中，一般刑事案件主要由警察部门的专业技术人员执行具体勘查任务。在某些特殊情况下，法院的法官和陪审员也可以参加犯罪现场勘查活动。在某些情况下，巡警也可以对现场进行初步的犯罪勘查工作，以便根据犯罪现场情况决定是否需要请专门的技术人员赶赴现场进行。犯罪现场勘查程序是：

第一，受理报案和初步勘查。由接到报案的巡警对现场进行初步犯罪现场勘查工作，先对现场进行静态观察，详细了解现场情况并决定是否请专门技术人员来进行现场勘查。

第二，现场保护。巡警在接到报案后以及在对现场进行初步勘验时，都要注意保护犯罪现场，避免犯罪现场情况受到人为破坏，影响后续的勘查和调查取证工作。

第三，实地勘查。刑事警察赶到现场后，要对现场进行全面细致的观察、研究和分析，并详细地记录犯罪现场有关的情况，包括犯罪现场的状态及各种痕迹、物证的情况，以及收集、寻找、提取有关的诉讼证据。当发现现场与犯罪行为有关的痕迹物证后，犯罪现场勘查人员必须运用各种技术方法加以妥善提取、运和保存。

第四，犯罪现场处理。在犯罪现场勘查结束后，要根据犯罪现场情况和犯罪现场勘查工作的情况对现场做出恰当的处理。认真分析犯罪现场情况，及时将需要送请鉴定的物品、痕迹送有关部门和人员进行鉴定。

## 第二节 美国犯罪现场勘查体制

### 一、美国犯罪现场勘查主体

相比于英国，美国的犯罪现场勘查工作机制则更为复杂。美利坚合众国初为大布列颠及北爱尔兰联合王国的殖民地，承袭的是英国普通法的法律体制。建国之初的美国采取邦联制，后改为联邦制度，该国政体组织形式直接影响了其侦查

---

① 王大中、王志广、赵艳军、余晓伦："刑事案件现场勘查主体研究"，载《新疆公安司法管理干部学院学报》2000 年第 1 期。

体制。此外,“在美国,更加自由、进取的警务模式的形成,不是社会分离的结果,而是因为美国社会趋向于财富主导的民主社会的政治融合。公众积极参与政府事务意味着他们相信对警力的控制可以交付给政治化进程,而不是交诸一套僵硬的法律法规框架”。[①] 虽然美国作为英美法系的核心成员,实行的也是“当事人主义”刑事诉讼模式,但警察体制、侦查体制却与英国大异旨趣,美国现代犯罪现场勘查体制却呈现出不同英国的特色。

在联邦侦查系统中,最为出名的专业性侦查机构当属联邦调查局(Federal Bureau of Investigation)。其前身系1908年由美国联邦检察长鲍拿破(Charles J. Bonaporte)提议设立的调查组,1909年由检察长魏克夏(George W. Wickersham)升格为调查局,并于1934年通过联邦调查局总机构法案确认其联邦政府调查机关的性质。联邦调查局下设七处负责具体侦查业务:鉴识处,自1924年成立以来,即承担其搜集、保管、分析、查验全国指纹的职能;侦查处,负责一般罪案的侦查工作,收集证据,为检察官的公诉作准备;保防处,负责防谍保密工作,收集各种犯罪情报;刑事实验室,以现代科学技术,利用精密仪器,协助侦查,鉴定犯罪证物,内设文件、光学、化学、物理四大检验部门,并受理全国各地的侦查警官的委托,代为检验。[②] 此外,它还设有训练督查处、通讯记录处。“在办理鉴识技术训练及整理记录等业务上,所给予地方警察之协助者尤多,以全国各地警察机关之信仰,于无形取得全国之警察领导地位。”[③]1939年联邦调查局设50余个分局居中策应,各地警察局须派一二人与就近中央侦探联络,联邦调查局因局长不肯稍涉政治行动,坚持人才原则,努力于特别侦探选训,深得人民之拥戴。今日一般警政权威,认为世界上最优秀之侦探机关,用5000特别侦探,自能使匪党销声匿迹。[④] 当前,美国联邦调查局在美国全国州、市设有分支机构,在基层设现场搜查科,人员在8~10人。总部设有庞大的各种实验室和各种专家队伍,主要负责全部犯罪案件物证的各种实验和检验鉴定。犯罪现场勘查和鉴定是分离的,探员主要是勘查记录拍照现场,发现提取物证,他们不进行物证鉴定,把从现场搜集来的物证,全部送到联邦调查局设在各地的实验室检验鉴定,疑难的物证要送到总部

---

① [英]罗伯特·雷纳著:《警察与政治》,易继苍、朱俊瑞译,知识产权出版社2008年版,第60页。

② 周林根著:《美国警政》,台北,台湾中华书局1955年印行,第9~10页。

③ 同上书,鄺序。

④ 余秀豪著:《现代犯罪侦查》,商务印书馆1944年版,第191页。

实验室检验鉴定。[1] 他们的高级人员是在实验室的专家,负责实验和物证的鉴定。特大疑难案件,需要专家时,总部会派出鉴定专家亲自勘验犯罪现场。

尚有诸多不属于美国联邦司法行政系统的联邦侦查机关,如财政部设有特务处(夏全印称为"高等秘密侦探部"),为特殊联邦侦查机构。该特务处的任务,主要有"以侦探有加害于大总统,防止凶变及检举伪造货币纸币或行使者为两大目的。并依地之场合,举发各种之罪犯"。部内经费,悉仰给于国库,属于机密费用,用途一切绝不公布。部中之组织,灵敏周到。支部遍设美国 27 个都市,俱附于邮政局内。[2]

美国地方的州内刑事案件由地方警察侦查。各州设立侦查警探组织,始于 1879 年马萨诸塞州专设区域警察为该州侦缉单位。[3] 宾夕法尼亚州设立州警察厅,并使得担任全州犯罪的侦查工作。在不同地方警察厅局,"依州政府所须完成的义务,与所需保护的权力,以及需要干涉保障的利益",[4]而有区别地进行侦查组织建制:爱达华州、内布拉斯加州、加利福尼亚州,单独设置州侦缉局;俄亥俄州、伊利诺伊州等则单独设置鉴识处;俄克拉荷马州则在警察厅下设侦查处、刑事鉴识局,专门办理刑事案件侦查。

在美国大多数州的侦查过程中,大多数侦查机关采行的是"二步式"侦查模式。"二步式"侦查模式指的是:在行使刑事调查权力的过程中,侦查人员的具体侦查措施可以清楚区分初步侦查和后续侦查两个阶段。在许多州,初步侦查的主体都不是刑事警察,而是巡逻警察,巡逻警察一般是最先接受刑事案件,并且负责对接受的刑事案件开展初步侦查工作。正式的现场勘查还是必须借助专业侦查技术人员的力量,在某些特殊情况下,现场勘查人员也可以由检察官来担任。一般来说,有检察官参与的现场勘查会进展得更加富有效率。在美国的警察机构中,从规模上看大型和中型机构都配备负责现场勘查工作的专业技术人员,他们的任务就是提取现场的痕迹物证,然后交给法医和实验室等专门的部门进行检验,提取证据。而小型的警察机构就没有配置这样的专门人员,一般情况下,在面对普通的刑事案件时,都是由机构自己的侦查人员进行现场勘查工作的。而在遇到重大的刑事案件时,小型警察机关都可以向当地大中型机构请求支持和

---

① 黄玉焜、李超贤、李雪松:"浅析美国 FBI 现场勘查体制对提高我国现阶段现场勘查质量的几点借鉴",载《科技创新导报》2009 年第 11 期。

② 夏全印著:《侦探学》,京华印书馆 1935 年版,第 99 ~ 100 页。

③ 周林根著:《美国警政》,台北,台湾中华书局 1955 年印行,第 13 页。

④ 同上书,第 15 页。

协助。①

## 二、美国犯罪现场勘查权能

在美国,最先到达现场的多为巡警,他们负责保护犯罪现场,并且对犯罪现场进行初步勘验。正式的犯罪现场勘查是由侦查人员和技术人员负责的。较小的警察局一般采用常规侦查流程;较大的警察局一般采用专业化的侦查,对重大、特大案件可在2人基础上增加人员。辩护律师可以聘请私人侦探进行犯罪现场勘查,同时聘请物证鉴定人员独立进行侦查活动。尽管如此,这种活动必须经警方的同意。

在日常的工作中,巡警主要通过下列途径接受刑事案件:第一,在某些情况下,巡警在开展巡逻过程中自己发现,或与犯罪行为人、犯罪嫌疑人相遇而接受案件。第二,在某些情况下,巡警在执行巡逻任务接到被害人以及目击者的报警而直接接受案件。第三,在某些情况下,巡警可能接到警察总局关于有关案件的通知而接受案件。巡警在遇到上述情况后,就应当立即赶到案发现场,然后立即对现场进行保护,对被害人、目击者进行询问,并对询问调查的原始材料做好记录。巡警在初步勘查现场工作后,根据案件现场情况决定是否需要请专业人员到达现场进行勘查工作。巡警对于案件现场的勘查工作以静态勘查为主要勘查方式,尽可能不变动现场原貌。

同时,巡警要在发案地、现场尽力搜寻侦查线索,以便为以后的侦查工作做好充分准备。由于巡警主要负责巡逻检查,因此,巡警不能在一个案子上花费太多时间。一般情况下,巡警处理案件的前期工作所需时间平均仅为30分钟。在美国,巡警在完成案件的初步侦查工作后,应当依法向警察总局提交一份简要的书面报告,将现场概况、被害人情况、案件性质、现场保护的情况、有关人员的陈述以及已知线索等报告清楚。当遇到案情简单的案件时,巡警则可以直接口头向上级汇报上述有关情况。

## 三、美国犯罪现场勘查程序

### (一)美国犯罪现场勘查流程

在美国的刑事案件侦查过程中,初步的犯罪现场勘查工作主要由巡逻警察负责进行,正式的犯罪现场勘查工作则由侦查人员和技术人员共同负责开展。在有些特殊的情况下,地方检察官也可以成为犯罪现场勘查的人员,参与刑事案件的

---

① 吕木荣:“公安机关现场勘查规范化研究”,华侨大学2013年硕士学位论文。

犯罪现场勘查工作。在犯罪现场勘查过程中,侦查人员有时需要取得地方检察官批准的搜查证,有时需要地方检察官办理从被告人处提取检查所需要的法院命令。如果有地方检察官参加,犯罪现场勘查工作就会更加顺利进行。在美国的警察机关中,大、中型的警察机关都有专门技术人员负责现场勘查工作,这些警察机关的专业技术人员在犯罪现场勘查中的任务就是发现、提取各种证据,并将他们在犯罪现场勘查工作中所提取的证据提交给法庭科学实验室检验、鉴定。小型的警察机关就没有专职技术人员负责犯罪现场勘查工作,一般性刑事案件现场就由侦查人员自己进行犯罪勘查工作,如果遇到重大、疑难刑事案件现场的时侯,这些一般性刑事案件的侦查人员也可以直接向当地的州县警察机关或者大城市警察机关的技术人员请求得到支持和帮助。

一般来说,美国的犯罪现场勘查程序是:

第一,案件受理和现场保护。通过以下途径受理犯罪案件:在工作中发现犯罪、被害人报案、遇见犯罪事件或接到警察总局有关案件的通知。在受理案件后,犯罪现场保护就是一项重要的工作。

第二,初步勘查,迅速上报。巡警对现场进行初犯罪现场勘查,记录犯罪现场情况,迅速将现场情况上报有关警察部门,并请求其迅速派出人员进行犯罪现场勘查工作。

第三,正式勘查。侦查人员和专业技术人员到达犯罪现场后,犯罪现场勘查人员要向现场保护的警察详细了解案情,主要是哪些人曾经进入过现场,现场是否发生了变动。根据现场保护的情况需要,调整犯罪现场保护措施。在犯罪现场勘查之前,勘查人员应当在现场之外的适当地点,制定犯罪现场勘查计划。勘查计划要按类别做出规定,以便于勘查人员实施,规定做什么和怎么做的基本原则。现场勘查负责人应当把各项具体任务分解到每位成员。现场勘查的任务有:认真分析重建犯罪事件,注意现场各种情况,查明谁、地点、什么、时间、为什么以及如何六个基本问题,记录现场出入口等与该案有关的所有重要情况和问题,记录所有可能的物证和形态证据并注意保存,现场勘查结束后,向有关负责人报告其发现,并建议现场搜索。

第四,犯罪现场搜查和提取、保管、运送犯罪痕迹、物证。对犯罪现场周围区域和目标区域进行搜查,识别和采集物证。对犯罪痕迹、物证要采取恰当的方式包装和运送,防止对其造成损坏和变动。

第五,记录犯罪现场勘查过程和情况。对于所有犯罪现场,都必须采取笔记、绘图、录音、照相和录像手段记录下来。这些记录不仅能支持勘查员将来在法庭就其所发现的证据提供的证词,而且能为犯罪重建和分析案件提供重要信息。

第六,犯罪现场重建。犯罪现场勘查人员应当进行犯罪现场重建,具体包括分析现场信息、解释现场形态和物证检验鉴定。现场勘查人员应当努力采取各种不同方法从不同的角度观察现场,让现场和物证自身说明现场发生的事件。通常采取简单的演绎推理、归纳推理的方法确定事件的顺序。

第七,犯罪现场解除封闭。在确信已经获得现场的所有事实和答案后,才能对犯罪现场解除封闭。但是,保证所有犯罪现场的有关物证都已经采集到,并且做好送交法庭科学实验室的准备。

**(二)美国勘查人员安全防护制度**

根据犯罪现场的重要程度,美国绝大多数州在立法和司法实践中将犯罪现场勘查人员的自我防护等级分为三级制,每一级自我防护中都对头部、手足和身体等防护作了详细规定。

1. 一般案件勘查人员安全防护

在一般案件现场勘查过程中,必须使用一次性塑料或胶皮手套、鞋套,手套包住袖口,鞋套包住裤脚,同时佩戴口罩。使用多波段光源、紫外灯等对眼部有伤害的仪器设备时,则必须佩戴相应的防护眼镜。

2. 较重大案件勘查人员安全防护

针对强奸、故意伤害、抢劫等暴力伤害案件等比较重大案件进行勘查时,在配备一般案件勘查人员安全防护措施的基础上,手套、鞋套必须防腐、防化学试剂的渗透。

3. 特大重大案件勘查人员安全防护

凶杀、爆炸、恐怖主义犯罪等特大重大犯罪案件现场进行勘查时,必须遵守更为严格和细致的人员防护规则。正如罗亚平教授著文所称:要求戴两层抗化学腐蚀、渗透的手套,一方面是由于一层手套易被硬物划破,划伤勘查人员的手;另一方面是为了方便勘查员拿取检材后,在不暴露手的情况下对外层手套进行更换;穿着全套防护服。戴防护帽,将头部主要是头发包裹起来。用“502”胶水对现场进行大空间熏显时,规定所有人员远离熏显空间,必须进入时则需佩戴防护面具和呼吸器等,并且规定所有这些防护措施都不得在现场取下或者进行更换。[①]

**(三)美国现场证据“保管链”制度**

相比于英国,美国建立了完善的痕迹与其他物证的保管制度。在现场勘查中发现的各种痕迹与其他物证必须由专人保管,以构成完整的保管链。这一“保管

---

① 罗亚平、胡昀昀、董凯:“现场勘查员面临的危险与自我防护”,载《中国人民公安大学学报》(自然科学版)2006年第1期。

链”要说明物证从现场到法庭的每一环节，说明什么人接触过该物以及该物证，它们有无变化，从而能够证明在法庭上出示的物证就是在现场上提取的物证。美国的法官对物证“保管链”的要求非常苛刻。侦查人员在现场上提取物证之后要将物证放在适当的容器内再加上标签。标签上一般写明下列情况：

(1)证据收集人和保管人的姓名；

(2)提取和送交证据的日期；

(3)办案单位、案件编号和案件种类；

(4)受害人和犯罪嫌疑人的姓名；

(5)对该物证特征的简要摘要或说明。

美国的“保管链制度”独具特色，无论在实践上还是在法制建设上都是一个十分有价值的创举。此外，美国许多科研实验室也承担刑事鉴定。

**(四)联邦调查局犯罪现场勘查流程**

在联邦调查局进行犯罪勘查现场时，严格要求每一步均要按详细的发现、提取、包装、集中保管的小程序进行。联邦调查局勘查一个现场一般最少要 5 个人完成：一名组长，一名照相，一名绘图，一名笔录(包括照相记录)，一名现场外的物证收集人。例如，发现物证后，首先要拍照，然后放上物证标志牌再拍照，同时照相记录员要记录物证拍照时间。物证提取时，要专人，用专门的牛皮纸物证袋，袋口要贴上封签，并要在物证袋上记明物证名称、提取的地点、时间、方法、提取人等标注，然后，交给现场外的物证收集人核实登记，办理交接签字手续。

联邦调查局在勘验现场时，既要提取传统痕迹物证，也提取生物检材和微量物证。他们在现场上，凡是犯罪嫌疑人可能遗留 DNA 物质的地方，均要提取检材，送实验室检验。并且重视微量物证的发现提取，凡是可疑的纤维、泥土、树叶等微量物证，也要全部提取，送实验室检验。现场重建时，注重血迹分析。命案现场分析时，主要依据现场血迹分析作案过程，他们对每一滴、每一片、每一滩、每一处血的分析提取，非常严格。力求解决血迹的形成、方向、距离、形成的原因，并通过实验室做大量的模拟实验来印证，为现场重建提供有力的依据。

在美国联邦调查局勘验犯罪现场，严格按照以下的 12 个步骤进行，他们培训探员也是按照该步骤进行：

(1)进行犯罪现场调查前的准备；

(2)前往现场；

(3)对现场进行警戒和保护；

(4)进行现场的整体概览和初步勘查；

(5)对于现场遗留的痕迹物证进行初步评价；

(6)进行现场勘查笔录的记录准备工作;
(7)对现场进行拍照;
(8)进行现场绘图的准备工作;
(9)对现场进行细致的搜查;
(10)记录和搜集相关物证;
(11)对现场进行最后的巡视;
(12)解除现场警戒。

## 第三节 法国犯罪现场勘查体制

### 一、法国犯罪现场勘查主体

预审法官、检察官和司法警察是犯罪现场勘查的权能执行主体,他们负有调查证据、查明事实的刑事司法职责。① 在法国,针对刑事案件进行的侦查工作按照法律规定分为初步侦查和正式侦查两个阶段,每一阶段中的犯罪现场勘查都由不同主体主导。司法警察就负责初步勘查、收集证据、追缴赃物等工作,三者都有权对现行的重罪、轻罪都有权进行初步侦查。在正式侦查程序阶段,预审法官则主导程序运行。

19 世纪以后,法国侦查职能的法律主导者是检察官,而具体的侦查任务承担者则是司法警察。法国检察官源自 12 世纪设立的"国王代理人",及至 14 中叶,法国在刑事诉讼中最终设置了国王检察官,②正式建立了系统的负责追诉犯罪的检察体制。从这一时期起,独立于任何私人控诉而发动控诉的职责落在了国王检察官的身上。检察官的最主要职责是对刑事案件进行提起国家公诉,为准备公诉,必须收集证据、缉捕人犯、查明事实,侦查便顺理成章地纳入其检察职权中。司法警察对现行案件侦查所得到的证据材料,都应提交检察官,检察官有权指挥司法警察的侦查活动。"对治安法官和司法警察等的刑事程序行为,检察官有权监督指挥。因此,司法警察在刑事司法中实际上成为检察官的业务助手。"③

当检察官亲临现场时,现场勘查便由检察官负责,当预审法官在现场时就由预审法官负责勘查,也可以授权司法警察负责勘查。司法警察在现场勘查过程中

---

① 吕木荣:"公安机关现场勘查规范化研究",华侨大学 2013 年硕士学位论文。

② [法]卡斯东.斯特法尼、乔治·勒瓦索、贝尔纳·布洛克著:《法国刑事诉讼法精义》(上),罗杰珍译,中国政法大学出版社 1998 年版,第 68 页。

③ 黎敏著:《西方检察制度史研究——历史缘起与类型化差异》,清华大学出版社 2010 年版,第 162 页。

应保护和提取与犯罪可能有关的痕迹和其他物证。凡是犯罪时使用的武器、工具以及与犯罪结果有关的物品均应扣押。如犯罪嫌疑人在场则应命令其辨认所扣押的物品。司法警察应当按规定制作现场勘查笔录并在笔录的每一页上签名。在需要进行物证鉴定和尸体检验的现场勘查中，检察官或司法警察可以指定具备相应资格的人参与现场勘查。

具体的刑案侦查工作还是落实在司法警察身上。1808年《刑事诉讼法典》颁行以前，法国警察部门只负责侦探和逮捕反对法国国王的政治反对派，而不插手刑事案件。拿破仑时代的后半期，专为侦查刑事犯罪活动而建立的巴黎警察厅一局局长亨利手下，也总共只有28名治安法官和区区几名巡官，侦查组织甚不发达。[①] 与同时期英格兰现代警察的不同，法国现代警察组织的演进总是承载着政治性色调。[②] 1854年巴黎按照伦敦模式改组了原警察总队，成立巴黎警察局，现代意义上的职业警察组织得以创设。法国警察部门中的侦查组织又经过数度变迁，及至20世纪初“尚在过渡时代”。法国政府为处理全国性之重大刑事案件，于1907年成立机动刑事警察队 Brigade Mobile，分驻全国15个侦查区。如有疑难或重大刑案发生，机动刑警队须立即驰赴该地协助侦查。此外，机动刑警总部置有完备的警察记录制度，鉴识工具也较为完备，各区逮捕人犯之姓名、量身、记录、照相、指纹等，应一律送至巴黎总部，以资贮藏及鉴证。此外，巴黎警察厅还印行侦缉书报，将通缉之罪犯相片及犯罪情形，详细记载，分发各侦查区，以利协缉。[③] 现今，法国司法警察总局下辖司法警察局，而司法警察局内设有司法鉴定中心并向全国各地警察机构提供服务。而本市、镇的警察局的侦查人员负责本市的一般刑事案件的现场勘查。而重大案件和跨市的案件的现场勘查主要由司法警察局地区大队负责，检察官和预审法官有权自行勘查或令司法警察勘查，同时在多数情况下由技术人员协助勘查。

司法警察在得知有刑事案件发生时，应迅速赶赴现场进行勘查，采取必要保护措施，发现重大刑事案件应立即通知检察官。在正式进行现场勘查之前，司法警察应当禁止任何未经授权的人进入现场、改变现场状态或从现场提取任何可疑

---

① 任惠华著：《中国侦查史》（古近代部分），中国检察出版社2004年版，第192页。

② During the 1820s there were debates on policing in both England and France. In France the questions raised concerned the nature of professional policing: had it not become too political? How could the detective force be trusted? ... In France there was no such dramatic break, but towards the end of the decade there was a positive attempt to improve the image of the Paris police. The French police had always had a political role. See Clive Emsley, *Policing and Its Context*, 1750 – 1870, The Macmillan Press Ltd., p. 31.

③ 俞叔平编著：《刑事警察与犯罪侦查》，远东股份有限公司1947年版，第42页。

物品痕迹等。但是为了安全、公共卫生、照顾受害人而奉命改变现场状态或从现场提取物品者除外。

## 二、法国犯罪现场勘查权能

第一，初步侦查阶段由司法警察、检察官主导犯罪现场勘查等侦查工作。在发现或者接到发生犯罪事件的报告后，司法警察必须迅速通知检察官，并且必须在48小时之内按照规定开展初步的侦查工作。“初步侦查”，是指在刑事案件的侦查过程中，在预审法官不参与领导指挥的时候，由检察官负责领导指挥司法警察对发生的犯罪案件进行的调查工作。①

(1)并询问目击者、知情人和被害人，尽量将他们的个人情况和提供的案件情况记录下来。

(2)需要进行急救的被害人进行抢救。

(3)案件存在可以勘查条件的犯罪现场必须进行现场勘查。

(4)能够迅速抓获犯罪嫌疑人，则司法警察还要负责对其进行初步的讯问，必要时将其带回警察局，然后根据案情需要对其采取临时羁押、拘留或者逮捕等强制措施。

(5)案件侦查工作需要，按照法律规定的程序办理审批手续后，对可疑人、物品、地点和场所进行搜查，对可疑物品进行搜查、扣押。

司法警察必须将初步侦查的结果在48小时内以书面材料方式移送检察院并向检察官报告。检察官根据司法警察初步侦查的案件情况决定案件是否需要进行到正式的侦查阶段。检察官负责初步侦查的宏观工作，领导并调动司法警察开展侦查，而司法警察只是具体的办事人员而没有决定权。如果检察官登记后认为有必要进入正式侦查，就通知并且指定一名预审法官负责案件的正式侦查工作。

---

① 预审法官制度改革及其现状：20世纪末，法国刑事预审制度再一次成为改革的焦点。法国“刑事司法和人权委员会”通过1993年1月4日法律修正案收回了预审法官批准临时羁押的权力，并将该项权力改由法官代为行使。可是，1993年8月24日法律修正案并没有延续1993年1月4日法律修正案，而是恢复了原有规定。虽然1993年1月4日法律修正案对法国刑事预审制度的改变并没有成功，但是此次修正案引发了法国学界对刑事预审制度改革的持续关注，这为法国刑事预审制度的第三次改革打下了基础。2000年12月5日发生的“乌特罗案”是法国刑事预审制度第三次改革的导火索，该案将预审法官的权力设置、职能定位以及监督机制等方面的重大缺憾暴露无遗，并引发法国社会各界对预审法官的存废之争。法国众议院要求设立“调查法官”一职，以分流预审法官的权力。而后，法国于2000年、2004年和2007年分别颁布《关于加强无罪推定及被害人权利保护的法律》、《使司法适应犯罪发展的法律》（又称为“贝尔本第二号法律”）以及《强化刑事程序平衡法》，加强了对被追诉人的人权保护，弥补了原先刑事预审程序的漏洞，以期更好地发挥刑事预审制度打击犯罪、保障人权之功效。参见洪浩、罗晖：“法国刑事预审制度的改革及其启示”，载《法商研究》2014年第6期。

第二,正式侦查阶段由预审法官主持犯罪现场勘查等侦查工作。就成为案件侦查工作的主要负责人,预审法官依法拥有调遣、指挥检察官和司法警察的权力。预审法官在向司法警察和检察官以及犯罪嫌疑人了解已经知悉的案件情况后,还应当进一步对犯罪嫌疑人进行审讯并将审讯内容和情况记录在案。根据初步侦查中获得的线索和材料,预审法官只要认为还需要进行调查,就可以向司法警察发出委托调查令,授权他们根据调查方案、提纲对特定问题开展更深入的侦查活动。

由于法律没有明文规定预审法官的调查权限,警察必须按照法律规定制作现场勘查记录,然后在笔录的每一页上签名,详细准确地记录现场勘查的过程。所以如果他认为案情已经查明时,就可以自行决定结束预审,并提出是否构成犯罪、罪行轻重的预审裁定意见。预审法官应该在预审结束后将全部案卷送交检察官,检察官在接到案卷后的3日内向预审法官提出自己对于案件的主张,包括要求继续侦查、建议中止诉讼和同意提起公诉共三种主张。在检察官提出的所有疑问都得到合理解决后,案卷就会被移交“起诉议事会”。经过预审法官的再次审查,认为没有问题时就结束侦查活动,案件就进入起诉和审判阶段。

2000年6月15日法国颁布施行《无罪推定法律》,首次增设“自由与羁押法官”负责审前羁押,以限制预审法官的“超级警察”权力。[①] 法院院长或者副院长才能担任“自由与羁押法官”这一职务。当出现重罪或者可能被判处10年以上监禁的情况时,如果负责该案的预审法官拒绝对被告人进行审前羁押,检察官可以直接向“自由与羁押法官”申请对被告人采取审前羁押的措施。[②] 当事人可以直接申请预审法官对案件进行全面调查,预审法官具有与检察官同等的权力,可以在调查中进行勘验检查。律师可以在预审法官勘验和询问第三人时要求在场,以维护当事人的合法权益。

## 三、法国犯罪现场勘查程序

法国犯罪现场勘查的主体包括司法警察、检察官和预审法官,但是他们在进行现场勘查时常常需要专门的技术人员予以帮助。当检察官或者预审法官亲临犯罪现场时,现场勘查就由检察官或者预审法官全面负责。检察官和预审法官也可以自行开展犯罪现场勘查。但是由于司法警察参加大多数案件的犯罪现场勘

---

① [英]杰奎琳·霍奇森:“警察、检察官与预审法官:法国司法监督的理论与实践”,朱奎彬、廖耘平译,载《中国刑事法杂志》2010年第2期。

② 陈卫东、刘计划、程雷:“法国刑事诉讼法改革的新进展——中国人民大学诉讼制度与司法改革研究中心赴欧洲考察报告之一”,载《人民检察》2004年第10期。

查工作,比检察官和预审法官有比较丰富的实践经验,所以绝大多数的案件的犯罪现场勘查工作主要由司法警察负责。

法国侦查机关的犯罪现场勘查程序是:

(1)受理报案。司法警察在接到报案或通过其他途径得知有现行犯罪事件发生时,应当立即通知检察官,以便检察官对案件作出处理决定和指示。

(2)现场保护。在将案件发生的情况通知检察官以后,应当立即组织侦查人员,携带现场勘查工作必备的器材迅速赶赴现场进行勘查。在到达现场后,要根据现场情况对现场采取必要的保护措施。

(3)初步处置。在进行现场勘查之前,司法警察应当采取适当措施禁止任何未经授权的人员进入现场、改变现场情况或者从现场上提取带走任何物品,但为了安全、公共卫生、抢救照顾受害人的需要而执行命令改变现场或者从现场提取物品者除外。

(4)实地勘验。司法警察在现场勘查过程中,应当充分注意保护现场的痕迹、物证。凡是犯罪时可能使用的工具和武器以及与犯罪结果有关的物品,都要予以扣押。

(5)在刑事案件的现场勘查过程中,需要进行物证鉴定和尸体检验的,检察官或者司法警察可以指定具备相应专业资格的人员参与现场勘查。如果被指定的人不是最高法院或者最高法院的注册鉴定人,那么他们就必须采用书面形式宣誓:以其良心和荣誉发誓为司法提供帮助。

(6)勘查记录。在整个现场勘查中,司法警察必须按照法律规定制作现场勘查记录,然后在笔录的每一页上签名,详细准确的记录现场勘查的过程。

## 第四节　德国犯罪现场勘查体制

### 一、德国犯罪现场勘查主体

在联邦德国,包括犯罪现场勘查在内的侦查工作都以检察官为主导,司法警察发挥辅助检察官办案的作用。但是在侦查实践中,检察官只有在法律上的侦查权,犯罪现场勘查等具体侦查工作仍主要由司法警察负责完成。

德国侦查体系的建构有其独特的历史秉性。在1860年除了梅克伦堡所属的两大公国以及利珀所属的两个侯国之外,德意志全境之内都已经采用了法国式的检察制度,以检察官统揽侦查权;部分邦国则引进了侦查法官制度。[①] 德国现代

---

① [德]克劳思·罗科信著:《刑事诉讼法》,吴丽琪译,法律出版社2003年版,第625页。

刑事诉讼法典的颁行迟至1877年,它也确立起了检察官主导侦查的权力配置模式,司法警察在“检警一体”的体制下高效运作。无论是1917年前的君主政体,还是之后的共和国政体,德国都施行联邦制,各邦与联邦州各设有负责侦查的检察体系和警察系统。联邦制度下的德国检察系统分为两套,在宪法划分的“联邦—州”的框架中分享辖内的刑事案件追诉职能,它们之间并不存在组织上的“一体化”。联邦与州的检察官在各自的辖区内管辖刑事案件侦查,法警附属于检察系统指挥管理,[①]检察官对警察享有直接的指挥权,所有司法警察的侦查结果必须及时移送检察官。

承担犯罪现场勘查任务的联邦德国刑事警察警察系统主要由两个部分组成:一是联邦内部主管的联邦警察机构,它下属的联邦刑事警察局和技术鉴定机构负责勘查、鉴定,并为地方警察机构提供服务。二是州警察机构,由于各州有自己的警察法,并在此基础上建立了各州的警察组织。由于依据的法律不同,所以各州警察系统在机构设置、权限范围、服装设备等方面都很不统一。但总的来讲州的刑事侦查部门负责现场勘查工作,如果警方认为有困难时,就由刑事警察和专门技术人员共同进行勘查。

## 二、德国犯罪现场勘查权能

在德国,检察官和刑事警察都有权行使刑事侦查权,但实践中检察官很少亲自侦查。德国检察官不但有权决定立案,而且还有侦查权,而司法警察只是在侦查工作中给检察官充当助手。司法警察在对接报的案件开展初步调查、了解情况后,如果认为有必要立案,就要立即报告检察官申请批准。如果检察官批准对案件立案侦查,那么司法警察就可以开始正式侦查。在开展侦查工作时,对于需要采取强制措施的情况,必须要经过法官的批准,但是在遇到紧急情况时,检察官、司法警察可以采取临时性的强制措施。侦查工作结束后,司法警察就要将案卷移送给检察院,由检察院审查后决定是否起诉。

## 三、德国犯罪现场勘查程序

在德国犯罪现场勘查工作体系中,刑事警察和专门技术人员扮演着重要角色。根据犯罪现场勘查工作的特殊需要,也可以聘请有关方面的专家技术人员参

① Erhard Blankenburg and Hubert Treiber, “The Establishment of The Public Prosecutor's Office in Germany”, *International Journal of The Sociology of Law*, 1985, pp. 12, 375 – 391, Academic Press Inc. Limited, p. 382.

加。德国犯罪现场勘查的具体工作程序如下：

第一，受理报案。刑事警察、侦查法官或者检察官在接到报案或通过其他途径知道有现行犯罪事件发生时，必须立即开始现场勘查工作。德国《刑事诉讼法》规定，发现犯罪后，每一个侦查人员都有义务启动侦查程序。

第二，现场保护。刑事警察、侦查法官或者检察官在接到报案或通过其他途径获悉有现行犯罪事件发生以后，必须立即部署有关人员对现场采取警戒保护方法，防止现场因为各种复杂原因遭到严重破坏而失去勘查价值。同时，现场勘查部门应当立即组织侦查人员，携带现场勘查工作必备的器材迅速赶赴现场开展勘查工作。在到达现场后，应当根据现场的情况对现场采取必要的保护措施。

第三，初步处置。在进行现场勘查之前，刑事警察或其他现场勘查主体应当采取适当措施禁止任何未经授权的人员进入现场、改变现场情况或者从现场上提取带走任何物品，但为了安全、公共卫生、抢救照顾受害人的需要而执行命令改变现场或者从现场提取物品者除外。根据有关规定和现场情况，决定是否需要邀请有关方面的专家技术人员参与现场勘查工作。

第四，实地勘验。现场勘查主体在现场勘查过程中，应当充分注意保护现场的痕迹、物证。对于在犯罪时可能使用的工具、武器以及与犯罪结果有关的物品，都要予以扣押。如果有犯罪嫌疑人在场，就应当责令其对所扣押的物品进行辨认。根据德国法律的规定，在现场勘查以及相关的侦缉工作完成以前，司法警察有权禁止处于现场内部的人员离开现场。

第五，根据现场勘查和案件侦查工作的情况，在需要进行物证鉴定、人身检查和尸体检验的案件的现场勘查过程中，检察官或者刑事警察可以决定邀请具备相应专业资格的专家参与到现场勘查工作中来。德国刑事诉讼法对尸体检验和人身检查也有详细明确的规定，根据德国《刑事诉讼法》第 81a 条，为了确定对程序有重要意义的事实，允许命令检查嫌疑人的身体。身体检查应当有司法令状授权，延误有危险的情况下，检察官和警察也有权命令；根据第 81c 条，对于没有犯罪嫌疑的人，也可强迫进行身体检查，查明其身体上是否带有犯罪行为的痕迹。

第六，勘查记录。在整个现场勘查中，参与现场勘查的刑事警察、检察官或者侦查法官必须按照法律规定采取各种形式和手段制作现场勘查记录，详细、准确、客观的记录现场的情况和现场勘查的过程。

侦查技术人员还要负责现场调查。尸体检验要由医师协助，解剖尸体须由二人（其中至少一名法医）进行，且法官必须在场。对已埋尸体，可开棺验尸，但必须经法官批准。检查犯罪嫌疑人身体，由医师进行，不必经得本人同意；紧急情况时，检察官、警察也可以进行，但须以检验、确认痕迹和犯罪结果为目的。否则，须经得其本人同意。比如,身上有两处伤口,检查人员可以检查与案件有关的伤口,而不能检查另一处伤口,如必须检查时,征得本人同意。

## 第五节　日本犯罪现场勘查体制

### 一、日本犯罪现场勘查主体

在日本,现场勘查是获取了可疑案件的信息后,发现、收集、保全作为信息载体的证据的过程和发现、掌握犯罪嫌疑人,及在必要的时候限制、保全其人身的后续工作提供前期的保障。日本现场勘查的工作的主体是检察官、检察事务官以及司法警察人员,勘查主体依法履行现场勘查职责。① 日本法律上的侦查权赋予检察官,具体侦查行为实施则依赖于刑事警察。侦查活动在本质上实行的也是"二步式"模式。根据《刑事诉讼法》的规定,日本将侦查手段分为任意性侦查和强制性侦查。在初步侦查时,往往采取的是"任意性侦查",它是指以受侦查对象的同意或侦查主体的承诺为前提而进行的侦查,也就是在侦查前,侦查人员将侦查的对象告知侦查对象,或者在侦查前对侦查对象做出一定的承诺,其实质等同于公开侦查。② 虽刑事调查的深入,侦查机关往往倾向于采取"强制性侦查",它是指法律做出明确规定的、必须严格遵守法定程序开展的侦查。由于犯罪现场勘查活动一般无须对人身进行强制和约束,也不涉及对财产权的严格限制,通常可以认为它是任意性侦查行为。但若在犯罪现场勘查过程中涉及强制性的人身检查、扣押涉案财物等,则可以将之视为强制性侦查行为。

1869 年作为三权分立的成果之一,日本建立了皇家起诉调查部以及刑部省,皇家起诉调查部负有侦查职能。1872 年将皇家起诉调查部及刑部省合一,改置司法省;在奉还版籍的中央集权基础上,以司法省实现了对全国的司法权行使统一的领导权。司法省的成立,"将中央集权和权力分立的治国思想明显凸显出来",③为司法独立奠定了基础。日本效仿法国的检察官体制,④在新成立的司法省中,设置了检事专司犯罪纠举职能,有权侦查,指挥司法警察。19 世纪 80 年代,在法国刑事诉讼模式和警政体制的影响之下,以 1880 年《治罪法》为中心,日本建

---

① 吕木荣:"公安机关现场勘查规范化研究",华侨大学 2013 年硕士学位论文。

② 俞敏、丛元明:"中日现场勘查比较研究",载《辽宁公安司法管理干部学院学报》2011 年第 4 期。

③ 冷罗生著:《日本现代审判制度》,中国政法大学出版社 2003 年版,第 8 页。

④ Shigemitsu Dando, *Japanese Criminal procedure*, Fred B & Co. South Hackensack, N J, 1965, p. 14.

立起现代侦查体制。赋予检察官强大的侦查权,并给予其以"国家追诉主义"的罪案控诉的垄断权;设立预审法官,法官对侦查程序进行强力控制;给予犯罪嫌疑人等侦查参与人以诉讼主体地位。司法警察体制亦仿自法国,采中央集权的集中制,并以检事指挥司法警察从事侦查的"检警一体"为模式。及至19世纪90年代以后,德国刑事司法体制对日本影响深远,侦查体制中融入了很多德国因素,从而形成了日本混合式的侦查体制。1922年《刑事诉讼法》颁布为界,前期主要参酌法国模式,后期主要参酌德国模式,但这一时期的侦查体制总体上并无殊异,朝着打击犯罪与保障人权的两个程序目标迈进:第一,没有盲目仿行德国侦查体制所体现的联邦特色,日本在警察体系和检察体系中推行法国式的中央集权制,并秉持一贯所采取的统一制。其侦查体系自中央而地方一体配置,各地方侦查设置与中央无二致,且须服从中央体系,并无地方分权的现象。第二,侦查的责任与权限均归属于检察官,但检察官行使侦查权的方式仍系仿自法国,可以单独以检察官名义而非检察厅名义从事侦查。"法、日之检察官服从其所属之检察厅长官之命令以外,同时又各得代表检察厅以行使检察权。而德国之检察官,则唯得代表其所属检察厅长官以行使职权,不能直接代表唯一不可分之检察厅。故可谓德国各检察厅唯有长官一人而已,其下之检察官皆不过补助或代理者。"①第三,在负责具体侦查任务的警察体制方面,综合法德警察体制的特点——"职权甚广","组织上亦分门别类",②大力推行侦查的专业化。至20世纪初,"日本警察,一切行普鲁士制度为远东最著名者,据云则有百分之九十七的犯罪,均受检举,失物都能归还,言之不免太过。但警察之权力大一如德国然"。③ 第四,通过限制侦查权力、增加程序透明度、引入辩护人等方式,强化侦查程序的人权保障。这在参酌德国1877年《刑事诉讼法》制定的1922年《刑事诉讼法》中体现明显:强化了对侦查阶段中强制措施的法律控制,将侦查机关的强行侦查权纳入规范,辩护范围扩大至预审阶段。④

警察是最为重要的侦查力量,其中既有检事的"代理官"——警视总监,位列检事"补佐员"。日本警察自明治维新之后开始建立,原来是仿自法国警察的中央集权模式组建,全国警察置于内务大臣的领导之下。在侦查方面,并没有专业司法警察的独立机构设置,而是仅仅以其行政警察身份听命于检事的调度指挥,

---

① [日]冈田朝太郎、松冈义正、小河滋次郎、志田钾太郎口授:《检察制度》,郑言笔述,蒋士宜编撰,陈颐点校,中国政法大学出版社2003年版,第197~198页。

② 李士珍著:《现代各国警察》,商务印书馆1937年版,第347页。

③ 俞叔平编著:《刑事警察与犯罪侦查》,远东股份有限公司1947年版,第42页。

④ 孙长永著:《日本刑事诉讼法导论》,重庆大学出版社1993年版,第3页。

履行其侦查补助职能。仅以东京警视厅的侦查组织为例,足可见其现代性:"日本东京警视厅之刑事部,即东京刑事警察之总管理处",[①]"其职务之划分与德奥刑事警察初无二致,刑事部为方便现场检验,设有侦查小组,以临检人员五人组织之,内有刑事警察、警医(法医)及化验师等,临事出动,掌理下列现场侦查事项:现场摄影及测绘,搜集及保留指纹、足迹及其他遗留物等证据,勘验尸体。究其性质与德奥之命案小组 Mordkommission 相等也"。[②]

在东京警视厅刑事部体系中,侦查分工呈现专业化。其内设庶务、搜查、特别搜查及鉴识四课:其一,庶务课,负责刑事登记、刑事统计、关于犯罪之部属与通报、刑事制度之设施调查等侦查基础工作事项。其二,搜查课,侧重于对杀人、伤害、窃盗、强盗、诈欺取财及使用伪钞罪等普通犯罪进行搜索及检举。其三,特别搜查课,对政治犯罪,会社银行交易所等之犯罪,渎职罪,破获名誉及背信罪等特殊犯罪进行搜查与检举。其四,鉴识课,其重于对犯罪物证鉴识,处理嫌疑犯之记录、指纹、人像写真、法医及理化鉴识、犯罪现场之保存及采证。并负责犯罪嫌疑人的羁押及其他囚犯之押送。[③] 在日本各地方警视厅以下之警察署中,各设刑事警察十余人,专任各管辖区范围内之刑事事项。其在管辖地以外发生之案件,只要有检事之侦查命令,即可着手进行侦查。

## 二、日本犯罪现场勘查权能

对于案件的初步侦查主要由案发地附近的治安警察或者巡逻警察进行,但是警察机关中的专业办案件侦查队也可以直接负责重大案件的初步侦查工作,而案件发生地治安警察以及巡逻警察负责配合工作。对于案件的后续侦查也被称为正式侦查,其中一部分侦查工作交给刑事警察负责,另一部分侦查工作由警察机关在初步侦查工作完成后将案件移送给检察院,接着由检察院的侦查人员继续对案件开展侦查工作。总的来说,日本侦查机关对于刑事案件的侦查活动主要由刑事警察负责,而在这个侦查过程中,检察官只是负责对警察的侦查工作做出一般性指示和指挥。

在日本,犯罪现场勘查由刑事警察、技术人员共同进行,日本非常重视二者的合作与分工。犯罪现场勘查工作包括对案件有关人员和现场附近人员的调查访问、对现场及其周围场所的察看与搜索、发现和提取各种痕迹及其他物证、拍摄现场照片和制作勘查笔录等。其中调查访问和制作笔录应有侦查人员负责,提取痕

---

① 俞叔平编著:《刑事警察与犯罪侦查》,远东股份有限公司 1947 年版,第 38~39 页。

② 同上书,第 41 页。

③ 同上书,第 38~41 页。

迹物证和拍摄现场照片应由技术人员负责,对现场及其周围场所的察看与搜索则应当由侦查人员和技术人员共同进行。

刑事警察对犯罪现场进行勘查、收集证据。若勘查是在无人居住、没人看管的船内或建筑物内,或者虽然现场勘查是在有人居住或看管的船舶内或建筑内,但是在紧急情况下的查看,那么现场勘查人员无须持有强制执行的命令。如果现场勘查不属于上述两种情况,那么现场勘查人员应该持有强制执行的命令,因为这种现场勘查属于强制的勘验。强制勘验犯罪现场是日本勘验制度的一个特点。犯罪现场勘查由法官发布,由检察官和司法警察执行,并通知有人看管的地方,须有人在场时才能进行勘查。勘查前侦查人员应出示勘查令。这似乎与我国的勘查证相似但又有所不同。在日本,对人身的勘验应出示检查身体令,在申请中要记载理由和受检查人身体情况,但是对于已拘捕的嫌疑人的检查则无须申请令状。

## 三、日本犯罪现场勘查程序

在现代日本,刑事警察机关的犯罪现场勘查程序如下:

1. 发现犯罪线索。在日本,侦查开始于侦查线索或者受理报案。侦查机关在日常的工作中自行发现或者通过公民的帮助发现侦查线索。前者途径发现的线索称为主动取得线索,方法主要有职务盘问、汽车检问、携带物品的检查、检验非正常死亡尸体、议会议员的发言、侦查案件中意外发现和社会传闻等。后者途径发现的线索称为被动取得线索,方法主要有当事人告诉和告发、自首、请求、匿名信和被害人报告书等。

2. 犯罪现场保护。犯罪现场保护的工作大多数由巡逻警察和治安警察负责。在案件发生后,最先到达现场的警察要对案件进行核实,根据需要进行紧急处置,对危重被害人开展抢救,采取有效措施控制重要知情人,并将现场情况报告上级。

3. 实地勘验犯罪现场。实地勘验由初步侦查警察负责,首先要从外围开始逐渐向中心深入的对现场进行观察,观察要反复进行,观察范围要宽,查看有无变动及变动原因,对尸体进行观察检验。

4. 犯罪现场痕迹、物证的发现和提取。通过现场观察、现场搜索发现的痕迹和物证,应当立即采取正确的方法进行收集、保管。同时,要判断痕迹、物证与案件是否有关,要完好的保护痕迹、物证的本身所具有的证明力和价值。

5. 犯罪现场记录。在现场勘查和现场观察的过程中,要采用各种方法对其工作和现场情况好记录。

# 第四章　犯罪现场勘查管理机制

收集证据、查明事实、捕获犯罪嫌疑人是侦查的重要任务。在此基础上，才能将犯罪嫌疑人移交起诉，使其受到应有的法律制裁，实现刑事司法所追求的公平正义。无论是普通刑事案件，还是经济犯罪案件、危害国家安全犯罪案件、军事犯罪案件，都必须讲证据，而犯罪现场勘查则是众多案件侦查的起点和基础。

## 第一节　犯罪现场勘查的组织

现场勘查的组织，是指为了搞好现场勘查，用系统方法建立的临场指挥体系。它包括勘查机构、勘查人员的组成、勘查人员的分工与职责、现场指挥员的组成和职责、指挥体系的运转机制等。犯罪现场勘查组织得是否科学、有序，勘查过程安排得是否合理、得当，犯罪现场勘查的指挥是否具体、到位，勘查人员的分工是否科学、合理，勘查过程中的紧急措施采取得是否恰当，现场分析过程中侦查方向能否确定准确，侦查范围能否科学、合理地划定等，都与犯罪现场勘查的组织密切相关，因此，现场勘查组织的好坏，是能否较好地勘查犯罪现场的关键环节之一，对提高犯罪物证发现率、提取率和利用率也具有重要意义。[①]

---

① 耿青国："犯罪现场勘查的组织与指挥"，载《吉林公安高等专科学校学报》2009年第4期。

## 一、犯罪现场勘查的机关

侦查机关有权组织勘查犯罪现场。一般而言,拥有侦查权限的侦查机关也具有犯罪现场勘查的管辖权。但由于部门设置、刑事技术条件等因素的限制,检察机关、监狱、海关、军队保卫部门等侦查机关的犯罪现场勘查能力有限,公安机关的犯罪现场勘查实力则最为雄厚。在下文中,若未加说明,犯罪现场勘查权的论述一般都以公安机关的犯罪现场勘查为分析对象。

### (一)重大、特大案件的现场勘查

对于所涉嫌的犯罪行为致死或死伤多人并造成恶劣影响的案件;严重危害公共安全并造成恶劣影响的爆炸、放火、投毒及绑架等案件;同一地区连续发生的对群众安全感造成较大影响的系列案件,如聚众围堵、冲击党政机关、司法机关、军事机关、重要警卫目标或打、砸、抢事件,发生聚众堵塞公共交通枢纽、交通干线、破坏公共交通秩序等,由地区一级的公安侦查部门组织勘查,比较复杂的现场,上级可以派员指导。

### (二)一般案件的现场勘查

区县级侦查部门或责任区刑警队,上级可以派员指导。县级(市区)公安机关负责侦查发生在本辖区内的刑事案件并组织现场勘查,包括重大和一般案件。涉外案件和重大疑难案件,由地(市)级以上公安机关负责现场勘查。

### (三)在机关、团体、企事业单位内部发生案件的现场勘查

机关、团体、企业、事业单位发生的属于刑事侦查部门管辖的刑事案件,一般案件由本单位保卫组织负责查破并勘查现场;重大、特别重大和严重暴力案件,由所在地公安机关刑侦部门立案侦查并勘查现场,本单位保卫组织积极配合。

### (四)铁路、交通、民航、林业系统管辖区内发生的刑事案件现场勘查

铁路、交通、民航、林业系统管辖区内发生的刑事案件,由该系统发案地公安机关负责侦查并勘查现场;未建立专门公安机关的,由所在地公安机关负责侦查并勘查现场。

### (五)涉及两个地区的刑事案件的现场勘查

涉及几个市、县公安机关的刑事案件,由最初受理案件的公安机关负责侦查并组织现场勘查。必要时,既可以由主要犯罪地的公安机关负责侦查并组织现场勘查,也可以由省、自治区公安厅,地区公安局组织侦查并勘查现场。①

---

① 高光斗:“命案现场勘查的组织指挥是一项反推系统工程”,载《警察技术》2008年第8期。

**（六）军地互涉的案件，按以下原则处理**

1. 现役军人在地方作案的，地方勘查为主。

2. 现役军人和地方人员共同在部队营区作案的，部队保卫部门勘查为主；在地方作案的，地方勘查为主。

3. 地方人员到军队作案的，军队保卫部门和地方侦查机关共同组织勘查。

## 二、犯罪现场勘查的人员

**（一）犯罪现场勘查人员的构成原则**

在犯罪现场勘查人员配备上，严守“公安机关对刑事案件现场勘验、检查应当统一指挥，周密组织，明确分工，落实责任，及时完成各项任务”。在此基础上，人员队伍构成方面一定要保证人员构成的量和质：

一方面，犯罪现场勘查队伍人员配置要齐，战斗力要强，如一些三级点专门的刑侦技术人员少之又少，而相对应的工作量又比较大，因此远远不能满足勘查工作的需求，所以专门的勘查队伍的配置就显得尤为重要。勘查队伍要配齐、配强，适应犯罪现场勘查的工作需要，甚至有些案件的勘查需要配齐两套勘查班子。

另一方面，犯罪现场勘查人员构成上一定要追求能力和水平的质，要实现专业的针对性，出现场的勘查人员要专业配套，一般现场由痕检、照相人员进行勘查，重大现场则应增加人数。①

**（二）犯罪现场勘查指挥部**

1. 确定指挥部的组成人员

一般应包括省公安厅主管厅长、刑警总队长、发案地公安局长和支队长、区县的管局长、市领导（重大纵火、投毒现场）、武警部队首长等。特殊情况下，为了应对复杂实际，需要多警种联合战斗，此时指挥部的组成人员还会涉及民航、铁路、林业公安局等的领导。当然，关于指挥部的人员组成状况，这应当根据实际情况来确定，具体的也是由市局、省厅领导来作出决定，甚至有的时候市局、省厅的领导也会直接参与。

2. 指挥人员的具体分工

对于犯罪现场勘查具体各部分小组负责人的分工指挥和负责。指挥员也要分工负责，这样工作方能有实效。可以如下划分：有的负责指挥和领导调查访问工作，有的负责指挥现场勘查、现场保护，有的负责紧急措施的采取，有的负责统筹规划。

---

① 耿青国：“犯罪现场勘查的组织与指挥”，载《吉林公安高等专科学校学报》2009 年第 4 期。

3. 确定最高指挥员

实践中,通常都是由公安机关所在现场的最高级别的官员担任。这种方式的优势就在于统一指挥,便于明确方向和资源使用的集中,工作效率高,但是缺点是这个最高指挥员不一定了解案发当地的自然情况,有可能导致盲目指挥。①

**(三)犯罪现场勘查指挥员**

1. 犯罪现场勘查指挥员的确定

按照侦查部门管辖分工,组织领导小组、临时指挥部,由该级的侦查部门负责人担任指挥人员。

2. 犯罪现场勘查指挥员的素质

犯罪现场勘验、检查的指挥员由具有现场勘验、检查专业知识和组织指挥能力的人民警察担任。具体而言,指挥员应具有以下条件:一是必须是负责刑侦工作的领导,也就是主抓刑侦工作的厅、局长,刑侦总队长、刑侦科、队长等,政委、指导员和地方领导干部则是搞行政业务的,不可以担任指挥员;二是必须具有丰富的侦查办案经验,因为这样的人懂得侦查办案和技术手段,所以才能指挥得当、到位;三是指挥员必须具有敏锐的观察能力和快速的综合判断能力,那些作出决定较慢的领导则不适合于担任现场勘查指挥员;四是应该具有较高的政治素质,并通晓有关法律知识,包括《刑法》、《刑事诉讼法》和公安机关办理刑事案件程序规定等;五是应具有较高的管理能力和水平,指挥员要多学些指挥学、决策学、领导管理学等方面的知识,不断提高自己的管理能力和水平;六是指挥员要熟悉辖区内的社会治安状况,要掌握犯罪的规律、特点,要了解城市规划、改建的交通要道和重要场所。②

3. 不同案件的勘查使用不同的指挥员

(1)一般案件,由区县侦查部门的负责人或其指定的人担任。

(2)重大、特大案件,由承担案件侦破任务的侦查部门负责人担任。

(3)涉及多个地区的重大、特大案件,由直接承担案件侦破任务的主要一方或上级侦查部门负责人担任。

4. 现场勘查指挥员的职责

(1)决定和组织实施现场勘验、检查的紧急措施;

(2)制定和实施现场勘验、检查工作方案;

(3)对参加现场勘验、检查的人员进行分工;

---

① 郑岩:"论现场勘查人力资源的优化配置",载《辽宁公安司法管理干部学院学报》2011 年第 4 期。

② 耿青国:"犯罪现场勘查的组织与指挥",载《吉林公安高等专科学校学报》2009 年第 4 期。

(4)指挥、协调现场勘验、检查工作；

(5)确定现场勘验、检查见证人；

(6)审核现场勘验、检查工作记录；

(7)组织现场分析；

(8)决定对现场的处理。

**(四)犯罪现场勘查人员的职责**

现场勘验、检查人员依法履行下列职责：

(1)实施现场紧急处置；

(2)进行现场调查访问；

(3)发现、固定和提取现场痕迹、物证等；

(4)记录现场保护情况、现场原始情况和现场勘验、检查的过程与所见，制作现场勘验、检查工作记录；

(5)参与现场分析；

(6)提出对现场的处理意见；

(7)执行现场勘验、检查任务时，现场勘验、检查人员应当服从命令、听从指挥、程序规范、举止文明；

(8)现场勘验、检查人员应当严格保守秘密，不得向无关人员泄露现场信息，不得擅自接受新闻媒体的采访。

**(五)犯罪现场勘查参与人**

(1)必要时可以聘请专业人员。如勘验、检查与电子数据有关的犯罪现场，应当按照有关规范处置相关设备，保护电子数据和其他痕迹、物证。必要时，可以指派或聘请专业技术人员复制有关电子数据。

(2)检察官莅场参加。特别重大案件勘查时，可以商请检察院派员参加。对人民检察院要求复验、复查的，公安机关复验、复查时，应通知人民检察院派员参加。

(3)1～2名见证人参与犯罪现场勘查。勘验、检查现场时，应当邀请1～2名与案件无关的公民作见证人。

(4)治保人员和可靠群众协助保护现场，追缉人犯、现场搜索。

## 第二节 犯罪现场勘查准备

### 一、犯罪现场勘查日常准备

由于侦查的过程是一个由被动转为主动的过程，推动这一过程转变的重要因素就是“快速反应”的现场勘查,必须要保证现场勘查的快速、准确、全面。

**(一)犯罪现场勘查人员主观方面**

(1)犯罪必留迹于现场,现场上必然能够发现痕迹。

(2)树立案情观念,快查快办,利用情报的意识和协作意识。

(3)艰苦奋斗、常备不懈、敌情观念。

**(二)犯罪现场勘查客观方面**

1. 犯罪现场勘查器材

做好现场勘查器材的更新换代。日常工作中各专业要保管好自己使用的器材,对损坏器材、消耗材料进行经常性的维修和补充,以保证出现场时能够使用。现场勘查所使用的器材必须保证紧跟科技发展的步伐,不能过于陈旧。在日常的工作当中,必须注重对现场勘查相关器材和材料的日常性维护和保养,确保在需要的时候器材能够正常使用、精确使用。

2. 通讯器材

有线电话、移动电话、网络电话和对讲机等。在信息化侦查的大背景下,现代通信信息技术的迅速发展,为现场勘查各环节间的即时沟通提供了许多便利条件。各地公安机关可以根据本地的经济条件,搭建现场视频实时传输系统,构筑指挥平台由摄像人员进行现场数字录像,指挥员和其他参战人员在现场外利用网络传输技术,以电脑和投影屏幕的形式观看监督现场情况,实现对现场勘查活动的全程指挥调度。依托指挥平台,以现场指挥员为中心,利用对讲机、视频传输、移动通信等设备,实现现场指挥员与技术、侦查、信息、资讯、警犬的负责人之间以及部门之间的即时信息交换,提高协作配合质量。①

3. 交通工具

现场勘查车、现场照明车、现场勘查指挥车、警用轻便摩托车等。

4. 追踪助手

具备使用警犬追踪或者鉴别条件的,在不破坏现场痕迹、物证的前提下,立即使用警犬搜索和追踪,提取有关物品、嗅源。

---

① 李蕊:“推进现场勘验和现场访问工作有效结合的构想”,载《铁道警官高等专科学校学报》2012 年第 3 期。

**（三）犯罪现场勘查制度建设**

1. 值班备勤制度

（1）勘查两套班子；

（2）侦技结合①；

（3）值班值宿制度。

2. 限时到场制度

3. 岗位责任制

**（四）犯罪现场勘查标准**

1. 法律化标准

勘查人员必须严格依照《刑事诉讼法》、《办案程序》和《勘查规则》的相关规定具体实施。

2. 程序化标准

顾名思义，勘查人员的一切工作必须遵循相应的流程和规定，切忌主观臆断。

3. 规范化标准

规范化标准具体分为工作规范和技术规范两类。其中，工作规范指的是现场勘查的相关工作必须严格按照现场勘查的相关规定来展开，如现场访问，其访问的地区范围、对象等必须在事前就加以确定并制定计划，同时对具体的方法、后续的记录都有着一定的规范要求。而技术规范是从实验技术的使用层面来说，如现场勘查器材的操作和使用规范，痕迹的发现、提取、检验等规范，这些都是从技术层面角度展开，还有关于现场记录的规范以及相关档案的建立规范，等等。

---

① 侦技结合的提出有其时代背景和迫切社会需求。作为现场勘查法定主体的刑事侦查人员在进行了一段时间的刑事技术培训后，完全有能力直接承担一般盗窃案件现场勘查工作，当然，在侦查人员在勘查一般刑事案件时，到达现场初步了解后，如有必要，可以指派刑事技术人员勘查现场，这样不仅有利于提高一般刑事案件的现场勘查率，也能减轻了刑事技术人员的工作压力。刑事侦查人员作为现场勘查的法定主体，在专业的刑侦技术培训的前提之下，已经有能力胜任一般盗窃案件的现场勘查工作。并且，在一般刑事案件的现场勘查中，勘查人员在对现场进行了初步的了解之后，在一定条件下可以指派相应的刑事技术人员进行具体的现场勘查工作，如此一来，在现场勘查率得到提高的同时，还能够减轻刑事技术人员的当公安机关的指挥部门接报重特大案件时，可直接指派技术人员到现场参与勘查，使刑事技术人员能够集中时间和精力解决疑难问题，攻克疑难复杂案件，提高重、特大案件现场勘验率和勘查质量。对于特别重大的案件，公安指挥部门可以直接指派相关的刑事技术人员到达现场并进行现场勘查，这样既有利于刑事技术人员集中精力来找出并解决疑难、复杂的问题，也有利于现场勘查率和整体勘查质量的提升。参见罗亚平、胡昀昀、董凯："现场勘查员面临的危险与自我防护"，载《中国人民公安大学学报》（自然科学版）2006 年第 1 期。

## 二、犯罪现场勘查临场准备

### (一)迅速核实案情,布置保护现场

从现场勘查和侦查破案的要求看,进行现场指挥不单纯是组织警力,还要做好核实报警情况,初步分析案情和实施第一次紧急侦查部署,以及向上级公安机关报告等项工作。如果只忙于组织警力赶赴现场,忽视了其他工作,尤其是核实报警情况和第一次紧急部署,很可能错过最有利的侦查时机,而且可能出现被动局面。因此,指挥员不能轻视现场的组织与指挥,需要核实报警情况。核实案件发生、发现的时间、地点和案件的事实经过,便于做好准备,明确具体携带哪些警用工具。现场勘查中第一次分析案情侧重于分析案件的性质、案件的真实性和可靠性,以便出警前采取紧急措施。指挥员分析案情不宜用时过长,特别是在发生放火、爆炸、拦路抢劫、强奸和死伤人数较多的凶杀案时。

### (二)确定勘查人员,准备需要器材

根据案件性质、危害后果、紧急程度,确定合理的人数、人员结构。指挥员应当根据现场情况和勘查工作的需要,决定出动现场警力的人数、车辆,需要携带的武器、特殊器材和需要哪些技术人员出场。出现场时,如果攀登工具、排爆工具等特殊器材、药品和食品等物资一时没有准备好,指挥员可指令专人负责组织,随后运送到现场,不能等这些工具和物资筹集之后再出动现场。出警时要以最快速度取捷径赶赴现场,争取在3分钟内到达。及时向上级领导和侦查指挥中心报告情况。是否向上级报告情况要由指挥员来决定,一般情况下发生重大、特大和暴力案件后,应及时向主管公安局长和上一级指挥中心报告案情。如果发生了严重暴力案件和突发事件,还应当向当地党政领导报告案情。对于出警的人员配置、车辆、携带的武器和器材,这些都应当由指挥员根据实际情况的工作需要作出决定。

### (三)准备应对犯罪现场紧急情况

协同医疗、消防、边防等有关部门,对可能遭受侵害的目标进行紧急保护,追缉堵截人犯。勘验、检查暴力犯罪案件现场,可以视案情部署武装警戒,防止造成新的危害后果。对涉爆、涉枪、放火、中毒、放射性物质、传染性疾病、危险场所等可能危害勘验、检查人身安全的,应当先排除险情,在保证勘验、检查人员人身安全的前提下,再进行现场勘验、检查。

## 三、临场准备暨勘查实施

### (一)架设通讯网络

1. 以现场为中心,沟通现场与指挥中心、侦查技术部门、上级公安机关、人民

检察院、医院、消防等相关部门，实现指挥员与勘查人员之间的信息交流通畅。

2. 目标

(1)及时向指挥中心通报现场情况；

(2)请求各种技术、信息等支援；

(3)接受上级指示；

(4)密切配合，协同作战。

**(二)检查并完善现场保护**

仔细检查现场保护。如现场缺乏保护，要立即保护，如现场保护存在问题，则要及时纠正。现场有人员伤亡时，应对伤者全力进行抢救，有其他危险情况应着力抢险后再进行勘验；抓住有利时机对现场的人员进行排查。

**(三)把握现场争取主动**

1. 听取汇报

通过听取汇报，实地考察和直接询问被害人，被害人，知情人等方法来快速了解情况，了解现场处置及相关工作的进展情况。

2. 直接询问

现场访问是现场勘查程序的重要组成部分，它应该贯穿于整个勘查过程的始终。现场的访问应当确定区域范围、人员范围、内容范围等方面。为了保证现场访问质量，要在现场访问时初步拟定详细的访问提纲，并制作询问笔录。①

3. 亲自巡视

**(四)合理分工确定职责**

1. 现场保护小组

封锁现场、指挥交通、警戒出入口。负责保护现场的人民警察应当根据案件具体情况，划定保护范围，设置警戒线和告示牌，禁止无关人员进入现场。

负责保护现场的人民警察除抢救伤员、保护物证等紧急情况外，不得进入现场，不得触动现场上的痕迹、物品和尸体。处理紧急情况时，应当尽可能避免破坏现场上的痕迹、物品和尸体。负责保护现场的人民警察对可能受到自然、人为因素破坏的现场，应当对现场上的痕迹、物品和尸体等采取相应的保护措施。负责现场保护的人民警察应当将现场保护情况及时报告现场勘验、检查指挥员。

2. 现场访问小组

应当向报案人、案件发现人，被害人及其亲属，其他知情人或者目击者，了解、

---

① 刘畅："对现场勘查见证人制度的反思"，载《辽宁公安司法管理干部学院学报》2015年第3期。

收集有关刑事案件现场的情况和线索。

3. 勘验检查小组

勘验、检查、发现、固定、提取物证。现场勘验、检查按照以下工作步骤进行:

(1)巡视现场,划定勘验、检查范围;

(2)按照"先静后动,先下后上,先重点后一般,先固定后提取,先室外后室内、先地面后上面、先微量后常量、先无形后有形"的原则,根据现场实际情况确定勘验、检查流程;

(3)初步勘验、检查现场,固定和记录现场原始状况;

(4)详细勘验、检查现场,发现、固定、记录和提取痕迹、物证;

(5)记录现场勘验、检查情况。

4. 机动小组

负责现场及其外围搜索,参与紧急处置,追捕、抢救、看管。

## 第三节 犯罪现场勘查的指挥

### 一、现场勘查指挥概述

#### (一)犯罪现场勘查指挥定位

现场勘查的指挥,是现场指挥员根据实际情况,为了保证完成勘查任务而采取的指挥对策和调度方法。它包括对现场勘查工作的全面安排与调度,根据现场情况、勘查现场以及侦查破案的需要所运用的指挥方法。①

犯罪现场勘查工作往往面临着时间紧迫、头绪繁多、专业性强的特殊任务要求。在当前的犯罪现场勘查指挥过程中,主要存在以下一些问题:指挥权不明确;组织、配备人员不合理;对现场情况的了解不多、掌握不全面;指挥员搞经验主义,不能集思广益。② 在某些重特大案件发生后,参与犯罪现场勘查的各种专业人员众多,莅场指导的领导首长也比较多,人数众多的莅场人员隶属不同的部门,为了加强其互相协作,保证现场勘查活动的有序性、时效性,提高勘查质量,必须做好组织与指挥工作。③

① 耿青国:"犯罪现场勘查的组织与指挥",载《吉林公安高等专科学校学报》2009年第4期。

② 郑元勋、房俊鹏:"现场勘查指挥中存在的问题及其对策探析",载《政法学刊》2010年第2期。

③ 蔡作辉、刘猜:"铁路爆炸案件现场勘查的指挥",载《铁道警官高等专科学校学报》2002年第3期。

### (二)犯罪现场勘查指挥类型①

1. 总体勘查指挥与具体勘查指挥

总体勘查指挥,是指犯罪现场勘查部门或者代表该部门的指挥员着重对现场勘查工作的全局性、方向性、指导性问题发布命令、指令和信息。总体勘查指挥在刑事案件勘查指挥的过程中是“纲”、是宏观的、具有战略意义的指挥。而具体勘查指挥,是指犯罪现场勘查部门或者代表该部门的指挥员为实施总体勘查指挥而进行的局部的、具体的问题发布命令、指令和信息。既有确定意义下的指定性,又有依据案情的需要所进行的必要的修正性,既有依据法律程序进行执法活动的规范性,又有指挥员在刑事案件勘查指挥过程中的随机性。

2. 个体勘查指挥与集体勘查指挥

个体勘查指挥,是指犯罪现场勘查部门或者代表该部门的指挥员个人对勘查工作的问题发布命令、指令和信息。而集体勘查指挥,是指犯罪现场勘查部门或者代表该部门的两个或两个以上的指挥员对犯罪现场勘查工作的问题发布命令、指令和信息。

3. 随机勘查指挥与非随机勘查指挥

随机勘查指挥,也可以称为非程序化勘查指挥,是指犯罪现场勘查部门或者代表该部门的指挥员依据刑事案件犯罪现场勘查工作的实际情况,随时随地发布命令、指令和信息。非随机勘查指挥,也可以称为程序化侦查指挥,是指犯罪现场勘查部门或者代表该部门的指挥员依据勘查工作的实际情况按照勘查过程有序的发布命令、指令和信息。

4. 现场勘查指挥与模拟勘查指挥

现场勘查指挥,是指犯罪现场勘查部门或者代表该部门的勘查指挥员亲临发案地点直接发布命令、指令和信息。模拟勘查指挥,是指犯罪现场勘查部门或者代表该部门的勘查指挥员通过人工创建的案发现场“仿真”发布命令、指令和信息,或者利用制作的沙盘、“案发地点”、CP 组网、投影仪、幻灯机等器材和设备实施的“仿真”勘查指挥。

## 二、场外先期指挥要点

现场勘查指挥员一旦受命负责特定犯罪现场的勘查,从接到任务之时起就应该履行勘查指挥职责。在赶赴现场之前的指挥内容主要包括:

---

① 刘晓光:“谈侦查指挥的分类”,载《中国刑警学院学报》2008 年第 3 期。

**(一)部署现场的先期保护工作**

指挥员受命之后,应关注并了解现场的保护情况,部署先期到达现场的民警、基层保卫组织的工作人员、事主或被害人、报案人对现场加以保护,并交代相应的保护要点。必要时可安排现场附近的基层民警迅速到达现场进行现场保护。

**(二)决定参加现场勘查的人员和应携带的勘查设备**

指挥员要根据案件的性质和复杂程度,以及需要解决的问题,明确确定需要赶赴现场的人员结构及具体数量。同时,确定需要携带的勘查设备。

勘查严重暴力犯罪案件或需要采取追踪搜索的案件现场,应召集警犬训练员带上警犬参加搜索、追踪和鉴别物证;必要时应召集特警、巡警、防暴警等参与现场处置;勘查命案现场和强奸案件现场,应通知法医参加。有电信数据发掘、筛选、分析、利用条件的案件现场,应通知行动技术部门参加。涉及计算机和计算机网络的犯罪案件,应通知网安部门参加。涉及特定领域技术的案件,应该聘请相关领域的专家参加。

如果案情重大或特别重大,指挥员在派员赶赴现场的同时,应根据有关规定向上级报告情况,以便在较大范围内或全方位地迅速采取有效措施。必要时应迅速向车站、空港、码头、堵卡网点等发出通报,并及时通报友邻地区侦查部门,以便及早进行控制。需要排除险情(如灭火、排除爆炸装置)和急救人命的,还应及时与有关部门取得联系,要求其派员迅速赶赴现场,采取相应措施,防止造成更严重的危害后果。勘查重大、特大案件现场,必要时应当邀请人民检察院派人参加。下级公安机关对特定现场的勘查,如果需要上级公安机关提供专家支持或准备支持的,应及时提出支援请求,上级公安机关应积极提供技术支援。

**(三)部署紧急处置活动**

紧急情况的处置包括抓捕尚未远逃的犯罪嫌疑人,部署对已经脱离的犯罪嫌疑人的追缉堵截及查控措施,对赃物的紧急控制,急救伤员,排除各种已发生或将要发生的危险等。

对紧急情况的处置刻不容缓,从受理报案到到达现场是紧急处置的关键阶段,指挥员在受命之后,应该边组织赶赴现场,边部署紧急处置活动。指挥员到达现场之后,应根据具体情况调整或进一步部署紧急处置工作。

## 三、临场初步指挥要点

勘查指挥员率领侦查人员、技术人员达到现场之后,应做好以下工作:

**(一)了解、掌握先期开展的紧急处置活动情况并进行必要的调整**

主要是听取先期到达现场的侦查员、民警和有关人员的汇报。了解的情况主要有：

（1）案件的发现和发生的时间、地点和详细经过。

（2）被害人或者事主的姓名、年龄、职业、家庭主要成员、接触关系和损失财物等情况；案发前，被害人的活动情况等。

（3）现场的保护或者救护情况，如有谁到达现场碰到了哪些物品。

（4）是否发现了犯罪行为人或犯罪嫌疑分子，其年龄、体貌、衣着特征以及逃跑的方向、路线等；对于其中的主要问题，指挥员最好亲自核实，亲自询问证人，然后再决定是否要采取紧急措施。

（5）案件发现人和报案人的姓名、性别、年龄、职业、住址等情况。

（6）是否发现了主要的痕迹物证，最好亲自过目并查明发现的地点、部位和经过，以便判断痕迹物证是否犯罪所遗留，侦查价值的大小，然后再考虑决定采取哪些措施。

（7）发生案件前后，出事单位工作（生产）和值班情况等。[①]

**（二）了解、检查并加强现场保护工作**

指挥员受命之后，应关注并了解现场的保护情况，部署先期到达现场的民警、基层保卫组织的工作人员、事主或被害人、报案人对现场加以保护，并交代相应的保护要点。必要时可安排现场附近的基层民警迅速到达现场进行现场保护。

**（三）了解并掌握重要知情人**

**（四）了解、掌握现场情况**

了解案情之后，应当立即布置侦查员尽快深入现场周围开展调查，寻找、发现知情人，收集侦查线索，不能允许侦查员在现场围观或久留，否则将失去宝贵的时间，给查明现场情况和收集线索带来困难。侦查员虽然一时不能详细观察现场，但在实地勘查和刑事调查基本结束后，仍然可以观察现场，或者查看现场勘查记录。现场勘查和相关调查记录的存在，可以帮助侦查人员在最快的时间之内了解案件的具体详情，这一点对于接下来侦查工作的开展相当重要。

**（五）组织巡视现场，确定勘验的范围、重点、顺序与方法**

制定计划及时布置勘查工作，在勘查工作全面展开以后，还要进行督促、检查，及时了解现场调查和勘验、检查情况，以及在现场搜查中，是否发现了重要侦查线索和痕迹物证。掌握现场勘查进度，协调各项勘查工作，及时、妥善地解决勘查工作中遇到的各种问题，一是注意不能一心扑在某项具体工作上，从而忽视了

---

① 刘畅："对现场勘查见证人制度的反思"，载《辽宁公安司法管理干部学院学报》2015 年第 3 期。

对全面工作的掌握；二是不能忙于向上级领导汇报或接待领导而离开现场。①

**（六）部署邀请现场勘查见证人**

通知邀请见证人到场见证，在现场勘查过程中如果不邀请见证人到场见证，则现场勘验记录将没有法律效力。见证人的条件是一至二名与案件无关，为人公正且有见证能力，能正常感知事物的公民，见证人享有观察权、批评建议权、签名（盖章）权。见证人应履行保密的义务；证明现场勘查过程合法的义务；证明现场勘查笔录真实、可靠、合法，列举证据均来源于现场；必要时有出庭作证的义务，被害人及其近亲属、在职的公安司法人员、证人、临时居住的人不宜作见证人，没有见证能力的人、有前科劣迹的人通常不能作见证人，我们在实际工作中经常找治保人员或街道领导到场作证。

## 四、明确现场勘查分工

现场勘查指挥员在勘查的人力和器材已经准备就绪，勘验的范围、重点、顺序与方法已经确定的情况下，应及时对勘查人员进行明确分工。

**（一）现场勘查人员的职责**

现场勘验、检查人员依法履行下列职责：

1. 实施现场紧急处置。

2. 进行现场调查访问。

3. 发现、固定和提取现场痕迹、物证等。

4. 记录现场保护情况、现场原始情况和现场勘验、检查的过程与所见，制作现场勘验、检查工作记录。

5. 参与现场分析。

6. 提出处理现场的意见。

**（二）现场勘查人员的分工**

根据现场勘查人员承担的上述职责，指挥员应该对勘查人员进行科学、明确的分工。

对于重大、特别重大和复杂现场的勘查，可将勘查人员分为四个小组：

1. 现场保护组

一般由派出所民警、治保人员和内部保卫干部组成。现场保护组担负的主要任务是：全面负责警戒，封锁现场，维持现场周边秩序，禁止无关人员和车辆进入现场，防止一切意外情况的发生，保证现场勘查顺利进行。

---

① 王剑："论现场勘查指挥员的前期储备"，载《河南公安学刊》1994年第5期。

2. 现场访问组

主要由侦查员组成。现场访问组担负的主要任务是：全面负责证人的访问工作，对有关人员进行询问，了解一切与案件有关的情况，寻找、收集侦查线索，固定证人证言。

3. 实地勘验组

由技术员和侦查员组成，必要时，还应有聘请的专家或具有专门知识的技术人员。实地勘验组担负的主要任务是：全面负责对与犯罪有关的场所、痕迹、物品、人身、尸体进行勘验、检查，发现、固定、提取、检验现场的痕迹、物证，制作勘验、检查记录等。

在环境勘验中，指挥者应站在较高的视角指导全局，抓好中心现场和外围现场环境的勘验工作。中心现场包括围墙、门窗、地表、地下、陈设布局、电气线路、出入路线等；外围现场包括紧邻建筑、交通走向、共用照明、监控设施等；同时还应了解发案时的晴雨、温度、能见度等。

在尸表检验中，指挥者应全面、系统地督导工作。首先勘验尸体的位置、姿态、衣着、五官、肢体及其佩戴物、附着物、贵重物品等；随之应着重检验尸体伤势、部位、数量、尸温、湿冷、尸斑、尸僵、尸蜡和寄生虫等现象；同时应进行死亡时间和作案凶器的推断。在尸表检验中，指挥者要有体系的把握监督工作。尸表检验一般先从尸体的位置、姿势、衣着、五官以及所佩戴的物品着手，紧接着需要重点检验尸体伤势、部位、尸斑、尸蜡以及寄生虫等现象，并在此检验的基础之上，作出死亡时间和作案凶器的判断。

在血迹勘验中，要按程序及时观察记录血迹的分布、形态、色泽等，及时进行现场快速检验其是否为血迹，为人血或动物血，并进行全面的多点提取；同时应及时对体液、精斑、毛发、排泄物、呕吐物等进行提取，在科学包装条件下及时送检。

在解剖检验中，当交通条件恶劣，无法解决尸体运送至专业解剖部门时，指挥者应在现场就地营造解剖条件，尽可能通过就地解剖，初步解决死亡时间、死亡原因、作案手段、作案工具、作案过程等，为案件性质和人身识别提供初步依据。

在物证勘验中，指挥者除了要关注现场凶器、钱财、书证、散落物等容易发现的遗留物外，还应着重督导两方面的工作：一是在现场痕迹上下功夫，发现提取手印、足迹、工痕、拖痕、车印、枪弹痕迹、燃烧痕迹、爆炸痕迹等；二是要在微量物证上下功夫，如金属、泥土、纤维、橡胶、玻璃、塑料、毛发、昆虫、植物以及可疑的微量固、液、气体等。①

---

① 王小光："论现场勘查标准程序的构建"，载《河北公安警察职业学院学报》2011 年第 9 期。

4. 机动组

由侦查员、派出所民警、警犬训练员组成,如案情重大或需要应付紧急情况、采取紧急措施的,还应调集其他警种的民警参加。机动组担负的主要任务是:负责对现场的有关部位进行搜索与追踪,参与追缉堵截,监视、看管已抓犯罪嫌疑人。

各类案件现场情况千差万别,勘查分工也各不相同。上述分工只是一般性分工,对一些特殊类型的案件和特别复杂的案件,还需要部署更多的功能群体。

## 五、实地勘验指挥要点

指挥员对实地勘验工作应重点把握以下要点:

(一)着重抓好实地勘验方案的拟订,明确勘验、检查的范围,搜索的范围,勘验、检查的重点,勘验、检查的顺序和方法等。

(二)以避免造成现场破坏和保障勘查效果及效率为目标,正确选择勘验起点和进入现场中心的路线和方法。

(三)以全面发现和提取痕迹、物证为目标,把握勘查重点。

1. 对室内现场的勘查,要重视对出入口的勘查。

2. 重视对犯罪行为人最感兴趣部位的勘查。

3. 重视对犯罪行为人实施犯罪时间最长部位的勘查。

4. 重视对现场外围部位的勘查。

5. 重视对关联现场的勘查。

6. 重视对反映犯罪行为人心理特征和心理活动的痕迹的勘查分析。

7. 重视法医在现场勘查中的功能作用。

8. 重视对电信数据等电子证据的发掘利用。

9. 重视对微量物证的勘查。

10. 重视对现场的搜索工作。

11. 确保现场痕迹、物证的全面、科学、依法提取和妥善保管。

12. 严把现场勘查记录关,确保记录的客观性、全面性、一致性、合法性。

13. 及时、全面、深入、科学地甄别现场痕迹、物品。

14. 注意现场勘查的保密工作。

## 六、现场访问指挥要点

(一)抓住有利时机,及时布置现场访问。

(二)分清轻重缓急,安排访问顺序。

(三)组织访问人员观察现场,以利于访问工作的开展。

(四)认真做好知情人的工作。

(五)对重点访问对象,指挥员应亲自询问或对询问情况重点掌握。

## 七、现场分析指挥要点

(一)情况汇集环节,应确保信息的客观、全面、细致,应特别注意对信息可靠性的探究和验证。

(二)分析讨论环节,既要注意讨论主题的引导,又要应注意发扬民主、集思广益。

(三)总结阶段应注意全面归纳,科学分析。

## 八、善后工作指挥要点

(一)根据需要与可能,决定对现场和尸体的处理方式。

(二)确保对现场提取和扣押的痕迹、物品、文件的依法、科学保管、管理和利用。

(三)组织必要的现场复勘、复查。

(四)安排对现场进行清理,所有器材必须带离现场,妥善处置。

# 第五章　犯罪现场勘查程序机制

## 第一节　犯罪现场勘查的管辖与职责划分

犯罪现场勘查管辖,是指对犯罪现场组织实施勘验、检查的主体机关或部门的权限划分。犯罪现场勘查首先是一种立案审查的重要措施,同时也是一项侦查措施。犯罪现场勘查的这一特定属性决定了勘查管辖是与立案管辖相一致的。根据《刑事诉讼法》和《公安机关办理刑事案件程序规定》的规定,对刑事案件的管辖主要有以下几种。

### 一、部门管辖

#### (一)公安机关和人民检察院以及人民法院、国家安全机关、军队保卫部门、监狱等部门之间的管辖分工

1. 不同部门的管辖分工

根据《刑事诉讼法》对刑事案件管辖分工的规定,除法律另有规定的以外,刑事案件一律由公安机关负责立案侦查。由其他国家机关立案侦查的刑事案件,主要是指:

(1)人民检察院管辖的自侦刑事案件。它们主要包括:贪污、贿赂犯罪,国家机关工作人员的渎职犯罪,国家机关工作人员利用职权实施的非法拘禁、刑讯逼供、暴力取证、报复陷害、非法搜查等侵犯公民人身权利的犯罪以及侵害公民民主权利的犯罪,监管人员殴打、体罚、虐待被监管人的犯罪,经省级以上人民检察院批准的国家机关工作人员利用职权实施的其他重大犯罪案件。

（2）人民法院直接受理的自诉案件。

（3）国家安全机关依法立案侦查的危害国家安全的刑事案件。

（4）军队保卫部门依法立案侦查的军队内部发生的刑事案件。

（5）监狱依法立案侦查的罪犯在监狱内犯罪的案件。

除以上五种法律规定的情况外，其他刑事案件的现场勘查，均由公安机关负责组织，其他拥有管辖权的机关也应根据法律的有关规定和自侦的条件，组织现场勘查。

2. 公安机关和军队互涉刑事案件的管辖分工

（1）军人（指现役军人、军队在编职工以及由军队管理的离、退休人员。下同）在地方作案的，当地公安机关应当及时移交军队保卫部门侦查。

（2）地方人员在军队营区作案的，由军队保卫部门移交公安机关侦查。

（3）军人与地方人员共同在军队营区作案的，以军队保卫部门为主组织侦查，公安机关配合；共同在地方作案的，以公安机关为主组织侦查，军队保卫部门配合。

（4）现役军人入伍前在地方作案，依法应当追究刑事责任的，由公安机关侦查，军队保卫部门配合。

（5）军人退出现役后，发现其在服役期间在军队营区作案，依法应当追究刑事责任的，由军队保卫部门侦查，公安机关配合。

（6）军人退出现役后，在离队途中作案的，以及已经批准入伍尚未与军队办理交接手续的新兵犯罪的，由公安机关侦查。

（7）属于地方人武部门管理的民兵武器仓库，军队移交或者出租、出借给地方单位使用的军队营房、营院、仓库、机场、码头，以及军队和地方人员混居的军队宿舍区发生的非侵害军事利益和军人权益的案件时，由公安机关侦查，军队保卫部门配合。

（8）军队在工商行政管理部门登记注册，实行企业化经营管理的公司、厂矿、宾馆、饭店、影剧院，以及军队和地方合资经营的企业发生的案件，由公安机关侦查，军队保卫部门配合。

办理公安机关和军队互涉的刑事案件时，公安机关和有关军队保卫部门应当及时互通情况，加强协作、密切配合；对管辖有争议的案件，应当共同研究协商，必要时可由双方的上级机关协调解决。

公安机关和武装警察部队互涉刑事案件的管辖分工依照公安机关和军队互涉刑事案件的管辖分工的原则办理。列入武装警察部队序列的公安边防、消防、警卫部门，以及武警部队、交通、水电、森林部队人员的犯罪案件，由公安机关管辖。

需要说明的是,公安机关和军队互涉刑事案件的立案管辖分工或侦查管辖分工,与勘查管辖分工在操作过程中,由于受特定条件的限制,并不是完全一致的。立案管辖分工或侦查管辖分工是以案发地点和犯罪嫌疑人身份两个方面的因素作为分工依据的,但相当比例的犯罪案件在勘查现场时犯罪嫌疑人的身份尚不明确,只能以案发地点为依据确定勘查的管辖分工。例如,军人在地方作案的,在立案或侦查管辖上,当地公安机关应当及时移交军队保卫部门侦查,但如果案发时犯罪嫌疑人身份不明,现场就只能由地方公安机关勘查;地方人员在军队营区作案的,在立案或侦查管辖上,由军队保卫部门移交公安机关侦查,但如果案发时犯罪嫌疑人身份不明,现场就只能由军队保卫部门勘查。

3. 公安机关应相关机关和部门之邀的协助勘查

人民法院、人民检察院和国家安全机关、军队保卫部门、监狱等部门的自办案件,需要公安机关的协助进行现场勘验、检查,并出具委托书的,有关公安机关应予协助。

**(二)公安机关内部各职能部门的管辖分工及协调**

1. 公安机关内部各职能部门的管辖分工

根据《公安部刑事案件管辖分工规定》(公通字〔1998〕80 号)、《关于计算机犯罪案件管辖分工问题的通知》(公通字〔2000〕63 号)、《公安部关于调整部分妨害国(边)境管理犯罪案件管辖分工的通知》(公通字〔2002〕7 号)、《公安部刑事案件管辖分工补充规定》(公通字〔2008〕9 号)、《公安部刑事案件管辖分工补充规定(二)》(公通字〔2012〕10 号)、《公安部刑事案件管辖分工补充规定(三)》(公通字〔2015〕36 号)的规定,现行公安机关管辖分工如下:国内安全保卫局管辖 32 种刑事案件;经济犯罪侦查局管辖 89 种刑事案件;刑事侦查局管辖 125 种刑事案件;禁毒局管辖 11 种刑事案件;治安管理局管辖 107 种刑事案件;边防管理局管辖 4 种刑事案件;消防局管辖 2 种刑事案件;网络安全保卫局管辖 7 种刑事案件;交通管理局管辖 2 种刑事案件;反恐局管辖 2 种刑事案件。办案部门在办理案件过程中,发现由其他部门管辖的案件,符合《公安机关办理刑事案件程序规定》第 18 条第 2 款规定的并案侦查情形的,可以一并办理,不再移交,其他有关办案部门应当积极协助、配合。

各地公安机关应当按照《公安部刑事案件管辖分工规定》、《公安部刑事案件管辖分工补充规定》、《公安部刑事案件管辖分工补充规定(二)》和《公安部刑事案件管辖分工补充规定(三)》的要求,确定本级公安机关内部对刑事案件的管辖分工;对情况特殊的案件,可以综合考虑当地有关部门办案力量、机构设置等实际情况,合理确定案件的管辖部门。

2. 关于几种案件的共同管辖与协调问题

部分案件出现共同管辖问题,应该按下述规则处理:

(1)宣扬极端主义案,利用极端主义破坏法律实施案,强制穿戴宣扬极端主义服饰、标志案,非法持有宣扬极端主义物品案(《刑法》第 120 条之三、之四、之五、之六),拒绝提供极端主义犯罪证据案(《刑法》第 311 条),组织、利用会道门、邪教组织、利用迷信致人重伤、死亡案(《刑法》第 300 条),由国内安全保卫局与反邪教局共同管辖。

(2)帮助恐怖活动案[以资助方式实施的帮助行为,《刑法》第 120 条之一第 1 款,《刑法修正案(九)》第 6 条,取消资助恐怖活动案],刑事侦查部门和国内安全保卫部门在办理组织、领导、参加恐怖组织案件过程中,发现帮助恐怖活动案的,应当一并办理,不再移交,经济犯罪侦查部门应当积极协助、配合。

(3)侵犯公民个人信息案[《刑法》第 253 条之一,《刑法修正案(九)》第 17 条,取消出售、非法提供公民个人信息案和非法获取公民个人信息案],经济犯罪侦查部门、治安管理部门在办理案件过程中,发现侵犯公民个人信息案的,应当一并办理,不再移交,刑事侦查部门应当积极协助、配合。

(4)组织残疾人、儿童乞讨案[《刑法》第 262 条之一,《刑法修正案(六)》第 17 条],治安管理部门在办理妨害社会管理秩序案件过程中,发现组织残疾人、儿童乞讨案的,应当一并办理,不再移交,刑事侦查部门应当积极协助、配合。

(5)组织未成年人进行违反治安管理活动案[《刑法》第 262 条之二,《刑法修正案(七)》第 8 条],治安管理部门在办理妨害社会管理秩序案件过程中,发现组织未成年人进行违反治安管理活动案的,应当一并办理,不再移交,刑事侦查部门应当积极协助、配合。

(6)骗取出境证件案(《刑法》第 319 条),提供伪造、变造的出入境证件案(《刑法》第 320 条),出售出入境证件案(《刑法》第 320 条),边境地区和沿海地区(限于地、市行政辖区)以外发生的组织他人偷越国(边)境案(《刑法》第 318 条),运送他人偷越国(边)境案(《刑法》第 321 条)调整为公安刑事侦查局和出入境管理局共同管辖。

(7)非法生产、买卖、运输制毒物品、走私制毒物品案[《刑法》第 350 条,《刑法修正案(九)》第 41 条,取消走私制毒物品案和非法买卖制毒物品案],边防管理部门在边境管理区和沿海地区查获的非法生产、买卖、运输制毒物品、走私制毒物品案,由边防管理部门办理。

(8)拒不支付劳动报酬案[《刑法》第 276 条之一,《刑法修正案(八)》第 41

条],经济犯罪侦查部门在办理破坏社会主义市场经济秩序案件过程中,发现拒不支付劳动报酬案的,应当一并办理,不再移交,治安管理部门应当积极协助、配合。

(9)非法侵入计算机信息系统案(《刑法》第285条)和破坏计算机信息系统案(《刑法》第286条),交由公共信息网络安全监察局管辖。在有条件的省级以下公安机关,上述案件交由公共信息网络安全监察部门管辖,刑事侦查部门应予以配合和支持;公共信息网络安全监察部门暂不具备接受上述案件条件的,仍由刑事侦查部门管辖,公共信息网络安全监察部门应积极协助、配合。

(10)帮助信息网络犯罪活动案[《刑法》第287条之二,《刑法修正案(九)》第29条],网络安全保卫部门发现主要犯罪行为通过网络实施的宣扬恐怖主义、极端主义、煽动实施恐怖活动案,非法持有宣扬恐怖主义、极端主义物品案,组织考试作弊案,非法出售、提供试题、答案案,代替考试案,编造、故意传播虚假信息案,侵犯公民个人信息案以及非法生产、销售窃听、窃照专用器材案的,可以立案侦查,其他有关办案部门应当积极协助、配合。

(11)组织、领导、参加恐怖组织案(《刑法》第120条)原由刑事侦查部门管辖的组织、领导、参加恐怖组织案(《刑法》第120条),一并交由反恐怖部门管辖。

## 二、专门管辖

专门管辖,是指铁路、交通、民航、林业、海关等专门性行业公安机关在案件上的管辖分工,这种分工,也是他们在现场勘查中的管辖分工的依据。

### (一)铁路、交通、民航公安机关管辖的刑事案件

根据《公安机关办理刑事案件程序规定》的规定,铁路、交通、民航系统的机关、厂、段、院、校、所、队、工区等单位发生的刑事案件,车站、港口、码头、机场工作区域内和列车、轮船、民航飞机内发生的刑事案件,铁路沿线、水运航线发生的盗窃或者破坏铁路、水运、通信、电力线路和其他重要设施的刑事案件,以及内部职工在铁路、交通线上工作时发生的案件,分别由铁路、交通、民航公安机关管辖。

### (二)林业公安机关管辖的刑事案件

根据《公安机关办理刑事案件程序规定》的规定,森林公安机关负责其辖区内的盗伐、滥伐林木,危害陆生野生动物和珍稀植物等刑事案件的侦查;大面积林区的森林公安机关还负责辖区内其他刑事案件的侦查。未建立专门森林公安机关的,由所在地公安机关管辖。

### (三)走私犯罪侦查机关管辖的刑事案件

根据最高人民法院、最高人民检察院、公安部、司法部、海关总署《关于走私犯罪侦查机关办理走私犯罪案件适用刑事诉讼程序若干问题的通知》(1998年12

月 3 日)的规定,走私犯罪侦查机关在中华人民共和国海关关境内,依法查缉涉税走私犯罪案件和发生在海关监管区内的走私武器、弹药、核材料、伪造的货币、文物、贵重金属、珍贵动物及其制品、珍稀植物及其制品、淫秽物品、固体废物和毒品等非涉税走私犯罪案件。接受海关调查部门、地方公安机关(包括公安边防部门)和工商行政等执法部门查获移送的走私犯罪案件。

根据《刑事诉讼法》的规定,走私犯罪案件由犯罪地的走私犯罪侦查机关立案侦查。走私犯罪案件复杂,环节多,其犯罪地可能涉及多个犯罪行为发生地,包括货物、物品的进口(境)地、出口(境)地、报关地、核销地等。如果发生《刑法》第 154 条、第 155 条规定的走私犯罪行为的,走私货物、物品的销售地、运输地、收购地和贩卖地均属于犯罪行为的发生地。对有多个走私犯罪行为发生地的,由最初受理的走私犯罪侦查机关或者由主要犯罪地的走私犯罪侦查机关管辖。对管辖有争议的,由共同的上级走私犯罪侦查机关指定管辖。对发生在海(水)上的走私犯罪案件由该辖区的走私犯罪侦查机关管辖,但对走私船舶有跨辖区连续追缉情形的,由缉获走私船舶的走私犯罪侦查机关管辖。

### 三、公安机关内部现场勘查职责的划分

公安机关内部现场勘查职责的划分主要涉及级别职责划分和地域职责划分。根据《公安机关刑事案件现场勘验检查规则》的规定,公安机关现场勘查职责的划分如下:

#### (一)级别职责划分

1. 县级公安机关负责辖区内全部刑事案件的现场勘验、检查。

2. 对于案情重大、现场复杂的案件,上级公安机关认为有必要时,可以直接组织领导现场勘验、检查。

3. 上级公安机关对下级公安机关刑事案件现场勘验、检查提供技术支援。

#### (二)地域职责划分

涉及两个县级以上地方公安机关的刑事案件现场勘验、检查,现场勘验、检查职责由有关地方公安机关协商,必要时,由上级公安机关指定。

## 第二节　受理报案

### 一、报案来源

侦查部门受理报案的渠道主要有:

1. 被害人及其亲属直接到侦查部门报案或者通过“110”报警服务台向公安机

关报案。

2. 有关单位和公民个人向侦查部门报案。

3. 基层公安保卫人员接到群众报案后,再转报侦查部门。

### 二、受理条件

侦查部门和侦查人员在受理报案时应认真接待,妥善处置。

1. 对于属于本部门管辖的案件,应当立即接受。侦查人员应填写《受理刑事案件登记表》。

2. 对于不属于本部门管辖的案件,也应当先接受下来,再及时移送主管机关处理,并向报案人填发《移送案件通知书》。

3. 对于不属于本部门管辖范围而又必须采取紧急措施的,应当先采取相应的紧急措施,以防止犯罪嫌疑人逃跑、自杀、行凶或毁灭罪证等情况发生,然后按照管辖范围的规定,移送主管机关或者部门进行处理,并且通知报案人、控告人、举报人。

如果报案人要求不公开的,应该对报案人的安全和隐私以绝对保密。

### 三、报案询问要点

(一)何时、何地发现或发生了何事件。

(二)被害人或事主的基本情况。

(三)犯罪嫌疑人的基本情况。

(四)案件概况和现场简况。

(五)报案人的基本情况及其工作单位、家庭住址、联系方法。

### 四、报告、联络、通报

(一)向指挥员报告,上报上级主管机关和地方领导。

(二)排除险情,急救人命,及时与有关部门进行联系。

(三)通报:在重大、特大刑事案件,特别是暴力犯罪案件中,必要时应迅速向车站、空港、码头、堵卡网点发出通报,并及时通报友邻地区侦查部门,以便及早进行控制。

## 第三节　现 场 处 置

受理报案的侦查人员,应在受理案件的过程中和受理案件之后,及时部署初步的现场保护措施。对于接受被害人或事主现场电话报案的,应在受理案件时向报案人提出保护现场的要求。

在勘查人员赶赴现场需要一定时间的情况下,受理报案的侦查人员应通知现场附近的基层派出所民警、巡警、单位内部保卫组织工作人员或保安人员乃至被害人或事主,先行进行力所能及的现场保护措施,以防现场遭到破坏。同时,部署对紧急情况的处置。

## 一、落实紧急处置活动

首先应了解现场保护人员是否针对现场紧急情况采取了紧急处置活动,例如:援助被害人,抢救现场受伤人员,排除险情,排除交通障碍,控制、监视现场上的犯罪嫌疑人等。如果已经采取了相应的措施,应加以强化并作必要的调整;如果没有采取紧急处置,应查清楚,是没必要采取,还是应该采取而没采取,如果需要采取的,要及时采取。

## 二、检查现场保护情况

现场勘查指挥员及侦查、技术人员到达现场之后,应首先了解、检查、部署现场保护的情况。如果尚未部署现场保护的,要及时予以部署。如果发现应当保护的地方未予保护或保护措施不当的,要立即扩大保护范围,强化保护措施;保护力量不足的,要进行补充;保护范围过大的,要适当进行调整。

(一)听取汇报——案发经过、紧急处置、初步保护、初步调查;

(二)询问关联人——被害人、事主、发现人、报案人等;

(三)巡视现场——位置、环境、进出口、路线、痕迹、物品;

(四)调整措施,加强重点保护。

## 三、掌握重要知情人

通过调查访问,也可以通过照相或拍摄等手段,寻找、发现、掌握知情人;在现场停留或围观人员中,通常有耳闻目睹犯罪有关情况的重要知情人。勘查人员赶赴现场后,应及时调查了解清楚哪些人系知情人员。能当场进行询问的应及时进行询问;如果不能当场进行询问,应将其姓名、工作单位、住址等逐一登记。必要时也可让知情人出示能够证明其身份的证件,加以核实。也可以借助照相或摄像的方法,将现场围观的人员拍摄下来。

## 四、了解掌握现场情况

指挥员到达现场后，应迅速了解案件和现场情况，一方面了解案件发生、发现的经过和简要情况，紧急情况的处理经过和结果，现场的变动、变化情况，初步调查访问获得的情况；另一方面应该对现场进行巡视，以明确勘验的范围、重点、顺序与方法。

## 五、邀请勘查见证人

为了保证现场勘查的客观性和合法性，使发现的痕迹和其他物证以及勘验记录具有充分的证据作用，在实地勘验以前，必须根据《刑事诉讼法》和《公安机关办理刑事案件程序规定》、《公安机关刑事案件现场勘验检查规则》的规定，邀请一至两名与案件无关、为人公正的公民作见证人。

### （一）条件

1. 凡是与案情无利害关系、为人公正的公民；为了确保所邀请的见证人符合法定条件，侦查人员在邀请见证人时应取得现场所在地派出所或内部保卫组织的协助。

2. 不得作为见证人的：

(1) 当事人、被害人及其近亲属。

(2) 在职的公安、检察、审判人员和刑事技术鉴定人员。

(3) 犯罪嫌疑人或者因犯罪受到过刑事处罚的。

(4) 未成年人。

(5) 精神病人，生理上有缺陷的，妨碍履行见证人义务的。

(6) 在本地临时居住的人员。

### （二）见证人的权利、义务

见证人到场后，侦查人员应向其交代法律所规定的权利和义务。见证人在勘查中有与其见证职能相适应的特定权利和义务。

1. 见证人的权利

(1) 对现场上发现、提取的痕迹等有权进行观察。

(2) 如果认为勘验人员在勘验过程中有不正确的行为，可以向指挥人员提出意见，并可要求记录在笔录中。

2. 见证人的义务

(1) 自始至终观察、见证勘验过程，不能随意离开，也不得随意走动和触动现场上的任何痕迹、物品。

(2)证实提取的痕迹、物品的真实来源。

(3)证明现场勘查笔录中记载内容的客观性、真实性和勘查方法、手段的科学性、可靠性。

(4)严格保密,不得泄露所见证的情况。

(5)根据案件审判工作的需要出庭作证。

(6)勘验结束后在现场勘查笔录上签名或盖章。

## 六、邀请具有专门知识和技能的专家和技术人员

受理报案后,指挥员应对案情作出判断,迅速确定和调动现场勘查人员。根据案件的性质、危害后果和紧急程度等实际情况,确定参加现场勘查人员的数量和专业结构。

现场勘查涉及的知识范围很广,经常会遇到一些专门问题和技术难题,因此,可根据《刑事诉讼法》第126条的规定,指派或者聘请具有专门知识的人在侦查人员的主持下参加勘验、检查,以解决某些方面的专门问题和技术难题。这里所指的具有专门知识的人,既包括有关方面的专家、学者、技术人员,也包括各行各业长期从事专门工作、具有丰富经验的人。

勘查人员应向指派或聘请的具有专门知识的人员讲明其职责和应遵守的纪律,并主动向他们介绍情况,提供必要的工作条件。接受指派或聘请的专家和技术人员,应在侦查人员的主持下进行工作。其工作范围仅限于解决某些专门性问题。如果需要作为证据使用的,还必须经过专门的鉴定程序,由他们出具鉴定书。

## 七、实地勘验检查、现场访问等活动的具体实施

实质性的现场勘查活动,以现场保护为前提,具体内容包括现场实地勘验检查、现场访问、现场搜索与追踪以及现场实验等,在实施上述活动的过程中应做好记录工作。这些内容将分别在相关章节中具体阐述。

### (一)现场分析及现场善后处理

现场实地勘验检查、现场访问、现场搜索与追踪以及现场实验等活动结束之后,应在现场勘查指挥员的主持下,对勘验、访问等活动所获取的证据和信息等材料,进行充分的讨论和研究,对事件性质和案件情况进行系统剖析、推断。由于现场分析是在现场进行的,又称临场讨论。

现场分析结束时,勘查指挥员要根据具体情况作出不保留犯罪现场、局部保留犯罪现场或全部保留犯罪现场的决定。并根据不同的决定及现场的不同情况做好相应的善后工作。

对有尸体存在的现场，勘查指挥员要根据具体情况作出保留与否的决定。并根据不同的决定及尸体的不同情况做好相应的善后工作。

对现场痕迹、物品、文件的提取、扣押、保护、运送、鉴定、保管，应严格按照《公安机关刑事案件现场勘验检查规则》的规定及相关管理规范和科学规范进行。

### （二）现场复验与复查

犯罪现场勘验有时并非一次完成的，第一次勘验结束之后，遇有下列情形之一，应当对现场进行复验、复查：

1. 案情重大、现场情况复杂的。
2. 侦查工作需要从现场进一步收集信息、获取证据的。
3. 人民检察院审查案件时认为需要复验、复查的。
4. 当事人提出不同意见，公安机关认为有必要复验、复查的。
5. 其他需要复验、复查的。

对人民检察院要求复验、复查的，公安机关复验、复查时，应通知人民检察院派员参加。

### （三）录入现场勘查信息

现场勘查工作是对犯罪现场中犯罪信息的全面收集，现场勘查人员必须树立起高度的信息意识，严格按照信息化工作的步骤，及时准确地将现场勘验检查中的相关信息录入到现场勘验检查信息系统中，更好地为侦查破案服务。

# 第四节 勘 查 展 开

## 一、犯罪现场访问

### （一）访问须及时

刑事案件的突发性要求指挥员应在案件发生后组织相应的侦技人员及时赶赴现场，到现场后除了最基本的现场保护措施以外，需要及时进行现场访问。因为案件的目击者记忆会随着时间而慢慢消退，需要警方及时询问记录，还应该注意现场上一些形迹可疑，鬼鬼祟祟的围观群众因为有的犯罪嫌疑人会在作案后继续留在现场，观察警方的破案进程。[1]

---

① 刘畅："对现场勘查见证人制度的反思"，载《辽宁公安司法管理干部学院学报》2015 年第 3 期。

### (二)适当安排访问顺序

### (三)重要知情人的重点访问

### (四)现场访问与实地勘验相结合

## 二、实地勘验

### (一)正确划定范围和顺序

### (二)充分发挥各人专长

### (三)提出和审断侦查推断

### (四)关注反常情况

## 三、紧急处置

### (一)对正在实施犯罪的现场,劫持人质的——严密包围、及时疏散

### (二)犯罪后未及远逃的犯罪嫌疑人

### (三)受伤人员的急救

### (四)险情的处置

## 四、现场分析

### (一)分析节奏的把握

所谓现场分析,就是要将现场勘查过程当中提取和收集的所有信息加以整合,为侦查破案指明方向。在一般案件的犯罪现场,勘查人员要及时地制作分析报告,将现场的勘查情况和相关意见提供给侦查人员;而重、特大案件现场,勘查人员和侦查人员需要共同分析,勘查人员要根据勘查的情况作出相应的分析报告。

### (二)民主与集中

汇总并讨论各个情节,科学分析。在现场勘验检查结束之后,指挥员要及时召开案情分析会,汇总、讨论关于案件的各个情节,集思广益。对于案件中存在的疑点和难处,要主动出击,不能越堆越多。在分析的过程中明确目标,以此成为破案的关键。在现场勘查的基础上,指挥员组织参与案件的人员进行讨论分析之后,需尽快地确定侦查方向,制定侦查计划并快速出击,逮捕犯罪嫌疑人。[①] 指挥人员在现场勘查工作完成之后,要及时组织案情分析会,讨论案件发生的每一个细节,听取大家的意见,对于案件中的疑难点要迎难而上,及时解决。在分析过程中,要善于抓住突破口重点分析。根据分析的具体情况和结果,要为侦查工作的开展明确方向,制定作战计划,及时破案。

---

① 束裕:"论现场勘查中的组织指挥意识",载《辽宁警专学报》2003年第6期。

# 第六章　犯罪现场保护体制①

## 第一节　犯罪现场保护的定位

### 一、犯罪现场保护的定位

#### (一)犯罪现场保护概念

犯罪现场保护,是指刑事案件发生后,为了使犯罪现场内的痕迹、物证免受人为、自然破坏而最大限度地保持现场原始状态,由有关人员对现场进行的封锁、警戒和对痕迹、物证实施的一系列保全、维护措施。

对于证据的发现、搜集而言,犯罪现场的保护特别重要。《刑事诉讼法》第127条规定:“任何单位和个人,都有义务保护犯罪现场,并且立即通知公安机关派员勘验。”《公安机关刑事案件现场勘验检查规则》第14条规定:“发案地公安机关接到刑事案件报警后,对于有犯罪现场的,应当迅速派员赶赴现场,做好现场保护工作。”根据法律的规定,犯罪现场的保护既是公民、单位的法定义务,也是公安机关的法定职责。但公民对犯罪现场的保护是非专业性的保护,而这里所阐述的是民警对犯罪现场的保护工作,是一种专业性较强的专门业务活动。其他先于民警到达现场的有关人员对犯罪现场的保护亦应照此进行。

#### (二)犯罪现场保护内涵

对犯罪现场保护概念的理解,应把握以下几点:

第一,犯罪现场保护是一个动态的过程,在整个保护

---

① 马健学友协助收集并整理了本部分内容资料,再次表示诚挚的谢意。

过程中要随时进行调整。由于每个犯罪现场的情况各不相同,复杂多变,负责保护犯罪现场的民警必须随时根据现场的具体情况调整保护措施,确保现场保护工作的质量。《公安机关刑事案件现场勘验检查规则》第 18 条规定:“保护现场的时间,从发现刑事案件现场开始,至现场勘验、检查结束。需要继续勘查、检查或者需要保留现场的,应当对整个现场或者部分现场继续予以保护。”

第二,保护犯罪现场是每个公民应尽的法律义务。我国《刑事诉讼法》第 127 条规定:“任何单位和个人,都有义务保护犯罪现场,并且立即通知公安机关派员勘验。”也就是说,保护现场是法律赋予每个公民的义务,保护现场,人人有责。

第三,犯罪现场保护工作的主体具有多元性。它具有以下含义:

(1)公民对犯罪现场进行保护是法律要求的义务。单位或个人发现犯罪现场,应当立即将发现犯罪现场的时间、地点、犯罪性质及其他有关情况向公安机关报告,并且在公安机关派人到达现场之前设法看好现场,阻止其他人进入现场、触摸现场及其附近物品。

(2)基层公安、保卫人员对犯罪现场进行保护是履行法定职责。我国治安管理工作规定,公安派出所民警、巡警,厂矿、企业、机关、学校的保卫人员,以及基层治安保卫委员会的成员(即治保人员)等,都负有保护犯罪现场的职责。上述人员在获悉发生犯罪案件时,应迅速赶赴现场了解情况,查证属实后,应根据现场的具体情况及环境,及时采取措施,严密地将现场保护起来,同时报请上级公安机关派员勘查。在上级公安机关的侦查人员来到现场之前,任何人员,包括负责保护现场的人员,都不得随便进入现场,更不能随意触摸和移动现场的任何物品。

(3)侦查人员对犯罪现场进行保护是履行法定职责。上级公安机关在接到报案后,一方面要快速作出反应,迅速组织力量前往出事地点;另一方面还必须根据报案情况,进一步部署保护现场的工作,以免因保护人员的保护方法不当,而使现场遭到不应有的破坏。

综上所述,保护现场的主体可以分为广义和狭义两类。从广义上看,保护现场的主体是每一个单位和每一个公民;从狭义上看,负有保护现场重要职责的是基层公安保卫人员,本章所讲的内容主要是针对这类人员而言的。保护的客体是现场,准确而言,是指犯罪嫌疑现场。

保护现场的目的和任务,主要是为侦查人员顺利、安全地进行现场勘查,收集犯罪痕迹、物品和研究犯罪活动,揭露、证实犯罪创造有利的条件。

第四,犯罪现场保护行为具有多样性。现场保护行为包括现场的警戒范围划定、现场紧急情况的处置、现场客观情况的记录、现场各类证据材料的保护以及现场情况的综合报告等活动。现场保护行为具有层次性,不同层次的活动其作用也不尽相同。侦查人员进行犯罪现场保护的行为是一种侦查行为，是履行法律职责的表现，必须遵循相应的规则和规范，以切实提高现场保护的质量。

第五，犯罪现场的保护时间必须持续至现场勘验、检查结束为止。保护现场的时间，通常是从犯罪案件发生或现场被发现时开始，到现场勘查工作结束为止。根据《公安机关刑事案件现场勘验检查规则》第 18 条的规定，保护现场的时间，从发现刑事案件现场开始，至现场勘验、检查结束。需要继续勘验、检查或者需要保留现场的，应当对整个现场或者部分现场继续予以保护。因此，重大复杂案件的现场或一时不能全部查明的现场，可以对整个现场或现场的某一部分延长保护时间，到现场复验结束，作出对现场的善后处理为止。

第六，犯罪现场保护具有保护现场与保护自身的双重性。目前由于艾滋病、乙型肝炎及其他一些通过体液和血液传播的疾病的流行性较高，患者数量不断增加，民警在保护现场时如果不注意自身的防护，就有被感染的危险。因此，所有参与保护现场的民警在遇到有尸体、血液、体液的现场时，必须采取一定的防护措施，以确保自身的安全。

第七，现场保护的价值选择不仅要追求效率，而且要实现效率与权利保护的同时兼顾。要在侦查中实现这一价值目标，必须做到在保护公民生命安全优先的前提下避免痕迹物证不遭破坏和变动。

## 二、犯罪现场保护的原则

### （一）迅速及时原则

犯罪现场保护必须迅速及时，这是保护犯罪现场的首要原则。每个参加保护现场的民警都要树立强烈的时间意识，时间意味着能保全更多的犯罪痕迹、物证，时间意味着可以将犯罪所造成的危害降到最低限度。

### （二）保护公民生命安全优先的原则

《刑事诉讼法》的基本任务之一就是保护公民的人身权利、财产权利，公安机关作为执法机关，在保护犯罪现场的过程中一定要以保护公民生命安全为第一要务，无论是被害人还是犯罪嫌疑人，现场上只要有人员受伤，都要尽力抢救。同时，在现场有险情尚未排除的情况下，要及时确定安全范围，设置安全警戒线，一方面组织群众进入警戒线之内，另一方面要及时将警戒线以内的群众及时疏散出去。

### （三）尽量保持现场原始状态原则

为了保护犯罪现场，公安机关要采取相应的保护措施，在实施过程中应时刻遵循“尽量保持现场原始状态”这一原则，其含义可用两句话概括，即尽量不进入犯罪现场、尽量不触动现场物品。当然，在具体工作中也应灵活对待，如在必要时，进入现场和触动物品前应将现场和物品的原始状态尽可能仔细地进行记录，在进入现场和触动物品时应尽可能不破坏犯罪痕迹。

## 三、犯罪现场保护的作用

进行现场保护，就是要尽可能地降低现场的改变程度，尽可能地为现场勘查的顺利进行提供条件。但在现场勘查中，紧急情况优先又必须得到执行，在不得不对现场进行变动时，也要注意尽可能地缩小这种变动对现场原始状态的改变，并做好改变前后的记录，以便勘查时恢复原始状态或为勘查中的各种判断提供评判的客观依据。现场保护的作用主要体现在以下几个方面。

### （一）有利于查明现场内发生的犯罪行为

犯罪现场保护是一项基础性的工作，保护工作质量的高低会直接影响到后续现场勘查工作质量的好坏。如果现场保护工作中出现失误，就会导致犯罪现场上痕迹、物证的灭失和现场原始状态的改变，给现场勘查工作造成无法弥补的损失。

### （二）有利于收集犯罪证据和发现侦查线索

任何一个犯罪现场都存在一定的犯罪证据和侦查线索，但并不是所有的犯罪证据和侦查线索都能被侦查员所发现，这取决于很多因素，现场勘查质量的高低就是其中的重要一环。而现场勘查质量的高低一定程度上又取决于犯罪现场保护工作的优劣。

### （三）有利于保守现场勘查工作的秘密

保护好现场，将现场和围观群众隔离开，有利于保守犯罪现场和勘查工作的秘密。现场勘查是一项重要的侦查措施，犯罪现场的情况和现场勘查的情况都需要严格加以保密，这些情况一旦被犯罪行为人所了解，他们就会立即采取相应的反侦查伎俩逃避侦查，影响侦查工作的顺利进行。另外，在确保现场及现场勘查秘密的情况下，犯罪现场的状态及现场勘查中所提取的痕迹、物证也可用来甄别犯罪嫌疑人口供的真伪。①

### （四）有助于提高现场勘查工作效率

现场勘查的效率，主要包含证据的采取率和侦查线索的收集率。犯罪案件发生以后，若现场遭到了破坏，则现场现象难免有的与犯罪有关，有的与犯罪无关。真相和假象混同存在，必然导致侦查人员在实施现场勘查时，要花费大量的时间

---

① 赵文勇、高丽波、卞海春："试论现场保护的意义、现状及策略"，载《法制科技》2015年第18期。

和精力去恢复现场的原始状态，鉴别现场现象的真伪。这无疑会大大降低现场勘查工作的效率。反之，如果案件发生以后，对犯罪现场及时、有效地进行了保护，同时采取了正确的保护方法，那么侦查人员到达现场以后，就可以把有限的时间、精力，集中于勘验、检查那些真正与犯罪有关的勘验对象上，从现场上存在的痕迹、物品、尸体、人身上有效地发现和收集犯罪证据和侦查线索，从而大大地提高勘查工作的效率。

**（五）有利于对犯罪现场的正确处置**

犯罪案件，特别是重、特大犯罪案件发生以后，现场情况十分复杂。因此，案件发生后，及时有效地对现场进行警戒、封锁，把现场保护起来，有利于及时制止犯罪，维护现场秩序，使现场免遭变动、破坏，使不法分子没有趁火打劫的机会；有利于采取紧急救护措施，急救人命、抢救财物、排除险情和交通障碍；有利于采取紧急侦查措施，拘捕那些未及逃跑的犯罪行为人，监视控制重大犯罪嫌疑人；也有利于及时发现和寻找案件的知情人；等等。所有这些都有利于提高现场勘查的质量，对加速破案，提高破案率，无疑都是非常重要的。

**（六）有助于对现场情况进行全面、正确的认识和判断**

现场保护的好坏直接影响到现场勘查的质量。一般而言，现场保护得好的，在现场勘查过程中能发现、提取的痕迹、物证更多，破案的可能性更大、更及时、更准确；相反，如果犯罪现场没有及时得到保护或保护不当，现场就很容易被破坏，从而影响勘查工作的进度和质量，甚至会对侦查工作带来无法弥补的损失。

但是在勘查工作实践中，由于群众缺乏保护现场的意识和基本知识，在公安保卫人员到达之前，很多现场已经被有意或无意地变动或破坏了；此外少数基层公安保卫人员的思想麻痹，保护现场的意识尚不强烈，或者未掌握处理现场的基本要领和方式，导致有些现场在保护过程中被破坏。因此要正确认识保护现场的重要性，同时加强对基层公安保卫人员的教育培训，加强对保护现场的宣传力度。①

## 第二节　犯罪现场保护的任务

现场保护是现场勘查的基础，现场保护所担负的任务，与现场勘查的目的是密不可分的。就现场勘查的目的而言，它主要是两个方面：一是通过勘查，全面了解犯罪后果，作案方法，手段，作案动机、目的以及犯罪人可能已实施的与犯罪有

---

① 王国民主编：《犯罪现场勘查》，四川大学出版社2008年版，第9页。

关的其他行为,完整地再现犯罪情况;二是通过勘查,找到可以作为认定犯罪之证据和侦查线索。现场保护无论采取何种方法,其根本任务就是围绕现场勘查的目的,采取相应的手段,以保证现场勘查目的的实现。

根据我国《刑事诉讼法》和治安管理工作的有关规定,现场保护不仅是一项群众性的工作,同时也是基层公安组织、企事业单位保卫组织,治安保卫委员会的重要职责。由于这些组织及所属成员最接近群众,往往能最早获悉案件发生的情况,因此,它们是现场保护的参与者和组织者,普通群众参与现场保护,是在这些组织及成员的领导和指挥下进行的。

由于现场一旦形成后,自然因素、人为因素及其他不可预见的因素无时无刻不在对现场进行改变和破坏,因此,一旦接到报案,应及时赶赴现场,了解情况,并根据现场上发生事件的性质,根据现场的具体情况,采取一切可以采取的措施,保护现场,同时报告上级公安机关或刑事侦查部门,立即派员勘查现场。

## 一、核实情况

### (一)核实情况并记录

公安保卫人员在接到报案时,应当对有关案件的情况进行初步的询问。询问的要点是:

1. 什么时间,什么地点,发生或者发现了什么事件。

2. 发生或者发现事件的简要经过和现场的基本情况。

3. 事主、被害人的基本情况和被抢、被盗财物的基本情况。

4. 犯罪嫌疑人的有关情况。

5. 报案人的基本情况。

实践中常常会遇到这样的情况,即报案人对上述询问要点的内容,很少能够回答清楚,而所陈述的内容,有时又与犯罪现场的实际情况有较大的出入。因此,公安保卫人员在接到群众报案之后,一般应先赶赴出事地点,通过在现场周围的实地观察,对报案事实进行初步核查。

保护现场的公安民警应该记录好上述的发案时间、报案时间、现场的原始状况、变动情况、周围可疑的人和事等情况,为勘查现场提供原始资料。

### (二)迅速报案

通过对有关报案情况进行初步核查,只要情况基本属实,即可按上述询问要点的内容,即基本事实,迅速向刑事侦查部门或上级公安机关报告。

在执行这项任务时,应该注意以下几点:

1. 及时报告可疑事件。在核实有关发案情况时,如果一时难以辨明事件的性质,而又认为事件可疑时,为了避免贻误战机,也应该立即报告侦查部门或上级公安机关。

2. 直接向刑事侦查部门报案,以利于侦查破案。

3. 重、特大和紧急性案件,可以越级上报,以免贻误战机。

## 二、封锁现场

保护现场,首先是根据现场所处的地理位置,现场的环境状况和报案情况等,结合现场上已发生事件的情况,划定保护范围,并加以封锁,以防止围观者和其他别有用心的人,进入现场,改变或破坏现场。

对保护范围的划定,总原则是宁大勿小。此外,还必须充分考虑在具体划界时,既不能严重影响人民群众的生活之需,又必须最大限度地满足现场保护和勘查需要,在两种需要之间,采取一种平衡的原则。这就要求:一是参与现场保护的人员要具备现场的知识,在充分了解事件发生经过的基础上,根据现场的情况,合理划定界限;二是参与现场保护的人员,特别是派出所的干警,企事业单位的内保人员,要坚信犯罪行为人在现场上留下了痕迹物证,他的责任就是要保护这些可以揭露和证实犯罪的证据不遭受改变和破坏。唯有如此,才可能使现场保护的划界合情合理,使划界后的封锁和保护卓有成效。

保护范围一旦划定后,应采用必要手段,根据现场的具体位置、处于室内或露天等情况,严密封锁现场,尽力防止一切可能对现场形成破坏的情况的发生。

在保护的过程中,对于现场上的受害人、事主或其家属清理现场的情况,保护人员应对其行为加以制止,以供勘查时恢复现场的原始状态。对留在现场上的各种人员,应进行劝离。对于现场上存在的家禽、家畜、宠物等,应将其隔离在保护范围以外。

现场封锁以后,参与保护现场的人员不得擅自进入已封锁的现场,不得在现场周围随意走动,更不能擅自勘查现场。在保护现场的同时,应及时通知侦查部门派员勘查。在封锁现场的过程中,除了防止其他人员随意接近或进入现场外,可根据具体情况,采取妥当的措施,对可能遭受其他因素破坏的痕迹、物品,进行必要的保护,如因为下雨、刮风等,应对现场上的痕迹、物品或尸体进行遮盖等。原则上讲,现场封锁后,任何人包括保护者,均不能进入现场、搬动现场的任何物品。在迫不得已、必须进出现场时,应选择不致破坏现场的适当路线,进出过程中,不能随意触摸现场物品,并作好相关记录,以备勘查之需。

## 三、了解案情

现场封锁后,参与现场保护的干警,应尽快了解现场情况,对现场进行判断,以便及时修正保护范围;记录下现场上细小的,特别是可能转瞬即逝的情况,如门、窗的开启状态;同时,应围绕现场上发生的情况,及时开展对事主,被害人以及报案人等的初步调查、了解。做好这三项工作,不仅有利于现场保护,而且将会为现场勘查工作的开展提供条件,如为现场访问提供访问对象等。

在现场保护阶段,调查、了解以下内容:

(一)了解和记录发现现场的时间,详细地址;发案当时的情况,发现犯罪或现场的人的人数、姓名、职业、住址等。记录一定要准确。

(二)了解和记录已知的进出过现场的其他人员的人数、姓名、职业、住址及其在现场上的活动情况。

(三)初步了解,判断和记录犯罪的时间、地点及犯罪的后果。如果案件涉及人身伤害,要了解和记录受伤害的人数、受伤害的程度;如果涉及财产损失,要了解财产损失的数量、名称、种类、特征、价值等。这种确定基本事实的工作,对现场保护者而言,特别是对于参与现场保护的干警,不能作长时间,过细的盘问,否则,既影响现场的保护工作,也可能会对后期的勘查工作形成不良影响。

(四)了解和记录事主、被害人的姓名、性别、年龄、职业、住址等。

(五)了解和记录犯罪人的人数、姓名、性别、年龄、口音、衣着、身体形态、相貌特征,使用何种犯罪工具、凶器,逃跑的路线、方向等。

(六)了解和记录目击者和其他知情人的姓名、职业、工作地址、住址等。同时注意倾听周围群众对现场上发生的事件的议论和反映,特别是对周围群众谈论的案情和疑人疑事,应认真的记录。

为此,参与现场保护的警察和单位内保组织的人员,应养成万事做笔录的良好习惯,这有利于这些人员不断总结经验,提高对各类现场的保护技能,而且有利于保护人员在勘查人员到达现场后,及时、详细地向其汇报有关情况,以利于现场勘查及时而有针对性地开展。

## 四、采取紧急措施

现场保护阶段常见的紧急情况,主要是排险、救护,防止犯罪后果的继续扩大。紧急情况优先,这可以说是一个原则:无论保护现场、防止现场的改变和破坏,对于现场勘查多么重要,但若现场上出现了伤员需要救护等紧急情况,则保护工作必须让位于救急。此时的保护工作不意味着停止,而只意味着保护人员如何有针对性地采取相应的紧急措施,既能有效地排除紧急情况,又能尽量地不破坏现场,或者为勘查阶段尽量恢复现场提供条件。

对于出现人身伤害的现场,现场上若有受伤的人(既包括被害人,也包括犯罪人）,只要没有明显的死亡症状的出现,则必须开展急救保护。现场保护人员应请求医院派人救护,或送附近医院展开急救。为此,将不得不进入现场。但在急救伤员时,一方面,应防止所有进入现场开展急救的人员随意搬动和触摸现场各种物品而破坏现场,这当然也包括保护人员自己;另一方面,应认真记录和固定好由此而可能遭受破坏的现场部分,在变动前的各种状态,包括受伤者的姿势,位置,受伤者周围的痕迹,物品与受伤者的相对位置和状态;同时,应选择不会对现场形成破坏的路线进入现场,并相机从伤者口中了解有关犯罪的情况,特别是有关犯罪人的情况。对于现场上受伤的犯罪人进行急救时,要布置专人进行全程监视,以防止其行凶,自杀或毁灭痕迹物证。

对于火灾、爆炸现场,除对现场上受伤的人员应及时开展救护外,应及时组织现场周围的群众灭火或通知、配合消防人员、专业排险人员及时扑灭火险、抢救财物、排除爆炸隐患。在紧急救护、灭火以及排险过程中,应尽可能地用笔录、绘图、标记等办法,记明采取紧急措施前后现场的状态。

对于发生在交通要道或闹市区,居民集中的地段的事件,则要注意解决保护现场与方便人民群众工作、生活之间的平衡问题。既要有效地保护现场,防止围观群众破坏现场、堵塞交通,又要迅速地记明变动前后的状况,对一些不得不搬动的现场物品等,必须注意搬动的方式并记明其搬动前的状态、位置等。在保护中,应坚守岗位,注意维护好秩序,以最大限度地保证现场处于原始状态。

### 五、对犯罪嫌疑人进行监控

在进行现场保护时,有时会出现对犯罪嫌疑人进行控制的紧急情况,这种情况的出现主要是群众扭送的现行犯罪嫌疑人;现场发现早,犯罪嫌疑人尚未脱逃;在保护现场的过程中,发现了重大的犯罪嫌疑人。在这些情况下,必须遵循紧急情况优先处理的原则,保护现场与监管犯罪嫌疑人并重。在进行监控时,如果人手不够,应立即在现场上寻找可靠的人,帮助保护现场,并对其保护行为进行指导,或迅速通知相关部门,派人增援。

对于现场上存在的已确认的犯罪嫌疑人,应选择现场外的某一专门场所,由专人看管;对于已发现而尚未确证的犯罪嫌疑人,应布置专人,在对方没有查觉的情况下,进行暗中监视,但必须采用合适的方法将其调离现场,防止其制造新的痕迹和观察现场上的详细情况;对于已逃离现场的犯罪嫌疑人,如果知其姓名、外貌特征、随身携带物品的特征、逃跑方向等,且逃离现场的时间不久,应立即报告上级公安机关,采取追缉、堵截等紧急措施,缉捕犯罪嫌疑人;对于尚未逃离现场而又负隅顽抗的犯罪嫌疑人,应组织警力、基层保卫组织等,就地包围,并及时报告上级公安机关派员处理。

在现场保护的过程中,对于已进行监控的犯罪嫌疑人,应专人负责,提高警惕,防止意外情况的发生和防止其继续犯罪或毁灭证据。

现场保护,既是公安机关的一项重要职责,是现场勘查工作的基础,更是一项需要广大人民群众参与、支持和配合的群众性工作,人民群众能给现场保护以各方面的支持。因此,在现场保护中,必须贯彻依靠群众、专门工作与群众工作相结合的原则。为此,为了更好地发挥群众参与对现场保护的作用,必须注重对群众进行现场保护知识的宣传、教育,使广大人民群众懂得现场保护的重要性和一些具体的现场保护方法。做好这项工作,能使群众在犯罪发生后,不仅能及时地向公安机关报案,而且能有效地协助公安机关保护好现场。这种宣传、教育工作,应是基层公安保卫组织和治安保卫委员会的一项日常的重要职责。

我们强调现场保护的群众性,并不是说可以忽视现场保护的专门性,由于现场保护与现场勘查和案件侦查工作联系的紧密性,决定了现场保护的专门性,因此,在进行日常的宣传,教育中,仍然应注意内外有别,防止侦查工作的秘密被泄露,不给隐藏在人民群众中的犯罪人以任何窥探侦查方法、手段,提高其反侦查技能的可乘之机。在具体的宣传、教育中。对于现场保护的重要性,只谈原则,不宜过细,过于具体。对于现场保护的方法,一般只涉及在勘查之前,任何人不得进入现场,对现场进行封闭的一般方法;报案的方法;采取紧急救护、排险中的一般注意事项等。

## 六、向侦查人员报告保护现场的情况

保护现场的公安保卫人员,在负责勘查现场的侦查人员到达现场后,应将了解和掌握的有关案件发生或发现案件的经过和保护现场的情况,主动、如实地报告给到场的现场勘查指挥人员和侦查人员。报告的内容主要有:

### (一)保护现场人员的基本情况

主要指参加现场保护人员的姓名、职业、职务、住址等情况。

### (二)有关发案的时间

包括案件发生或发现的时间、接受报案的时间、保护现场的时间等。

### (三)有关案件的基本情况

主要指案件发生、发现的简要经过,事主、被害人、发现人、报案人的姓名、住址、职业和现实表现等。

### (四)案件发生后的损失情况

主要指财产损失情况和人员伤亡情况。财产损失情况主要包括范围、数量、价值、抢救措施及效果等。人员伤亡情况主要指死亡人数、重伤和轻伤人数等。

**（五）有关现场保护的情况**

包括现场保护前的情况和现场保护过程中采取的具体措施，以及现场保护前后现场发生变动、变化的情况，如哪些人进入过现场，到过现场的哪些地方，接触过哪些痕迹、物品等。

**（六）有关犯罪案件的知情人和可疑情况**

包括已知的犯罪案件的目睹人和案件的其他知情人的姓名、职业、住址，保护现场过程中发现的疑人、疑事，群众对案件的议论、反映情况，以及与案件有关的线索情况，如线索内容，提供人的姓名、职务、单位或住址等。保护犯罪现场的公安保卫人员在报告上述有关情况的同时，还要将在保护现场过程中发现的犯罪痕迹、物品指点给侦查人员过目，将收集到的有关物品和形成的各种记录移交给侦查人员。到此，勘查前的保护现场的任务就算完成了。勘查过程中对现场的保护，则应在负责现场勘查的指挥员的统一组织领导下进行。

## 第三节　犯罪现场保护的行为类型①

### 一、警戒人员的保护行为

犯罪现场勘查警戒人员主要是由派出所民警、巡警、内部保卫干部等人员担任。案件发生后，现场保护人员最先到达现场，警戒人员在实地勘验人员到达现场之前已做好相关的保护措施，划定现场保护范围，禁止无关人员进入现场。勘查人员到场后，警戒人员向其汇报现场保护的具体情况，勘查人员听取汇报后开展实地勘验工作。但是，实地勘验工作的开始并不意味着警戒保护工作已经结束，在实地勘验过程中警戒人员仍然要采取相关的保护行为，贯穿犯罪现场勘查始终。

警戒人员在实地勘验过程中的保护行为主要是禁止无关人员进入现场，保证实地勘验工作的顺利进行。无关人员主要包括以下人员：

1. 被害人及其家属

案件发生后，被害人及其家属急于详细情况，极有可能趁警戒人员不注意进入现场。警戒人员要安抚其悲伤的情绪，说明情况，严格制止无理取闹。

2. 围观群众

案件发生后，现场周围会有很多围观群众，围观群众中，有重要知情人，如目

① 郑岩："实地勘验中的现场保护行为研究"，载《辽宁公安司法干部学院学报》2013 年第 4 期。

击证人，有犯罪行为人，也有被害人的邻居朋友等。所以，警戒人员一方面禁止围观群众进入现场，保障实地勘验工作的顺利进行；另一方面注意在围观群众中发现形迹可疑人员、重要的案件知情人，要及时汇报、登记。

3. 新闻媒体

新闻媒体是大众媒体，信息传播快，而刑事案件的现场勘查必须严格保守秘密，防止犯罪行为人毁坏罪证或逃跑。因此，必须禁止新闻媒体人员进入现场，拍摄现场照片。如果在必须面对新闻媒体时，要注意保守现场勘查的秘密，不得向新闻媒体透露现场勘查的内容。

4. 领导干部

依据公安部《公安机关刑事案件现场勘验检查规则》的要求，"勘验、检查现场时，非勘验、检查人员不得进入现场。确需进入现场的，应当经指挥员同意，并按指定路线进出现场。"非勘验检查人员也包括领导干部，但此领导干部并不是指现场勘查指挥人员。重大刑事案件引起了各级领导的重视，领导赶到现场要求了解相关情况，警戒人员应向其汇报情况，但不得让其进入现场。

## 二、勘查人员的保护行为

勘查人员作为直接接触现场的人员，在实地勘验的过程中要规范自身行为，以免因业务能力不强或规范意识不强而导致勘查过程中破坏犯罪现场。所以勘查人员的保护行为主要包括以下内容：

1. 严格遵守现场勘查纪律。不随意触动痕迹物品，不随意使用现场的电话，以免破坏话筒上的生物物证，任何人员都不得在现场吸烟、喝水、吃东西、上厕所等。

2. 严格遵守实地勘验的程序规范，先地面后空间，先静态后动态，先重点后一般，先固定后提取。实地勘验人员人数不得少于两人；进入现场要佩戴明显标志，以防止无关人员进入；进入中心现场前穿戴三件套，头套、鞋套、手套，或者专业的现场勘查服，防止破坏现场上的痕迹物证。进入现场先用通道踏板打开现场通道，固定现场的原始状态。然后先处理地面后处理空间。对于痕迹物证的发现提取要先固定，记录、照相或录像，然后再提取。对于现场的处理先重点部位后一般部位，在勘验的过程中动静结合，全面寻找、发现、提取、分析痕迹物证。

3. 提取物证时，要注意防止污染证据。对于痕迹物证要分开提取，分开包装，并在物证标签上注明时间、地点、提取人、案件名称等。如果可以，仅使用一次性物品装盛或包装检材；否则，对所有重复使用的容器、包装物，每次用完后都必须彻底消毒、净化；每种证据都必须单独收集和包装，以防证据之间发生任何交叉污染;在接触证据时,最好要戴口罩;处理尸体、血液检材、体液或可能被污染的其他材料或物体时要戴橡胶手套;对染有血液或体液的衣服或物体必须干燥后再放在双层袋子里,并正确标识等。

4. 自我保护。勘查人员是实地勘验的主体,在对犯罪现场实施勘查的过程中也要注意自我的保护。犯罪现场上存在很多安全隐患,如未排爆的炸药、隐藏的犯罪行为人、有毒气体、病菌病毒等。

## 三、侦查人员的保护行为

实地勘验过程中,侦查人员负责进行外围现场的访问工作,也要注意现场保护。侦查人员不得随意进入现场。实地勘验过程中,除了专业的勘验检查人员,其他人都不得随意进入现场。如果侦查人员需要进入现场,必须经指挥员的批准,防止其在进入现场的过程中破坏现场,阻碍实地勘验工作的顺利进行。另外,侦查人员访问工作所选择的访问地点要适当,不得在犯罪现场内进行,应选择在现场外围,距离现场不是很远,便于联络的安静环境进行现场访问。

## 四、指挥员的保护行为

1. 明确指挥权

一些刑事案件发生之后,到场的领导干部很多,现场勘查指挥权属往往不清,在没有统一指挥前,容易造成对现场的直接破坏。所以要明确现场勘查的总指挥员、现场勘查的指挥员,以及各自的权力和职责。同时在场或不在场的各级领导干部也要支持现场勘查指挥员的指挥工作,不得随意干扰现场勘查指挥员的工作。

2. 明确实地勘验人员的分工

现场勘查指挥员应该依据勘查人员专业,明确各自分工,防止在操作中由于工作混乱而破坏现场的痕迹物证。

3. 注意实地勘验人员各专业之间的配合

对于犯罪现场的处理,各专业人员分工不同,照相人员负责拍照固定现场的原始状态、拍摄物证照片;痕检人员负责测量、记录现场,发现、提取痕迹物证;法医负责现场尸体的处理,提取生物检材。各专业人员要互相配合,如在照相人员没有固定痕迹物证之前,任何人不得触动或处理痕迹物证等。

4. 慎重使用各种紧急措施

实地勘验过程中,在有必要采取紧急措施的情况下可以采取紧急措施,但要注意在采取紧急措施时尽量减少对犯罪现场的破坏。如抢救人命、排爆抢险、抓捕人犯、使用警犬等。①

## 第四节　犯罪现场保护的方法

在当前的侦查实务过程中，经常发生因现场保护不力导致的证据灭失问题。在实际工作中现场保护存在的主要问题有：一是现场保护意识薄弱。有的事主为弄清人员伤亡及财物损失情况，在案发后急于进入现场察看、清点物品，致使现场遭到一定程度的人为破坏。有的侦查员现场保护意识不强，到达现场后不是积极主动做好现场保护的工作，而是随意触摸、挪动现场物品，破坏了现场痕迹物证。有的勘验人员缺乏现场保护意识，工作过程中致使现场遭受破坏的情况时有发生；有的领导现场保护意识不强，到现场不守规范，随意进入现场走动，触碰现场物品，对现场痕迹物证造成一定的破坏。二是划定的保护范围不当。警戒的范围过小或过大，造成部分未受保护的现场被破坏或使一些无关痕迹物证被纳入现场勘查中，浪费了勘查人员的精力，影响了勘查的质量。三是现场保护方法不当。有的保护人员对现场采取的保护措施不及时，有的现场保护方法不当，使现场遭到一定程度的破坏。② 在犯罪现场保护实务中，相关人员应该尽可能避免以上问题的发生。

### 一、犯罪现场保护方法

《公安机关刑事案件现场勘验检查规则》第 15～17 条，对犯罪现场的保护方法作了原则性规定。第 15 条规定："负责保护现场的人民警察应当根据案件具体情况，划定保护范围，设置警戒线和告示牌，禁止无关人员进入现场。"第 16 条规定："负责保护现场的人民警察除抢救伤员、紧急排险等情况外，不得进入现场，不得触动现场上的痕迹、物品和尸体；处理紧急情况时，应当尽可能避免破坏现场上的痕迹、物品和尸体，对现场保护情况应当予以记录，对现场原始情况应当拍照或者录像。"第 17 条规定："负责保护现场的人民警察对现场可能受到自然、人为因素破坏的，应当对现场上的痕迹、物品和尸体等采取相应的保护措施。"犯罪现场保护过程中，必须严格遵循上述要求。同时，应结合特定犯罪现场的具体情况，因地制宜地开展保护工作。

---

① 郑岩："实地勘验中的现场保护行为研究"，载《辽宁公安司法管理干部学院学报》2010 年第 4 期。

② 钟新文："对'四战'背景下强化犯罪现场勘查工作的思考"，载《政法学刊》2013 年第 5 期。

犯罪现场保护的一般方法主要包括对室内现场的保护方法和对室外现场的保护方法。室内现场与室外现场存在明显不同的特点：一般情况下室内现场相对范围较小，有出入口，属于封闭型的空间；而室外现场相对范围较大，多数无出入口，属开放型的空间。因此，对这两类现场的保护方法就有一定的区别。

### （一）室外现场的保护

1. 划出保护范围，设置警戒线和告示牌

对于室外现场，民警首先应根据现场情况，划出一定的禁入区，禁入区应用醒目的警示标记加以圈定，如警示带、绳索等，同时应设置告示牌。然后，安排力量，设立岗哨进行警戒，严禁无关人员进入警戒范围。对于范围较小的室外现场，可以使用固定岗哨，而对一些范围较大的室外现场则可以使用流动岗哨的方法加以警戒。另外，发生在交通要道上的现场，应暂时中断交通，并派出专人指挥来往的行人、车辆绕行。

2. 气候条件改变时应对明显的痕迹、物证采取适当保全、维护措施

室外现场易受到气候条件的影响，因此在气候条件即将发生改变时，如遇将要下雨、下雪等情况，保护现场的民警应对现场上明显、易变的犯罪痕迹、物证，如足迹、犯罪遗留物等采取适当的保护措施，加以妥善保护，以免犯罪痕迹、物证遭到破坏。另外，野外现场要防止牲畜进入现场破坏痕迹物证。

### （二）室内现场的保护

1. 封锁现场的出入口和通道

进入室内现场的通道是固定而明显的，如门、窗等，因此室内现场的保护首先是在现场出入口处布置一定的民警进行警戒，禁止无关人员进入现场。对于发生在室内现场的案件，最有效的现场保护方法就是封锁出入口和通道。在此同时，在门、窗和重要通道安排人员看守，禁止一切无关人员进入现场。现场保护的时候，要注意门窗的原始状态是关闭的还是打开的，并要特别注意门窗、门锁、窗户插销上是否有撬压的痕迹，痕迹是否遭到破坏。

2. 确定外围保护范围

根据现场的具体环境和犯罪痕迹、物证的分布情况，在现场外围划出一定的警戒范围，设立岗哨，禁止围观群众靠近现场。通常情况下，很多案件的犯罪行为人在现场外围等候的时候，往往焦虑烦躁，可能会在现场留下唾液、大小便等排泄物，烟头、纸张等物品。发现这类物品，往往对案件的侦破起到意想不到的作用。因此，即使是发生在室内的案件，通常情况下我们也要在现场的周围地带划出一定的警戒范围，布置警戒。另外，对于部队发生的盗窃案件，往往具有就近藏赃的

特点。因此,封锁现场周围地带,也有助于我们查找赃物。[1] 室内现场外围的保护方法,与一般室外现场的保护方法相同。

## 二、重特大案件现场的保护方法

对一些重大、特大案件的现场保护,应当采取更为严密的保护措施。一般情况下,发生重大、特大案件后,到达犯罪现场的民警较多,还会有一些领导和新闻媒体的人员赶赴现场,现场秩序的维护显得非常重要,因此可以根据需要将现场分成几个层次进行保护。通常的做法是将现场分为三层保护,即核心保护区、次级保护区和总体保护区。

第一层保护区(即总体保护区)是一般性的现场周边,在该区域设立相应的检查点,限制通过现场的车辆和阻止无关群众进入现场。有必要的情况下,可以在第一层保护区之内、第二层保护区之外设立新闻中心,以接待众多的媒体记者。

第二层保护区(即次级保护区)设在现场核心保护区的外围,只有到达现场的相关领导、公安民警、参加现场急救的人员和警用车辆才允许进入。在该区域可以设立现场指挥部,负责协调指挥现场勘查的各项工作,如向勘查人员作指示、后勤供给、为现场勘查人员设立休息区等。

第三层保护区(即核心保护区)是现场保护的核心区域,必须严格控制,只有现场勘验人员才准许进入该区域。

## 三、对痕迹物证的保护方法

### (一)勘查前对痕迹物证的保护

1. 标示保护

标示保护主要是指在保护过程中由于特殊情况民警必须进入现场,为了保护现场内的痕迹、物证,对明显的痕迹、物证用粉笔等圈划标示出来,以提醒其他民警对此痕迹、物证加以保护的方法。

2. 记录保护

记录保护是指在保护现场过程中,由于抢救人命、扑灭火险等需要而必须变动现场物品和人体的位置时,民警将移动前现场的物品或人身的状况详细记录下来的方法。记录的方法较多,一般可以使用文字、绘图、照相和录像等方法。

3. 遮盖保护

遮盖保护是指当犯罪现场的气候发生变化时,为了使现场上痕迹、物证免受

---

[1] 夏桂珍:“现场保护的意义和方法”,载《法制与社会》2013 年第 14 期。

破坏，现场保护人员用洁净的遮盖物对现场上明显的痕迹、物证加以遮盖保护的方法。

4. 转移保护

转移保护是指在现场保护过程中，为了抢救伤员、扑灭火险，必须对现场的原始状态进行改变时，或遇气候变化，现场物品上的痕迹有受到破坏的可能时，负责保护现场的民警将一些可能遗留有犯罪痕迹的现场物品移动到安全处所进行保护的方法。

**（二）勘查过程中对痕迹、物证的保护**

1. 勘查人员在进入现场前必须戴手套，套上一次性鞋套，戴上帽子或头套，戴上口罩。

2. 禁止使用现场内的任何物品和交通、通信工具。

3. 禁止在现场内吸烟、进食、吐痰、梳头和使用现场内的盥洗室。

4. 法医以外的人员不得随意触动尸体和改变尸体的姿势。

5. 移动或触动现场内的物品进行观察和研究时，尽量选择一些非常规的着力点，如杯子的边沿、物体的棱角处、门的上缘等。

6. 在提取痕迹、物证时不能打喷嚏、咳嗽，因此戴口罩就显得十分必要。

7. 勘查人员进入现场工作后，应当按照既定的顺序进行勘验，尽量避免反复多次进出现场。

8. 每种痕迹、物证必须单独收集和包装，以免痕迹、物证之间发生任何交叉污染。

9. 为了便于需要时查明现场中的痕迹是否在现场勘验中受到污染，应对曾直接接触过痕迹、物证的人员进行登记，形成名册。

10. 证据的提取、包装、运送的每个环节的交接过程必须环环相扣，人人签名。

## 四、对犯罪现场中尸体的保护方法

**（一）对吊挂着的人体的处置和保护**

当发现现场中有吊挂着的人体时，应首先判断是否死亡，如尚未死亡需进行抢救时，可在颈部未打结处剪断绳索，移出人体进行抢救。如确已死亡，则不必将尸体卸下，只要将现场保护好即可。在进入现场时，可以采用在进入通道上铺上纸张的方法以保护地面上的痕迹。在抢救吊挂着的人体的生命时，要注意以下几点：在登高剪断绳索时不能使用现场上的家具作为垫脚物，注意保护绳结的完整性，注意不要触摸系绳点。

**（二）对处于室外恶劣气候条件下的尸体保护**

对于露天的尸体，如果遇下雨、下雪等气候变化时，要用不透风雨的材料加以遮盖,以免尸体和尸体上附着的血迹、毛发、精斑等痕迹物证的流失、污染和破坏。同时也要注意遮盖物必须保持干净。如果尸体所在环境偏僻,要派专人看护,防止猪、马、牛、羊及其他动物啃咬。

在夏季,当尸体处于室外的高温状态下,处于阳光直射中,尸体的腐败速度很快,因此负责保护现场的民警应当使用洁净的物品对尸体加以遮盖,以减缓腐败的速度。在冬季,对在野外发现的尸体不要将其移入室内,应就地进行保护,以避免冷冻的尸体随着环境温度的升高而解冻融化,导致尸体上的伤口变形及尸表的冷凝水破坏尸体身上的血迹形态,给后续的尸体检验工作带来困难。

#### (三)对水中尸体的保护

对于江河湖泊中飘浮的尸体,民警只要用一定的方法将其固定住,使其不再继续漂流,一般不必打捞上岸。如水流过急,无法固定时可设法将其打捞上岸,但在打捞过程中,要十分细致小心,不能直接抓握尸体的四肢拖拉,而应用干净的布匹从水下将尸体兜住,然后再将尸体从水中兜出,放在安全的处所加以保护。

#### (四)对火场中尸体的保护

如现场的火势已得到控制,建筑物没有倒塌危险,应对尸体就地予以保护。如遇到火势有继续蔓延或建筑物行将倒塌的危险时,则应设法将尸体移出火场进行保护。在移动尸体时应尽量避免在尸体上形成新的痕迹。

#### (五)对处在旷野、山林中尸体的保护

对在旷野、山林中发现的尸体,应注意立即安排专人负责看管,以防尸体受到兽食鸟啄的破坏。

### 五、典型犯罪现场的保护

#### (一)杀人案现场的保护

杀人犯罪对社会治安和人们的生命安全有严重危害,发生这类案件社会危害很大。这类案件的现场有室外、室内、荒郊野外、闹市、公共场所等。对这类现场的保护主要从以下两方面考虑:

1. 以尸体为中心向周围扩大现场范围。杀人案件侵犯的目标是人体,所以尸体躺卧的位置就是现场的重要位置。凶手杀人后为了消灭罪证,往往采用移尸、焚尸的手段。因此,发现尸体的现场并不都是中心现场。如果发现尸体的地点与尸体征象不符,就要考虑是否是第二现场。对这类现场的保护就要根据尸体附近的拖拉痕迹、滴溅血迹等现象逐渐扩大范围。

2. 注意痕迹物证的保护。在杀人案件发生时,往往伴有被害人与犯罪行为人搏斗的过程,因此现场周围遗留的痕迹、物证也较多,特别是一些细小物品。如果

能对现场周围的遗留物很好地保护,对侦查案件会起相当重要的作用。

### (二)盗窃案件现场的保护

盗窃案件是一种多发性案件,犯罪行为人是秘密窃取财物,很少有目击证人,因此盗窃案件现场更要从保护现场隐含信息入手。一是经常在群众中进行宣传教育,提醒被害人及其家人在发现被盗后,不要进入室内,不要随意走动,不要急于收拾、清理家中的物品,不要接触门把手、锁具,及时报警,并禁止无关人员入内,以免破坏被盗现场;二是保护人员要把盗窃现场的进出口,被犯罪行为人破坏的障碍物和被盗物存放的地点和处所及外围踩点、逗留等可能遗留有犯罪痕迹物证的场所划入保护范围;三是特别要注意保护好现场遗留的痕迹,如手印、足迹、工具痕迹,交通工具痕迹等痕迹;四是要保护好现场遗留物,如作案工具、衣物、手套、烟头、饮水瓶等,尤其是将留有作案人 DNA 信息的物品、物质、痕迹等作为重点保护对象;五是现场勘查人员勘查现场时,应戴手套进行,不得随意触摸、挪动、使用现场物品。

### (三)强奸案件现场的保护

强奸案件一个明显的特点就是犯罪行为人与被害人有一定的时间的正面接触,因此现场上往往有挣扎、搏斗的痕迹,有血迹、精斑等犯罪遗留物。如果是发生在室内的案件,应注意保护现场内的烟蒂、纸张以及床单、被褥、地毯、衣服等物上的斑迹,血迹等。对发生在野外、道旁的强奸案现场,要注意对现场周围的足迹、泥地、草地上发现身体压痕、拖拉、抵抗的痕迹进行保护。对现场附近的遗留物,如作案工具、衣服、纸片、口罩、纽扣、表带等不甚起眼的物品,都要加以保护。特别需要强调的是,最初受理案件的民警一定要及时提醒被害人及其家属,千万不要丢弃或清洗被害人遭受侵害时所穿的衣裤,而应交由民警妥善处理。

### (四)投放危险物质案件现场的保护

投放危险物质是一种较为隐蔽的杀人手段,对这类犯罪现场要特别注意保护。发现投放现场后要注意以下几方面:一是及时封锁投放现场,防止死者亲属、朋友及周围人进出而破坏现场。二是注意保护受害者食用后的器皿、餐具及死者呕吐物,不能让人随便收拾,须等现场勘查人员到后处理。三是现场内的一切物品,如纸袋、小瓶、注射器、药片、果品等均要在保护之内,因为这些物品有可能和危险物质有关。

### (五)抢劫案现场的保护

抢劫案犯罪现场保护要注意以下几点:一是注意现场中罪犯潜伏、袭击被抢对象的路线、逃走时的痕迹、足迹,发现痕迹后要划出范围,避免破坏;二是现场中心及周围一般会遗留有搏斗中遗失的物证,如厮打中纽扣的脱落,出血后血滴的溅落，毛发的脱落等；三是要及时询问被害人，如案件刚刚发生，估计罪犯潜逃不久，还要立即组织追捕。

**（六）计算机犯罪现场的保护**

计算机犯罪案件的证据更具有易变性，在对这类现场进行保护时，应当非常谨慎。

1. 立即封锁整个计算机区域，包括机房、附属工作间、终端室、通信线路、电磁辐射区，冻结目标计算机系统及外围设备。

2. 要求所有在场人员停止任何操作，实现人机分离。

3. 对于发生在网吧、计算机房、写字楼等人员较多的地方的现场，要求所有人立即停止操作，记录每个人的具体上机位置，再请其离开现场，实现定人定位。

4. 迅速派专人检查并看管与现场有关的供电线路和电源保险装置，保证现场的供电，防止发生突然断电导致运行的计算机系统丢失数据或文件。

5. 立即到电信部门查明、监控并记录现场和周围相关场所的各种电信终端设施（如传真机、调制解调器等）的运行状况和数据资料。

6. 及时检查现场及周围有无强磁场和可以产生强磁场的物品，防止对磁盘上证据资料的破坏。

## 第五节　犯罪现场保护的保障机制

保护犯罪现场既是全社会所有单位和公民的义务，亦是全体公安基层民警的职责。因此，要加强犯罪现场保护工作，必须提高各级公安机关领导尤其是基层公安机关领导对犯罪现场保护重要性的认识，提高全民的法律、证据意识，特别要加强全体民警现场保护专业知识。对相关保护实施人员乃至整个社会进行现场保护知识的宣传教育，动员一切社会力量参与到现场保护工作中。要通过宣传教育提高全体警员的现场保护意识，建立、健全现场勘查的有关制度，配备必要的现场保护装备，健全快速反应机制，千方百计把现场保护工作做好，使群众、各警种都重视犯罪现场保护，都懂得如何保护犯罪现场。

### 一、对各级公安机关领导的现场保护宣传教育

现场保护工作做得如何，与各级公安机关领导尤其是基层领导有直接关系。

1. 各级公安机关领导要正确认识犯罪现场保护工作。侦查实践表明，现场保护工作是现场勘查工作的重要范畴，是整个侦查工作的重要环节。各级公安机关的领导尤其是基层领导要正确认识现场保护工作，增强犯罪现场保护意识，积极

了解和掌握现场保护的方法和现场勘查程序，正确指挥现场保护和现场勘查工作。

2. 各级公安机关领导要高度重视，大力支持现场保护工作。重视与支持并不是一句空话，必须落实到实际工作中，具体体现在人、财、物的投入上。在人员上应全方位培训，为其培训提供必要的时间，让每一个民警都懂得现场保护的知识，掌握现场保护的技能，接警后应给予充沛的警力对现场实施保护；在制度上要建立健全现场保护制度，快速反应制度，使现场保护工作纳入制度化建设；在经费及物资的投入上也不能忽视，现场保护工作正朝规范化、科学化、现代化方向发展，必要的现场保护器材，应统筹安排，配齐配好。同时要把现场保护工作纳入基础工作考核中，常抓不懈。

3. 各级公安机关领导还要注意加强自身的现场保护意识。刑事案件发生后各级领导亲临现场坐阵指挥，给予人、财、物的后勤保障，给民警鼓舞士气，这无疑是一件好事。但有些领导（包括地方政府官员）现场保护知识贫乏、保护意识不强，有的出于急于了解案情，有的出于好奇，不按要求进入现场，进出现场如入无人之境。有的保护人员碍于上下级关系不好"过分"干涉与提醒，致使现场遭到变动。因此，各级领导注意培养和加强自身的现场保护意识也十分重要。

## 二、对侦查人员保护现场意识的培养塑造

现场保护、现场勘查、现场访问、现场分析是整个勘查工作的不同环节、不同分工，它们既有区别又有联系，不能截然分开。侦查人员在做好自己本职工作的同时，应注意增强自身的现场保护意识，具体应在如下几个方面培养和塑造。

1. 协助现场保护人员做好现场保护工作。要有侦破工作一盘棋的大局思想，不能只顾自己的现场访问，自己的现场勘验，对现场保护存在的问题视而不见，认为这不是自己的分内之事。侦查人员到达现场后，在听取汇报、巡视现场，以及整个现场勘查过程中，对现场保护工作存在的问题和可能出现的问题，应本着对案件负责，对人民负责的态度，直言不讳地及时指出。如保护范围的大小、采取措施是否正确、警力分配是否合理、保护方法是否得当等。只有这样，才有利于案件的侦破。

2. 在勘查过程中侦查人员应按要求进出现场。必须穿着现场勘查服，或必须戴好头套、手套和鞋套、按照痕迹勘验人员指定的路线进出，做到严格禁止随意触摸现场物体。在寻找、提取痕迹、物品时应格外小心谨慎，坚决避免因疏忽大意造成痕迹、物品破损和现场变动。另外，侦查人员带领现场勘查见证人进入现场时必须让其穿戴头套、手套和脚套，并在向其讲明见证人须知时，特别提示其注意保

护现场,不能触摸现场上的任何物品。

## 三、对公安基层民警保护现场的宣传教育

公安基层民警是现场保护的主力军,是接触现场较早的专业力量,又是持续保护时间最长的力量,在很大程度上影响现场保护工作的成败。然而,有些公安基层民警对现场保护认识不足,甚至缺乏正确认识,有些缺乏现场保护的专业知识,因此向公安基层民警做好保护现场的宣传教育十分必要。

1. 纠正关于现场保护的错误认识。有些基层民警对现场保护存在错误认识,缺乏公安工作一盘棋的全局思想,认为现场保护属于分外之事,现场勘查、侦破案件是侦查人员的事,派出所、巡警队等只是协助其工作而已,案件破获与否与己无关。这种错误思想,势必导致其工作责任心不强,无压力,无动力。必须认识到现场勘查效果如何,案件侦破与否与现场保护息息相关,现场保护是基层民警的重要职责。

2. 通过各种途径加强现场保护知识的培训。有些基层民警认为现场保护就是接到报案后,到现场看一看就行了,把现场保护工作简单化;有些民警对现场保护知识略知一二,但执行操作不规范。正是这种认识不到位和操作不规范,导致了部分现场保护不到位,采取措施不得力,现场变动严重,痕迹物品灭失的被动局面。究其原因,是部分民警不知道到现场后该做什么,该如何去做。这充分暴露出一些基层民警严重缺乏现场保护知识和技能。因此,在基层民警中广泛开展现场保护的培训十分必要,公安院校应充分利用新警培训班、警衔晋升培训班等机会,开展犯罪现场保护培训,以加强刑事案件侦破的基础薄弱环节。

## 四、对广大群众保护现场的宣传教育

大多数案件现场是群众首先发现,然后报告公安机关的。在公安基层民警赶到现场之前,现场遭到变动和破坏的可能性是最大的,也是最严重的。因为在这一阶段中,虽然部分群众想保护现场,但由于不懂得现场保护知识,缺乏有效的组织,使保护工作往往没有成效。待公安基层民警到达现场时,有些现场已遭到不同程度的变动和破坏,再想补救为时已晚。因此,对群众保护现场的宣传教育显得尤为重要。

1. 提高群众的觉悟,让其充分认识到保护现场是每个公民应尽的法律义务。这就要加大对人民群众的普法教育,采取生动活泼的有效形式,把保护现场对于打击刑事犯罪的重大意义告知群众,由此提高群众保护现场的自觉性,履行保护现场的法律义务。只有人民群众保护现场的法律意识增强了,才能在遇有案件发

生时自觉地、积极主动地去保护现场。

2. 教会群众一些基本的现场保护知识。仅有保护现场的积极性还不足以保护好现场,要保护好现场还必须让群众了解现场保护知识,只有群众知道现场保护的对象有哪些,如何去保护,保护中要注意哪些问题,他们才能有效地保护好现场。不应对群众遮遮掩掩,把现场神秘化,而应该把保护现场的知识作为人所共知的常识在普法教育宣传中介绍给人民群众。

3. 利用多种渠道向群众宣传教育现场保护的意义和知识。要实现群众自觉有效地保护好现场这一目标,仅凭公安机关的力量是不够的,必须充分发挥现代传媒作用,充分利用网络、电视、广播、报纸向人民群众宣传保护现场的知识以及保护好犯罪现场对打击刑事犯罪的重大意义。同时,把现场没有保护好,所造成的危害后果告诉群众,让群众真正认识到保护现场对侦破案件是多么重要。普法教育忌枯燥无味,要生动具体,可在群众身边找素材,结合典型案例和人民切身利益作宣传。只有让群众觉醒,保护现场才有基础,才能为侦破案件创造有利的条件。

### 五、对现场保护人员和勘查人员的自身防护内容宣传

根据目前的医学科学知识,参照医护人员的建议,无论是基层民警在现场保护的过程中,还是勘查人员在现场勘验的过程中,都应当注意对自身的防护,尽量使民警和勘查人员在执行任务时把遭到意外感染的危险性降低至最小。

#### (一)勘查开始之前的自身防护要领

第一,树立鲜明的防护意识。对于存在血液和体液的现场,应将所有的血液和体液,无论干的湿的,都视为具有传染性,保持高度警惕。

第二,注意自己皮肤上的伤口,在工作前用无渗透性的绷带将所有伤口全方位包好,当绷带变脏时,应立即更换。

第三,当从事可能会沾上血液或体液(如搬运伤员等)的工作或勘验存在感染危险的现场时,进入现场前必须穿戴上下连身的工作服和一次性鞋套,还必须戴上乳胶手套、面罩和护目镜,对可能会吸入有毒气体的现场,还应当戴上防毒面罩。

#### (二)勘查过程中的自身防护要领

第一,在现场内避免用手接触脸部。

第二,工作时一旦脸或手沾到血液或体液,应立即用稀释的漂白剂清洗,再用酒精或肥皂及流动的洁净水冲洗。

第三,收集液态血、体液、干血迹、沾血物证和尸体时,应使用双层手套,戴外

科口罩和护目镜。

第四,在现场勘验过程中要注意提防尖锐或破裂的物体,对所有的针头、注射器、刀片及其他尖锐器具,都要保持高度警觉,在收集时将其放入不会被刺破的容器内。

第五,不可盲目用手摸索眼睛看不到的地方,如果必须要这样的话,应戴上具有防护功能的特制手套。

**(三)勘查结束后的自身防护要领**

第一,在现场勘验结束后,每个勘验人员都应用稀释的漂白水、肥皂和流动的清水洗手。

第二,对沾染或可能沾染传染性体液的一次性的防护用具,应采取稳妥的方法及时予以销毁或在适当的场所予以深层掩埋。

第三,对于任何遭污染的衣物、鞋子、器械、容器都应进行彻底消毒,必要时应将其销毁。

此外,在勘查过程中,还应采取措施避免来自犯罪行为人的直接攻击,避免遭受来自现场潜在危险因素的危害。对此,《公安机关刑事案件现场勘验检查规则》第21条和第27条分别作了明确规定。第26条规定:“勘验、检查暴力犯罪案件现场,可以视案情部署武装警戒,防止造成新的危害后果。”第27条规定:“公安机关应当为现场勘验、检查人员配备必要的安全防护设施和器具。现场勘验、检查人员应当增强安全意识,注意自身防护。对涉爆、涉枪、放火、制毒、涉危险物质、危险场所等可能危害勘验、检查人身安全的现场,应当先由专业人员排除险情,再进行现场勘验、检查。”

# 第七章　犯罪现场访问体制

## 第一节　犯罪现场访问的定位

### 一、犯罪现场访问的概念

现场访问是指在现场勘查过程中，为了查明案情和发现、收集犯罪证据，查找犯罪线索和犯罪嫌疑人，侦查人员依法向那些知悉案件情况的自然人进行的调查询问工作。[①] 它不仅是侦查人员与现场访问对象之间心理交往的特殊形式，更是收集意识性痕迹、形成言词证据的最重要形式，同时也是群众路线原则的体现。

与侦查过程中针对证人、被害人进行的询问措施类似，现场访问也是向当事人或证人进行的询问工作，它是收集刑事案件证据、查实犯罪、调查犯罪嫌疑人的重要的侦查措施。但是，与询问讯问的侦查措施相比，现场访问也有其自身的一些特点：第一，现场访问是在现场勘查阶段进行的一项调查询问工作。对于某些潜在的犯罪目击者等知情人的现场访问，在时间上也可以予以适当延长。第二，现场访问的地域范围较为固定，即一般是在现场周围地域进行，有时对特殊事项也可延伸访问的范围。第三，现场访问时间性较强，一方面对采取紧急侦查措施所需的情况必须尽快访问；另一方面，对一些具有一定流动性的见证人、知情人亦必须迅速访问。第四，现场访问多以公开的形式进行。第五，现场访问的对象相对广泛，即凡是可能了解案情的人都可以访问。

---

① 郝宏奎主编：《犯罪现场勘查》，中国人民公安大学出版社2006年版，第57页。

## 二、犯罪现场访问的意义

### (一)为采取紧急侦查措施提供有利条件

有些案件由于报案及时,当现场勘查人员到达现场后,犯罪行为人还没有远逃,具备采取追缉堵截等紧急侦查措施的条件。通过现场访问,就能迅速获取犯罪行为人的体貌特征、衣着、口音、携带物品、逃跑方向等方面的重要情况,为紧急侦查措施的实施提供依据。

### (二)为现场勘验工作划定范围,奠定现场勘验工作的基础

现场勘验与现场访问虽然是现场勘查中的两项截然不同的工作,但它们之间有着紧密的联系,现场访问在现场勘验的开始阶段,能为划定勘验范围和勘验重点奠定基础。在现场勘验过程中,不仅能为甄别和印证现场勘验发现的痕迹、物证提供条件和依据,而且能弥补现场勘验过程中的疏漏和不足,引导现场勘验工作得以全面深入的实施。

### (三)为现场分析工作提供重要依据

通过现场访问,可以获取与案件有关的诸多情况,如案件发生、发现的经过,事主、被害人的家庭背景情况、社会交往情况、发案前后的活动情况及生活工作情况,周围邻居等知情人掌握的与案件有关的情况等。这些都是进行现场分析的重要依据。

### (四)及时获取一些重要的侦查线索和犯罪证据

由于现场访问工作通常开展得比较及时,被害人及其他访问对象对现场情况记忆比较清楚,能较如实反映其见到的情况,这些第一手材料对整个案件的侦查工作是极为重要的,有些就是侦破案件的重要线索,有些则具有重要的证据价值。

### (五)还原、折射案件真相

一般案件发生后,侦查人员脑海中往往呈现的是一种案发结果,但是侦查人员必须追根溯源,立即寻找蛛丝马迹,还原案件真相;查明案件发生的原因和作案过程;以及初步了解案犯作案的动机、手段等。如对于有尸体的现场,侦查人员可以通过访问相关人员,了解死者生前的情况,以查明死者是否为正常死亡。如果现场访问的案件为盗窃案件,则需要要查明是监守自盗还是他人盗窃,是内窃还是外窃,是当地犯还是流窜犯,是初犯还是惯犯等。①

---

① 江华、李恒、梁一:“公安机关开展犯罪现场访问之新探究”,载《辽宁警专学报》2014年第5期。

## 三、犯罪现场访问的特征

### (一)对象的特殊性

1. 报案人、案件发现人

案件发现人是最早发现案件或现场的人,其中多数是被害人的家属,或事主、值班值勤人员或途径现场的群众。报案人是指向公安机关报告发生案件信息的人,报案人可能是案件发现人或被害人及其亲属,也可能是其他人员。现场访问的对象首先应当选择报案人和案件发现人,如果报案人和案件发现人不是同一人,应尽量找到案件的发现人。

2. 被害人

被害人是指案件的直接受害者,是权益受到不法行为侵害的自然人、法人等。由于被害人与案件有着密切的关系,他们一般都与犯罪行为人有过直接接触,了解犯罪行为人的体貌特征等情况,知道自己损失财物的情况,因此此类对象是现场访问的重点对象。

3. 知情人

知情人主要是指除了被害人和犯罪人之外的,直接或间接了解案情的人,包括报案人、案件发现人、目击者,被害人的亲属以及其他一切能直接或间接了解案件有关情况的人。

### (二)内容的广泛性

根据《公安机关刑事案件现场勘查检查规则》的规定,现场访问包括以下内容:刑事案件发现和发生的时间、地点、详细经过,发现后采取的保护措施,现场所见情况,有无可疑人或者其他人在现场,现场有无反常情况以及物品损失等情况;现场可疑人或者作案人数,作案人性别、年龄、口音、身高、体态、相貌、衣着打扮、携带物品及特征、来去方向、路线等;与刑事案件现场、被害人有关的其他情况。细分为:

1. 案件发生、发现的有关情况。
2. 现场情况(具体位置、原始状态、变动原因、保护措施、痕迹等)。
3. 犯罪行为人的情况(人数、个体特征、作案过程)。
4. 被害人的情况(自然情况、思想、经济、家庭和交往情况)。
5. 现场遗留物的情况——重点内容。
6. 被侵害财物的情况(占有、使用、保管、知情范围,特征等)。
7. 案发前后的可疑人员和事情。

## 四、犯罪现场访问的任务

凡是可能了解与犯罪现场有关情况的自然人都应列为现场访问的对象。但现场访问的对象是根据每个案件需要查明的问题而定的,不同的案件有不同的访问对象,访问的内容也不完全相同。从法律角度,可将现场访问的对象分为两大类,即被害人和证人。根据现场访问实际工作的需要,侦查人员通常将现场访问的对象分为三类:犯罪现场的发现人和报案人,事主、被害人及其家属、亲友,现场周围和犯罪嫌疑人来去现场沿途可能知情的人员。由于不同的访问对象掌握的情况不同,因此在现场访问时询问内容也应有所侧重和不同。

### (一)询问犯罪现场发现人、报案人的主要内容

报案人通常是指直接向公安机关报告发生案件情况的人。其中多数人是被害人及其家属,案件的发现人和其他人员。

发现人通常是指最早发现案件的人。其中多数人是被害人及其家属、值班,执勤人员,现场周围的人员或路经现场的有关人员。

犯罪现场发现人和报案人往往对现场的原始状态、发现的经过等情况了解较为准确,因此,询问的主要内容包括:

1. 发现犯罪现场的具体时间、地点和详细经过。

2. 发现犯罪现场时现场的状况,现场有无变动及变动的原因和变动后的状态。

3. 发现犯罪现场时在场人员的基本情况。

4. 发现犯罪现场后对现场是否采取了保护措施或采取了哪些保护措施。

5. 报案的时间和相关情况。

### (二)询问事主、被害人及其家属、亲友的主要内容

事主是指案件中遭受侵害的财物的所有者或保管者。被害人是指在案件中人身直接遭受侵害的人员。在一起刑事案件中,事主、被害人及其家属、亲友与案件的关系最为密切,一般来说,他们对案件发生情况和遭受损害情况都了解得比较清楚,能比较详细地提供情况,尤其在抢劫、杀人、强奸、诈骗、伤害等案件中,被害人与犯罪嫌疑人有过直接的接触,更了解犯罪嫌疑人的许多具体情况。例如,人数,体貌特征。有的被害人还可直接指认出犯罪嫌疑人。因此,现场访问过程中应重视对他们的询问,询问的主要内容包括:

1. 案件发生的时间、地点及详细经过。

2. 犯罪嫌疑人的人数及其体貌特征,衣着打扮等。

3. 人身及财物遭受侵害的情况及被侵害财物的种类、数量、特征和保管情况。

4. 犯罪嫌疑人在实施犯罪过程中使用的犯罪工具及携带的物品的种类、数量、特征情况。

5. 事主、被害人的基本情况及家庭成员的状况，他们的生活、工作、社会交往、经济条件等情况。

6. 怀疑的对象及根据。

7. 与案件有关的其他线索和对案件的看法。

8. 案件发生前现场的状态及近期到过现场的人员。

**（三）询问现场周围和犯罪嫌疑人来去现场沿途可能知情的人员的主要内容**

现场周围的知情人通常是指曾在出事地点围观或途经现场及在现场周围居住、工作等知晓与犯罪有关的某些情况的人。例如，被害人的街坊邻居，一些在发生案件时或发生案件前后耳闻目睹有关犯罪情况的人等。

犯罪嫌疑人来去沿途的知情人，通常是指在犯罪嫌疑人来去现场沿途居住、工作、过往，有条件知晓犯罪嫌疑人来去行迹的人。对这些人员询问的主要内容包括：

1. 案件发生前后及发生过程中发现的可疑人、事、物；可疑人的外貌、衣着、携带物品；可疑物的特征及疑点所在。

2. 事主、被害人及其家庭的有关情况。

3. 案件发生前后，事主、被害人家庭，现场上的动向和人员来往情况。

4. 案件发生地区的社会治安、人员流动情况及其他可疑情况，当地及周边地区是否发生过同类案件或相关案件和事件。

5. 其本人及现场上其他人员对案件的看法和分析。

## 第二节　犯罪现场访问的规则

### 一、犯罪现场访问的原则

**（一）严守法制**

1. 主体法定，即现场访问必须由侦查人员进行或者在其主持下进行，并且不得少于二人。

2. 程序法定

（1）公开身份。在现场访问时，现场勘验、检查人员应当向被访问人出示证件。

（2）个别进行。如果在同一个案件中，有两个或两个以上的访问对象时，应将其分开单独进行访问，有针对性地提问。其他对象及无关人员不得在场，以避免访问对象受从众心理的影响，或者因为有顾虑不敢提供真实证言的情况发生。对于不愿透露姓名的被访问对象，应答应为其保密。通过个别访问，可以使被访问人的证言得到印证，使证言变得更加可信。

(3)告知责任。告知被访问人必须履行如实作证的义务和作伪证或隐匿罪证的法律责任，杜绝其作伪证，防止其隐匿、销毁罪证，告诫其勿夸大或缩小对案情的了解程度。

(4)签名。在访问结束时，要让被访问人员在现场访问笔录上签名。

3. 不得出现以下情况

(1)虐待、伤害身体、疲劳战术、威胁、恐吓等暴力或非暴力方式。

(2)使用欺骗的方式。

(3)采用带暗示的、带倾向性或带威胁性的提问方式。

**(二)告知并保障其权利义务**

1. 被访问人员的权利。被访问人员有使用本民族语言文字的权利，并且可以申请亲自书写所知案情，在访问结束时有权阅读访问笔录并补充笔录。当其权利受侵害的时候，有获得救济的权利。

2. 被访问人员的义务。被访问人员有按时到场接受询问，如实提供案件情况，在需要保密的情况下保守秘密的义务。

## 二、现场访问的基本要求

**(一)坚持实事求是的原则**

侦查人员不得向访问对象泄露案件情况，不得向访问对象表露对案件的看法，不能进行暗示性、诱导性的提问，更不能进行威胁性的提问。

**(二)尊重访问对象的风俗习惯**

**(三)为访问对象及相关人员的隐私保密**

**(四)对有生命危险的访问对象的询问应突出重点、讲究方法**

对有生命危险的访问对象，在抢救的同时，应重点询问有关犯罪嫌疑人和犯罪活动过程的情况。可请医生、访问对象的家属参加，作为见证人。有条件的应进行录音录像。

**(五)通知受访未成年人的监护人到场**

**(六)访问不通晓当地语言文字的对象，应为其聘请翻译**

**(七)访问对象要求自行书写证言的，应当准许**

除准许访问对象主动提出的自行书写证言的要求外，侦查人员在认为必要的时候也可以要求访问对象亲笔书写证言。访问对象应当在亲笔证言的末页注明书写的时间,签名(盖章)、摁指印,侦查人员应在证言首页右上方写明“于某年某月某日收到”并签名。

## 三、犯罪现场访问的具体内容

### (一)查明采取紧急措施所需的基本情况

在发案不久,犯罪嫌疑人未远逃的情况下,应迅速查明下列情况:犯罪嫌疑人的人数、性别及其体貌特征、附加特征;犯罪嫌疑人逃离的时间、逃跑的方向和路线,乘坐或可能乘坐的交通工具;犯罪嫌疑人携带的赃物及其外形特征;犯罪嫌疑人携带凶器的情况;犯罪嫌疑人有无伤残情况;现场是否遗留有可表明犯罪嫌疑人身份或特征的物证。这里所了解的情况只能是概要的、采取紧急措施所必需的。随着访问的不断深入,对相应的内容还应深入了解。

### (二)查明案件发生、发现的情况

查明发现案件的人员、时间、地点及发现经过;查明案件发生的时间、地点;查明犯罪行为人作案的手段;查明犯罪过程。犯罪行为人从何方沿何道路而来,从何处侵入现场,实施犯罪行为的具体内容及其先后顺序,犯罪活动持续的时间,如何逃离现场及逃跑的方向和路线。查明犯罪后果,主要是财物损失和人员伤亡情况及其他危害后果。

### (三)查明犯罪嫌疑人的体貌特征

如果犯罪嫌疑人在犯罪过程中或犯罪前后被人所目击,应及时查明其体貌特征和附加特征等情况。这些情况不仅为采取紧急措施所急需,而且对于明确侦查方向、缩小侦查范围有着非常重要的作用。应查明的情况主要是:犯罪嫌疑人的人数、性别、年龄、身高、体态、头面部特征、躯干及四肢特征、特别标记、言语特征、动作习惯特征、穿着打扮以及犯罪嫌疑人的其他附加特征。其他附加特征主要是指:犯罪嫌疑人在作案过程中及作案前后形成的伤残情况;犯罪嫌疑人在作案过程中及作案前后形成的衣服破损情况;犯罪嫌疑人在作案过程中及作案前后身体、衣服上所沾染、黏附的异常物质情况。

### (四)查明现场被侵害财物的情况

这是现场访问的一项重要任务,对于判明犯罪动机、案件性质,确定侦查方向和范围以及采取相应的侦查措施有重要作用。

1.查明被侵害财物的种类、名称、特征

对被盗或被劫的物品,应查明种类、形状、色彩、重量、制造厂家、商标、新旧程度、包装方法、标记等;对被盗或被劫的现金支票、国库券、外汇券、股票以及其他票证等,应查明其颜色、数额、票面、暗记、号码、使用范围、有效期限、捆扎方法、新旧程度等;对被盗或被劫的存折信用卡,应查明其存款数额、存款类型、开户银行、提款或使用方法。

2. 查明被侵害财物的拥有、使用、保管及发现情况

被侵害财物属国家所有,集体所有还是人所有,归谁使用或保管,有无租借关系或代人保管情况。发案时被侵害财物的状态,是从某一处所被动取走的,还是在运送途中、携带途中被劫取走的。谁发现的,当时情况怎样,有无其他人员发现,最后一次见到财物的时间。保管财物的地方是否坚固,门锁、窗门是否完好,是否安装有报警装置,财物保管看守制度是否健全,值班人员有无擅离职守、违反保管守护制度的情况发生,发案后有关人员的反映、态度、表现情况等。

3. 查明犯罪嫌疑人对财物的寻找和选择情况

是目标准确攫取财物,还是盲目地乱翻乱找;是见什么拿什么,还是选择性掠取;是指名索要物品、机密文件、图纸,还是在搜寻财物过程中偶然发现取走。

**(五)查明犯罪行为人遗留物品的情况**

犯罪嫌疑人在进行犯罪活动的过程中,常常会把犯罪工具或其他物品抛弃或遗留在现场上,这些物品往往是破案的直接线索和证据。

1. 查明现场上哪些是犯罪嫌疑人的遗留物品

在犯罪现场上,犯罪嫌疑人遗留的物品,往往与被害人家里的物品、其他人的物品混同并存,甚至还可能有各种假象和偶然因素掺杂其间,形成一种比较复杂的物品环境,所以要通过现场访问,及时查明哪些是不明物品,以确定是否与案件有关,是否为犯罪嫌疑人所留。

2. 查明遗留物品的特征等情况

对于发现的遗留物品要及时查明其种类、名称、数量、形状、牌号、用途、结构成分、产地、工艺、销售途径、新旧程度以及使用、维修过程中形成的特征、暗记等,有必要的话,要走访专业技术人员和有关知情群众。

3. 发动群众提供有关犯罪遗留物的线索

有些犯罪嫌疑人在逃离现场时,常在现场附近丢失、隐藏犯罪凶器、工具、赃物及其他的随身物品,但这些遗留物品不一定被侦查人员发现,而有可能被现场附近群众和过往行人发现。因此,必须及时深入群众开展现场访问,发现和获取这些遗留物。

**(六)查明与犯罪嫌疑人的身份和活动踪迹相关联的工具、物品与信息**

1. 通信工具情况

通过各种途径了解犯罪行为人在实施犯罪之前、之中、之后生活用通信工具、犯罪联络用通信工具、与被害人发生联系的通信工具情况。这是查明犯罪嫌疑人

的身份和活动踪迹的重要依据。

2. 乘坐车辆情况

如果犯罪嫌疑人在作案时使用了交通工具,应该详细了解其特征,并以此为线索调查犯罪嫌疑人的身份,以此为依据寻找或控制犯罪嫌疑人的踪迹。

3. 住宿情况和租住房情况

如果犯罪嫌疑人系流动作案,应注意对其在当地和外地住宿情况和租住房情况的调查了解和掌握,既可用以调查犯罪嫌疑人的身份,也可用以控制和了解其行踪情况。

4. 可能实施的其他案件情况

如果特定案件可能系连续作案或系列案件,应该注意了解同类案件的发案情况,特别应注意通过案件信息系统注意了解当地与外地同类案件的发案情况,以便及时实施并案侦查。

**(七)查明被害人的基本情况**

1. 被害人的身份情况

查明被害人的姓名、性别、年龄、职业、住址等情况。

2. 被害人的经历和现实表现

查明被害人的工作、生活经历及有无违法犯罪的前科,其政治态度、思想品德、生活作风等。

3. 被害人的心理特征

其性格、兴趣、嗜好、习惯等,有无心理障碍和精神疾病。

4. 被害人的经济状况

重点是被害人的家庭收支情况、有无贵重物品和积蓄、债务关系状况、有无经济负担、被害前有无反常的经济活动等。

5. 被害人的家庭状况及其社会交往关系

包括被害人家庭成员的具体情况,被害人和家庭成员之间的关系状况,被害人及其家庭成员常和哪些人员往来接触,与何人有私仇宿怨、财产纠纷及债务、婚姻、恋爱、奸情关系等。

6. 被害人发案前的行动踪迹

被害人在发案前,特别是临近发案前一天,有无反常,和哪些人在什么时间什么地点有过接触,交谈过什么内容,干过什么事情,及其反应和态度如何。在何时同谁一起外出,携带何物品,临行前是否留有字条或话语,外出后有无信件、电话、电报联系(注意甄别真伪)。到过哪些地方,交往了哪些人,做过些什么事情等。

7. 被害人有无自杀因素

查明被害人在政治上、经济上、感情上和精神上是否受过重大打击或刺激，有无悲观厌世、久病不愈、生理缺陷、精神病等自杀因素存在，平时有无自杀的言行表现。

8. 对不知名尸体应查明死者的身份

应通过检索失踪人口和无名尸体信息系统、张贴尸体招领通告、利用大众传播媒体招领尸体、向相关地区公安机关发布无名尸体通告、物证调查等途径，尽快查明死者身份。

**（八）网上信息的全面收集**

在信息化社会里，信息网络的利用已经成为大众工作和生活的一个重要组成部分，犯罪嫌疑人上网率高于普通人群的上网率已为一些调查统计所证实，因此，对网上信息的全面收集，就成为现代现场访问的一项重要内容。下面对如何收集网上信息的阐述，主要围绕对计算机网上信息的收集，同时，侦查过程中，侦查人员还应注意对与犯罪嫌疑人相关的移动电话、固定电话的数据传输信息的调查。

1. 向被害人调查了解

在犯罪嫌疑人通过网络物色犯罪对象的情况下，应向被害人调查了解犯罪嫌疑人的各种用户名（号码，如 QQ 号和昵称）及上网情况，以此为线索进一步了解犯罪嫌疑人的网上信息、个人情况、联系方法、地址、电子邮件等。当发现犯罪嫌疑人正在上网时，可以对其进行实时监控或伪装身份与其进行网上对话。借助相应工具获知犯罪嫌疑人上网电脑的 IP 地址，缩小侦查范围，并对相应场所和人员进行访问与布控。通过网监部门调取犯罪嫌疑人以往的上网信息（主要指网上聊天记录），借以查明其身份。

2. 向被害人亲属和朋友调查了解

在犯罪嫌疑人通过网络寻找犯罪对象的情况下，一旦被害人失踪或死亡，应向被害人亲属和朋友调查了解两个方面的情况：

一方面，调查了解犯罪嫌疑人的用户名（号码，如 QQ 号和昵称）相关信息及上网情况。特定情况下，被害人在失踪或被害之前会不同程度地向其亲友吐露这些信息。

另一方面，调查了解被害人的上网活动情况，通常的上网时间、地点、使用电脑的情况。并顺线了解网上聊天对象的情况，从中寻找并确定犯罪嫌疑人。

3. 直接从已知的涉案电脑的 IP 地址调查了解

当被害人受网上虚假信息诱骗被害时，应及时访问被害人及其家属和朋友，获得相关情况，再通过调取相应网站的对应信息，反查犯罪嫌疑人用于发布该信息的电脑的 IP 地址，并对相应场所和人员进行访问与布控，查找、捕捉犯罪嫌疑人。

4. 直接从特定电脑中调取信息

当特定犯罪案件可能为网吧消费人员实施时，在特定空间范围内的相关商业网吧调取特定时段上网人员的网上信息。

5. 向犯罪嫌疑人的亲属、朋友、同事、同学调查了解

在犯罪嫌疑人在逃的情况下，向犯罪嫌疑人的亲属、朋友、同事、同学了解其用户名及上网情况，获取相关信息，为侦查提供依据，并对犯罪嫌疑人的网上活动情况予以实时监控。

6. 讯问犯罪嫌疑人的过程中应注意讯问掌握相关网上信息

对已经被抓获的犯罪嫌疑人，讯问过程中，应注意讯问掌握其用户名及上网情况，同时应注意向犯罪嫌疑人的亲属和朋友了解其用户名及上网情况，从而获取同案犯罪嫌疑人的有关信息，必要时可对其同案犯罪嫌疑人的网上活动情况予以实时监控。

7. 关注并研判公用网上与案件有关的信息

案发之后，动态监控与案件相关的网上信息，重点搜寻犯罪嫌疑人可能在网上发布的相关信息，以及举报信息，经过筛选、分析，顺线查找并捕捉犯罪嫌疑人。

8. 收集犯罪嫌疑人在预备犯罪阶段的相关上网活动情况

在特定时空范围内，调查了解对与犯罪相关的图书资料，或电子图书资料网上浏览和借阅情况，从中寻找犯罪嫌疑人。在特定时空范围内，调查了解对与犯罪相关的地点、人物、事件等情况的网上浏览和下载情况，从中寻找犯罪嫌疑人。

9. 监控网上销赃的信息

对网上二手商品市场进行浏览监控。对网上与赃物类型和特征相同的物品兜售情况进行了解和调查。必要时可以发布相关求购信息。

## 第三节　犯罪现场访问的实施

现场访问，可根据不同案情、不同访问对象、不同访问内容，选择不同的访问方式。其主要形式有：在访问对象住宅进行的“家访”；对行经途中的访问对象和活动于特定道路沿线的访问对象进行的“路访”；对街道上的各种从业人员进行的“街访”；对村庄户外活动人员进行的“村访”；传唤特定访问对象到指定地点接受询问的“传访”；对由于种种原因不能当即进行访问的对象进行的“约访”等。无论采取何种形式进行访问，均应遵循一定的步骤并通过适当的方法实施。

## 一、现场访问的基本步骤

现场访问的步骤,是指对已确定的访问对象进行询问的基本程序。应着重把握以下环节:

### (一)确定访问的区域、人员和内容

1. 访问的区域范围,即在什么地区范围内进行访问。如现场周围区域,来去现场路线区域等。

2. 访问的对象范围,即在哪些部门、行业以及哪些层次的人当中进行访问。

3. 访问的内容范围,是指就现场和案件需要弄清楚哪些问题。

4. 访问的时间范围,是指向知情人了解发案前、发案时和发案后,这几个时间段发生或出现的与案件有关的情况。

### (二)了解访问对象的有关背景情况

现场访问的对象往往较多,无论是一般对象还是重点对象,在对他们进行实质性的询问之前,均应对他们的个人情况、同被害人、事主及已知的犯罪嫌疑人的关系、对待询问的可能态度进行直接或间接的了解,以对访问对象可能提供的情况及访问中可能遇到的问题做到心中有数,在此基础上确定正确的访问方式方法与策略,保证访问的顺利进行。

对于可能提供重要线索的重点访问对象,访问之前更必须对其相关背景情况进行细致了解,以增强访问的针对性,确保访问成功。

### (三)明确访问目的和具体的询问内容和方式,拟订访问提纲

在询问开始之前,应明确对特定访问对象的访问目的和具体的询问内容。

对重大、特大案件中的重要知情人或证人的访问,应拟订简要的访问计划。访问计划包括以下内容:访问的目的和要求;访问对象的简况;访问的时间和地点;询问的具体内容;访问的方式方法。

询问被访问人应当个别进行,可以在现场外围或者被访问人所在单位、住所进行。必要时,可以通知被访问人到公安机关接受询问。

进行询问时,经被访问人同意可以录音。

### (四)询问访问对象

现场访问过程中的正式询问,一方面,作为询问主体的侦查人员不得少于二人;另一方面,对多个访问对象应当依法分别进行询问,以防止和避免多个询问对象之间互相影响、互相干扰、互相暗示、互相串通。

询问中应具体把握如下几个环节:

1. 向访问对象提出询问事项

侦查人员提出的询问事项应有一定的概括性和明确性。概括性即提问不能过于具体，以免限制访问对象的陈述范围；明确性即提问不能过于笼统，以确保访问对象能够抓住主题并围绕主题进行陈述。

2. 由访问对象自由地进行陈述

侦查人员向访问对象提出询问事项后，应让访问对象自由地陈述自己所知道的或所感知的所有与案件有关的事实。在其陈述时，侦查人员一般不要过多提出问题，以免打乱其思路，影响其正常的回忆和联想。由访问对象自由地进行陈述，不仅有助于访问对象按照其所感知的客观事实的先后顺序或其所了解的每个问题的内在逻辑进行陈述，而且可借此了解到侦查人员提问事项以外的内容。

3. 针对访问对象的陈述提出相关问题

待访问对象就其所知进行自由陈述之后，侦查人员应认真对其陈述提出相关的问题。这时的提问按其功能主要可分为三类：一是补漏性提问，即针对访问对象了解或可能了解但又未作陈述的事实或事实情节，以及陈述得不够具体、有所遗漏的事实情节进行的提问。其目的是保证访问内容的全面性和充分性，符合诉讼证据的要求。二是核实性提问，即针对访问对象陈述中的模糊点、疑点及其可能发生记忆错误或表述口误的细节点、具有重大意义的要点进行的提问。其目的是考查、核实其陈述内容的准确性与可靠性。三是质疑性提问，即针对其陈述中自相矛盾之处或与已知事实矛盾之处进行的提问。其目的是澄清造成其陈述中矛盾的原因，探明事实真相。

**（五）核对询问笔录，完善法律手续**

询问必须制作询问笔录。询问结束后，应将询问笔录交访问对象核对或向其宣读，对于记载有遗漏、错误或不准确的地方应及时补充、修改、更正，并由访问对象在更改之处捺上指印。如访问对象没有异议或经其对有异议之处进行更正后，侦查人员应请访问对象在笔录上逐页签名（盖章）并捺指印，并在末页紧接访问内容之后写上“以上笔录我看过（或向我宣读过），与我说的相符”。访问对象拒绝签名（盖章）、捺指印的，侦查人员应当在笔录上注明。

侦查人员（及翻译人员）应当在笔录末尾签名或者盖章，不得由他人代签。

最后，侦查人员应对访问对象的合作表示感谢，并将联系方式告知访问对象，嘱咐其一旦回忆起尚未陈述的有关情况或发现新的情况，应主动与侦查人员联系。必要时可对同一访问对象进行再次访问。

**（六）对访问所获情况进行可靠性评断**

对访问所获情况不能不加分析地一味采信，应从以下几方面对其可靠性予以评断：

1. 从考查访问对象同相关当事人的关系及其进行陈述的主观心理状态入手予以评断。

2. 从考查其陈述内容的来源渠道入手予以评断。

3. 从考查访问对象的感知能力、记忆能力、陈述能力入手予以评断。

4. 从考查访问过程中访问对象是否受到来自侦查人员或其他有关人员及事件的暗示、干扰入手予以评断。

5. 从考查访问对象陈述的情况与其他已知事实之间的关系入手予以评断。

**(七)发掘访问所获情况的深层信息**

如果说对访问所获情况进行可靠性评断是一个去伪存真的过程的话，那么发掘访问所获情况的深层信息则是一个去粗取精、由表及里、由此及彼的过程，要确保对访问所获信息利用的最大化。

## 二、现场访问的实施

现场访问的步骤可以分为两大步，即访问的准备和访问的实施。访问准备是访问实施的前提和基础，访问实施是访问准备的继续和发展，也是访问的实质所在，二者前后连续，相辅相成，有机地构成了现场访问活动的全过程。

**(一)访问准备**

为了减少现场访问的盲目性，加快访问的速度，提高访问的质量，保证现场访问的顺利进行，在现场访问前应做好如下准备工作：

1. 寻找、确定访问对象

开展现场访问必须首先明确访问对象。在现场访问时，有些案件的访问对象比较清楚，如被盗的事主，被抢劫、被强奸的受害者及其家属等。但是，大多数案件的知情人我们事先并不清楚和掌握，需要访问人员深入到群众去寻找和发现。

2. 了解访问对象的情况

现场访问的对象往往较多，无论是一般对象还是重点对象，在对他们进行实质性的询问之前，均应对他们的个人情况、其同被害人、事主及已知的犯罪嫌疑人的关系、其对待询问的可能态度进行直接或间接的了解，以对访问对象可能提供的情况及访问中可能遇到的问题做到心中有数，在此基础上确定正确的访问方法与策略，保证访问的顺利进行。

对于可能提供重要线索的重点访问对象，访问之前更必须对其相关背景情况进行细致的了解，以增强访问的针对性，确保访问成功。

3. 明确访问目的和具体的询问内容和方式

在询问开始之前，应明确特定访问对象的访问目的和具体的询问内容。

对重大、特大案件中的重要知情人或证人的访问，应拟订简要的访问计划。访问计划包括以下内容：访问的目的和要求；访问对象的简况；访问的时间和地点；询问的具体内容；访问的方式方法。

询问被访问人应当个别进行，可以在现场外围或者被访问人所在单位、住所进行。必要时，可以通知被访问人到公安机关接受询问。

进行询问时，经被访问人同意可以录音。

4. 安排访问顺序

在侦查实践中，有时需要对许多访问对象进行访问，按照《刑事诉讼法》的规定，只能逐个地进行单独访问，而不能采取会议室访问，因此访问前必须合理地安排好访问的先后顺序。安排访问顺序一般应根据案件性质及其需要查明的问题的轻重缓急和访问对象对案件的知情情况来确定，在安排访问顺序时首先要访问以下内容：

(1)有生命危险的。

(2)知道重要案情的。

(3)流动性极强的。

(4)易受影响作拒证或伪证。

(5)有利于破案或采取紧急措施。

5. 邀请协助访问人员

在一般情况下，现场访问时不应有第三者参加的，但是在有些情况下，为了保证访问工作的顺利进行，应当邀请第三者协助访问。在现场访问中，如果需要邀请协助参加访问的人，应当在正式访问前事先确定好。在现场访问中一般包括以下几种情况：

对语言不通的人的访问，应当邀请翻译人员参加；对于未成年人的访问，应当邀请其法定代理人或监护人参加；对于聋哑人的访问，应当邀请通晓聋哑手势的人参加；对于性犯罪案件中女性被害人的访问，应由女侦查员进行或者邀请女同志参加共同进行。对于生命垂危的人的访问，应当由医务人员予以协助。

6. 地点

根据案件性质、危害后果、现场环境和被访问者的人数和心理，来确定现场访问的地点。但是现场访问的地点的选择应注意：

不能破坏现场，不得妨碍现场勘验工作的进行；不宜离开现场太远，保障采取措施方便；不能舍近求远，以便于及时联络；有利于保密。在现场访问中，侦查人员要对访问对象所陈述的内容保密，对其姓名、身份保密，不影响其情绪。选择访问地点要避免访问对象产生伤感和恐惧的心理。

**（二）必要的法律手续和相应条件**

现场访问人员在开始访问之前，应事先准备好工作证件，以便访问时向被访问对象出示；准备好制作询问笔录的记录用纸、笔和印泥等；如果需要录音、摄像的，还应事先准备好录音机、摄像机和电池等；如果访问需要访问对象对相关物体及嫌疑人辨认的，也应事先将要辨认的物品及犯罪嫌疑人的照片准备好。

**（三）进行访问**

1. 进行正式询问前的铺垫性交谈

现场访问的启动在实践中有两种方式，一是自由式，二是正规式。所谓自由式，是指侦查人员以闲聊的形式引出访问对象主动谈及其所掌握的与案件有关的情况的方式。这种自由的方式往往可以自然地引发访问对象谈出有关的真实情况，待访问对象对其所了解情况的实质性内容都已讲出后，再开始作正规的询问。自由式启动的铺垫性交谈可以是表面看来与案件无关，但实际上同案件有某种直接或间接联系的一切话题。

所谓正规式，是指侦查人员在访问一开始就明确提出访问意图的方式。正规式启动的铺垫性交谈内容应包括：

（1）介绍身份与来意

侦查人员应当向访问对象明确身份，出示证件，说明来意。

（2）稳定访问对象的情绪

现场访问一般应在友好和互有诚意的气氛中，才能取得良好的效果。但是，现场访问的对象常常是临时确定的，他们对侦查人员的来访往往具有"陌生感"和"戒备感"，致使访问对话出现障碍。因此，侦查人员应为现场访问创造良好的谈话环境，稳定访问对象的情绪，使访问对话顺利进行。

（3）拉近心理距离，营造良好气氛

如何引发一些访问对象感兴趣的话题，达到活跃气氛、联络感情的目的，可从双方共同认识的人谈起，以拉近彼此的距离。对于不掌握其背景材料的访问对象，侦查人员应随机应变，灵活处置，以创造良好氛围，保证访问的顺利进行。

（4）消除访问对象的各种思想顾虑和如实陈述的障碍

访问对象的背景情况各不相同，尤其是他们同案件中相关当事人之间可能存在这样那样的关系；或者对当事人及侦查人员持有或积极或消极态度，因此他们对待访问的态度必然会有所不同。访问人员首先探明他们的心理状态及可能存在的思想顾虑和如实陈述的障碍，并加以教育疏导，以顺利推进访问。

通常情况下,下列一些特定的心理状态会影响访问对象如实提供情况(包括不提供情况、不全面提供情况、提供虚假情况):惧怕报复心理;回避矛盾心理;庇护心理或报恩心理;恻隐心理;对隐私案件特定作证内容的害羞心理;报复心理;对被害人的幸灾乐祸心理;担心被追究责任未主动提供情况的心理;惧怕自己与案件相关的某一犯罪行为、违法行为、不良行为被随之发觉的心理;认为充当刑事案件证人有失身份的虚荣心理;对侦查人员的抵触心理;事先曾经被收买或图谋事后勒索的贪利心理;不愿拂逆宗教教义的心理等。访问人员在访问之初就应根据所掌握的访问对象的背景情况,分析其是否存在不愿如实提供情况的心理及其心理状态的具体类型,并对症下药,消除其各种思想顾虑和如实陈述的障碍,为访问的进行扫除障碍。

对询问对象应告知必须如实提供证据、陈述证言,有意作伪证或隐匿罪证应负的法律责任。但告知的方式应区别对象策略处置,以免引起对立情绪或使访问对象产生顾虑。告知的时机亦应区别对象随机而定。

2. 接触访问对象

(1)空间接触

根据访问对象的情况,通常采取两种接触访问对象的方式:一是公开接近。侦查人员不隐瞒身份,直接与访问对象接触,进行访问,这种方式主要用于没有后顾之忧,敢于直言,或者所提供的内容对自己无影响的访问对象。二是秘密接近。侦查人员以秘密的身份,选择比较隐蔽的场所或地点,在其他人不知晓的情况下接触访问对象。这种接近方式主要适用于那些胆小怕事,害怕提供证言会受到打击报复或者对自己造成不利影响的访问对象,或者在所提供的内容中,涉及个人隐私会影响自己的声誉和家庭关系的访问对象。接近访问对象的方式选择正确与否,直接影响访问对象的效果,因此,在选择接近方式时一定要慎重。

(2)心理接触

为了确保访问的效果和质量,使访问对象提供真实可靠的证据材料和侦查线索,在开始正式提出访问的问题前,应事先与访问对象进行必要的心理沟通,使其达到对访问的心理认同,进而释放压力,以确保访问工作的顺利进行,并为访问对象如实陈述奠定基础。

(3)心理转化

现场访问时除特殊和紧急情况外,一般不宜操之过急,而应该有一个短暂的过渡,使侦查人员与访问对象之间通过思想感情的沟通,做好心理转化工作,建立一种良好的对话关系。对不同的访问对象应该采用不同的方法进行心理转化工作。对于被害人,首先可以改变被害人所处环境,以免犯罪现场再度对其产生刺激;对于被害人,态度应热情,主动地向被害人问寒问暖,使其感到和蔼可亲。同时,应向被害人表明爱憎分明的观点和破案的决心,使其相信案件必破,犯罪行为人一定会受到应有的惩罚。对于生活上、经济上有困难的被害人,要请求当地政府和有关单位帮助解决,从而取得被害人的信任和支持。对于其他知情人,应当在与访问对象接触之前或接触的过程中,通过侧面的调查了解和接触交谈,探明其所持有的心理状态及对待访问的态度,以便有针对性地采取相应的措施,做好疏导转化工作,消除心理障碍。

**(四)进行提问**

现场访问过程中的正式询问,一方面,作为询问主体的侦查人员不得少于二人;另一方面,对多个访问对象应当依法分别进行询问,以防止和避免多个询问对象之间互相影响、互相干扰、互相暗示、互相串通。

1. 现场访问的基础

在进行现场访问时,应当根据不同的访问对象,采取不同的访问方式和不同的提问方法。在选择提问方式的时候,应主要依据以下几个方面:

(1)需要了解的问题的性质。如果要提问的问题比较重要,威胁性较大或难于启齿,有后顾之忧,在提问的时候应委婉含蓄些,反之亦然。

(2)访问对象的具体情况。如果访问对象胆小怕事,性格孤僻,生性多疑,提问的时候就不能直截了当,同样应含蓄些。反之亦然。

(3)与访问对象之间的关系。如果在接触访问对象的环节中,已与访问对象建立了访问所必须的交往关系,彼此取得了基本的信任和感情,则谈话可以直截了当地进行,而不必迂回、间接。

2. 现场访问的提问方式

当与访问对象接触并建立起一定的信任感和谈话兴趣之后,就应当及时地转入到正式的谈话内容上来,这就涉及侦查人员如何提出要访问的问题,这也影响访问的成功与否。由于访问对象的不同和访问阶段的不同,提问的方式也应有所区别。常用的提问方式有:

(1)广泛式提问。这是一种侦查人员对访问对象进行范围较大的询问方式,当侦查人员对访问对象掌握的情况了解得不多或不深的情况下,可以根据不同案件的情况,围绕案件的访问内容广泛地提出问题,让访问对象在自己知道的范围内自由地进行陈述,以便从中获得有价值的线索和信息。不足之处在于访问对象回答问题往往不集中,很难达到访问人员所期望的圆满结果。

(2)直接式提问。访问人员针对具体问题将所要了解的具体情况开门见山地提出来,不掩饰、不回避,要求访问对象做出针对性的直接回答。这种提问方式问题集中明显，适用于那些思想觉悟较高、有正义感、性格开朗、没有思想顾虑、愿意如实提供情况的访问对象。不足之处在于提问之外的情况无法得到，且容易造成暗示和诱导。

(3)含蓄式提问。采用婉转的语言向访问对象提出问题，这种方法主要是用于涉及隐私的案件中有关知情人及被害人的访问。另外，在涉及具体情节等问题时，也可以使用婉转含蓄的语言提出问题。当然，婉转含蓄不等于含混不清，应注意两者的区别。

(4)迂回式提问。按照事物内在的因果关系和思维顺序，由远及近、由浅入深、由外围至核心地向访问对象提出问题。这种方法一般是用于那些试图包庇犯罪行为人，不愿陈述真实情况的访问对象。对于这种访问对象，如果一开始就提出实质性问题，会遭到拒绝和回避。而如果从外围性问题问起，则容易做出如实的回答，待其陈述了外围问题以后，再深入核心问题，直至让其对所了解的全部情况做出回答。这种提问方式的优点，是容易转移和分散访问对象的注意力，使其开始以为外围问题无关紧要，是否如实回答都无所谓，而实际上，只要陈述了外围问题，便会把自己的退路完全堵死，使其不得不对核心问题做出如实的回答。

(5)探寻式提问。使用试探性的语言向访问对象提出问题，让其根据自己所知道的情况做出陈述。这种提问方式的优点是可以使访问人员在提出关键问题之前，通过试探性的提问，来观察和了解访问对象的作证态度，以便随机应变地采取适当的提问方法，来获取真实的陈述，从而避免由于一开始就提出关键性问题，而使访问工作受阻的尴尬现象发生。

(6)质证式提问。在掌握了一定的证据的基础之上，对于那些拒绝作证和回答问题的访问对象，采取的一种引而不发、示而不露的提问方式。

**(五)现场访问的推进**

当侦查人员向访问对象提出问题之后，针对访问对象的反应和回答情况，应当采取相应的引导和追寻。一般情况下，当侦查人员向访问对象提出问题之后，访问对象往往呈现出三种情况：一是主观上愿意回答，并且在客观上准确、全面地回答了有关问题；二是主观上愿意回答，但在客观上不能回答或回答的问题有矛盾和漏洞；三是主观上不愿意回答，并且在客观上也没有如实回答有关问题。对于第二种、第三种情况，就应当采取引导和追寻来推进访问对象做出真实陈述。

1. 正确引导

引导主要用于访问对象不愿陈述或不能陈述的情形。首先，通过引导解决那些不愿陈述的访问对象的思想障碍，可以根据每个访问对象的具体情况，有针对性进行引导。其次，通过引导帮助那些主观上愿意陈述而客观上不能陈述的访问对象如实地陈述案情。

2. 巧妙追问

追问主要适用于访问对象陈述中出现矛盾、模糊、零乱和漏洞等情形。追问的方法很多,常用的有:

(1)正面追问和侧面追问。正面追问即正面指出陈述中出现的问题,让其做出回答;侧面追问,是变换一个角度或侧面提出陈述中的问题,让其回答。

(2)刚性追问与柔性追问。刚性追问,即以严厉的态度、口气和语言向访问对象进行追问;柔性追问,即以平静的态度、口气和语言向访问对象进行追问。

## 三、特殊对象的访问

不同年龄、身份、性别的访问对象,在接受访问的过程中,会呈现出不同的状态,必须根据其不同的访问对象,采取不同的访问对策,才能取得访问的成功。

### (一)对受害人及其家属的访问需掌握的方法要点

《公安机关办理刑事案件程序规定》第206条规定:“侦查人员不得向证人、被害人泄露案情或者表示对案件的看法,严禁采用暴力、威胁等非法方法询问证人、被害人。”《人民检察院刑事诉讼规则》则进一步将禁止采用的询问方法扩大为“羁押、暴力、威胁、引诱、欺骗以及其他非法方法获取证言”。如果同一案件中有数个被害人,为了避免被害人之间相互影响,询问被害人应当个别进行。[①]

需要注意的是,受害人及其家属受到犯罪行为人的袭击或侵害后,有的人由于恐慌、惊吓、悲伤而导致精神受到巨大刺激,不能准确地陈述某些情况,也有部分人由于激动、愤怒而故意夸大事实情节。因此需要注意:先稳定其情绪再慢慢发问;教育其要实事求是;对于受重伤的被害人,要立即送往医院,找机会再进行访问。不能存在以下不当的询问方式:

1. 紧追询问式

对被害人陈述的一些观点,特别是超出想象的陈述,往往认为被害人未讲实话,然后连珠炮式地发问,恨不得一口气把所有问题都搞清楚。这种把被害人当成犯罪嫌疑人,变询问为审问的做法容易引起被害人反感,达不到预期效果。

2. 责难询问式

由于询问人员对被害人缺乏正确的态度,总认为被害人多少也存在一定的过错,因而容易忽视询问被害人的意图而误入歧途。如此责问的结果,不仅转移话

---

① 何静:“侦查取证环节询问被害人的程序规制”,载《河南师范大学学报》(哲学社会科学版)2012年第5期。

题，误导思维，而且会增加被害人的思想压力，影响其正常陈述。

3. 恐吓威胁询问式

常见于那些被害人羞于启齿或实在说不清楚而一时犹豫不决的情况，威胁恐吓被害人，如威胁被害人不说就等于你上次是诬告。这种取证方式极易影响青少年被害人的思维，会导致他们不能正常陈述。

4. 居高临下询问式

多见于被害人有一定责任而又顾虑重重、说话吞吞吐吐的情况。询问人员往往摆出一副居高临下的面孔，询问人员这种高高在上、咄咄逼人的问话，极易引起被害人的反感和对立情绪，对取证不利。

5. 轮番轰炸询问式

隐私案件的被害人，对被害情节不堪回首，恐忘不及，本想极力淡化以致早日遗忘，但是询问人员一次又一次的询问，回忆的本身就是一种强刺激，强化了被害人的痛苦记忆，增强了精神痛苦的程度。造成此种问题的原因，除了忽视对被害人的保护之外，还因为第一次访问的不够全面准确，造成"一人多次"的询问情况。

6. 公开询问式

对涉及隐私案件的被害人来说，这是另一种深恶痛绝的方式。而一些询问人却往往不注意这一点，在公众场合，或有外人在场时询问此类被害人。此询问方式逼得被害人往往避重就轻或者随便应付，造成陈述不一，影响证据的使用。

7. 诱证询问式

此询问方式多发生于询问那些文化水平较低或年龄较小、叙述表达能力较差的被害人。此种询问方式早已为法律所禁止。它不但影响到证词的可信程度，容易导致冤假错案的发生。①

**（二）访问有失职行为的人需把握的方法**

对于事件的结果有失职行为的人，往往在接受询问的时候为了推卸责任而虚构情节，所以对这些有失职行为的人进行访问时候，需要注意：不要主观臆断认为他们与犯罪行为人有所关联，要做到公正客观，从而得到他们的信任；要反复告诉其政策规定，说明利害关系，打消他们的顾虑从而全盘托出；对于那些与犯罪行为人有所联系的同伙，应让其尽量详细地陈述案件发生的情况以及具体细节，以便从中发现问题、顺线追查。

**（三）访问知情人的方法要点**

知情人属于既不是犯罪人也不是受害人的第三方，访问知情人，必须针对他

① 王爱东："询问被害人的不当方法种种"，载《人民检察》1994年第8期。

们的具体情况采取适当的方式，不能指名问供，更不能刑讯逼供，要注意以下要点：如果知情人担心受到牵连，应告知其法规政策，打消其顾虑；如果知情人担心犯罪行为人打击报复，则应该在必要的场合下设法保护知情人；如果他们仅是抱着事不关己的态度，则应该向其说明错误所在，并指明所调查罪行的严重性。①

**（四）对有生命危险的访问对象的询问应突出重点、讲究方法**

对有生命危险的访问对象，在抢救的同时，应重点询问有关犯罪嫌疑人和犯罪活动过程的情况。如果不及时访问，错过访问机会，一旦访问对象死亡，就无法取得有关的案情，即使访问对象没有死亡，事后又提供了有关的情况，也会因时过境迁，失去了应有的价值。在访问的时候可请医生、访问对象的家属参加，作为见证人。有条件的应进行录音录像。

**（五）访问未成年人应通知其监护人到场**

少年儿童生理和心理发育尚未成熟，社会经验和生活知识相对贫乏，观察和分析问题能力较差，在访问中常常表现出强烈的紧张心理和从众心理。因此在访问少年儿童时，为了有利于其陈述，消解其紧张心理，应通知其监护人到场。

**（六）对老年人的访问**

由于年龄的原因，老年人在生理上会表现出感知迟钝，记忆力减退、表达能力降低的现象。但同时他们又表现出自尊心强烈、疑虑重重、固执己见等典型的心理特征。因此，在访问老年人的时候，应持尊重的态度，提出的问题要简单明了，对于陈述中的错误，只需提醒，不要与之争论，同时要注意访问时间不要太长。

**（七）对女性的访问**

女性在心理和生理上与一般的访问对象有较大差异，尤其是涉及性犯罪案件的被害人，其访问内容涉及个人隐私，因此访问时应做到：（1）为其提供良好的谈话环境，让其感到安全、信赖。（2）由女侦查员进行此项工作，便于女同志之间的感情沟通，相互之间更容易建立信任关系。（3）注重感情投入，做到以情感人。在访问前要动其感情，使其消除疑虑，认识到作证的重要意义。（4）注意保守秘密，对于涉及个人隐私的女性被害人，以及确实知道案件事实，但是思想顾虑较大的女性知情人，应特别阐明公安机关的态度，并为其严格保守秘密，让她们放下思想的包袱，提供真实的情况。

---

① 许爱东编著：《现场勘查学》，北京大学出版社2011年版，第79页。

## 第四节　犯罪现场访问的方法

### 一、寻找知情人的方法

现场访问是广泛开辟侦查线索和犯罪证据来源的重要途径,访问所获得的情况是分析、判断案情,确定侦查方向、范围,查缉和查找犯罪嫌疑人必不可少的客观依据,所以侦查人员到达现场后,应采取相应措施和方法寻找到知情人,然后展开访问。

通常情况下,在现场访问之处,只有事主、被害人及报案人是明确的,其他知情人则要经历一个寻找、发现的过程。寻找、发现知情人的具体方法如下:

1. 已知知情人那里了解潜在知情人

现场访问之初,事主、被害人及报案人是明确的,他们或是犯罪行为的直接经历者,或是犯罪结果的最先发现者,他们大多可提供出感知了案件发生、发现过程的其他知情人,乃至可提供出了解案件深层次内情的其他潜在知情人。

2. 围观群众入手,在现场围观人员中寻找知情人

每当刑事案件发生之后,往往有许多好奇者、关心者和事主、被害人的亲朋好友聚集而来形成围观的人群,有时犯罪嫌疑人也混杂其中,窥探动静。发生在公共场所、交通要道上的案件围观人员就更多。围观者中往往有案件发生过程的目击者,对案件某一特定现象的感知者(如听到枪声、爆炸声、呼救声等声响或看到火光、爆炸现象等特定现象);有的是最早发现案件的人。因此,必须及时对围观群众进行访问,从中发现知情人。

在围观群众中,有一些驻足观望的过往行人。他们流动性大,随着时间的推移,便会先后离开现场,一旦离去,以后便很难寻找得到。因此,必须首先掌握这些"流动对象",及时对他们进行访问。即使他们未提供多少有价值的情况,也应做好记录,并记下这些人员的姓名、住址、联系方式,以备进一步询问。

侦查人员应对围观人员进行照相或录像,以便事后查找询问。

3. 现场周围的人入手,在居住或工作在现场周围的人员中发现知情人

现场访问时应以现场为中心,对周围的住户、单位、摊点及相关人员逐一进行查访。此时应组织足够的警力,分片包干进行查访。访问过程中既要全面,以免遗漏对象,又要迅速,以免贻误战机。访问应坚持先重点后一般的原则,先重点访问那些可能目击犯罪活动和犯罪嫌疑人的人员,再访问其他人员。

4. 从现场的往来人员入手，在途经现场及其附近的往来人员中寻找、发现知情人

这些人员主要指有规律性地在一定时间通过一定地点的上下班工人、机关干部、上学与回家的学生、个体摊贩、司机及售票人员。对这些人员的寻找，可以采取两种方法，一是当即追踪寻找发现并进行询问，二是选取与发案时间相同的周期时间坐标点，并于这一坐标点前后在现场等待、访问行经的人员。

当然，有些知情人并非有规律地经常经过现场的人员，发案时他们只是偶然经过，此时可在适当范围公布案情，让这些知晓现场情况的人员及时同侦查人员联系。根据案件情况也可悬赏提供线索的人，提高其作证的积极性。

5. 从现场的特点入手，在犯罪嫌疑人来去现场行经的路线上寻找、发现知情人

犯罪嫌疑人要实施犯罪活动，来去现场必然要经过一定的路线，侦查人员应沿这些路线，根据发案时间和犯罪嫌疑人来去现场的运行方式等情况，分析、判断犯罪嫌疑人来去现场时，可能会被哪些人员所发现，并重点寻找这些知情人。

侦查人员应重点从下列人员中寻找、发现知情人：沿街或沿路的住户，相应路段耕作的农民，机关单位的门卫，道路执勤的民警，电车、汽车的司机及售票人员和出租车司机，清洁工人，商店、电话亭、修理店、饭店、书报摊、旅店行业的服务人员，以及其他一些途经这些路线的人员。对这些人员的访问，就可能发现目睹犯罪嫌疑人及其行动踪迹的人员。

在已明确发现犯罪嫌疑人的案件中，为核实其行动踪迹、体貌特征、携带物品，应对犯罪嫌疑人的家属、亲友、邻居、同事、单位负责人进行访问，要着重了解知晓犯罪嫌疑人最近情况的人。

6. 从被害人的关系入手，在被害人所在单位、邻居和其他有关人员中寻找、发现知情人

被害人所在单位、街道、派出所及其家属、亲戚、朋友、邻居通常会在一定程度上掌握被害人的家庭关系和社会交往关系，被害人的政治态度、现实表现、思想品德、性格特征、生活作风、经济状况、私仇宿怨、奸情瓜葛、债务关系、财产纠纷等情况，因此应注意从中寻找、发现知情人。

7. 新闻媒体、犯罪活动路线等

此外，为了尽快而又全面地寻找、发现知情人，可以利用电视、报纸、计算机网络等传媒及通报等形式，面向社会宣传、查访、寻找知情人，必要时可悬赏征集线索。例如，对于那些发案时曾目击了犯罪过程并在现场滞留，但在侦查人员赶到之前离开现场，又难以寻找的人员，采取这一方法就有一定的效果。

## 二、侦查人员开展现场询问的方法

### (一)自由陈述法

自由陈述法是指侦查人员让访问对象自然地、比较详细系统地叙述所知道的与案件有关的事实。采用这种方法,要求侦查人员在访问对象陈述过程中,不插言制止或随意提问。如果访问对象的陈述已经超出了侦查人员要求的范围,也不应该贸然打断,因为会打断对象的思路,从而导致思维错乱而遗落重要细节。

### (二)查询提问法

查询提问法是指侦查人员在访问对象作了陈述之后,根据询问的内容和访问对象陈述时的模糊点、疑点、细节点和要点,进行针对性的提问,让访问对象作补充陈述和答问,使所需访问的内容和问题更清楚和具体。但要防止“暗示性”或“供选择式”的提问,保证询问的客观性。①

### (三)联想刺激法

联想刺激法是指侦查人员向访问对象提醒的一种询问方式。由于发案时间比较久远,访问对象对案件的一些具体情况已经印象模糊,甚至忘记,遇到这种情况,侦查人员就可利用联想刺激法帮助访问对象产生联想唤起记忆。实践中经常采用:接近联想、相似联想、对比联想、关系联想等启发或激励访问对象产生良好的回忆效果。

1. 接近联想

接近联想是指一件事物的感知或回忆,引起在空间或时间上接近此事物的回忆。主要针对那些记不清犯罪的地点和时间的访问对象。

2. 相似联想

相似联想是指一件事物的感知或回忆引起和它在性质上接近或相似的事物的回忆。主要可以针对那些对犯罪行为人的作案工具记忆不清的访问对象。

3. 对比联想

对比联想是指某一事物的感知或回忆引起和它具有相反特点的事物的回忆。利用此联想法对访问对象进行询问,常常可以从问题的反面唤起访问对象对该事物的回忆。

4. 关系联想

所谓关系联想,是指由于事物的某种联系而形成的联想。当访问对象对某问

---

① 江华、李恒、梁一:“公安机关开展犯罪现场访问之新探究”,载《辽宁警专学报》2014 年第 5 期。

题不能准确记忆时，可以从此问题的多方面联系中提请访问对象进行认真回忆。①

**（四）检查性提问法**

此法是指侦查人员对访问对象的陈述追根求源的一种询问方法。采用这种方法，有助于考查访问对象陈述内容的真实性、准确性和发现新的重要问题。侦查人员根据陈述内容，考查其准确性和可靠性，从而进一步查明当时的时间、地点、条件以及证明情况等。

**（五）质证提问法**

质证提问法是指侦查人员为巩固访问对象对陈述内容的是与否的一种询问方法。询问的过程中，当访问对象陈述一个情况之后，侦查人员先要质问访问对象所作陈述的真实性，而后让访问对象再次复述一遍，如果访问对象前后陈述或前后表述不一，或者陈述后又推翻之前的陈述，侦查人员要加以考证，哪次陈述是可信的、真实的，还要查明变更或推翻陈述的原因，以便进行调查核实。上述侦查人员常用的几种询问方法，侦查人员应当根据访问对象随机应变及时改变和使用各种方法和技巧，以便达到现场访问的目的。

## 第五节　犯罪现场访问的资料审查

### 一、现场访问形成的材料

**（一）现场访问的笔录**

现场访问笔录是刑事诉讼的重要证据，为了保证现场访问笔录的证据价值，制作笔录必须做到规范、合法、准确、真实、客观、全面。

1. 规范、合法

规范、合法是指必须按照法律法规的要求制作现场访问笔录，用统一的纸张和按照要求的项目制作，不能将访问内容随意地记录在个人的工作笔记上，也不能凭个人的主观感觉或好恶任意增删笔录项目，空白行和页要划掉。不得将几个访问对象的证言记录在同一份笔录里，更不允许侦查人员私自更改访问笔录内容。访问结束后，必须向访问对象访问宣读或由访问对象亲自阅读笔录，如果发现笔录有遗漏或错误，应当允许补充和修改，并让访问对象在补充、修改处签名和捺指印。

---

① 许爱东编著：《现场勘查学》，北京大学出版社2011年版，第77页。

2. 准确、真实

准确、真实是指笔录用语准确,笔录内容与访问对象的原意相吻合,笔录要反映访问对象的真实意思。

3. 客观、全面

客观是指笔录要尽量忠实于访问对象的原意,力求记下原话,侦查人员不得随意增删或改变对象的陈述的内容,也不能以自己的理解甚至想象来代替访问对象的原话。同时,笔录还应当将访问对象的语言习惯、文化水平和个性特征,以及对象接受访问时的态度、语气、表情和动作等细节客观地记录下来。全面指将访问对象的所有与案件有关的情况记录下来,不得遗漏或省略。不能只记自己认为有用或能够证明犯罪嫌疑人有罪或罪重的内容,其他内容忽略不记。

**(二)现场访问的录音**

现场访问录音是记录访问对象陈述内容的一种重要形式,是现场访问笔录的重要补充,经过审查核实的访问录音也可以作为证据使用。现场访问录音可以印证现场访问笔录,但是,访问录音不能代替访问笔录,访问录音必须按照一定的要求和方法进行。同时还要单独制作一份文字说明材料。

1. 完整。录音要有头有尾,使人听后脉络清楚,有始有终。

2. 准确。整个录音必须是访问对象的原始谈话,保持访问交谈的顺序、语气和原话,真实、准确地反映现场访问的全过程。

3. 清晰。录音效果好,能够反映出访问对象的音质特点,不失真,便于辨别。这就要求录音的场所比较安静,同时应使用性能较好的录音设备。

## 二、材料的评断

现场访问所获得的材料不仅可以为侦查破案提供线索,同时也是重要的犯罪证据。但是由于现场访问是侦查人员与访问对象之间的一种交流活动,交流的结果亦即访问材料,必然会或多或少地受到主、客观因素的影响,从而使访问材料可能存在部分甚至全部不真实的情况。因此,对访问所获情况不能不加分析地一味采信,应从以下几个方面对其可靠性予以评断。

**(一)从考查访问对象同相关当事人的关系及其进行陈述的主观心理状态入手予以评断**

访问对象与案件或犯罪嫌疑人、被害人之间的矛盾关系,往往会影响其陈述内容的客观性和真实性,因此在将访问笔录作为证据使用之前,侦查人员应当首先进行深入调查,了解访问对象与案件有无利害关系,与犯罪嫌疑人、被害人有无矛盾仇怨关系。如果存在利害关系、矛盾仇怨关系,就应对其证言进行重点审查。

人生活在社会上,就会时刻受到外界客观因素的影响和制约,从而使人的心理状态受到一定影响。人在不同心理状态下,其做事的出发点和目的均存在差异,对同一事物的感受和陈述也会产生偏差。当访问对象出于愤怒、恐惧、报复的心理状态进行陈述,就有可能夸大事实情节;当访问对象受到威胁、收买,或处于同情犯罪嫌疑人的心理状态时,就可能隐瞒重要情节,掩盖事实真相;当访问对象怀着强烈的表现欲望作证,就可能言过其实。总之,在评价访问材料时,侦查人员一定要充分考虑到不同的心理状态对访问结果真实性的影响。

**(二)从考查其陈述内容的来源渠道入手予以评断**

由于访问对象成分复杂,有当事者——被害人,有现场目击者,还有知情者。他们所陈述的内容来源也各不相同,有自己亲身感受、耳闻目睹,也有道听途说的。来源的不同,访问材料的真实可靠程度也不同。因此,在对访问材料进行评价时,一定要弄清楚访问对象所提供的情况、线索的来源。如果是访问对象自己亲眼所见、亲耳所听的情况,则要进一步问清楚当时的环境和条件,分析其提供情况是否合乎情理和符合客观事物的发展规律。如果是他人传言,就应当追踪寻源,找到直接感知者,从而获得第一手材料。如果所获材料时访问对象的怀疑和来源不清或找不到源头的道听途说,则要具体分析,对于合乎情理的情节内容,应予以重视,并作进一步的查证,对于对象毫无根据的主观想象,则应当放弃。

**(三)从考查访问对象的感知能力、记忆能力、陈述能力入手予以评断**

首先,应当审查访问对象在陈述时精神是否正常,因为只有精神正常的人才有可能正确感知外在的食物,从而才有可能提供真实可信的证言。其次,要审查访问对象的感知能力、记忆能力和表达能力。通常,感知能力、记忆能力和表达能力强的人,其陈述内容的可信度较大,反之则会影响其陈述的真实性和准确性。而感知能力、记忆能力、表达能力又与听力、视力、注意力、认识能力、分析能力、文化程度、社会经验、工作性质和感知环境等因素密切相关的。因此,在评价访问材料时,应对访问对象的上述因素予以足够的重视。

**(四)从考查访问过程中访问对象是否受到来自侦查人员或其他有关人员及事件的暗示、干扰入手予以评断**

侦查人员在询问时应依法询问,不得暗示、干扰访问对象回答问题。如果侦查人员获取访问材料方面存在暗示、引诱对方陈述,向访问对象透露案情,指名询问或者胁迫逼问,所获得的访问材料就不具有真实可靠性,更不能作为证据使用。

在审查所获得的访问材料时,应考虑到访问对象在回答时是否收到侦查人员以外的其他人或事。访问对象只有在被单独询问且没有受到其他任何人或事干扰或暗示时,访问材料的可靠性才比较高。

### (五)从考查访问对象陈述的情况与其他已知事实之间的关系入手予以评断

考查访问材料与其他已知事实之间的关系,主要看访问对象陈述的情况与实地勘验结论是否一致。实地勘验材料是侦查人员对犯罪结果所表现的物质状态及犯罪行为所涉及的空间范围进行勘验后所获得的反映犯罪活动的信息。现场访问材料是侦查员对刑事案件现场的发现人、被害人和其他一些知情人进行访问后所获得的反映案件情况的有关材料。这两种材料反映的是同一事物,都是反映犯罪嫌疑人在现场活动的情况,只是角度和层面不同。一般情况下,现场勘验笔录的证明力高,可靠性高,也更真实,勘验结论一般是由专业的侦查人员进行记录的,所以如果现场访问材料与勘验结论相吻合,那么现场访问材料就更加可靠,更具证明力。侦查员把现场访问所获得的材料、实地勘验所掌握的情况结合起来,相互比较分析,如果二者存在解释不清的疑点,或者访问中了解到的情况与实地勘验中发现的情况不一致,就要进一步进行现场访问和实地勘验,直到两者吻合。

### (六)审查陈述内容的一致性

访问对象的陈述出现前后矛盾是常有的事,侦查人员在听取访问对象陈述时,要耐心地让其陈述他所知道的全部事实,然后,针对其中的矛盾,再次提出问题让其回答,使矛盾得到澄清,如果仍不能澄清矛盾,就要靠现场实验或其他方面的证据来解释矛盾,做出正确的判断。

对于访问对象的陈述与其他访问材料出现矛盾,也是在现场访问中经常遇到的一种现象,当两个以上访问对象对同一事物的感知出现矛盾时,应当对访问对象感知事物的主客观条件进行全面细致的查证、分析和研究,找出产生矛盾的原因,比较一下谁的陈述更符合客观实际。

### (七)审查访问对象的品德

一般来说,访问对象思想觉悟高,道德品质好,其提供的情况真实可靠性就较大;反之,其真实可靠性较小;访问对象的作证动机端正,现场访问所获得的材料可靠性就大,反之就小。

# 第八章　犯罪现场实地勘验体制

## 第一节　犯罪现场实地勘验定位

### 一、犯罪现场实地勘验的学理定位

实地勘验,也即勘验检查或技术勘验,是指侦查人员为了发现、收集侦查线索和犯罪证据,查明案情,揭露、证实犯罪嫌疑人的犯罪行为,借助感觉器官和科学技术手段,对与犯罪有关的场所和存在于这些场所中的痕迹、物品、尸体以及某些与犯罪相关联的人的人身等客体所进行的勘验、检查活动。它与现场访问是现场勘查的两个主要组成部分。

从以上概念可知,现场勘验的对象包括五个方面:与犯罪有关的场所、与犯罪有关的痕迹、与犯罪有关的物品、与犯罪有关的尸体、与犯罪相关联的人的人身。现场勘验是一项既复杂又细致的工作,必须有步骤有秩序地进行。现场勘验的过程,是从一般到具体再到个别的步步深入的过程。

#### (一)实地勘验主体

现场勘验检查的主体是侦查人员,这项工作必须在侦查人员的主持下进行。勘验检查是一项技术性很强的工作,因此对进行勘验检查的侦查人员有较高的知识和技术要求。侦查人员应具备现场勘验检查的知识和技术、敏锐的观察力和分析研判能力,要掌握犯罪活动的特点及规律,同时作为一名合格的现场勘验检查人员还应具有良好的心理素质。

#### (二)实地勘验客体

现场勘验检查的客体是与犯罪有关的场所、物品、人身、尸体等,包括犯罪场所,犯罪所留痕迹、犯罪物品及其相关物品、尸体和人身。犯罪场所主要指实施犯罪的中心部位、外围部位、关联场所及发生犯罪结果的现场。犯罪痕迹主要指作案人在现场及有关场所上的各种痕迹,如人体痕迹、凶器和破坏工具的痕迹、交通工具痕迹及其他痕迹。对犯罪物品及其相关物品的勘验检查主要是针对犯罪嫌疑人和被害人遗留物、侵害物、行为生成物、携带物或黏附物。对尸体应进行外表检验和解剖检验,查明尸源,找出致死的性质、原因、时间、手段。对人身的检查,确定某些特征、伤害情况或生理状态,检查的对象包括被害人和犯罪嫌疑人。

#### (三)实地勘验目的

现场勘验的目的,就是要想方设法获取证实犯罪的证据,寻访各种侦查线索,全面研究犯罪现场的各种情况发生、发展和变化的原因,分析案件性质和犯罪活动过程,判断作案的时间、工具、手段、人数及其动机,进行现场重建,为破案做好准备。

#### (四)实地勘验手段

现场勘验运用的手段,专业性强,技术含量高,可以运用各种科学技术手段和其他法律所允许的对策、策略。

### 二、犯罪现场实地勘验行为特征

#### (一)实地勘验具有技术性

侦查人员在进行现场勘验时要使用各种先进的高科技手段去发现和提取痕迹、物证。无论是勘验犯罪场所的痕迹、物证还是尸体,都必须严格按照技术规范进行勘验,否则,就会人为地改变现场原状,破坏痕迹、物证或者使某些痕迹变形或消失、失去证据价值,给现场勘验造成不应有的损失。

#### (二)实地勘验具有细致性

细致不仅表现在寻找、发现和提取痕迹、物证方面,还表现在对犯罪现场的观察和分析研究。勘验人员是否善于观察各种现象,捕捉能够反映犯罪活动的蛛丝马迹是分析判断作案人及犯罪活动的前提条件。如果没有敏锐的观察力、丰富的实战经验、细致的工作作风,有些微小的变化和相互矛盾的现象以及微痕细物就很难发现,即使发现了微小证物也会由于粗心大意或方法不当致使物证发生变形,甚至被破坏。

#### (三)实地勘验具有期限性

及时勘验,是抓住战机的重要因素,也是勘验检查的最基本要求。犯罪现场遗留的是犯罪行为的特定轨迹,这些特定的轨迹随着时间的流逝也会逐渐消失或改变，实地勘验如果耽误时间过长，会影响整个现场勘查的速度、质量。有的时候能否及时收集到现场遗留的证据会成为破案和抓住犯罪嫌疑人的关键。

**（四）实地勘验具有法律性**

勘验检查是一种侦查行为，是侦查权的一部分，因此勘验检查必须严格按照法律规定。《刑事诉讼法》第126～133条对勘验检查有着规定，在勘验检查的过程中应严格按照刑事诉讼法的规定进行。

## 三、犯罪现场实地勘验作用

**（一）支撑现场勘查体系的核心内容**

现场勘验是侦查人员依法对犯罪现场进行实地查寻与检验的一项侦查活动，是现场勘查的一个重要组成部分。它同现场访问一起构成现场勘查的两个核心要素。

**（二）获取证据，获得侦查线索**

作案人在现场过程中会遗留一些痕迹、物证，而犯罪现场是犯罪活动的主要场所，作案人在现场停留的时间较长，会有较多的行为动作，因此遗留的痕迹、物证相对比较集中。通过现场勘验检查可以获得用来证实犯罪的各种证据，也可以获得其他一些侦查线索。

## 四、犯罪现场实地勘验对象

我国《刑事诉讼法》第126条规定："侦查人员对于与犯罪有关的场所、物品、人身、尸体应当进行勘验或者检查。在必要的时候，可以指派或者聘请具有专门知识的人，在侦查人员的主持下进行勘验、检查。"因此，根据《刑事诉讼法》的规定，现场勘验的对象主要包括以下几个方面。

**（一）与犯罪有关的场所**

与犯罪有关的场所包括与案件有关的所有场所，既包括实施主要犯罪行为的中心场所和外围场所，也包括预备犯罪、掩盖犯罪的场所和犯罪结果的发生地，这样才能形成对现场的全面、深刻的认识，查明犯罪嫌疑人在现场的活动过程、来去路线、进出口、作案方式等相关内容。

**（二）与犯罪有关的痕迹**

犯罪痕迹是指与犯罪行为有关，能证明犯罪嫌疑人个体特征及某些犯罪行为动作的印迹。犯罪痕迹包括：

1. 反映人体特征的痕迹。犯罪嫌疑人在实施犯罪行为时，根据物质转移定律，现场的一些物质痕迹会黏附到犯罪嫌疑人身上。相应地犯罪嫌疑人进入这个空间,也会把自身的某些痕迹转移到犯罪现场。大多数犯罪嫌疑人会在无意之中留下手掌印、脚印、身上刮擦的痕迹、手套印、牙印等各种痕迹。

2. 反映犯罪工具的痕迹。犯罪工具中的痕迹对于破案案件起着至关重要的作用。关于犯罪工具所留下的痕迹也是犯罪嫌疑人想要尽力抹去,但却很难被抹去的。如刀、斧、枪弹所留下的痕迹,以及犯罪嫌疑人所使用的犯罪方法,行凶时所使用的力度、角度等都会留下不一样的痕迹。

3. 反映交通工具的痕迹。有的犯罪现场比较远,犯罪嫌疑人需要乘坐交通工具进行犯罪。因此,交通工具所留下的车轮印记、划痕印记、喷溅印记、碾压印记等,甚至微观的、肉眼很难察觉的印记有时也会对侦破案件起着至关重要的作用。

4. 其他痕迹。犯罪现场遗留下的其他痕迹,包括玻璃破碎痕迹、牲畜蹄迹、纺织品痕迹等。

**(三)与犯罪有关的物品**

与犯罪有关的物品,是指与犯罪有关的能够证明案件真实情况的各种物品、物质。这些物品、物质,有的是犯罪嫌疑人遗留在犯罪现场的或者从现场上带走的,有的是被害人遗留在犯罪现场的。与犯罪有关的物品包括:

1. 犯罪嫌疑人遗留在现场上的各种物品、物质。犯罪嫌疑人遗留在现场上的物品、物质多种多样,如作案工具、交通工具、药品、包装物、打火机、纽扣、砂泥、木屑、煤渣、血液、痰迹、毛发、烟蒂、大小便等。

2. 犯罪行为触动、破坏和侵犯的物质客体。犯罪过程中,犯罪嫌疑人不可避免地触动、破坏和侵犯一些物质客体,如为攀高而搬动桌椅踩踏在上面,为照明而触摸电灯开关,为盗窃而开锁破锁,犯罪嫌疑人也可能在现场喝水、吃水果、蛋糕等食品。

3. 犯罪行为引起或者形成的各种物质。犯罪行为引起或者形成的各种物质,往往是从某一整体物上分离下来的,或者经过一定的化学反应而形成的。如射入孔内的火药残渣,放火现场的燃烧物,使用工具时形成的锯屑、锉屑、钻屑等。

4. 被害人遗留在现场的物品、物质。被害人遗留在现场的物品、物质主要有两类:一类是血液、呕吐物、分泌物、毛发等生理性物质;另一类是与犯罪嫌疑人搏斗而遗留的纽扣、眼镜、项链、手表等物品。

5. 犯罪嫌疑人携带、黏附的物品、物质。犯罪嫌疑人经常从现场带走一些物品、物质,也可能无意中从现场黏附走一些微量物质,因此,当犯罪现场有被群众扭送、抓获的犯罪嫌疑人时,应及时检查犯罪嫌疑人随身携带的物品、物质及有关微量附着物。

**(四)与犯罪有关的文书、音像资料和电子数据材料**

文书物证包括书刊报纸、图纸照片、文件信函、证件票证、契约合同、遗书遗嘱、留言日记等;音像资料包括录音带、录像带、光盘等;电子数据材料包括:各种电子设备和部件,如计算机、移动存储器、记忆卡、数码相机、读卡机、打印机、扫描仪、复印机、传真机等,或者电子设备中存储或者传输的电子信息。

**(五)现场的尸体、尸块**

尸体、尸块勘验主要是指对被害人和未知名尸体或者尸块进行勘验、检查和解剖。在犯罪现场发现的尸体、尸块,首先要查明死因、确定尸源和提取有关痕迹、物证,并作出鉴定意见。

尸体检验的内容包括尸体外表检验和尸体解剖检验:

1. 尸体外表检验。尸体外表检验简称尸表检验,包括死者衣着情况检验、尸体一般情况检验、尸体各部情况检验和尸体外表伤检验等。

2. 尸体解剖检验。通过尸体外表检验,仍不能确定死亡原因或案件性质等问题时,应进行尸体解剖检验。我国《刑事诉讼法》第 129 条规定:"对于死因不明的尸体,公安机关有权决定解剖,并且通知死者家属到场。"进行尸体解剖时,需经县级以上公安机关负责人批准。

**(六)与犯罪有关的人身**

为了确定被害人、犯罪嫌疑人的某些特征、伤害情况或者生理状态,可以对其人身进行检查,可以提取指纹信息,采集血液、尿液等生物样本。犯罪嫌疑人如果拒绝检查,侦查人员认为必要的时候,可以强制检查。检查妇女的身体,应当由女侦查人员进行,或者在女侦查人员主持下由医师进行检查,必要时可以指派或者聘请法医参加。人身检查的情况应当制作笔录,由参加检查的侦查人员、医师和见证人签名或者盖章。

## 第二节　犯罪现场实地勘验程序

### 一、实施原则

为了保证勘验工作有成效地进行,勘验人员进行现场勘验、检查的时候应遵循一定的原则。

**(一)先静观后动手**

勘查人员到达现场后,要克服急于动手的毛病,首先要冷静地观察现场所发生的一切,特别是在巡视现场时,要把双手插在衣袋里,集中精力进行观察。在初步查勘时,也不要忙于动手,对于现场局部现场现象、个别明显痕迹、醒目少见的物品，不要随便触摸、拿动、移动，只是对犯罪行为所引起的系列变化不加触动地进行观察。观察时，先用肉眼观察，若模糊不清时，可借助放大镜观察。到详细勘验阶段才动手翻转、移动物体，寻找痕迹，发现物证。

**（二）先拍照后提取**

拍照是客观反映现场原貌的一种有效手段，在勘验场所提取痕迹、提取原物或其他与犯罪行为有关的物品时，均要先拍照，保证刑事诉讼证据的客观性、真实性。拍照后，才能进入现场，提取原物或者采用其他技术手段进行勘验。

**（三）先地面后高处**

无论是室内还是室外现场，也无论现场范围大小，勘验时，必须先检查地面上有无遗留各种痕迹、物证。特别是现场足迹，这是犯罪行为人必然要留下的客观事实，必须首先观察处理后，勘查人员才能放心大胆地进入现场，从事高处的勘验工作。如对桌、椅、柜子、门窗、床、墙壁、顶棚、屋檐、悬挂物、蜘蛛网等一一进行勘验。室外除先勘验地面外，要特别注意树上的反常现象，对能藏匿较小贵重物品的树洞、鸟巢也要认真检查。

**（四）先外表后内部**

这种勘查原则主要针对一般有空间的物体或人身、尸体而言的。比如，对尸体，要切记先勘验外面的衣着，由外到内一件一件勘验，不可交叉。在进行体表检查时，也要由表及里，一层一层地进行检查，以免错乱。

**（五）先重点后一般**

实地勘验时，各类刑事案件现场均有各自的重点部位、重点物品，首先进行勘验。如杀人现场以尸体为重点，盗窃现场以所盗处为重点。勘验时，要把主要的技术力量、主要的精力放在重点部位的勘验上，然后再勘验与犯罪行为有关的来去路线、遗留物品的场所以及现场外围等。

**（六）先易消失后稳定**

案件发生后，由于自然条件的变化导致痕迹也会发生变化，如作案的工具、手段、方法的不同，有的痕迹、物证容易消失，有的比较稳定。勘验时，要勘验容易消失的，后勘验比较稳定的痕迹、物证。

## 二、实施顺序

在勘验实践中常采取的勘验顺序主要有以下几种。

**（一）由中心向外围勘验**

这种顺序主要适用于现场范围较小，中心部位比较明显，痕迹、物证比较集中的现场。

对这类现场的勘验,可以从现场的中心部位开始,逐步向外扩展到现场的边缘。

如果发案地点在室内,可以先对室内进行勘查,然后通过出入口和来去通道外推到一定范围。在实践中,勘验室内现场多采用这种顺序。

如果发案地点在室外,可以先对痕迹、物证最为集中的部位进行勘查,然后向四周进行辐射,或按螺旋式路线渐次向外扩展。在实践中,对被害人能指明准确被害地点的室外抢劫或强奸犯罪现场、尸体所在部位明确的室外杀人案件现场的勘验一般采用这种顺序。

**(二)由外围向中心勘验**

这种顺序主要适用于范围较大,中心部位不是十分明显,痕迹、物证比较分散的现场。

如果一个现场的中心部位在室内,但留在室外的痕迹、物证随时面临着人力或自然力的破坏,或者走进现场中心必然要破坏现场外围痕迹、物证,那么,这种情况下也可以采取由现场外围向中心的勘验顺序。

这种勘验顺序与由中心向外围的勘验顺序在方法上是相近的,所不同的是它们在行进方向上正相反。它既可以沿着一定路径(一个或多个),从现场的边缘部分开始逐步向中心部位进展,也可以按螺旋形的走向由外向内收缩。

**(三)沿着犯罪行为人的行走路线勘验**

如果犯罪行为人实施犯罪行为的过程中没有形成痕迹、物证比较集中的部位,但其行走路线具有一定的勘验价值,可以沿着犯罪行为人的行走路线勘验;或者既形成了痕迹、物证比较集中的部位,同时行走路线又具有一定的勘验价值,这时,可一边安排对现场中心部位进行勘验,一边沿着犯罪行为人的行走路线进行勘验。

这种勘查顺序适用的现场条件是:

1. 现场上留下的痕迹、物证能够清楚地反映出犯罪行为人的行走路线。

2. 根据被害人、知情人的陈述可以明确确定犯罪行为人的行走路线。

3. 客观环境决定了犯罪行为人必定要走上某一条特定的道路。

4. 有警犬参加勘查,并且警犬能依据稳定的嗅源辨别出犯罪行为人的行走路线。

对于这类现场的勘验,可以从发现痕迹的地点或者现场的出入口处开始,沿着犯罪行为人留下的痕迹或者其必经的道路,或者犯罪遗留物散布的路段进行勘查,直到踪迹消失的地方为止。

**(四)分片分段分层勘验**

这种勘验顺序主要适于下面几种情况:现场范围过大;现场地处狭长地带;犯

罪活动涉及多个地点、几个场合、几个楼层；现场痕迹、物证比较形小量少，或某类应该被发现的重要物证混迹在现场的物品中，需要十分仔细地加以勘验的。

对于上述几类现场的勘验，可以依照客观环境和地形地物的界限，或者以一定的面积为标准，把现场划分为若干片、若干段、若干层，每一个片、段、层都作为一个相对独立的部分。然后对这些独立的部分采取两种分工方法加以勘验：一种是按其形成的先后顺序一个部分一个部分地顺次进行勘验；另一种是把勘验人员分为若干个组，对若干个独立部分同时展开勘验。

**（五）从某个特定的部位开始勘验**

严格来说，这不是一种独立存在的勘验顺序。因为它只表明了某一现场勘验的起点，至于其下一步进展则是不特定的。实际上它是在其他几种勘验顺序的基础上提出的一种特殊要求。这样一种特殊的勘验方式适于如下几种情况：如果现场处于交通要道、繁华场所，必须对阻碍交通和易于被破坏的部分优先勘验；如果现场的某个部位存在潜在危险，就必须优先对该部位进行勘验，首先排除危险；如果侦查工作急需对某个客体或某个方面的客体进行勘验检查时，应优先对它们进行勘验。例如，有的案件一边勘查，一边采取追缉堵截措施，这就需要优先勘查能够反映犯罪行为人体貌特征方面的痕迹、物品。为了紧急控制赃物，就应首先勘验与被盗、被劫财物相关的部位。

当需要优先勘验的部位勘验完毕之后，接下来应根据现场的具体情况，选取前文讲述的四种顺序中的任一种进行勘验。

现场勘验的顺序主要有上述几种。有教材将“沿着地形、地物的自然界限进行勘验”也作为一种独立的勘验顺序，然而在实际勘验过程中，勘验只能以犯罪痕迹、物证为引导，并不受地形、地物的自然界限的限制。

对上述现场勘验的顺序，在实际运用中绝不能生搬硬套，有些复杂现场需要把几种顺序组合起来运用。例如，在同一犯罪案件现场的勘验过程中，对主体现场可以采取由中心向外围或由外围向中心的顺序进行勘验，对来去道路的勘验则可以沿着行走路线进行。对于一些简单的现场，一进入现场就可以根据现场的情况各就各位地铺开勘验，区域顺序性则不很明显。所以，不能把勘验的顺序当作僵死的教条。

## 第三节　犯罪现场实地勘验步骤

### 一、整体巡视

整体巡视,是指侦查人员到达犯罪现场之后,为了确定现场勘验范围、重点、顺序,对现场的内部状态、外部状态及其周围环境所进行的概览性的巡视观察。整体巡视又称视察现场或巡视现场。

实地勘验在进行整体巡视时要求保持现场的原始状态,不进入现场内部,只在周围对总体环境进行观察;在进行整体巡视时应记录环境方位、观察到的情况、提取的痕迹物品、采取的紧急措施等;现场整体巡视的目标是完整认识现场,确定勘查范围,确定勘查的重点和顺序,并选择勘查的路线;在对室外现场进行整体巡视的时候,应遵循先中心现场后周围环境,而室内现场,则应先外后内。

**(一)整体巡视的基本要求**

1. 控制巡视主体的人数

为了避免对现场状态的破坏,应将参与整体巡视的人员控制到最低限度,依据整体巡视的功能,其主体应由以下人员构成:

(1)整体巡视由现场勘查指挥员主持实施。

(2)整体巡视以将担负并一步实地勘验任务的主要侦查员、技术人员为骨干成员。

(3)整体巡视以先期到场的现场保护负责人或管区民警或者熟悉现场环境的人员为辅助成员。

2. 避免对现场状态的改变和对现场痕迹、物证的破坏与污染

(1)除非绝对必要,不能搬动现场上的任何物品,不能为了观察的需要而改变现场的原始状态。

(2)必须改变现场状态时,应先记录并做标记。

(3)巡逻人员应尽量可能在一定距离之外观察现场,将所接触现场部位控制到最小限度,行进过程中不能破坏原有的痕迹物证,并应对自己的行为踪迹进行标示。

(4)巡视人员应将巡视以外的无关活动降低到零,避免抽烟、吐痰等行为,以免污染现场痕迹、物证。

3. 整体巡视过程中应注意对易失证据的记录和收集

案件发生后,由于自然条件的变化导致遗迹也会发生变化,如作案的工具、手段、方法的不同,有的痕迹、物证容易消失,有的比较稳定。在进行整体巡视的时

候,应注意对容易消失的物证、痕迹进行记录和收集,确保证据的完整性。

**(二)整体巡视的方法**

整体巡视的方法视现场具体情况的不同而有所区别。

1. 室内现场的巡视方法

对室内现场的巡视,一般应按照从外到内的顺序进行;特定情况下,可根据案情的具体特点由内向外巡视,或者按先室外、后室内、再周围环境的顺序巡视。

(1)对现场周围环境的观察应观察的内容:现场所处的地理位置;周围有无围墙、栅栏;进出口有无值班、警卫人员把守,外人能否随意进入;现场附近的地形、地物、交通设施等情况;附近有无可供犯罪行为人预伏、藏身、隐匿赃物与罪证的处所等。

(2)对外部状态的巡视

室内现场的巡视,一般应先观察外部状态。其外部状态的巡视又分两个层次:

第一个层次:巡视、观察现场所在建筑物的位置环境、结构用途。

第二个层次:巡视现场所在房间在整个建筑物中的位置,现场所在房间的结构、用途,其与相邻房间、走廊、楼梯(电梯)、厕所、洗脸间、大门等的位置关系,并注意出入道路上是否留有可疑的痕迹、物品。

(3)对内部状态的巡视

外部状态巡视完毕之后,可以由一至二名痕迹技术员开路,进入室内适当位置,继续观察现场内部状态。观察内容:门窗的位置、结构、开闭状态、有无破坏;地面、墙壁、顶棚、有无洞穴可通室外、有无可疑痕迹;室内各种物品的陈设位置、变动、变化情况;哪些物品是新添附的以及这些新添附的痕迹、物品的分布概况。

2. 室外现场的巡视方法

对于室外现场的整体巡视,一般应当由中心向外围行进。

(1)观察现场中心部位的状态

主要观察现场中心部位的犯罪痕迹、物品及其分布状态、位置关系。

(2)观察现场外围的状态

主要观察现场所处的地理位置、现场与周围单位和建筑的位置关系;现场周围的地形地物、自然状况、交通状况;犯罪行为人来去现场的道路或可能的来去道路;犯罪行为人作案前后可能预伏、藏身、隐匿赃物与罪证的处所等。

**(三)整体巡视的任务**

现场整体巡视是现场勘验的第一步,它的成功与否直接影响到整个现场勘验工作的进行。现场整体巡视需要完成下列五项任务:

1. 确认或者调整保护现场的范围与措施

(1)如果尚未对犯罪现场采取保护措施,应迅速确定保护范围和措施。

(2)如果原来确定的保护现场的范围与措施比较适当,可以对此加以认可,依然维持原状。

(3)如果原来保护范围过窄、过宽或有遗漏,抑或保护方法不适当的,巡视过程中要加以调整和改进。

2. 运用笔录、绘图、照相、录像等方法,记录现场的方位和概观情况

在进行整体巡视时,应运用笔录、绘图、照相、录像等方法,记录现场的方位和概观情况,便于进行进一步的勘验。

3. 确定现场勘验的范围

现场勘验的范围,即现场勘查指挥员对于应勘验、检查、搜索的具体地点的长短、宽窄、大小所做的界定。其范围为:

(1)犯罪行为人实施犯罪的地点。

(2)作案前在主体现场周围窥视、潜伏守候、等待作案时机的地点。

(3)作案后在主体现场附近隐藏、处理赃物、凶器和其他罪证,抛弃、掩埋尸体的地点。

(4)来去现场的一定范围的路径等。

当然,整体巡视过程中对现场勘验范围所作的界定,并非一成不变的,随着勘验的深入,应对勘验范围随时予以调整。有些被列入勘验范围的地点,可能被证明与犯罪无关,而有些没有被列入勘验范围的地点,又可能被证明与犯罪有关。所以,随着勘验工作的不断深入,指挥员要随时注意调整原定的勘验范围,以免做无用功,无谓地浪费人力和时间,或遗漏对重要痕迹、物证的勘验。

4. 确定现场勘验的重点

现场勘验的范围通常情况下比较大,勘验过程中不能平均使用力量,要有主有次地进行。

确定现场勘验的重点,就是要在既定的勘验范围内确定出需要认真、仔细勘验、检查的部位和客体。主要是指那些痕迹、物证比较集中的部位,以及那些对于查明案情、查缉和证实犯罪嫌疑人有重要意义的部位和客体。重要部位,如犯罪行为人向犯罪对象实施侵犯或侵害行为的部位,像实施杀人的地点,强奸的地点;抢劫、盗窃财物的地点,起火点、爆炸中心点;犯罪行为人作案的进出口等。重要客体,如被害人的尸体、犯罪行为人遗留的手印、脚印、工具和其他重要的痕迹、物品等。

这些重要的痕迹、物品能够较多地反映出案件的情况及犯罪行为人的个体特征。所以,对于确定的重点,必须组织较强力量,进行较细致的勘验检查。

5. 确定现场勘验的顺序

确定现场勘验的顺序,就是要确定现场勘验以哪里为起点,沿着什么方向,依照什么次序进行的问题。

确定现场勘验的顺序,要把握以下几个原则:

第一,要以提高现场勘验的效率为原则。

第二,要以保持勘验工作的有序性、连贯性,避免出现重复勘验或者造成勘验遗漏为原则。

第三,要以避免或最大限度地减轻对现场痕迹、物证的破坏为原则。

第四,要以保证紧急措施优先采取的需要为原则。

在掌握这几个原则的基础上,灵活确定勘验的顺序。在确定勘验顺序时,应该根据现场的地理位置、周围环境、范围大小,痕迹、物证暴露是否明显、分布是否集中,以及勘验时间条件、气候条件和侦查、技术人员的多少等多种因素,权衡利弊,确定合适的勘验顺序。

## 二、局部观察

### (一)局部观察的概念

局部观察,是指勘验人员在整体巡视的基础上,根据已确定的现场勘验的范围、重点和顺序,有计划地把现场划分为若干个部分,对其逐一顺次或分头同步进行观察研究对现场局部加以记录和重建,形成相应的判断和推论,并为个体勘验做必要的准备。

局部观察是整个现场勘验步骤的中间环节,它是以整体巡视为基础,是在已经确定了现场勘验的范围、重点和顺序的前提下进行的。尽管局部观察过程中要解决一些实质性的问题,实现对各个局部的系统把握和认识,以及对各个局部之间内在联系的把握和认识;但更重要的还是要为下一步的个体勘验服务,通过对现场局部的观察,明确需要勘验的个体痕迹、物品及个体勘验的先后顺序。

1. 不变动现场原始状态,按照确定的范围和顺序,把现场分为若干部分,逐一观察、记录、研究的一项勘验活动。

2. 记录固定现场,观察现场物证分布,判断痕迹物品与犯罪的关系和形成机制,分析各个现场之间的联系,分析研究痕迹物品之间的一致性,分析研判犯罪行为在现场上的活动。

### (二)现场局部的确定方法

1. 按照现场的客观环境确定

如果犯罪活动涉及不同的房间、部位和地段等,每一个房间、部位和地段就可以作为一个自然的局部予以观察。若整体巡视中在确定现场勘验顺序时,已经确定了相对独立的段、片、层、房间等,在局部观察时,就没必要重新划分和确定了,按照划分好的局部进行视察即可;若原划分的局部过大或过小,不适于观察研究,可适当加以调整。

2. 按照现场的具体功能确定

例如,可将犯罪行为人作案前进行预伏的地点作为一个独立的局部予以观察;可将犯罪行为人抛弃赃物的地点作为一个独立的局部予以观察;可将犯罪行为人实施具体侵害行为的特定部位作为一个独立的局部予以观察。

3. 按照现场物品痕迹与案件的关联性确定

将被侵害、被破坏的主要客体及与之相关联的各种痕迹、物品确定为一个独立的局部。例如,入室犯罪案件,可以把犯罪行为人的出入口和与该出入口相联系的手印、脚印、破坏工具痕迹、遗留物品等分布的区域作为一个局部;杀人案件,可以把被害人的尸体和与该尸体相联系的血迹、凶器、搏斗痕迹等分布的区域作为一个独立的局部。

4. 将痕迹群确定为一个独立的局部

例如,可以把一组成行或成片的脚印作为一个独立的局部予以观察;可以将成片的滴落血迹或喷溅血迹作为一个独立的局部予以观察。局部观察的任务包括以下几个方面。

(1)记录现场在个体勘验前的状态

局部观察中,首先要按照局部的划分,进行重点部位照相和录像,并将观察所见在现场笔录和现场绘图中加以记载,以在个体勘验之前记录下各个痕迹、物品的原始位置。

(2)判断现场状态有无反常

通过观察,分析现场现象有无与事主或被害人陈述不一致的地方,例如,按照他们的陈述不该出现而出现或者应该出现而没有出现的情况;有无与犯罪发展的一般规律相悖的地方。

(3)进行局部现场重建

局部观察的方法主要是观察研究,但这种观察研究与整体巡视相比更深入了一步。一方面,它观察的空间范围更具体化了;另一方面,它观察研究的内容不仅仅是现场的概况,而且已深入到用联系的眼光直接观察现场的具体痕迹、物证。通过观察可以实现对局部现场痕迹、物证的整体把握,对特定局部所发生的犯罪行为内容、过程及犯罪行为人的个人特点和犯罪条件作出判断和推论,即对现场局部进行重建,以作为整个犯罪现场重建的基础。

当然,局部观察阶段进行的局部现场重建只是初步的,有时还带有假设的成分,这种假设有待于个体勘验结果的检验或印证。一方面,初步的局部现场重建为个体勘验提出了目标、要求及指导;另一方面,个体勘验的结果会进一步完善和丰富局部现场重建。同时,局部现场重建的矫正和最终结论的得出,还有赖于整个现场勘查——现场访问和现场勘验所获信息的支持。

(4)实现对犯罪现场的系统把握

局部观察是实现对犯罪现场系统认识的中间环节,它通过观察各个局部痕迹、物品的分布情况,进一步判明所观察的局部与整个犯罪现场的关系及其在整个犯罪活动中的地位和作用,以便于分析整个犯罪活动的内容、过程和顺序。

(5)为个体勘验做准备

观察过程中,要根据已发现的痕迹、物品,分析、研究犯罪行为人的活动过程,再根据分析的犯罪过程,进一步寻找尚未发现的痕迹、物品,从而全面确定需要仔细勘验的个体。

观察过程中如果发现了有勘验价值的痕迹、物品,应用粉笔标示其位置,或者用脸盆、饭碗等保护性器具把痕迹、物品保护起来,为个体勘验做好准备。

局部观察是为了个体勘验做准备的,所以局部观察中所发现的个体痕迹、物品,一般不要急于提取,等进入个体勘验阶段时再一并处理。但特殊情况除外,例如,对那些易失、易变、易遭到破坏的痕迹、物品也可在局部观察阶段迅速提取,个别处理。

## 三、个体勘验

个体勘验,是侦查人员对现场上的各种痕迹、物品、人身、尸体逐一进行观察、检验、记录和提取的一项勘验活动,在必要时,可以翻动现场。个体勘验是在局部观察的基础上,对现场上与犯罪有关的或可能与犯罪有关的痕迹、物品所进行的直接、具体的勘验、检查。

### (一)个体勘验的对象

如前所述,现场勘验的对象主要有四个方面。个体勘验的对象顾名思义是一个个具体的客体,包括痕迹、物品、尸体、人身。这里将重点阐述对痕迹、物品的个体勘验。至于尸体检验和人身检查,法医学有详细的论述,这里仅对检验和检查的程序性要求加以简要说明。

1. 与犯罪有关的痕迹

犯罪痕迹是个体勘验的重点,它们是判断案件性质、作案时间、手段、过程等案情的重要依据;是判断犯罪行为人的性别、年龄、身高、体态、职业、技能特点等个人特征的重要依据；是寻踪追迹、布置追缉堵截的重要依据；是侦查破案活动的重要线索和证据。

作为个体勘验对象的痕迹主要有以下几类：

(1)能反映犯罪行为人人体特征的痕迹：

①手印：包括指印、指节印、掌印等。

②脚印：包括赤脚印、鞋印、袜印等。

③人体其他部位印痕：包括指甲印、牙痕、唇印、额印、耳印、面部印痕等。

④人体形成的坐、卧、跪等印痕。

(2)能反映犯罪行为人所使用的犯罪工具的痕迹：

①刀具等锐器形成的切、割、砍、刺、扎痕。

②锤、棒、砖、石等钝器形成的打击痕迹。

③各种破坏工具形成的撬压、钳、剪、钻、锯、挫、拧等痕迹。

④绳索等带状物形成的索沟、勒痕、蹭痕。

⑤枪弹痕迹。

(3)能反映犯罪行为人使用的交通工具的痕迹：

包括各种汽车、拖拉机、摩托车、人力车及兽力车等形成的车轮痕迹。

(4)其他与犯罪有关的痕迹：

①爆炸痕迹。

②燃烧痕迹。

③电击痕迹。

④腐蚀痕迹。

⑤整体分离痕迹。

⑥物体位移痕迹。

⑦物质交换痕迹。

⑧动物行为痕迹。

2. 与犯罪有关的物品

作为个体勘验对象的物品主要有犯罪遗留物，被害人遗留物，被犯罪行为人破坏或触摸过的现场原有物品，因犯罪发生而改变了自身内在或外在状态或者受到某种影响的现场原有物品，从现场中心带移动又被抛弃、遗落、黏附在现场外围的物品。这些物品有可供辨识的宏观物品，也有微观物质。

对这些物品的勘验以及后续的调查，可以透过物与案情之间的联系、物与人之间的联系，确定侦查范围，刻画犯罪条件，以物为线索查找犯罪嫌疑人。同时，这些物品又具有重要的证据价值。

具体地讲，作为个体勘验对象的现场物品主要有以下几类：

(1)犯罪遗留物

犯罪遗留物是犯罪行为人丢弃、遗忘、失落、黏附在犯罪现场的各种物品。它是犯罪现场中出现率较高的一种物证。常见的有：

①犯罪工具：包括器械机具类工具、药物能量类工具等破坏性工具，交通工具、通信工具等辅助性工具。遗留在现场的犯罪工具可能是工具的主件，也可能是工具的附件，或者是工具的一部分，甚至是工具的分解或残留物。

②人体物：包括人体组织物、人体分泌物、人体排泄物、体液体味等。

③随身穿戴、装饰物：包括衣裤、鞋帽、袜子、眼镜、纽扣、衣服碎片等。

④其他随身携带物：包括食品、烟蒂、证件、票证、信函及各种日用品。

⑤犯罪行为人带入现场的微量物质：包括植物袍子与花粉、金属粉末与碎屑、各类油脂与油漆、各种粉尘沙土及其他各种微量化学元素。

(2)因犯罪而发生变化的现场原有物品

①犯罪行为人触动过的物品。

②犯罪行为人破坏过的物品。

③因犯罪发生而改变了自身内在或外在状态或者受到某种影响的现场原有物品。

(3)被害人遗留在现场的各种物品

①人体物。

②随身穿戴、装饰物。

③其他随身携带物。

(4)因犯罪而发生变化的一些特殊物质

①爆炸残留物。

②燃烧残留物。

③焊接、气割残留物。

3. 现场尸体

勘验、检查有尸体的现场，应当有法医参加。为了确定死因，经县级以上公安机关负责人批准，可以解剖尸体。检验、解剖尸体应把握以下基本要求：

(1)解剖尸体应当通知死者家属到场，并让死者家属在《解剖尸体通知书》上签名或者盖章。死者家属无正当理由拒不到场或者拒绝签名、盖章的，也可以解剖尸体，但是应当在《解剖尸体通知书》上注明。对于身份不明的尸体，无法通知死者家属的，应当在笔录中注明。

(2)解剖外国人尸体应当通知死者家属或者其所属国家驻华使领馆有关官

员到场,并请死者家属或者其所属国家驻华使领馆有关官员在《解剖尸体通知书》上签名或者盖章。死者家属或者其所属国家驻华使领馆有关官员无正当理由拒不到场或者拒绝签名、盖章的,也可以解剖尸体,但应当在《解剖尸体通知书》上注明。对于身份不明外国人的尸体,无法通知死者家属或者有关使领馆的,应当在笔录中注明。

(3)移动现场尸体前,应当对尸体的原始状况及周围的痕迹、物品进行照相、录像,并提取有关痕迹、物证。

(4)解剖尸体应当在尸体解剖室进行。确因情况紧急,或者受条件限制,需要在现场附近解剖的,应当采取隔离、遮挡措施。

(5)检验、解剖尸体时,应当捺印尸体指纹和掌纹。必要时,提取血、尿、胃内容和有关组织、器官等。

(6)检验、解剖尸体时,应当照相、录像。对尸体损伤痕迹和有关附着物等应当进行细目照相、录像。

(7)对无名尸体的面貌,生理、病理特征,以及衣着、携带物品和包裹尸体物品等,应当进行详细检查和记录,拍摄辨认照片。

4. 需要检查的人身

为了确定被害人、犯罪嫌疑人的个体特征、伤害情况或者生理状态等,可以进行人身检查。犯罪嫌疑人如果拒绝检查,侦查人员认为有必要的,经办案部门负责人批准,可以进行强制检查。

检查妇女的身体,应当由女侦查人员或者医师进行,必要时,可以指派或者邀请法医参加。

检查的情况应当制作笔录,由参加检查的侦查人员、检查人员和见证人签名或者盖章。

**(二)如何寻找和确定个体勘验的客体**

在个体勘验中不应满足于遇到什么勘验什么,而应当根据整体巡视、局部观察中对现场的认识,根据犯罪行为人活动的过程和各类现场痕迹、物证出现的一般规律,主动地寻找勘验客体。

1. 通过询问事主和被害人及其他目击人寻找和确定检验客体

例如,要判明某一物品是否犯罪行为人所留,首先要向事主和被害人了解该物品是否属现场原有之物。如果事主和被害人与犯罪行为人有过正面接触的话,可以由他们直接指认犯罪痕迹和遗留物品。

2. 从研究犯罪活动入手寻找和确定勘验客体

研究犯罪行为人从何而入,并在出入口寻找、确定勘验客体;研究犯罪行为人作案的主要目的是什么，其翻动、侵害了哪些部位，在这些部位中寻找、确定勘验客体等。

3. 从研究痕迹、物品的内在与外在状态入手寻找和确定勘验客体

要根据痕迹、物品本身的特点及其存在的位置、它的新旧程度、附着物状态，以及它与周围痕迹、物品的关系来确定其是否犯罪所致。

4. 从研究犯罪行为人的心理入手寻找和确定勘验客体

要根据犯罪行为人的心理状态来确定某一痕迹是否为犯罪行为人所留，如在室外墙角、墙根发现的极不规则的足迹，往往是犯罪行为人在作案前或侵入现场时躲躲闪闪、左顾右盼所致。

5. 从串案入手寻找和确定勘验客体

如果发现现场上出现了在其他案件的犯罪现场中曾出现过的同类痕迹，应考虑是否为同一个或同伙犯罪行为人多次作案所留。若经比对认定同一，即可确定为犯罪痕迹。

6. 用排除法确定勘验客体

对犯罪痕迹、物品的确定还可以运用否定肯定的方法，排除事主、被害人和到过现场的无关人员留下的痕迹、物品，余下的一般为犯罪痕迹、物品。

**（三）个体勘验的两个阶段**

个体勘验应分为静态勘验和动态勘验两个阶段。

1. 静态勘验

静态勘验是指在不变动客体原来位置状况和存在条件的情况下，对其暴露部分的结构特征与形态变化进行的观察、记录和检查活动。

静态勘验阶段，需要解决下列四个方面的问题：

（1）记录案件的原始状态。

要对勘验的痕迹、物品进行细目照相、录像，有的还要具体测量，并把他们的位置、状态和相互关系，用笔录、绘图等方法详细记录下来。

（2）观察客体的位置、状态。

（3）弄清该客体与其他客体之间的关系。

（4）弄清每一客体的勘验价值，确定对该一客体的勘验目标和勘验方法，为动态勘验做好准备。

2. 动态勘验

动态勘验是在可触动或翻转客体的情况下，借助各种技术手段和方法，对客体进行的系统观察、记录、检验、显现和提取活动。

进行动态勘验，要注意不能损坏痕迹、物品，也不要在物品上留下指纹或造成

新痕迹,勘验人员应戴手套作业,翻转物体的过程中应用手捏着物体的边缘。

动态勘验阶段要着重解决下列问题:

(1)进一步发现不易看见的痕迹、细小物品或细微物质。

(2)研究这些痕迹、物品的形成原因,形成方式及其与犯罪活动的关系。

(3)显现并提取有关的痕迹、物品,以供进一步检验之用,并为分析案情、查缉和证实犯罪嫌疑人提供线索和证据。

**(四)个体勘验阶段应把握的几个勘验顺序**

整个现场勘验的过程中,都必须注意工作的有序性,个体勘验阶段更应如此。就现场勘验的总体步骤而言,只有按照从一般到具体再到个别的顺序勘验,才能保证对犯罪现场的系统把握和认识;从个体勘验的顺序而言,只有按照科学的先后关系勘验客体,才能避免对客体的破坏。

个体勘验过程中应把握的先后顺序,包含两层意思,一是指对不同个体勘验的顺序,二是指对同一客体勘验的顺序。下面六个方面中,前三个方面是从第一种意义而言的,后三个方面是从第二种意义而言的。

1. 先地面后高处

个体勘验过程中不能忽上忽下、忽前忽后,应该按先地面后高处的顺序进行勘验,也就是先勘验低位置的痕迹、物品,然后再勘验高位置的痕迹、物品。这样,可防止勘验高位痕迹、物品时,践踏了地面的痕迹、物品。即便是犯罪行为人从天窗或房顶进入现场,也要按先地面后高处的顺序进行勘验。这样做,既能有效地发现提取地面的犯罪痕迹,又能有效地发现、提取犯罪行为人在入口留下的痕迹、物证。

2. 先重点后一般

个体勘验要抓住重点客体。重点客体是指被犯罪行为人触摸或移动、抛弃的物体。按先重点后一般的顺序进行勘验,可以高效率地发现犯罪的痕迹、物证。特别是勘验被破坏的现场,必须善于从变动中寻找没变动的,从破坏中寻找没被破坏的,从重叠中寻找没重叠的部位或客体进行勘验。不同类型的案件有不同的重点部位和重点客体,固然对现场客体应全面勘验,但不能平均使用力量,对重点客体必须全面、仔细地勘验,以免遗漏。

3. 先易消失后稳定

这是指勘验现场时,要首先提取那些容易消失的痕迹、物证,如霜雪手印、脚印等,然后提取那些不易消失的痕迹、物证。

4. 先静观后动手

发现任何有勘验价值的物品不要立即动手,应先仔细观察一番,记住它的状态和位置，及其与周围物体的关系。然后再戴上手套拿取物品进行仔细观察，寻找上面有无痕迹或附着物。拿取物品要讲究方法，避开人们习惯性拿、摸的部位。例如，茶杯、酒瓶、纸盒，一般是拿两边或棱边、棱角，不要拿中间部位，以免蹭掉手印或附着物。

5. 先记录后提取

在提取犯罪痕迹、物证或尸体上的部分组织之前，均应预先予以记录，把它们的位置和状态固定下来，然后再选用必要的技术方法进行提取。

6. 先外表后内部

勘验现场上的任何客体，都应该先观察其外表的变化，然后检查物体的内部变化。例如，勘验盗窃案现场中的抽屉时，应先观察抽屉的外表情况，锁是否完好，拉手上是否有手印，有无撬压痕迹等。然后再拉开抽屉勘验里面，观察是否被翻动过，丢失了什么，内壁是否有撬痕、划痕等。对尸体的检查也是这样，应先检查衣着有无变化，尸体的外表有无伤痕，然后再进行解剖。

**（五）个体勘验中提取与扣押现场痕迹、物品、文件的规范**

个体勘验过程中及个体勘验结束之后，涉及对相关痕迹、物品、文件的提取与扣押的问题，对这些内容的提取和扣押，既必须严格遵循科学规范，又必须严格遵循法定程序，还应该尽可能减少对现场财物的破坏。

## 四、现场勘验的方法

**（一）观察法**

观察法不仅适用于动态勘验，也适用于静态勘验。观察法是现场勘验人员为了查明案情，发现和收集侦查线索和发掘证据，在不变动现场物质形态的条件下，对犯罪现场进行有计划观察的勘验方法。观察为一切调查研究所必须，对直接认识事物和收集第一手材料起到重要作用，在现场勘验中也不例外。观察法既是现场勘验最基本的工作方法，也是其他各种勘验方法的基础。

1. 视觉等感官观察

在对犯罪现场进行勘查的知觉过程中，视觉起到了特别重要的作用。通过视觉作用，可以对于犯罪有关的场所、痕迹、物品、尸体、人体的空间结构、颜色特征和细微结构形成正确的认识。

2. 其他感官观察

观察法是对现场有计划的知觉，需要其他各种感觉器官的配合，不仅要发挥视觉器官的作用，还应当发挥其他感官器官如听觉、触觉、嗅觉等的作用。在对勘验对象进行知觉时，不但要看到对象的颜色、形象，而且要听到对象的声音，嗅到对象的气味,感觉对象的温度硬度等。只有这样,才能全面、深入、正确地认识勘验对象的特点。

3. 时间条件进行观察

在观察犯罪行为人的犯罪后果时,也应当从犯罪行为人的作案时间出发。犯罪作案时间有时是明确的,有的则是不明确的,需要根据现场条件来分析判断。在对犯罪现场进行观察时,要对未知的作案时间进行分析判断,从而分析犯罪行为人作案时的各项作案条件,进而分析犯罪行为人的作案过程、犯罪动作,可能接触的物品和部位,才能解释现场发生的各种变化,排除疑问或反常现象。只有这样,观察现场才会有一个实实在在的结果。

4. 有准备和目的

任何有效的观察,一方面要有正确的观点、理论作为指导;另一方面要有明确和具体的观察目的。现场勘验中的观察,要求勘验人员掌握一定的现场勘验知识、理论和技能,对观察对象有一定的知识,同时要求勘验人员明确观察需要解决的问题,即通过观察,对犯罪现场形成正确的认识,对侦查工作提出相应的分析意见。因此,勘验人员要努力学习业务知识、法律知识和科学文化知识,善于积累观察经验,通过实践,不断提高自己的观察能力。

5. 要有注意力的持久性

注意力作为感觉知觉思维等心理过程的心理现象,是有效地进行感知和思维的心理条件。现场勘验中,要求勘验人员排除干扰,保持对勘验对象注意的持久性。现场勘验时对勘验人员的注意力的干扰可能来自外界,也有可能来自内部。心理学理论和勘验实践表明,如果勘验人员有强烈的事业心和责任感,能够付出巨大的意志努力,即使是内外干扰较多的情形下,还是能克服干扰,保持注意力的持久性。

**(二)比较研究法**

比较研究法是对不同勘验对象或同一勘验对象在不同阶段的物质形态表现加以对照,确定两者的异同并分析其原因,以认识勘验对象本质的勘验方法。比较研究法是在观察法的基础上进行的,通过比较研究,对勘验对象的本质有进一步的认识。

1. 局部与整体环境的比较

现场的整个物质环境,既是犯罪活动的结果,也是对犯罪活动的真实反映。不管犯罪过程中有没有对现场的破坏行为、伪装行为,或是伪造的现场,其固定的客观规律都将通过犯罪现场的物质形态表现出来。通过对局部现场物质环境与整个现场物质环境之间的比较,发现两者基本属性的异同,以对犯罪现场有进一步的认识。如对盗窃案件现场的进出口部位与整个现场的情况作比较,可能出现以下一些情形:一是进出口选择恰当,像是熟悉的人作案。二是进出口部位选择不恰当,像是不熟悉情况的人作案。这样,通过两者比较,结合其他分析结论,可以相互印证,加强分析结果的正确性。

2. 单个痕迹与其他痕迹物品的比较

现场痕迹物品是犯罪活动的重要证据,储藏着重要的侦查线索,通过单个痕迹物品之间的比较,同样可以判断不同的单个痕迹物品之间反映的基本属性是否一致。如盗窃案件现场中心部位足迹与外围部位的足迹进行比较,可以判断进入现场中心部位的人数与到达现场外围部位的人数是否一致。通过不同痕迹之间的比较,同样可以相互印证,检查分析结论的正确性,并为进一步分析提供基础。

3. 案发变动状态与案发前状态的比较

勘验时见到的现场状态与发案前现场状态或多或少地存在差异,通过两者的比较,可以确定由于犯罪活动所引起的物质形态变化,以帮助分析犯罪行为人所采取的犯罪行为、活动方式和过程。在对现场的动乱状态与发案前的现场状态进行比较时,必须得到被害人、事主等有关人员的帮助,由他们提供发案前的现场状态,必要时可由他们直接指出犯罪现场的物质形态与发案前现场物质形态的差别。

4. 勘验对象的状态与其发展规律进行比较

任何事物都具有发生、发展、变化的规律,犯罪现场的勘验对象也不例外。无论是场所、痕迹、物品还是尸体、人身,都有其自身的固定规律,通过勘验对象的状态与其发生、发展、变化的规律进行比较,可以发现勘验对象的状态是否符合规律,有没有反常现象。

5. 勘验结果与现场访问情况的比较

现场勘验和现场访问是现场勘查的两大基本内容,对两方面的材料和结果进行对照比较,或相互印证,或发现问题。通过勘验结果和现场访问材料的比较,往往发现两者的矛盾,以便进行更深入、细致的勘验和访问工作,查证、核实有关具体问题。

**(三)技术检验法**

技术检验法是采用技术手段和方法,强化了观察、比较的精度和深度,以充分发现并提取犯罪痕迹物品,全面掌握勘验对象本质的勘验方法。技术检验法的目的是发现、固定、提取、识别、检验现场上的各种痕迹物品,对勘验对象的有关属性进行定量或定性的评价,使犯罪痕迹物品得到充分发现和提取,提供的线索和证据更加科学和可靠。

### (四)现场搜索法

现场搜索法是在现场勘验过程中,对现场周围进行公开搜查搜索的一种勘验方法。现场搜索往往能发现一些与犯罪有关的痕迹、物品、尸块、尸体等,有时还可能发现犯罪嫌疑人。通过现场搜索,能发现犯罪行为人在现场周围的行动痕迹,被害人的尸体、尸块以及其他人体组织,也可能发现犯罪行为人遗留在现场周围的痕迹物品。还有可能发现犯罪行为人来去现场的路线,来确定发现犯罪行为人逃跑的方向。

### (五)现场实验法

我国《刑事诉讼法》第133条规定:“为了查明案情,在必要的时候,经公安机关负责人批准,可以进行侦查实验。”现场实验,是为了解决现场上的某些问题,采用重演或模拟的方法,研究证实在某种条件下某种事实是否发生,或某种事实在什么条件下发生的一项侦查活动。现场实验是在侦查实验的一种具体形式,可能在现场勘验阶段进行,也可能在以后的侦查过程中在现场原地进行。现场实验的任务就是要验证现场访问对象的陈述、犯罪嫌疑人的供述是否可靠,验证现场上某些事件和现象能否发生。

## 第四节　犯罪现场搜索检查体制

### 一、现场搜索检查的定位

#### (一)现场搜索检查定位①

现场检查指的是:在现场勘查过程中,“以发现应受拘捕之人或应受扣押之物(犯罪证据或应得没收之物)为目的”,②对现场周围的场所、住宅以及犯罪嫌疑人、第三人的身体等进行搜查、检查的一种勘验方法。现场搜索是指在现场勘查过程中,为了发现、寻找遗留于现场外围的与犯罪有关的痕迹、物证或尸体,查获犯罪嫌疑人,由侦查人员组织进行的一项具体侦查活动。

---

① 本书并不严格区分“现场搜索”、“检查”、“搜查”等术语之间的异同及其法律规范。“搜查”的本意是“搜索检查”既包括“搜索”又包括“检查”。因此将“现场搜索”认为是“搜查”,这种侦查措施的重要组成部分的观点似乎是合乎逻辑推理的必然结果。但《刑事诉讼法》规定:“为了收集犯罪证据、查获犯罪人,侦查人员可以对犯罪嫌疑人以及可能隐藏罪犯或者犯罪证据的人的身体、物品、住处和其他有关的地方进行搜查。”在我国现行权威法律规范中“搜查”和“勘验”、“检查”并不是相互包容的内容。“现场搜索”作为勘验、检查过程域现场勘查过程中的主要内容基于以上法律规制,“现场搜索”与“搜查”理应存在明显的不同。参见傅晓海:“‘现场搜索’概念辨析”,载《公安研究》2010年第4期。

② 林钰雄:《搜索扣押注释书》,台北,元照出版有限公司2001年版,第22页。

按照搜索检查的对象不同,可以将之划分为搜索检查“人”(犯罪嫌疑人)和搜索检查“物”(物品、痕迹、尸体)两大类。在搜索检查“人”的过程中,可以按照搜索检查地点将之分类为室内搜索检查和露天搜索检查;在搜索检查“物”的过程中,可以按照天气条件的不同分为昼间搜索检查和夜间搜索检查。①

**(二)现场搜索检查行为特征**

1. 主体的协作性

现场检查搜索的顺利进行需要各方主体的配合,在侦查人员的配备上,应注意新老分配,专业知识、技能好的和差的分配,以达到以老带新,以好带差,注重协作。

2. 目标的不确定性

在进行现场检查和搜索的时候,侦查人员是带有“盲目性”的,不知道将要搜索到什么样的证据或物品,但肯定是要搜索与案件有关的证据材料。

3. 手段的侵犯性和综合性

(1)多半侵犯公民的居住权、财产权和隐私权,多采取进入(住宅)、搜寻(翻箱倒柜)、检查(过滤所发现的物品),突击性公开进行。

(2)对人的检查,寻找身体表面(口腔、耳穴在内的身体自然洞穴)和随身所藏匿(衣物口袋)的证据或物品。

**(三)现场搜索检查的主体**

现场搜索检查主体当然为侦查人员。广义上的犯罪现场搜索检查人员不仅包括侦查人员,也当然包括了技术人员。② 对于一些特殊的案件,特别是随着互联网技术案件的增加,现在的案件已经不仅仅局限于传统的现实场景,有时候需要寻找真正的案发地,以及对现场进行搜索。在这种情况下,传统的侦查人员可能因为自己专业条件的限制,而不能对搜索中的细节有很好的把握,需要技术人员参加进来。《刑事诉讼法》第126条明确规定:“侦查人员对于与犯罪有关的场所、物品、人身、尸体应当进行勘验或者检查。在必要的时候,可以指派或者聘请具有专门知识的人,在侦查人员的主持下进行勘验、检查。”因此,对于现场搜索这种技术性的侦查活动需要技术人员加入进来,但要在侦查人员的领导和指挥下做好各方面的协调工作。

**(四)现场搜索检查目标**

现场搜索检查应明确搜索的目标,这样才能有的放矢。搜索检查目标的确定主要根据侦查工作和勘验工作的需要。现场搜索检查的目标主要有:

---

① 傅晓海:“论现场搜索的方法”,载《贵州警官职业学院》2012年第1期。

② 同上。

1. 发现犯罪嫌疑人在现场周围的行踪。

2. 发现尸体、尸块以及其他人体组织。

3. 发现犯罪行为人遗留在现场周围的痕迹物品(工具、赃物)。

4. 发现犯罪行为人来去现场的路线(长短脚印、打横脚印)。

5. 发现并拘捕隐藏在现场、尚未走远的犯罪嫌疑人。

6. 发现被检查人身体所藏匿的物品以及人身特征。

### (五)现场搜索检查的任务

现场搜索检查的任务,因案件具体情况不同而有所差异。一般来说,主要有以下几个方面:

(1)搜索可能隐藏或丢弃在现场周围的赃物、作案工具、血衣及其他罪证。

(2)寻找犯罪行为人在现场外围活动的踪迹,如曾经逗留、窥视,伺机作案的场所等。

(3)寻找、发现犯罪行为人来去现场的路线及遗留下的相关痕迹。

(4)寻找、发现并盘查可疑人员,从中发现犯罪嫌疑人。

(5)搜寻、缉捕在现场附近隐藏或未及远逃的犯罪行为人。

(6)搜索、寻找被害人的尸体、尸块或其他人体组织、器官等。

### (六)现场搜索的实施条件

现场搜索是指在现场实地勘验的过程中,为了寻找、发现遗留于现场外围的与犯罪有关的痕迹、物品、尸体、尸块及隐匿的犯罪嫌疑人而进行的一种查缉活动。现场搜索主要针对犯罪现场中的外围现场,通过扩大搜索以找到逃跑中的犯罪嫌疑人,犯罪嫌疑人可能留下的痕迹、物品等。现场搜索的范围往往比较大,而且面临多种复杂的情形,因此需要制定预案,以应对突发情况。还需"因地制宜",对外围现场进行事先了解,以判定该区域的地理环境是否适合继续进行搜索,并及时组织足够的警力进行搜索。在搜索过程中,要服从指挥,听从命令,切忌单独行动,不能随意扩大或缩小搜索范围。搜索时,对于可能涉案的物品,及时予以收集、固定,不能提取的拍照保存。同时,需要各方密切配合,注意搜索的方法。对于专业性的问题及物证的勘查,要及时请教专业技术人员。

## 二、现场搜索检查的要求

现场搜索检查是一项十分艰苦细致的工作,有时会遇到许多意想不到的困难,甚至会遭遇到危险,如犯罪嫌疑人行凶拒捕、野兽的袭击等。因此,现场搜索检查不能盲目进行,必须遵守以下要求:

### (一)区别情况,因案制宜

现场搜索是现场勘查中经常使用的一项侦查措施,但并不是每一个现场的勘查都要实施现场搜索,而应根据案件的具体情况和现场的具体情况,因案制宜,才能使搜索真正发挥其应有的作用。对于案情和现场环境需要、具备搜索条件的,则应及时组织力量展开搜索,对于不具备搜索条件或没有必要进行搜索的,则不必展开搜索,以免浪费人力、物力。

一般来说,对于发生在野外,如农村、山林、旷野等环境中的刑事案件,其现场范围往往较大,犯罪行为人活动的区域也相对较大,留下痕迹、物证的概率较高,而且这些地区一般人烟较为稀少,痕迹、物证不易受到破坏,对其实行现场搜索,往往能发现、获取有价值的证据和线索。此外,对于发生在市区繁华地段、公共复杂场所的案件,若报警及时,赶赴现场迅速,分析犯罪嫌疑人可能尚未远遁或极有可能隐藏于周围某处所的,也可及时开展现场搜索,以发现、抓获犯罪嫌疑人。某些类型的犯罪案件,如爆炸案件,有价值的痕迹、物证分布范围较广,现场搜索就显得十分必要。

**(二)正确指挥,密切配合**

指挥人员在安排现场搜索时,要做到心中有数,对搜索范围、地段、顺序必须是在基本了解现场情况的基础上予以确定,不能随意地指定搜索范围,更不能由搜索人员自行决定搜索范围。现场搜索人员必须听从指挥人员的安排,认真负责地完成所分配的任务,切忌自行决定搜索范围,擅自扩大或缩小搜索范围。

整个搜索过程中,要特别注意相互之间的密切配合。现场搜索往往有许多人员参加,既有侦查人员,也有一般的保卫干部、治安积极分子、街道居委会人员和群众,这些人员的专业技能、工作水平、敬业精神以及自身的能力都不相同。因此,在安排搜索时,首先应根据他们专业、技能水平的具体状况,对搜索人员进行合理搭配,以确保搜索的质量。具体搜索时,搜索人员应着警服或带上容易识别的醒目标志,某些情况下应事先规定联络信号及应急措施,注意互相配合、互相呼应,遇到疑难地段或问题,应立即请示侦查人员。

对于某些犯罪现场的搜索,在搜索开始之前,现场勘查指挥员可对参加搜索的人员进行简短的集训,讲明搜索的对象、目的、方法、要求和具体的操作规范。

**(三)认真负责,严密彻底**

现场搜索一般范围较大,尤其是野外山林,现场障碍物多,地形地物复杂,如果思想上未引起高度注意,马马虎虎,不仅难以发现有关痕迹、物证,还可能受到犯罪行为人的突然袭击,造成人员伤亡。所以,搜索人员必须有严格的组织纪律观念,一切行动听指挥,对于所负责的地段范围内的各种地貌地物、各种处所,进行严密彻底的搜索,不放过任何蛛丝马迹。任何马虎和草率都可能导致痕迹、物证的遗漏,特别是在搜捕犯罪嫌疑人时,更应提高警惕,严密注意,以防犯罪嫌疑人乘机逃跑或拒捕行凶。

## 三、现场搜索检查的步骤

一次完整的现场搜索检查工作应包括以下几个具体步骤：

### (一)准备工作

适当而有效的准备工作是顺利、圆满地完成现场搜索检查工作的重要前提，准备工作的好坏，会直接影响到搜索检查工作的质量。一般来说，准备包括以下几项具体内容：

1. 明确现场搜索检查的目的

现场搜索检查的目的，即通过现场搜索所要着力解决的问题。作为现场搜索人员要胸中有数，本次搜索是抓捕犯罪嫌疑人，还是查找凶器、犯罪工具或是寻找被隐藏或掩埋的赃物，都必须事先明确。明确现场搜索的目的，搜索起来才会有的放矢，具有针对性。当然，在现场搜索中，除了要重点注意事先明确的目的以外，还要顾及一些事先没有想到的问题，注意扩大“额外收获”。

2. 确定参加搜索检查的人员

在搜索人员的选择、确定上，应把握好以下几个方面：一是尽量选派具有现场搜索经验或参加过现场搜索专门训练的人员参加。二是根据现场需搜索地域的大小、复杂程度，即搜索实际情况的需要确定参加搜索人员的数量。三是注意优化参加搜索的人员结构。四是凡是与案件有涉人员，不得参与搜索，以防其破坏、隐匿或伪造某些证据。

参加现场搜索的人员除了侦查人员外，可以聘请专门知识技术人员包括警犬专家、谈判专家等，必要的时候应调集公安、武警、民兵和联防人员参加。

3. 根据需要准备搜索器材

现场搜索需要一定的物质条件，一般来说，常用的搜索器材有：通信工具，以保持随时联络之用；照明器材，以保证搜索照明所用；照相、摄像器材，以便在发现痕迹、物证时固定、提取痕迹、物证；打捞、探测器材，以便对某些地域、水域的痕迹、物证打捞探测；必要的痕迹、物品提取器材，如粉末、胶纸、荧光灯、手套等，以供提取痕迹、物证所用；在范围较大的密林搜索时，应带上指南针、地图、帐篷、食品等器材物品，搜索人员还应带上必要的警械和武器，以防不测。尤其在夜间进行搜索时更应特别注意，保障自身安全。

### (二)确定搜索检查范围和重点，了解目标的特征

搜索工作开始之前，搜索人员必须了解搜索的范围和搜索的重点，尽可能掌握搜索目标的有关情况和特征，以便寻找、发现这些目标。例如，对犯罪嫌疑人的

搜索,应了解其人数及体貌特征,以及是否有搏斗伤痕,伤口是否流血,是否携带枪支、刀具等凶器;又如,对赃款赃物的搜索,应事先查明赃款赃物的种类、名称、数量、形状、大小、用途、颜色、新旧程度,有无特殊标记或暗记等。总之,了解搜索的范围和搜索的重点,掌握搜索目标的有关情况和特征,有利于选择正确的搜索方式方法。

由于人和物的本质不同,在对人和物的搜索应分别抓住搜索的重点:

(1)人:(城市)公园、车站、码头、仓库、居民楼、房顶、垃圾箱;(农村)山林、涵洞、柴草堆、屋顶、地道、山洞等。

(2)物:(城市)厕所、垃圾箱、花草丛、绿地、喷水池;(农村)田野、沟渠、粪坑、墙头、角落。

### (三)实施搜索检查

实施搜索,即开始具体的搜索工作。搜索人员按划定的搜索范围和每人或每组所分配到的地区区域,采用一定的方法,开始寻找发现痕迹、物证及其他与犯罪有关的事物。

### (四)结束搜索检查

这是搜索工作的最后一步。是否结束搜索应由搜索指挥人员作出决定,指挥人员应根据现场搜索的时间和结果,决定是否结束搜索。结束搜索具体包括以下几项工作:一是汇总各搜索小组或人员的搜索情况。各搜索小组和搜索人员要将自己在搜索过程中所发现的痕迹、物证,疑人疑事和有关情况进行汇报,由指挥人员统一进行记录并酌情处理。二是提取并保存在搜索过程中发现的痕迹、物证。

## 四、现场搜索检查的方法

在犯罪现场及其周边地区进行搜索检查,应根据搜索目标和范围、搜索地点的地形及参加人员的情况而定。通常情况下,搜索的方法包括辐射式、收缩式、螺旋式、分段分片式、条幅式、夹击式、折返式、网格式。① 由于缺乏相应的法律规制、具体的技术标准,以及贯彻落实的人力、物力条件和训练准备,除了非常苛刻的现场地理环境条件等个别情况外,对于复杂多变的犯罪现场、不同的搜索对象以及千差万别的现实条件而言,大多情况下侦查人员采用单一的搜索方法是不现实的,需要综合交叉使用上述搜索方法。以下就一些较为常见的搜索方法作简单介绍:②

---

① 傅晓海:"论现场搜索的方法",载《贵州警官职业学院》2012 年第 1 期。

② 郝宏奎著:《犯罪现场勘查》,中国人民公安大学出版社 2006 年版,第 93 页。

**(一)单向推进(strip method)**

这种方式是指搜索人员向目标形成一行,同时向前推进搜索。这种方法一般适用于,面积比较宽广的野外。

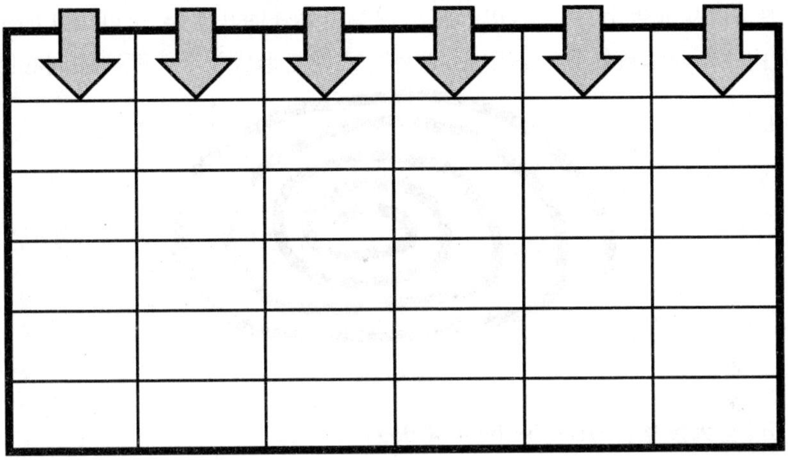

图 8－1

**(二)双向推进(grid method)**

该方式也称夹击式搜索法,这种方式多适用于面积较大的野外或狭长的地带,如大面积农田、山林、丘陵、胡同、公路、河道等。搜索人员分成两组,从搜索地带两端同时向中心部位搜索,这样就可以加快搜索的速度。

**(三)分片分段(zone method)**

这种搜索方法就是把整个搜索区域划分成面积相等的若干区域,然后指派不同的搜索小组分别搜索不同的区域。

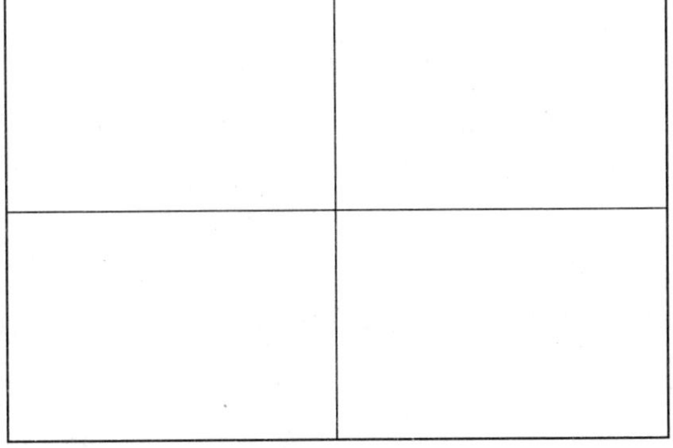

图 8－2

**（四）螺旋式推进（spiral method）**

该方式有时也被称作环形方式或圆形式搜索法，在较小区域运用很有效，但是，当环与环之间的距离太宽时，则有忽略和遗漏掉物证的可能，在搜索的过程中，一般可以从搜索中心开始，以等距离宽度向外延铺开搜索，也可以从搜索范围外延向内逐渐收缩旋转到搜索中心，这种方式就是形成一个等距离的同心圆。

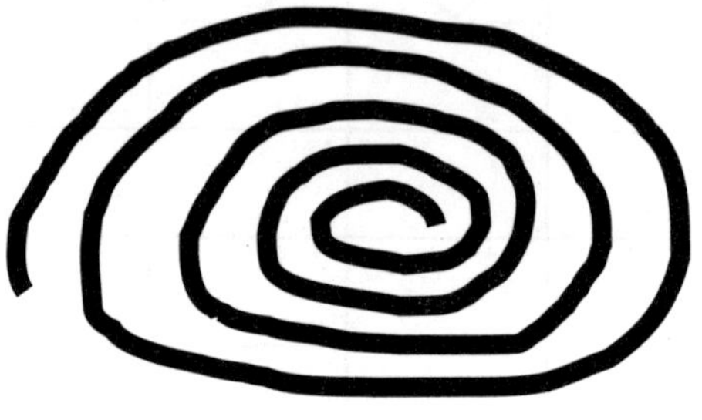

**图 8－3**

**（五）警犬搜索（search by help of dog）**

警犬是经过专门训练用于侦查的一种工作犬。经过严格挑选、专门训练的警犬，具有高度发达的神经系统，具有灵敏的嗅觉和精确的气味分析能力、敏锐的感觉和分辨能力。利用警犬敏锐的嗅觉可以进行气味鉴定、追踪犯罪嫌疑人、搜索物证、爆炸物品和毒品；警犬良好的驰骋力和凶猛，对于搜索犯罪嫌疑人，搜索尸体、尸块和各种物证，鉴别犯罪嫌疑人等具有重要作用。① 警犬在现场搜索物证中发挥非常重要的作用，具体表现在以下几个方面：②

1. 利用警犬搜索获取物证

警犬追踪的方向为警犬搜索物证提供了准确的搜索范围。无论警犬追踪的使用结果能否直接追到犯罪嫌疑人或有用物证，要对已确定的犯罪嫌疑人逃跑路线的周围进行警犬物证搜索。

2. 利用警犬鉴别与搜索相结合提供案件的侦破范围

首先，通过警犬搜索而获得的物证，可以为警犬鉴别提供可靠的嗅源条件。其次，利用警犬对犯罪嫌疑人可能活动的重点地方搜索作业，进行排查，可以缩小了侦查的方向。

3. 人犬结合获取物证

侦查人员的搜查和警犬搜查都会有盲区，可以采用人犬相结合的工作方法。

---

① 李红霞："浅析现场访问对现场搜索的作用"，载《湖北警官学院学报》2011 年第 11 期。

② 徐世辉、廉立东、顾春义、夏璐："人犬结合在刑事现场搜索物证的应用"，载《中国工作犬业》2008 年第 8 期。

由于受搜索环境及特殊条件等因素的制约，警犬无法搜查到的地方，带犬民警及现场专门负责人员要对该区域进行搜查，特别是警犬明显反应的重点地方更要仔细搜查。

**（六）夜间搜索（search in night）**

在夜间，由于光线的限制、气候的变化、水文潮汐波动等，在该时间段进行的搜索检查与昼间搜索检查有较大差别。需要在照明设备、联络信号、人员组织、交通工具、取证设备等方面进行充分准备。

**（七）大范围露天现场搜索（search in a big open space）**

在传统侦查过程中，涉及大范围、大规模的搜索行动时，往往通过走群众路线，广泛动员民众参加侦查活动。随着信息通讯技术的发达、视频监控技术的成熟和交通科技的发展，有些经济发达的国家和地区在犯罪现场搜索取证中引入了具有较高科技含量的技术成果。例如，中国南京地区的刑事案件侦查中引入了无人机参与犯罪现场搜索，甚至还成立了无人机警务组织。诸如上海、北京、深圳等地区的公安机关纷纷成立直升飞机警务队，参与针对犯罪嫌疑人的搜索工作。

## 第五节　犯罪现场勘查中的实验

### 一、侦查实验学理定位

**（一）侦查实验的概念**

侦查实验是指在侦查过程中，为了查明案情，证实与犯罪有关的某一事实、情节、现象在一定条件下能否发生或者是怎样发生的，某一情况是否属实，而采取模拟的方法，使原有现象、情节、事实、情况按照原有条件加以重新演示的一种侦查措施。《刑事诉讼法》第133条第1款规定“为了查明案情，在必要的时候，经公安机关负责人批准，可以进行侦查实验”为其提供了法律依据。

**（二）时间的特殊性**

现场实验既可以在实地勘验阶段进行，也可以在后续程序中在原地进行。

**（三）目标的验证性**

现场实验的目标就是要：

1. 验证现场访问对象的陈述是否可靠。

2. 验证犯罪嫌疑人的供述是否真实。

3. 验证现场上某些时间、现象能否发生。（1）确定现场上的某种事物、痕迹或现象是在什么时间形成的。（2）确定现场上的某种事物、痕迹或现象的形成过程和条件。（3）确定某人是否能在特定的时空条件下完成某些行为。（4）确定犯罪行为人的个人特征(体重、特殊技能)。

## 二、侦查实验行为特征

### (一)侦查实验实施主体特定

侦查实验作为一项具有一定危险性的法定侦查措施,因此其实施主体必须是有侦查权限的侦查人员。当然,在实验过程中还有可能有见证人、证人、被害人等的参与,但其指挥主体一定是侦查机关,具体操作者可以根据案件需要的情形来邀请具有特定专业知识和能有预见及有效防止危险发生的实施者。

### (二)实施规则特定

侦查实验是为侦破案件提供线索和思路以及帮助查明案件事实服务的,同时侦查实验又具有相当的专业性,因此需要严格遵守特定的规则。在进行危险性的实验时,需要按照一定的步骤及操作章程操作。

### (三)批准程序特定

侦查实验自身的特殊性决定了其可能侵害多个主体的利益,因此侦查实验的实施需要格外慎重。按照我国《刑事诉讼法》的规定,侦查机关进行侦查实验,必须经过县级以上公安机关局长批准。

## 三、侦查实验的作用

### (一)辨别言词证据的真伪

被害人的陈述、证人证言及犯罪嫌疑人的供述和辩解都属于主观层面的书证,由于记忆的遗忘、主观目的的不同,使这些证据的可信度尚存疑问。因此,这些证据通常不能单独定案,需要结合其他客观证据相互印证。而作为侦查实验具有较强的客观性,因此可以用来判断真伪。通过侦查实验来审查证人证言、被害人陈述、犯罪嫌疑人供述和辩解是否符合实际情况,是否客观真实,能否作为定案依据的有效方法,可以为侦查人员判别案情、认定案件事实提供可靠的依据。

### (二)有利于侦查人员准确判断案情

随着科技的发展,犯罪嫌疑人作案手段的复杂性提高以及反侦查能力的提升,使得侦查破案的难度越来越大。为了及时破案,就必须采用灵活多样并且效率高的侦查措施。而侦查措施的采取在绝大多数情况下就需要对案情进行准确的判断,侦查措施能够很好的根据案件的已知信息进行模拟来判断案件,对于其他侦查措施的准确适用提供了依据,也在很大程度上提高侦查工作的效率,为破案案件节约了宝贵的时间。

### (三)有利于侦查法治化的进程

侦查实验不仅对于个案的判断起着至关的重要作用,从宏观意义层面上说,更能推动侦查的法治化进程。从程序上来说，侦查实验和各种法定的侦查措施都有着严格的适用标准。对于司法公正而言，侦查实验对于可能刑讯逼供的案件，也可以进行印证，有利于案件的顺利、及时破获，让群众对法律的公正充满希望，弘扬法治理念。

## 四、侦查实验的规则

### （一）条件一致原则

1. 现场实验应尽可能在原地进行，但是如果在原地实验的条件已经不具备或不宜在原地进行（如爆炸实验），应另选适当地点，模拟现场条件进行实验。

2. 现场实验应尽可能在与原时间条件相一致的情况下进行。

3. 现场实验应尽可能在原自然条件下进行，现场实验的自然条件直接影响实验的结果。如果自然条件不一致，就很难根据实验的结果，对受检事件或现象能否发生的问题做出正确判断。

4. 尽可能使用原有物品和工具，以保证实验结果的正确性。如果原有的物品、工具已经损坏，无法使用，或者在实验中使用原有物品和工具，将使其遭到破坏，不能恢复原状，今后无法对其进行鉴定，则应选取尽量与原物相同或相近的物品工具进行。

### （二）反复验证原则

为避免实验中的偶然性，保证实验结果的准确性和可行性，现场实验应坚持在同一条件下反复进行实验和变换条件反复进行实验。对同一情况，在相同的条件下，必须进行两次以上的实验，通过实验结果的稳定性来确认结果的可靠性。通过条件的不断变换来认定使这种事实和现象发生或不发生需要具备哪些具体条件，从而对该事实和现象是否发生做出判断。

### （三）法律底线原则

现场实验必须是为了检验，核实证据和查明案情，而且必须在必要的时候，即在采取其他方法达不到目的时，才可以进行。现场实验必须经过公安局准，不能随意或擅自进行。在现场实验的过程中，严禁一切足以造成危害人身健康、侮辱人格、有伤风化的行为，反对不择手段地进行实验。

## 五、实验记录

### （一）实验记录概念

现场实验记录是具有法律效力的重要证据之一，要根据实际情况，把每次实验的过程和结论，全面、准确、详细、无遗漏地用文字、照相、录像、录音、绘图以及制作模型等不同形式记录下来。

**(二)现场实验笔录的特征及内容**

1. 单独制作笔录,可作为证据使用。

2. 实验记录的方式是多种多样的,可以采用笔录、照相、绘图、录像、录音、制作模型等。

3. 现场试验内容:

(1)案件的基本情况,主要记录案件发生的时间、地点、经过,以及了解的案情。

(2)案件的目标和内容,主要记录现场实验主要是针对何种事实、情节和对象实验的,以及要解决什么样的问题。

(3)实验的条件、过程和结果,这是笔录最核心的部分,详细记录实验的全部情况,在什么时间、什么地点、参与的人员、实验的条件、实验的方法以及实验的次数等内容。

(4)其他事项和参与人员签名,主要记录现场实验的起止时间、核对笔录的情况。凡是参加实验的人员,都要在笔录上签名或盖章。

## 六、对实验结果的评断

**(一)可靠性**

1. 综合考虑实验的客观条件与原发时间的一致性

分析研究现场实验的结论产生的条件是否与案件的真实情况相符合,实验结论是否是现场实验的必然反映。如果条件完全相同,得出的结论又是肯定的结论,那么这种实验结论是可靠的。如果两者的条件有重大差异,得出的结论也是肯定的结论,可能是一种巧合,只能证明这一现象或事实可能存在,实验结论是不可靠的,没多大参考价值;如果两者的条件有重大差异,得出的结论是否定的结论,实验结果不但不可靠而且没有任何参考价值。如果某些细节不吻合,但实验结论是肯定的,应查明细节不吻合是否影响实验结果的可靠性。

2. 把实验结果与已收集的证据、已知的整个案情对照

如果实验结果是科学的、正确的,则必然与已经收集的证据和已知的案情相互印证,与收集的证据形成一套完整的证据体系,从不同角度共同证明案件中的某种事实,体现了其与其他证据的一致性;如果实验结论与其他证据和已知的整个案情发生矛盾,就应进一步研究原因,认真核实甄别。

3. 审查重复进行的实验结果之间的异同

如果反复进行同一实验而结论相同,说明这个结论的出现不是偶然的巧合,而是原事件在这种条件下的必然结论,实验结果是可靠的;如果通过反复进行同

一实验，得到了多种不同的结论，这种实验结论没有参考价值，必须进一步查明产生差异的原因。

4. 考虑个人生理、心理等方面的不确定因素对实验结果的影响

如果进行现场实验是为了验证某人的心理和生理素质，就必须考虑一切可能对该人生理和心理状况产生影响的因素。事实上，许多现场实验之所以得到否定的结论，是由于人为条件发生变化所致。同时，原事件中的许多行为也可能是当事人在恐惧、绝望、愤怒等强烈情感的刺激下，身心潜力超常发挥的结论。以他们参加现场实验时的心理状态，要完全再现这些行为显然是很困难的，甚至是不可能的。凡是遇到类似情况，不应轻易下结论。

**（二）区分不同性质的实验结果**

1. 肯定性试验结果——为推测性结论提供基础

肯定性的结论表明，被验证事件在特定条件下确实可以发生，具有发生的可能性。但是这并不表明该情况实际上确实发生过。该种情况是否确实存在，还要结合其他证据作进一步的审查。因此现场实验的肯定结论只能对所审查的问题作出推测性的结论。

2. 否定性试验结果——排除某种可能性

否定的结论表明被审查的事实不曾发生过，而且也没有发生的可能性。显然，真实可靠的否定性结论证据意义较大，对于甄别陈述或供述的真伪、确定事件的性质具有十分重要的意义。

## 第六节 犯罪现场勘查中的复验

### 一、现场复验定位

**（一）现场复验**

对已经勘验过的犯罪现场，由侦查人员依法再次进行勘验、检查的一项侦查活动，是对现场勘验工作不足的补充和延续。

**（二）负责实地勘验的侦查部门组织**

现场复验和现场勘验的对象是同一犯罪现场，是为同一案件服务的，因此，现场复验应由负责勘验的侦查部门组织实施。复验的人员可包括本部门、本地区的侦查人员，邀请的其他地区和上级公安机关的侦查人员，聘请的有关部门具有专门知识和技术的人员，以及检察院派来的人员。复验人员必须具备较高的业务水平、相应的技术设备。

**（三）与现场勘查相比体现出如下特点**

1. 时间上，往往在立案之后，而勘查往往在立案之前。

2. 范围上，复验往往范围比较小，只针对重点和疑点现场；勘验则针对全案进行。

3. 目的上，复验是为了解决某些疑点，查证、核实某些情况；而勘验则是为了全面发现、收集与犯罪有关的一切痕迹、物品和现场现象。

## 二、现场复验启动

### （一）人民检察院要求

《刑事诉讼法》第132条规定："人民检察院审查案件的时候，对公安机关的勘验、检查，认为需要复验、复查时，可以要求公安机关复验、复查，并且可以派检察人员参加。"当人民检察院在审查案件时，认为公安机关的现场勘验有不足和失误，或是为了查证、核实某些情况而需要进行现场复验时，可以要求公安机关进行复验，并可以派员参加。而公安机关应当及时组织人力、物力，进行复验、复查，并通知人民检察院派员参加，及时向检察院反馈现场复验、复查的有关情况和结果。

### （二）侦查工作需要

除了人民检察院提出复验要求外，公安机关侦查部门也可以经常根据侦查工作的需要进行现场复验，主要有以下几种情况：

1. 实地勘验的结果与其他侦查途径所获得的情况有较大差异

当出现实地勘验的结果与其他侦查途径所获得的情况有较大差异时，应当进行冷静的分析并作出积极的反映。这种现象出现的原因可能是因为勘验结果正确而其他侦查途径获得的材料有问题，也有可能是因为其他途径获得的材料正确而现场勘验结果有问题，当然也可能是勘验结果和其他途径获得的材料都有问题。在没有查明这种差异的出现属于哪种情况时，应一方面查证其他途径获得的材料，另一方面应进行现场复验。

2. 有关当事人或家属对案件定性不服

公安机关的职责是保护人民、打击犯罪，侦查部门在侦破刑事案件时，应做到不枉不纵。在案件侦查终结后，如果犯罪嫌疑人或被告人或其家属对案件定性不服，多次要求公安机关重新审查和侦查的案件，甚至多次上访，则应实事求是地审查案件，做好相应的侦查工作，包括现场复验。

3. 案情复杂，现场疑难问题较多（会诊案情）

对于案情复杂、现场疑难问题较多的刑事案件，往往要采用会诊的侦查方法，现场复验是会诊的基础性工作之一。通过现场复验，或查证、核实现场勘验的一些情况，或弥补现场勘验的不足，或纠正现场勘验的失误，为会诊案情提供科学的基础条件。

4. 实地勘验所获取的线索和证据不足,后继侦查行为要求继续勘验

随着侦查活动的深入,可能会发现现场勘验所获得的线索和证据不足。如由于勘验器材的限制,现场遗留的痕迹物品误认为不是犯罪痕迹物品或以为价值不大而没有提取等。这样,就可能对后继侦查中的进一步分析案情、串供案件和刻画犯罪嫌疑人特点带来困难,同时也对现场复验提出了要求。

5. 侦查工作陷入困境

在实际的办案工作中,如果所有掌握的线索已全部被查证与犯罪无关,那么往往使侦查工作陷入困境,似乎"山重水复疑无路"了。怎样才能打开侦查局面,实现"柳暗花明又一村"呢?除了在思想上树立信心,调整侦查方向、侦查措施外,往往还需要进行现场复验。通过更深入地对犯罪现场进行勘验,可能会发现新的犯罪痕迹物品,掌握新的侦查线索。

## 三、现场复验使用

### (一)现场复验所获得的结果和材料,应及时与实地勘验所获得的材料进行比较

现场复验要对重点需要勘查的部分进行勘验,或者作为补充或者为了验证某种猜测或者为了解释存在的矛盾。因此,在复验过程得出的结果一定要与初验进行比较,才能更好地服务于侦查活动。

### (二)对差异部分,要做深入地分析、研究和检验

要格外注重勘验和复验结果之间的差别,仔细分析产生这种不同的原因。究竟是初验的结果或复验结果的问题,还是随着现场环境、温度以及其他情况导致的结果的变化。对差异部分进行细致的分析往往能找到初验中忽视的重要证据从而弥补之前产生的错误。

# 第九章　犯罪现场勘查取证体制[①]

现场痕迹、物证中客观记录了大量的犯罪活动信息。痕迹、物证的取证作为现场勘查中一项重要任务，有助于获取诉讼证据，保障刑事诉讼活动的顺利运行。勘查人员应当及时、合法、准确、完整地收集现场的痕迹与物证，获取一切能够证明案件真实情况的物质性客体。

## 第一节　现场痕迹、物证概述

### 一、现场痕迹、物证的概念及分类

#### （一）现场痕迹、物证的概念

现场遗留的痕迹一般指由于人身、物体等造型物在现场上的活动，而在客观存在的物质性客体上形成的能够反映出与造型体自身存在联系的一切物质性变化形象。包括反映形象痕迹、整体分离痕迹以及动作习惯痕迹等。广义的物证范畴可将现场遗留的痕迹全部包含在内。然而在勘查实践中，现场上遗留的物质性客体除痕迹之外，还包括法医物证、微量物证等现场遗留物。综合以上的分析，现场痕迹、物证系指案件侦查过程中从现场上依法收集，与案件有关联的，能以其结构特征、所载内容或者物质属性证明案件真实情况的一切物质性客体。

#### （二）现场痕迹、物证的分类

1. 与人身有关的痕迹、物证。作案人在实施犯罪的过程中，会在现场遗留下与人身有关的各类痕迹、物证。

---

① 本章内容的完成离不开沈臻懿博士的大力帮助和支持，在此表示诚挚的谢意。

此类痕迹、物证主要包括手印、足迹、牙印、耳纹、唇纹、毛发、血迹、精斑、唾液、粪便等。手印、足迹、牙印、耳纹、唇纹等痕迹的形成必须符合造型体、承受体以及作用力三要素，属于反映形象痕迹。其中手印、足迹在犯罪现场中的出现频率极高，根据这两类痕迹可以对人身进行同一认定，往往成为现场勘查中需要重点进行发现和提取的物质性客体。毛发、血迹、精斑、唾液、粪便等与人体有关的分泌物、呕吐物、排泄物以及器官组织，则属于法医物证的范畴。毛发、血迹以及精斑等较多出现在凶杀、强奸案件中，往往可以起到直接认定作案人的作用。

2. 与物体有关的痕迹、物证。作案人一般会借助工具实施犯罪，这类物体在使用的过程中会在现场遗留下各种痕迹、物证。此类痕迹、物证主要包括：工具痕迹、枪弹痕迹、车辆痕迹以及整体分离痕迹等。工具痕迹在各类犯罪现场中出现频率极高，特别是盗窃现场中几乎都有工具痕迹存在。常见的工具痕迹有撬压凹陷痕迹、打击凹陷痕迹、剪切线形痕迹以及擦划线性痕迹等。枪弹痕迹主要集中在涉枪类案件中，主要由枪痕、弹痕以及射击附带痕迹三部分组成。车辆痕迹在驾车肇事逃逸案件最为常见。其他性质的案件，如盗窃机动车辆案件中有时也会出现车辆痕迹。整体分离痕迹按分离的状态，可以分为断离痕迹以及脱离痕迹两类。案件侦查中，整体分离痕迹对查明事实真相具有一定的证据价值。

3. 遗留在现场的物质、物品。作案人在实施犯罪中，会有意无意地在现场遗留下大量的物品与微量物质。常见的遗留物主要包括犯罪工具以及油漆、纤维、土壤等微量物证。作案工具是侦查破案的最重要的物证，一经发现，必须采取适当方法提取保管，并对作案工具进行有关的处理，以发现是否有手印、血迹或其他微量痕迹、物证。① 现场中遗留的微量物证，由于体小量微而不易为作案人所察觉。即使作案人意识到微量物证的存在，作案后也难以彻底破坏和销毁。因此，在现场勘查中应当重视对微量物证的发现和提取，这类物质对案件的侦破工作往往起到极为关键的作用。

## 二、现场痕迹、物证的作用

现场痕迹、物证的取证，可以为案件侦查工作提供破案线索及诉讼证据。勘查人员对于现场痕迹、物证的发现、提取、处理、保全等过程是否及时、合法、准确，直接影响到现场痕迹、物证在案件中所起的证明作用。侦查人员、勘查人员应当重视现场痕迹、物证在侦查破案中的价值，确保现场痕迹、物证在案件中具有重要地位。现场痕迹、物证在刑事案件侦破工作中的作用主要体现在以下几点：

---

① 郝宏奎主编：《犯罪现场勘查》，中国人民公安大学出版社2006年版，第97页。

### （一）为案件定性提供客观依据

案件发生以后，通过勘查人员对现场痕迹、物证的勘验，可以初步判定案件的性质。例如，现场中获取的尸块、血迹、凶器等痕迹、物证，可以判明所勘查的现场发生过凶杀犯罪的事实；银行门窗破坏痕迹、保险柜撬压痕迹、地面上散落的货币等可以证明所勘查的现场发生了盗窃犯罪的事实。侦查人员根据现场痕迹、物证勘验的结果，可以判明案件的性质，从而决定是否予以立案侦查。

### （二）为刑事诉讼提供法定证据

现场勘查工作除了应当正确查明现场上所发生的案件事实，还应当全面收集与刑事诉讼有关的各类证据材料。《刑事诉讼法》第48条规定："可以用于证明案件事实的材料，都是证据。"现场勘验中提取的痕迹、物证经查证属实能够作为定案的依据，即成为物证、书证、视听资料等法定证据类型。勘查人员在现场上发现、提取的各类痕迹、物证，是刑事诉讼证据中的重要组成部分。

### （三）有助于确定侦查方向

作案人在犯罪现场往往遗留有较多的痕迹与物品，如手印、足迹、工具痕迹、犯罪工具以及微量的油脂、涂料、金属微粒等。通过发现、提取并分析作案人时遗留在现场的痕迹、物证，可以为侦查工作的开展提供方向和线索。例如，对于连续发生的多起盗窃电缆案件中提取到的痕迹、物证进行分析，判断这些案件的作案手段是否存在稳定的特征，从而为串并案提供依据，有助于确定案件侦查方向，缩小侦查范围。

### （四）有助于查找、发现作案人

现场勘查中，通过对发现、提取到的各类痕迹、物证进行分析与判断，可以推断出有关作案人的详细信息。例如，通过分析作案人遗留在现场的工具痕迹特征以及犯罪工具种类，可以推断出作案人使用工具的熟练程度以及职业特征等信息；通过分析作案人遗留在现场的足迹，可以推断作案人的性别、年龄、身高、步行姿态、腿脚是否有残疾、疾病等个体信息。分析作案人的人身特点，对及时查缉、堵截，迅速查找、发现作案人具有重要的意义。

### （五）有助于认定作案人、作案工具

现场勘查获取的痕迹、物证，有时需要进一步检验与鉴定。运用同一认定的理论，可以在鉴定的基础上利用现场痕迹、物证直接认定作案人与作案工具。例如，对于现场遗留的手印、赤脚印、唾液等进行鉴定，可以直接认定遗留痕迹、物证的人；对于现场遗留的工具痕迹、枪弹痕迹等进行鉴定，则可以直接认定形成痕迹的工具。

### （六）有助于印证案件中的其他证据

犯罪嫌疑人、被害人及证人等有时会因为种种主客观的原因而未能如实供述

或陈述,但通过现场勘查获取的痕迹、物证具有较强的客观性,不容易受到外界因素的影响而对案件真实的证明产生偏差。通过现场痕迹、物证可以对案件中其他证据进行印证,判明两者之间是否一致或者存在矛盾之处,从而有效验证其他证据是否具有真实可靠性。

## 第二节 现场手印的取证

### 一、现场手印概述

#### (一)手印的概念

手印,系指未带手套或未裹物品的人手接触客体时,在客体表面留下接触面外表结构的反映形象痕迹。现场手印,则是勘查人员运用专门的技术与方法,在犯罪现场中发现、提取的一切遗留手印的总称。包括作案人、与案件有关以及无关人员在现场上遗留的指印、指节印以及掌印等反映形象痕迹。人手触物留痕的特点,为勘查人员对现场手印进行取证提供了科学依据。现场手印的取证是勘查人员对犯罪现场以及与之相关的场所实施勘查的重要工作之一。

#### (二)手印的特点

1. 各人各手均相异。指构成手印的乳突线花纹结构具有特定性和不重复性。也就是说,司法实践中未发现有手印完全相同的两个人,一个人的手上也不可能具有完全相同的手印。

2. 手印终身均不变。胎儿从6个月时完全形成手纹至死后真皮乳头层腐烂,乳突线花纹的类型特征和纹线细节特征始终不变。

3. 具有汗液,触物留痕。人手的皮肤上经常分泌出一层薄薄的汗液。这就决定了人手在接触客体时,必然留下印痕。

#### (三)手印的作用及取证要求

案件侦破过程中,现场手印对认定作案人人身、分析犯罪过程、确定作案人数和摸底排对、排查犯罪嫌疑人具有极为重要的作用。这就要求勘查人员对现场手印进行取证工作时,必须依据犯罪行为动作的特点以及客体的形状、体积、表面光洁度等留痕条件来分析、判断手印可能出现的区域。现场手印取证中,应当对作案人可能触碰的物体以及重点部位进行反复查找。即使在犯罪现场发现了手套印,也不能放弃寻找手印。司法实践证明,由于客观因素的限制,作案人即使带手套作案,也有可能在现场遗留下手印。

## 二、现场手印的发现

### （一）现场手印勘验的重点部位

1. 来往现场的进出口

现场进出口，指作案人在案件实施过程中，进出现场的必由途径以及相关的部位和物品。作案人为了达到实施犯罪的目的，往往选择非正常的途径设法进入现场。因此，作案人势必需要通过破除障碍或者攀爬逾越的方式进入到现场，从而达到实施犯罪的目的。作案人在破除障碍形成通道或者攀爬进入现场的同时，也就留下一定的手印痕迹。实际案例表明，作案人选择的破除程度、攀爬难度高低与现场进出口遗留下手印的概率呈正比。例如，作案人在破坏门锁进入现场的同时，就有可能在门锁、把手、门板、门框甚至是房门周边的墙壁上遗留下手印。这就要求勘查人员在寻找手印时，将作案人进出的道口以及其他相关的部位和物品，如门、门框、扶手、门锁、窗框、窗台、护栏、途径的楼梯、爬越时的障碍物、影壁、摆放的物品等均列入勘验现场手印的重点部位。

2. 现场的中心部位

犯罪现场的中心部位，又可称为犯罪行为的中心处所。一般是犯罪实施核心内容所涉及的场所或者地点。如盗窃案件中被窃财物的保管处；杀人案件中第一现场内的尸体周围等。作案人出于犯罪所需，往往有目的地在这些区域内排除或者破坏障碍，同时也在这些部位遗留下了手印痕迹。犯罪现场中心部位作为遗留手印的集中处所，凡是被作案人触碰、翻动以及破坏过的物体表面都需要进行重点勘验。作案人在现场中心部位实施犯罪活动时，已处于实质高潮阶段，很难完全控制自己所有的行为，现场中出现的各种主客观因素都会令作案人思维混乱、行为失控，从而在现场中心部位遗留下较多的手印痕迹。因此，勘查人员在寻找现场手印时，尤其应当重视对于现场中心部位的勘验。

3. 犯罪工具及其他遗留物

作案人在实施犯罪活动中，有时需要借助一定的工具对受害人施加暴力，对现场的特定物体进行破坏。虽然各类现场中发现犯罪工具的概率较低，但还是有部分作案人在实施完犯罪活动后，将就地取材的或者自备的犯罪工具遗留在现场或逃跑途中。实际案件中较为常见的犯罪工具有刀具、棍棒、车辆、器皿、照明工具、通讯工具等。对犯罪工具进行勘验时，应注意将案件中获取的此类工具和物品与现场原有物品进行区分。只有在认定犯罪工具的前提下，在工具上寻找到的手印才具有较高的检验与证据价值。

作案人在实施犯罪活动时，有时会将自身的一些物品遗留或丢弃在犯罪现场中,如证件、纸张、皮夹、赃物、残留衣物、包装物等。现场上的遗留物,在案件侦破工作中具有重要的证据意义,也就成为寻找现场手印的重点部位。犯罪现场遗留物由于在案件实施前后,与作案人有过反复接触,因而在遗留物上存在手印的概率较高。

4. 作案人可能接触的其他部位或物品

犯罪现场上存在的物品有许多,这就要求勘查人员在对每一件物品或每一处部位进行分析后,确定哪些部位或物品是作案人必然会接触,哪些可能会接触,还有哪些是不太可能接触到的部位和物品。对这些问题进行判断和分析后,才能明确工作的中心。将作案人在现场中可能接触的部位或者物品作为重点寻找现场手印的对象,如现场中出现有物品在犯罪前后摆放位置不同的情况,勘查人员即应当判断作案人必然接触过该物品,必须将其列为重点对象进行手印勘验。

**(二)现场手印的发现方法**

现场手印按种类的不同,大致可以分为立体手印、平面可见手印以及平面潜在手印。立体手印主要由人手触碰可塑性较强的物体后形成的手印。如在未干的油漆、橡皮泥、巧克力表面上留下的立体痕迹。平面可见手印,指人手粘染有色异物后而形成的手印,如手指粘有血迹、墨水、灰尘、颜料后在清洁的表面留下的平面痕迹。这两类手印,由于具有一定的立体感或者与承受体表面颜色反差较为明显,在普通的光线下就可以利用直接观察法予以发现。而平面潜在手印用肉眼无法直接发现,必须利用一定技术手段加以发现。一般可以使用以下几种发现方法:

1. 透射光观察法

透射光观察是指光线从物体的背面投射于物体,观察人从物体的正面,即留有手印的一面进行观察寻找手印的方法。[①] 该观察法,主要适用于玻璃、塑料、纸张等透明物体。利用物体透明的特性,在光线的照射下增强物体亮度以及现场手印与物体的反差,从而提升现场手印的发现率。为使现场手印的影像更为清晰可见,可在观察时调整光线以及视线的角度,并在被检物背面设置深色背景。透射光观察法可分为垂直投射观察法以及侧光投射观察法两大类。前者要求光线从侧面投射于物体背面,观察人视角与物体表面呈90°角进行观察;后者要求光线垂直投射于物体背面,观察人视角与物体一般呈45°角进行观察。为了能够清晰地观察到遗留的现场手印,应当避免在观察时使光线直接进入观察者的眼帘。

---

① 赵向欣主编:《指纹技术》,中国人民公安大学出版社2003年版,第247页。

2. 反射光观察法

反射光观察是指利用自然光或人造光源发射出来的光线从正面照射物体，人员从正面进行观察的方法。[①] 该观察法，主要适用于电镀、油漆、搪瓷、塑料等不透明物体或者表面光泽的不透明物体。反射光观察法主要包括两类，即垂直反射法以及侧光反射法。前者通常要求观察时视角与物体表面垂直，与投射光线呈同一水平方向；后者要求观察时视角与物体表面呈45°左右角度，与投射光线呈同一水平方向。观察时可以不断调整光线的入射角度，直至看清手印为止。

3. 哈气观察法

哈气观察法是指对物体被显现部位用嘴哈气，使手印纹线上凝上一层水气再进行观察的方法。[②] 该观察法，主要适用于表面有光泽而不吸潮的物体。利用手印纹线与承受客体表面对水蒸气吸附程度以及蒸发快慢的差异，使潜在手印显现出来。此种方法发现的潜在手印，必须等待物体表面的水蒸气彻底干燥后才能使用其他技术方法，尤其是粉末显现法应进行后期处理，以避免对手印的破坏。

现场勘验中，如上述的方法均不能发现现场手印，就必须利用物理或者化学显现方法来发现手印。

## 三、现场手印的显现

勘查人员在寻找现场手印时，根据手印加层物质以及所在承受客体物理化学属性的不同，使用的显现方法也不尽相同。现场潜在手印的显现，不仅是发现手印的重要途径，也为手印后续的固定、提取工作创造了良好的条件。现场勘查中，常用的手印显现方法主要有以下几种：

### （一）粉末显现法

粉末显现法是现场勘验中最常用的一种手印显现方法。其基本原理是在选择与承受客体表面色差较大的金属或非金属粉末的基础上，利用手印纹线中含有的水分与脂肪黏合粉末的能力，将无色手印变成有色加层手印后显现出来。

1. 现场勘验中，常见的显现粉末一般有以下几种：

（1）铝粉：又可称作银粉，银灰色、附着力强、黏性大，适用于光滑物体表面上的潜在汗液手印显现，不宜于橡胶、人造革、塑料膜等黏性表面的物品。

（2）青铜粉：又可称作金粉，由铜、锌、锡、锑等组成，呈金黄色，附着力强，适用物体与铝粉相同。

---

① 苑军辉主编：《犯罪现场勘查》，中国人民公安大学出版社2005年版，第182页。

② 同上书，第182～183页。

(3)石墨粉:由铁、二氧化硅组成,黑色非金属粉末,附着力中等,适用于光滑纸张上的手印显现。

(4)磁性粉:由铁、硒静电复印墨粉混合配置,也可以由铁、钴、镍配与其他粉末混合而成,有黑、红、白、黄等多种颜色。磁性粉具有磁性,粉末细腻,附着力强,吸附性好,适用于所有无油的光滑表面。

(5)四氧化三铅粉:又可称作红铅粉、丹铅,亮红色粉末,附着力强,受潮易结团,适用于少量附油物品上的油质手印显现。

(6)荧光粉:又可称作蒽粉,黄白色粉末,适用于彩色客体、玻璃、瓷器等物体上的新鲜手印显现。

2. 操作方法

粉末显现法的操作工具主要有毛刷与磁性刷两类。毛刷分圆柱形刷以及扁平形刷两种。磁性刷只能用于磁性粉末,不能用于其他粉末。常见的粉末显现方法有以下三种:

(1)刷粉法。毛刷蘸取适量粉末后,轻弹刷柄,使粉末均匀地散落于承受客体。随后用毛刷沿手印纹线的曲线轻柔刷显,将手印清晰地显现出来。刷粉法使用的毛刷以及粉末必须干燥,刷子不得沾染其他油垢类污物。

(2)抖显法。抖显法的操作不需使用毛刷,主要适用在纸张、薄膜等软质物体上显现手印。将选定的显现粉末直接倒于被显物体上,用手(戴有手套)拿起该物体后来回抖动,发现有手印显现后,再将物体上多余的粉末倒回瓶内。使用抖显法显现手印时,应当注意不能用力过猛,以防撕破软质物体而破坏手印。

(3)磁性刷法。利用磁性粉末进行刷显时,应当同时配备专用的磁性刷。将磁性刷头置于粉末中,利用磁性吸引大量的粉末。将刷头上的粉末轻轻与被显物体接触,待有手印显出后,可将刷头上多余的粉末落回瓶中。为使显现的手印反差更为明显,可利用磁性刷将显出手印表面多余的粉末吸净或用空气刷吹净的方式清除。

**(二)熏显法**

潜在手印的熏显法主要利用某些物质升华后形成的气、雾、烟等,与承受客体表面存在的潜在手印(主要是汗潜手印)进行结合的特性,对潜在手印进行熏染显现。现场勘查中,用途最广泛的熏显法主要有以下三种:

1. 碘熏显现法

碘属非金属元素,系紫黑色结晶体,具有金属光泽,在常温或加热状态下易升华。碘熏显现法即利用碘气化后形成的紫色蒸气附着于潜在手印上,从而对手印进行显现。较适合于显现白色或浅色纸张、复写纸、竹器、蜡纸等被显客体上的新鲜、陈旧潜在汗液手印。

熏显操作中，将适量碘置于密闭的器皿底部，再将被显客体悬挂于密闭器皿内，利用碘的自然升华对无色手印进行熏显。自然温度下熏显的过程耗时较多，对于急需显现的潜在手印可以采用加热熏显的方法进行处理。由于碘属于有毒物质，因此在进行熏显操作时，应选择通风条件良好的地点进行，有条件的情况下可在通风柜内进行操作，以防碘蒸气污染环境或者对操作人员造成伤害。

2. 烟熏显现法

常见的烟熏物质主要有松香、樟脑、煤油等，利用这类物质燃烧产生的烟雾附着于潜在手印表面，可以对手印进行显现。较适合于玻璃、瓷器、光滑硬纸、金属制品等客体上遗留的新鲜手印。

熏显操作中，将选择的熏显物质点燃后，将被显现客体置于烟雾中心上方5～10cm处，待被显客体表面附着一层烟垢并冷却后，使用毛刷去除多余的烟垢，即可显现出潜在手印。烟熏中应注意时间的掌握，防止因受热时间过久而破坏手印的显现效果。

3. "502"熏显法

"502"胶的主要成分是α－氰基丙烯酸乙酯，利用"502"胶显现潜在手印时，"502"中挥发出的α－氰基丙烯酸乙酯气体与潜在手印中的水与氨基酸相结合，形成高分子聚合物，从而显现出潜在手印。较适合于金属、玻璃、塑料、瓷器等承受客体上的潜在手印。

熏显操作中，可将被显客体置于密闭的塑料袋或者玻璃罩内，滴入数滴"502"胶后，利用其自然挥发后，数小时可即可显现出白色或灰白色的手印。为提高潜在手印的显出率，可利用专门的"502"自动熏显柜进行操作。该设备具有均匀加热、定量加滴、湿度控制等优点，可以简化显现环节，提高显现概率，从而取得更为明显的显现效果。

**（三）溶液显现法**

潜在手印的溶液显现法，主要为化学显现，即利用某些化学试剂与潜在手印中的特定物质发生化学反应，生成一种有色物质后将潜在手印显出。现场勘查中最为常见的溶液显现法主要由以下两种：

1. 硝酸银显现法

硝酸银是一种无色透明的无机化合物，有毒，腐蚀性较强，溶于水，遇光能分解出黑色的银单质。硝酸银显现法主要利用潜在汗液手印中的氯化钠与溶液中的硝酸钠发生化学反应生成氯化银与硝酸钠。氯化银遇光分解出黑色的银单质，从而显现出手印。适合于白色或浅色纸张、本色木等承受客体上的潜在汗液手印。

显现操作中，可用镊子夹住一蘸有硝酸银溶液的棉球，在被显客体表面进行轻轻涂抹，在紫外线或强烈灯光的照射下，即可显出手印。在显现时应防止涂抹液体过多或者光照过度，否则都有可能无法显出手印。

2. 茚三酮显现法

茚三酮又称为宁西特林，是一种白色粉末。有毒，易溶于水、乙醚、丙酮等溶剂中。茚三酮显现法主要利用茚三酮与潜在汗液手印中的 $\alpha$ - 氨基酸发生化学反应后生成一种紫色物质，从而显现出手印。主要适用于白色或浅色纸张、本色木等承受客体上的陈旧无色手印。

显现操作中，可用蘸有茚三酮溶液的棉球在被显客体表面进行轻轻涂抹，或者直接利用喷雾器进行喷涂，阴干后，对被显客体进行加热处理可加速手印的显现。

## 四、现场手印的固定与提取

现场勘验中，通过以上技术手段显出的手印，必须经过固定并完好无损地提取后，才能作为证据材料进入到诉讼程序。现场手印的固定与提取必须符合法定的程序规范以及规范的技术标准进行操作，才能保证获取到的手印具有证据价值。常用的现场手印固定与提取方法主要有以下几种：

### （一）现场手印记录法

手印记录是现场勘验笔录中的一项重要组成部分，目的是将现场上与手印有关的事实与勘查人员在现场中的勘查过程全部客观地予以记录。利用记录的方式将现场手印进行固定，记录的内容主要包括现场发现的手印数量、具体出现手印的部位、发现手印的种类、在现场上遗留的方向以及手印与犯罪行为的关系等内容。

### （二）原物提取法

现场勘查中由于受到所在环境的限制，对于某些载体上的手印无法当场进行提取。在这种情况下，就应当考虑对留有现场手印的载体原物进行提取，待送至实验室后再进行手印提取的工作。如果承受客体体积较大、质量较重，应当在不破坏可能留有指印部位的前提下，分离提取留有现场手印的部分载体。对提取到的原物应当进行妥善包装保存，置于比原物稍大的容器中，防止包装物与载体的表面接触而破坏手印。

### （三）摄影法

摄影法是固定与提取现场手印的重要技术手段。使用摄影法固定、提取手印，不仅能反映出手印遗留在现场中的基本情况，还能确保手印的无损提取。利用摄影法固定手印时，应当清晰、完整地将留有手印的物体、位置以及手印本身情况反映出来。这种方式提取到的手印较其他技术手段而言更为可靠，但前提是手印应较为清晰，与承受客体反差较为明显。

**（四）胶带粘取法**

胶带粘取法适用于现场上无法提取原物的手印，主要用于固定和提取粉末显现手印。具体操作中可使用专用的透明胶带，先裁剪下一条面积大于现场手印的胶带，平整粘贴在粉末显现的手印之上，粘贴过程中应使胶带与承受客体之间无气泡形成，也不能使胶带出现皱褶。胶带全部粘贴完毕后，从胶带的一端轻轻将其揭下，粘贴在与粉末颜色反差较大的封底。粘贴方法与粘取手印的方式一致。

**（五）制模提取法**

制模提取法同样适用于现场上无法提取原物的手印，主要用于固定和提取现场遗留的立体手印。制模提取法常用的提取材料主要有硅胶、石膏粉等。在使用制模提取法规定、提取立体手印之前，应当先对手印进行拍照记录、固定。用该技术手段提取的手印，具有纹线明显、表面光泽、较易保存等特点。可用于固定和提取油漆、泥土、灰尘等客体上遗留的立体手印。具体操作中先在手印外围用硅胶建构"围墙"，然后将石膏水溶液轻轻注入"围墙"内待干，手印模型即可制成。

手印具有极强的同一认定作用，通过现场手印与犯罪嫌疑人手印的比对检验，可以为案件侦破工作中认定作案人提供可靠证明。人手触物留痕的特点，为现场勘查人员发现、提取手印提供了科学依据。自从现代意义上的鉴定技术在案件侦破过程中的广泛运用，现场手印的取证就已成为勘查人员在实施勘验过程中的重要任务。

手印主要包括指印、指节印及掌印，具有特异性、稳定性、反映性等特点。案件侦查工作中，现场手印在确定作案人人身、作案人人数、排查犯罪嫌疑人等方面具有重要的作用。手印的检验、鉴定工作主要可以通过将提取到的现场手印与犯罪嫌疑人的手印进行比对，确定两者之间的特征符合点以及特征差异点。通过检材与样本的比较检验，并对其特征符合点和特征差异点是否属于本质性符合或本质性差异进行综合分析评断，从而形成最终的鉴定意见。

## 第三节　现场足迹的取证

### 一、现场足迹概述

**（一）足迹的概念**

足迹是指人直立或者行走时，在自身重量以及肌肉收缩的作用下，赤足或者通过鞋、袜作用于地面等承受客体而形成的一种反映形象痕迹。足迹是现场中常见的痕迹之一，具有较高的证明价值。作案人遗留在现场上的足迹，不仅能够反映其作案过程，更能准确判断作案人的人身特点以及运动习惯特征，对缩小侦查范围、查缉作案人、进行人身同一认定等具有重要的意义。现场勘查中，发现的足迹往往既有作案人所遗留，又有与犯罪无关的人员所遗留。这就要求勘查人员在现场发现和提取足迹时，仔细甄别和分析现场上发现的足迹，哪些是属于作案人所遗留，从而利用足迹为侦查破案服务。

### （二）足迹的分类

按照不同的分类方式，一般可以将现场遗留的足迹分为三大类：

1. 按造型体分类，足迹可以分为赤足足迹、鞋印、袜印三种。根据赤足足迹、鞋印，可对留痕人、留痕鞋进行同一认定。而对于现场遗留的袜印，一般只能进行种属认定。

2. 按承受客体表面形态变化分类，足迹可以分为平面足迹、立体足迹两种。立体足迹多出现于可塑性较强的客体上，能够反映人足接触部位的三维结构形象。平面足迹只能反映出足底凸起部位的形象，具有二维的结构特征。

3. 按现场遗留的足迹是否具有连续性，足迹可以分为单个足迹、成趟足迹两种。通过现场发现的成趟足迹，可以反映出留痕人的行走动力特征。

### （三）足迹的作用

足迹作为一种常见的痕迹，在案件侦查中具有重要的作用。

1. 有助于分析案情。根据现场遗留足迹的分布和方向，可以确定作案人进出犯罪现场的路线以及犯罪过程中的特点。此外，根据现场足迹的新旧程度，还可以判断大致的作案时间。

2. 判断留痕人的个人特点。现场遗留的痕迹、物证中，足迹所反映出的人足形态与人身关联性最为紧密，通过足迹的形态、数量、特征等，可以分析留痕人的身高、性别、年龄、体重以及行走习惯等特点。

3. 分析作案人数。现场足迹可以反映出现场中的人数，是判断作案人数的重要依据之一。

4. 对在逃作案人进行追踪。通过现场勘查中发现的作案人逃跑途中留下的足迹，可以为侦查人员追踪案犯提供重要的依据。

## 二、现场足迹的发现

现场上遗留中的足迹可能数量较多，勘查人员需要寻找的是作案人在实施犯罪过程中遗留下的足迹。这就要求现场勘查人员应当根据现场的具体情况，从犯罪活动的重点部位着手进行足迹勘验，采用专门的发现方法，全面、细致地搜寻现场中与犯罪活动有关的各类足迹。

**（一）现场足迹勘验的重点部位**

案件性质的不同以及作案人活动特点的不同等因素，都会使现场足迹勘验的部位存在区别，应当结合具体案件和现场情况确定足迹勘验的重点部位。一般而言，现场足迹勘验的重点部位包括以下几方面：

1. 现场进出口及来去路线

作案人往往采取非正常途径进入现场，因此除了对进出口的地面、台阶进行重点勘验外，还需要对窗台、墙面以及攀爬物体等部位进行搜寻。受现场进出口条件的限制，遗留的足迹数量较少或者形态不完整。可以结合实际案情，沿现场进出口向外进行搜索，在途经现场的来去路线上进行追踪，往往可以发现数量较多、较为清晰的足迹，甚至能够进行追踪并直接发现作案人。

2. 现场的中心部位

现场中心部位是作案人从事犯罪活动的具体实施地。如盗窃现场的目标物所在地；纵火现场的引燃物所在地；抢劫现场的搏斗、作案所在地；凶杀现场的陈尸所在地等。这些部位处在作案人频繁活动的必经区域，往往会遗留下作案人的足迹，需要重点进行勘验，发现有价值的现场足迹。

3. 作案人隐藏地点

作案人在伺机实施犯罪活动中，一般都会存在特定的守候、躲藏过程。这些隐藏地点往往比较隐蔽，通常在案件实施后也不易被破坏。屋棚、墙角、地窖、树林、花坛、草垛、涵洞等阴暗隐蔽较多均可以成为作案人隐藏的地点。这些地点只要具备留痕条件，经过勘查人员细致搜寻，一般都能找到保留下来的现场足迹。

4. 掩埋尸体、隐匿赃证处

凶杀案件中发现掩埋尸体的地点时，应当重视对于作案人足迹的搜寻，由于埋尸附近的土质已经被挖松，较易遗留下作案人的足迹。盗窃案件中，作案人在得手后常常需要将赃物、赃款予以转移和隐匿，因此，在隐匿赃物附近也容易遗留作案人的足迹。

5. 作案人在现场中踩踏过的物品

除了各类地面等承受客体外，其他客体上也容易遗留下作案人的足迹。如作案人利用翻墙逾越的方式进入现场，在垫脚的砖石、借力的墙面以及室内的窗台、桌椅等客体表面均易遗留有作案人的足迹；凶杀、抢劫、抢劫等暴力犯罪的现场，地面散落的床单、衣物、被褥以及尸体上也都有可能找到作案人的足迹。

**（二）现场足迹的发现方法**

现场中遗留的立体足迹以及有色平面足迹较为明显，与承受客体反差较大，在现场勘查中容易发现。而对于某些颜色较浅、反差较小的足迹,特别是无色汗液赤足印以及潜血足迹等,发现的难度较高。这就需要勘查人员借助于特定的方法,尽可能多地发现现场遗留的足迹。

1. 配光观察法

现场上遗留的立体足迹以及有色平面足迹可以借助于光线,用肉眼直接进行观察。但对于某些反差较小的足迹,如遗留在无色水泥路面上的平面灰尘足迹,不细致观察则无法予以发现。这就要求勘查人员在现场勘验工作中全面、细致,利用自然光线或者勘查灯、手电筒等发光工具,对现场足迹进行观察和寻找。配光时,应当注意调整视角观察角度和光线照射角度。自然光条件下,通常采用逆光或者侧光,并不断调整观察的角度,借助于放大镜俯身或者卧身进行观察与寻找。如果在室内现场中,遗留的足迹与承受客体两者之间反差较小,在自然光线下很难发现,则可以将自然光线遮挡住,阻止自然光射入或者只留一侧的光线射入,利用勘查灯、手电筒、多波段光源发射器等人造光源进行照射观察,不断调整灯光照射角度或者利用不同的光波段,进行现场足迹的寻找和发现。

2. 静电复印法

对于现场中存在的潜在足迹,由于形成足迹的物质与承受客体反差较小,不易用肉眼进行客观。则可根据案件现场的实际情况,在重点勘查部位使用静电复印的方法,主要用于对现场遗留的平面粉尘足迹进行寻找和发现。在留痕地面较为光滑,现场保护较为完好的情况下,使用静电复印法往往可以加快现场勘验的速度,有利于勘查人员使用静电吸附仪以及塑料薄膜对特定部位或者现场大面积的足迹搜寻。

3. 化学显现法

利用专门的化学试剂进行显现,可以适用于现场中遗留的与承痕客体色差较小的平面灰尘足迹、较为淡薄的潜血足迹以及潜在汗液足迹的寻找与发现。床单、桌椅、纸张等客体上的灰尘足迹,由于与承痕物表面的色差较小,用肉眼难以发现。可以将盐酸与无水乙醇调配而成的溶液均匀地喷洒在待显客体表面,待干燥后,再将铁氰化钾(赤血盐)溶液喷洒在待显客体表面,利用溶液与灰尘中的铁元素反应,即可显现出蓝绿色的足迹。足迹中含铁成分越多,显现出的蓝色越为清晰。现场中遗留的潜血足迹,由于颜色较浅,无法直接发现,可以利用纯乙醇溶液滴在承痕物体表面,待其干后,再在承痕物体表面滴入四甲基联苯胺与过氧化氢的混合溶液,即可显现出蓝色的血渍足迹。对于现场中遗留的潜在汗液足迹则可以参照汗液手印的显现方法,利用硝酸银溶液以及茚三酮溶液等予以显现。

### 三、现场足迹的鉴别

现场足迹的识别主要用于解决现场发现的足迹是否为作案人所遗留的问题。在进行现场勘查时，犯罪现场中发现的足迹不一定全部属于作案人，其中一部分可能由受害人或者无关人员所遗留。因此，就要结合案件信息和现场环境、足迹特点等情况进行全面分析和甄别。识别正确，则可以为收集作案人的足迹提供有力证据，通常在现场勘查中应当从以下几点进行识别和判断：

#### （一）分析现场足迹的分布情况与作案行为是否吻合

例如，对于翻窗入室的案件，如在窗户上发现遗留有脚尖向内的足迹，与作案人进入现场的方式吻合，基本可以确定为作案人的足迹。盗窃案件中，被盗目标物或者翻动物周围地面发现的足迹，多为作案人遗留。凶杀案件中，尸体周围以及尸体下方的足迹多为作案人遗留，此外在掩埋尸体处周围发现的足迹也极有可能为作案人所遗留。纵火案件中，纵火点附近的地面以及引燃物周围分布的足迹大多属于作案人所留。爆炸案件中，起爆点附近的足迹也多为作案人所遗留。

#### （二）分析现场遗留足迹的特征与犯罪活动是否吻合

一般来说，可以结合作案手段对现场足迹所反映出的行走习惯特征进行识别，以判断足迹是否为作案人所遗留。作案人在实施犯罪活动中，往往内心较为紧张。这种心理状态可以通过现场中遗留足迹的步态、步幅等特征反映出来。作案人在接近犯罪地点时，为了不引起他人的注意，必然蹑手蹑脚、时走时停，反映在足迹上的特征也是一脚重、一脚轻等不规律足迹，步幅也相对较短；作案人在实施完犯罪后，必然要逃离现场，反映在足迹上的特征即留痕较重、步幅较长等。一般在现场中发现具有以上特征的足迹，基本可以确定为作案人所遗留。

#### （三）判断现场足迹的新旧程度与案发时间是否吻合

识别现场遗留足迹的新旧程度，可以判断足迹形成时间与案件时间是否一致。如果现场勘查工作是在案发后的第一时间内进行的，勘验中发现的足迹边缘与花纹较为清晰，则较有可能为作案人所留。反之，如果现场上发现有已经干涸的陈旧足迹，则可以将其排除。足迹的新旧程度的变化易受现场情况制约，现场环境的干湿程度以及天气状况等都会对足迹新旧程度的判断造成影响。因此在对现场足迹进行识别时，应当针对现场情况进行具体分析。

#### （四）分析现场足迹与其他痕迹、物证的相互联系

通过现场足迹与其他痕迹、物证之间的相互联系进行分析判断，可以识别是否为作案人的足迹。譬如，保险柜被撬破的盗窃现场，在留有手印或撬破工具痕迹的相应部位发现的足迹，可以判断是罪犯所留；罪犯逃跑途中的足迹旁边有散

落的被盗物品,也可判断为罪犯的足迹。[①] 根据足迹中的附着物质的来源,也可以确定足迹是否为作案人所遗留。足迹中的附着物质并非来源于现场,如油漆、面粉、墨汁、煤灰等,基本可以判断足迹属于作案人。如果凶杀现场中有尸体存在,根据足迹中附着的血迹,也可以判断足迹属于作案人。

**(五)通过甄别排除案发后进入现场人员的足迹,来锁定作案人足迹**

案发后,受害人以及与案件无关的人员往往也有可能进入过现场。通过对比甄别这些人员的足迹,与现场足迹进行比对,排除无关者的足迹,现场中剩下的足迹基本可以锁定为作案人所遗留。

## 四、现场足迹的固定与提取

经过识别确定为作案人所遗留的现场足迹,应当根据足迹的反映形式以及承痕客体的属性,采用适当的方式予以固定及提取。通常现场足迹的固定与提取方法有以下几方面的内容:

**(一)摄影法**

摄影既可以对现场足迹进行固定和保全,又是一种提取现场足迹的专门方法。无论何种足迹,都应先拍照固定,再采取其他方法予以提取,有些现场足迹只能使用摄影技术进行提取。现场足迹的摄影,主要采取比例拍摄或者比例直线连续拍摄的方法。拍照时一定要在足迹一侧水平放上比例尺,比例尺最好长于足迹,以便对照片足迹测量观察,缩小误差。拍照时,相机镜头光轴与足迹平面应保持垂直,仔细调配好光线,力争使足迹形态特征清晰完整地照下来。[②]

对成趟足迹进行摄影时,除按上述要求对单个足迹进行拍摄外,还应当采取比例直线连续拍摄术对四个以上连续的足迹进行照相。摄影提取时应注意将成趟足迹的走向、足迹步法特征等在相片中反映出来。

**(二)高压静电吸附法**

高压静电吸附提取法的原理是利用高压静电作用将粉尘等绝缘物质进行激化,使其在场内产生运动,并将物质转移到吸附薄膜上,从而对平面灰尘足迹进行固定和提取。该技术方法使用的工具主要有高压静电吸附仪以及以及面积大于足迹的黑色塑料薄膜(聚氯乙烯)。主要用于提取砖石地面、水泥地面、木质地板、皮毛、纺织品等客体上的粉尘足迹。具体操作时,在遗留有足迹的承痕客体上覆盖一张面积大于足迹的塑料薄膜(黑色光面朝下),手持静电吸附仪在薄膜上

---

① 徐立根主编:《物证技术学》,中国人民大学出版社1999年版,第228页。

② 赵成文著:《实用刑事现场勘查技术》,群众出版社2004年版,第209页。

单向滚动数次，待塑料薄膜与承痕客体吸附较为紧密后，移除电极，即可在薄膜上反映出现场遗留的粉尘足迹。

**（三）制模提取法**

现场上的立体足迹经过摄影固定后，必须制作足迹模型进行提取。现场勘查中提取的足迹模型通常采用石膏粉溶液灌制而成。利用石膏粉提取提取的立体足迹，具有成本价格低廉、特征反映清晰、操作方式简便以及检验鉴定方便等优点。具体操作时，应先在足迹周围用泥土或塑料薄片筑起 2～4 厘米高的围墙，防止石膏液灌注时外溢。筑制围墙时应注意不得破坏足迹原有的形态，随后小心、细致地清理落入足迹中的树叶、沙石、土块等杂物，吸尽足迹中渗漏的雨水。清理完毕后，准备好充当“骨架”竹筷或干树枝、调制石膏液的容器等。在调制石膏液时，应采取石膏与清水 5∶3 的比例进行调配，搅拌至石膏液成粥状。然后沿足迹较低处轻轻灌入石膏液，灌注至 1/2 厚度时，将准备好的“骨架”放入，再继续灌注石膏液直至填满整个足迹，与围墙齐平。灌模 30 分钟后，待石膏液凝固成型，即可从模型的一侧将其轻轻取出，用清水冲洗干净并晾干后，即可制成立体足迹的石膏模型。

除上述提取立体足迹的方法外，还可以根据现场实际情况，采用其他制模材料对立体足迹进行制模提取，如硅橡胶、石蜡、弹性藻酸钠糊剂等。

**（四）原物提取法**

对于遗留在衣物、床单、被褥、纸张、桌椅等重量较轻、体积较小客体上的现场足迹，为了有效保持足迹的原始状态，便于分析和检验，在条件允许的情况下，应当提取原物。在提取具体物品时，应当征得事主的同意，按照法定程序办理相关手续，载明提取物品的名称、数量、规格、价格等事项，用后应当及时归还。

足迹的形象特征鉴定，主要通过比较现场足迹以及犯罪嫌疑人足迹的形态特征，对现场足迹是否为犯罪嫌疑人所遗留作出鉴别与判断。受理鉴定时应当了解相关案情，清点样本材料。先对现场足迹进行检验，再检验犯罪嫌疑人的样本足迹；先检验足迹的种类、大小以及形状等特征，再对花纹、补丁、针脚、磨损、足趾形态、分布等细节特征进行检验。在比较检验的基础上，对发现的特征符合点以及特征差异点进行综合分析评断。如特征符合点为本质性符合，且差异点能够得到合理解释，可作出认定同一的鉴定意见，反之，可作出否定的鉴定意见。步伐特征鉴定，则是通过检验现场足迹以及犯罪嫌疑人样本足迹中反映出来的行走习惯特征，作出现场足迹是否为特定人员所遗留的鉴定意见。

# 第四节　工具痕迹的取证

## 一、工具痕迹概述

### (一)工具痕迹的概念

工具痕迹是指在外力的作用下,工具器械与承受客体相接触,在接触部位发生形变或被破坏而形成的反映形象痕迹。现场勘查中所要研究的工具痕迹,专指与作案活动有关的工具痕迹,即作案人在实施犯罪活动中利用工具或者器械破坏客体时所遗留在现场的痕迹。工具痕迹是犯罪现场中常见的痕迹类型,也是现场勘查中应当重点寻找和提取的痕迹。通过工具痕迹,可以判断作案人的职业特点,分析犯罪活动的过程,推测作案人的身高、体力,判断案件现场的真伪情况,在案件侦破中具有重要的证据地位。

### (二)工具痕迹的分类

工具痕迹的形成由作案工具、被破坏客体以及作用力三大要素共同作用,其中作用力是工具痕迹形成的决定性要素。因此,以力的作用结果作为划分的依据,可以将工具痕迹分为线形痕迹和凹陷痕迹两大类。

1. 线形痕迹

线形痕迹指作案工具与被破坏客体接触部位相对划动后,在被破坏客体表面或断面上引起的线形变形。根据力的作用方式,线形痕迹可以进一步细分为擦划线形痕迹以及剪切线形痕迹两种。

2. 凹陷痕迹

凹陷痕迹指作案工具与被破坏客体接触部位不变,在被破坏客体的接触部位发生塌陷而引起的凹陷变形。根据力的作用方式,凹陷痕迹亦可以进一步细分为撬压凹陷痕迹以及打击凹陷痕迹两种。

### (三)工具痕迹的作用

办案过程中,工具痕迹一般具有如下几方面的作用:

1. 有助于分析作案方式和手段。作案人利用工具实施犯罪活动时,往往都具有特定的方式和手段。通过现场勘查推断痕迹形成的情况,为分析作案手段和案件性质提供依据。

2. 为分析作案人个人特征和职业特点提供依据。通过对于工具痕迹的分析,可以推断使用工具者的动作是否熟练,是否具备专业知识。此外,某些特殊工具也在特殊职业中使用,从而可以分析作案人个人特征及职业特点。

3. 有助于并案侦查。同一案犯在不同案件中常习惯用同一种方法、手段作案,或使用同一工具作案,在多起案件中留下相同的工具痕迹。① 可以通过同样的作案手段、方式以及工具痕迹的同一性,将多起案件进行并案侦查。

4. 解决工具痕迹中的种属认定。工具种类数量繁多,形成的痕迹也较为多变。通过对于工具痕迹的种属认定,推断形成痕迹的工具种类,可以有效缩小侦查范围,为案件侦破提供方向。

5. 解决工具痕迹中的同一认定。工具痕迹的同一认定,主要是为了认定作案工具,为诉讼活动提供证据材料。准确地对作案工具进行认定,从而有助于正确处理案件。

## 二、工具痕迹的发现

工具痕迹在现场上出现概率较高,与其他痕迹相比,具有易于发现、形状稳定、不易消失与破坏等特点。但由于工具痕迹一般形态较小,需要通过勘查人员的细致搜寻才能发现。

### (一)工具痕迹勘验的重点部位

1. 作案人来往现场的进出口

除溜门、预伏等特定方式外,大部分作案人均需对障碍物进行一定程度的破坏,才能进入现场实施犯罪活动。作案人通常选择门、窗、墙壁、管道等作为来往现场的进出口,就需要借助工具对这些出入口处的障碍物进行破坏。破坏方式一般有破坏窗户、击碎玻璃、蹬踹房门、撬压门锁、切割护栏等,较易留下撬压、蹬踹、锯割、切、烧、挖、擦划等痕迹。在进行现场勘查时,应当重点对这些部分进行搜寻、发现工具痕迹。

2. 现场中心部位及作案目标物

现场中心处所以及作案目标物是发现工具痕迹的主要部位。现场中心部位的保险箱、立柜、大厨、抽屉等作案目标物,常被作案人用撬压、切割、拆卸等方式进行破坏,从而在承痕体相应接触部位留下工具痕迹。在凶杀现场中,勘查人员应重点关注死者穿戴的衣物或尸体头面部、肌体上遗留的击打、刺切等痕迹。此外,作案人在掩埋被害人尸体、尸块以及随身物品时,在掩埋处周围也可能遗留有作案人使用锄头、铁锹等工具进行挖掘时遗留下的反映形象痕迹。上述地点以及作案目标物,是勘查人员发现工具痕迹的又一处重点部位。

---

① 解云、张书杰、兰绍江、张春良主编:《中国刑事科学技术大全·痕迹检验》,中国人民公安大学出版社2004年版,第204页。

3. 作案人遗留在现场的物品

作案人在实施犯罪活动过程中,可能会将作案使用的一些物品遗留在现场内,从这些遗留物可能会发现工具痕迹。例如,凶杀案件中,作案人用来捆绑被害人尸体的铁丝、绳索上往往留有剪切痕迹;野外凶杀现场中,作案人用来掩盖被害人尸体的树枝、杂草断面上往往留有砍削痕迹;爆炸案件中,作案人用来捆扎爆炸物品的铅丝断端、遗留在现场上的导火索断端上也往往留有剪切痕迹等。

4. 作案人逃离现场的沿途路线

作案人在逃离现场时,往往会在沿途丢弃或隐匿被破坏的物品、作案工具或者不易搬运的赃物,在这些物品上往往遗留有工具痕迹或者物品本身就有可能是形成痕迹的留痕物。在现场勘查时,应当注意沿车轮痕迹或足迹进行追踪,搜寻作案人逃离现场的沿途路线是否存在被破坏物或者作案工具,从而为发现遗留的工具痕迹创造条件。

**(二)工具痕迹的发现方法**

发现案件现场上的工具痕迹,需要正确运用自然光或者其他人造光源,结合放大设备的使用,从不同角度、不同方向进行全面细致观察。由于有的工具痕迹与承痕客体之间反差较小,必要时可以利用各种不同的光源进行照明,通过增强工具痕迹与承痕客体之间的反差,从而易于发现现场中遗留的工具痕迹。

勘查人员在搜寻、发现工具痕迹的过程中,务必做到全面、细致。不仅要注意工具痕迹本身,又要关注工具痕迹周围;既要重视对待单一工具痕迹,又要将相关联的痕迹进行综合观察;既要重视损毁、破坏严重的部位,又不能忽视、遗漏破坏程度较小的部位;既要注意观察承痕客体的情况,又要关注地面上的相应情况。在寻找被破坏的设备、铁路、桥梁等客体物时,应该根据这些设备的性能,有步骤地寻找工具痕迹,并邀请内行等有关人员参加,共同进行勘查。①

## 三、工具痕迹的识别

勘查人员在固定与提取工具痕迹之前,必须对发现的工具痕迹进行识别。识别的目的在于甄别、排除现场中非犯罪活动而形成的痕迹,确定现场上遗留的工具痕迹与犯罪事实之间的联系。工具痕迹的识别,主要应用于区分工具痕迹与非工具痕迹、作案遗留的工具痕迹与非作案遗留的工具痕迹两大类。

**(一)识别现场遗留的痕迹是否由工具所形成**

现场勘查中,时常会发现一些可疑的工具痕迹。这些痕迹在外观上类似于工

---

① 赵成文著:《实用刑事现场勘查技术》,群众出版社2004年版,第218~219页。

具所形成,实则非工具痕迹。非工具痕迹,一般是指并非由人在使用工具的过程形成的痕迹。在对现场遗留的痕迹进行识别时,应当重点注意以下几方面内容:

1. 动物咬划形成的痕迹

动物留下的痕迹主要是鼠、兔、狗、狼等动物的啃咬或者鸟类、猫、狗等动物的爪划在某些客体上留下的痕迹,被破坏的客体多为胶管、电线、电缆、绳索等。这些动物造成的痕迹,类似于某些工具形成的刺切或者擦划痕迹。在进行识别时,应从痕迹反映出的形态和痕迹所处的环境进行综合判断。现场是否处于中心城区或者偏僻乡间,该区域是否有动物出没,痕迹附近是否有动物脱落的毛发或排泄的粪便等。在动物咬划造成的痕迹中,又以老鼠、兔子啃咬形成的痕迹居多。在现场识别时,应注意将其与工具形成的剪切线形痕迹进行区分。动物咬痕断面切割不整齐,常带有凹坑或突尖,遗留的线形痕迹方向不一。而利用工具形成的剪切线形痕迹则完全相反,断面切割整齐,边缘平整,线形痕迹方向一致。勘查人员应当结合以上分析进行综合判断,从而正确识别现场中遗留的痕迹是否为动物咬划所形成。

2. 自然因素形成的痕迹

自然形成的痕迹主要是由于自然气候环境或者物理、化学等因素的作用,而引起客体变形后形成的痕迹。环境因素、物理变形、化学腐蚀等都会破坏客体的构件。某些客体由于自然因素而造成的损坏,有时会形成与工具痕迹较为相似的痕迹。勘查人员在识别这些痕迹时,应当了解在现场环境中是否存在各类自然破坏因素,客体是否因金属自身疲劳而发生断离;事发时是否发生狂风、暴雨、雷击等;是否有腐蚀性液体、气体等溢出而造成客体变形。为了正确识别此类痕迹,可以邀请相关领域专家一同进行分析会诊,必要时还可通过模拟实验的方式加以验证。

**(二)识别现场遗留的工具痕迹是否由犯罪活动所形成**

现场上遗留的痕迹判定为工具痕迹时,仍需要进一步识别,以确定工具痕迹与犯罪行为之间是否存在必然的联系。在识别现场遗留的工具痕迹是否由犯罪活动所形成时,应当从以下几个方面着手进行分析:

1. 观察痕迹新旧,排除无关痕迹

某些物品在生产、使用、维修中,在其表面也会遗留下一定的工具痕迹,如门窗、桌椅在修理的过程中,可能遗留下螺丝刀、木工锤、钢丝钳等工具痕迹。在案发时间较近的现场上,作案人留下的工具痕迹与这些案前正常形成的工具痕迹在新旧程度、边缘轮廓清晰程度上均存在差异。同等条件下,案前形成的痕迹较旧,轮廓清晰程度差,痕迹上常有灰尘、污垢、锈垢,痕迹与其周围色泽大体一致;案中形成的痕迹较新，轮廓较清楚，痕底灰尘少，痕迹与周围色泽差别较明显。[①] 现场勘查过程中，切忌将案前正常形成的这些痕迹误认为是作案人在实施犯罪活动时所遗留的工具痕迹。

2. 观察痕迹遗留部位，判断是否与犯罪行为吻合

作案活动中的工具痕迹遗留部位，与犯罪行为联系紧密，痕迹出现的部位往往具有一定的规律性，多出现在现场的出入口以及被破坏的障碍物体表面。例如，盗窃案现场中，作案工具痕迹往往出现在贵重物品以及现金的客体表面；凶杀案现场中，作案工具痕迹则多出现在作案人与被害人搏斗的地点。而与犯罪活动不存在联系的工具痕迹遗留部位则无特定的规律性，在人们日常工作、生活经常使用的物品或者接触的部位都有可能遗留工具痕迹。工具痕迹遗留部位是否与犯罪行为相吻合，是识别该痕迹是否为作案工具痕迹的重要依据之一。

3. 利用现场遗留痕迹，进行多方相互印证

对于现场中发现的多处工具痕迹，进行特征比对后，如发现这些痕迹系由同类工具或同一工具所形成的，即可作为是作案工具痕迹的有力依据。一般犯罪活动中形成的工具痕迹，往往会在多个客体表面形成同一种痕迹。而非犯罪活动中形成的正常工具痕迹，出现较为单一，往往只在某一特定部位反映出一种工具痕迹。

4. 利用犯罪工具及其痕迹，对可疑痕迹进行比对

利用犯罪工具及其痕迹，对现场中存在的可疑痕迹进行比对，是识别可疑痕迹最为可靠的方式。如在现场发现了作案人遗留的犯罪工具或者某一工具痕迹已经确定为由犯罪行为所形成，就可以借助于犯罪工具或犯罪工具痕迹对可疑痕迹进行识别，分析判断两者之间特征是否吻合，从而认定可疑工具痕迹是否由作案人所遗留。

## 四、工具痕迹的固定与提取

现场勘查工作中，用以固定与提取工具痕迹的常用方法一般有以下几种：

### （一）摄影法

在提取现场痕迹时，摄影法往往是必不可少的一种提取方法。利用摄影法提取工具痕迹时，应当选择适当的光线和拍摄角度，在工具痕迹旁放置比例尺，与痕迹处于同一水平面。拍摄时必须将工具痕迹所处的方向、位置，与其他客体之间

---

① 解云、张书杰、兰绍江、张春良主编：《中国刑事科学技术大全·痕迹检验》，中国人民公安大学出版社 2003 年版，第 311 页。

的关系，痕迹特征等反映清楚。

**（二）现场测绘法**

由勘查人员运用制图学的技术和方法，对现场上遗留的各种形态的工具痕迹进行测绘提取。现场测绘法可以直观地描绘出现场工具痕迹的分布、间隔、形态、面积、深浅等特征。

**（三）原物提取法**

提取原物能够最大程度上保全以及反映现场工具痕迹具有的所有细节特征。因此，对于体积较小、重量较轻的客体以及能够拆卸、分隔实物的客体上存在的工具痕迹，应当尽量采用提取实物的方法。提取实物时应当遵守法定程序，征得事主同意，使用完毕后应当及时归还。保存实物时应当采取必要的保护措施，防止人为或自然因素对附有工具痕迹的实物造成损坏。

**（四）制模提取法**

对于不能提取原物的工具痕迹，则应当根据痕迹的类型、面积以及深浅等，使用不同的制模材料进行提取。根据常用的制模材料进行分类，制模提取法又可以细分为以下几种：

1. 硬塑料制模法

硬塑料是一种牙科用制模材料，又名打样膏。具有稳定性能较好、塑型能力较强的特点，适合于提取印痕较深、面积较大的工具痕迹。具体操作时，取适量硬塑料浸泡于热水中，待其软化后取出。制模前先在工具痕迹表面涂抹一层甘油，再将硬塑料直接按入工具痕迹内并压实，冷却定型后即可取出成型。

2. 软塑料制模法

软塑料俗称橡皮泥，较适合于提取表面光滑而深度较浅的工具痕迹，但软塑料易于变形，需妥善保存。具体操作时，先在工具痕迹表面涂抹一层甘油，然后将软塑料揉搓成团后在光滑物体上压平，再将其按压在工具痕迹上，待软塑料与工具痕迹完全接触后，将其垂直取出即可成型。

3. 硅橡胶制模法

硅橡胶呈白色黏稠状，是一种含硅元素的有机化合物。具有弹性较好、塑型细腻、不易断裂及破碎等特点，适合于各类不同面积、不同深度的工具痕迹提取，是一种应用较为广泛的制模材料。具体操作时，可在玻璃板上放置适量的硅橡胶，再滴入少量正硅酸乙酯和月桂酸二丁基锡，用小刀调拌均匀后，轻轻注入待提取的工具痕迹内，待硅橡胶干涸后，即可将模型取出。

4. 醋酸纤维素薄膜提取法

醋酸纤维素薄膜俗称 AC 纸，具有渗透性能较好、透明度较高等性能，适合于提取金属表面的线形工具痕迹。具体操作时，取一块面积稍大于工具痕迹的AC纸置于丙酮溶液中浸泡，待其软化后，取出贴于痕迹表层。用手按压，防止AC纸与痕迹中间留有空隙。随后在其表面再覆盖一张AC纸，压紧使两张AC纸粘合在一起。待AC纸干透后取下，痕迹表面的线性工具痕迹特征即可在AC纸上体现出来。

## 第五节　枪弹痕迹的取证

### 一、枪弹痕迹概述

#### （一）枪弹痕迹的概念

枪弹痕迹是指枪支在发射子弹后在弹头、弹壳上形成的各种形象痕迹，以及遗留在客观环境中的弹着痕迹、射击附带痕迹（射击残留物）的总称。主要包括射击弹头上的痕迹、射击弹壳上的痕迹、弹着痕迹以及射击附带痕迹等。从上述定义中可以发现，枪弹痕迹中既有遗留在弹头、弹壳以及被射击物体上的形象痕迹，又有射击附带痕迹（射击残留物）等非形象痕迹。

#### （二）枪弹痕迹的分类

1. 弹头、弹壳上的痕迹

弹头、弹壳上的痕迹是指子弹在装填以及发射的过程中，由于子弹与枪支机件作用，而在弹头、弹壳表面留下的痕迹。射击时，弹头在火药气体压力的作用下通过枪管，弹头外壳与枪管内壁发生强烈的摩擦作用，便留下了能反映枪管内壁构造和使用状况的痕迹特征。[①] 装弹、击发和排壳过程中，由于射击弹壳与枪支机件的作用，会在弹壳表面留下不同的痕迹特征。

2. 弹着痕迹

枪支在射击后，弹头飞离枪口射向目标物，在被射击客体上留下的弹孔、弹道、跳弹、弹道点等痕迹。主要可以反映出射击弹头的口径、质量、速度、能量、射击方向等情况。

3. 射击附带痕迹

在枪支射击的过程中，从枪管中喷出的烟晕、枪油、金属屑、火药等微量物质。这些物质往往附着在射击入口周围以及射击弹壳内壁，亦称为射击残留物。此外，在射击者的手背以及衣袖等特定部位也可以发现有射击残留物。

#### （三）枪弹痕迹的作用

1. 有助分析案件基本情况。对枪击现场的射击痕迹进行分析，分析被射击客

---

① 徐立根主编：《物证技术学》（第2版），中国人民大学出版社1999年版，第316页。

体上遗留的孔洞是否为弹孔,孔洞周围是否存在射击残留物。根据现场遗留的枪弹痕迹进行弹道分析,判断射击的方向、距离、角度、射入口、射出口以及弹头飞行的时间、速度、能量等,为分析案件性质和基本情况提供依据。

2. 确定枪支、子弹自身情况。通过对现场遗留的枪弹痕迹以及提取到的枪支、弹药等进行分析,可以判断射击枪弹的种类与新旧,明确其性能是否正常,枪支是否可能发生"走火"现象。分析枪支、子弹的自身情况,亦有助于查明枪支、子弹的来源。

3. 认定弹头、弹壳与枪支是否同一。对现场中提取到的弹头、弹壳,通过后续的鉴定工作,可以对具体发射子弹的枪支进行同一认定。

## 二、枪弹痕迹的发现

对枪击案件现场进行勘查时,必须全面细致地寻找、发现遗留在现场的弹头、弹壳、弹孔、枪支、射击残留物等一切枪弹痕迹。现场中的枪弹痕迹,主要通过现场弹头、弹壳、枪支以及射击残留物的发现来实现。

### (一)枪弹痕迹勘验的重点部位

1. 发现现场弹头的重点部位

弹头飞离枪管射向目标物时,可能由于射入、穿透、反跳、碰落至某处而去向不明。在发现现场弹头时,应当首先分析弹道、察看弹孔,着重在弹着点以及被害人身体等部位进行重点查找。(1)在弹着点处进行重点搜寻。弹着点一般是指弹头最后的着点,多以只有射入口而无射出口的弹孔形式存在。在现场勘查中,只要能够发现弹着点,往往就能在弹着点内或者在其附近发现射击弹头。弹头射入墙壁、天棚、被褥、家具、地面等物体后,若发现洞孔,要在近似弹孔的孔洞中,顺着弹道方向去仔细地挖掘和寻找。对已穿透的物体,但未发现弹着点的,就要按弹头飞行线或其可能的折跳方向追踪寻找。① (2)在被害人身体处进行重点搜寻。在对被害人身体进行勘验时,应当注意寻找弹头的射入口以及射出口。如被害人的身体上只有射入口而无射出口,一般弹头遗留在被害人体内,可以利用X射线透视法进行查明。此外,应当注意在被害人帽子、衣物、口袋、鞋袜内进行寻找,以发现是否有弹头存在。对于身体上有弹头射出口的尸体或活体,应当在对原物进行固定后,恢复被害人伤亡时的姿势,从而确定射击枪口、弹孔、弹着点的方向、距离和高度,以便寻找射击弹头。

---

① 高光斗、王大中、朱翔主编:《中国刑事科学技术大全·犯罪现场勘查技术学》,中国人民公安大学出版社2003年版,第242页。

2. 发现现场弹壳的重点部位

(1)在中心现场及附近区域进行重点搜寻。子弹在射击后,由于弹壳不能继续飞行,而被枪支排出,抛落在中心现场附近。在对现场弹壳进行发现时,应当根据枪支的抛壳规律,在以射击地点为中心的 1 ~ 10 米半径距离范围内进行搜寻。如果弹壳在抛出后落到坚硬的地面上发生滚动或反弹等现象,应当根据现场的具体情况,适当扩大搜索弹壳的范围。(2)在射击枪支内进行重点搜寻。在现场或者其他地点发现的射击枪支,特别是卡壳的枪支、非自动枪支以及转轮枪支等,弹壳往往就遗留在枪支内。因此,对于此类枪支,应当注意对转轮、弹膛等部位进行重点发现,查找枪支内是否有弹壳存在。

3. 发现现场枪支的重点部位

枪支对于作案人的意义重大,尤其是手枪,便于携带和隐藏,多数作案人在作案后均带走枪支,现场中发现枪支的概率较低。但在某些情况下,仍然可以从现场以及相关场所发现枪支。(1)在中心现场及隐蔽区域进行重点搜寻。自伤、自杀以及伪装自杀的案件中,现场上往往遗留有射击枪支,应当及时发现并提取。某些案件中作案人可能是初犯,在杀害被害人后由于高度恐惧,可能在逃跑时将枪支抛弃在现场。此外,现场勘查时,应当对于现场及周围的树丛、沟渠、粪坑、窨井、坑洞等隐秘区域进行重点搜寻,以发现作案人是否将枪支隐藏在了此类隐蔽地点。(2)在犯罪嫌疑人住所及相关场所进行重点搜寻。对于案件中的重点犯罪嫌疑人,在办理相关批准手续的前提下,可以采用公开或者秘密的方式搜查犯罪嫌疑人的住所及相关场所,对嫌疑枪支以及拆散隐匿的零部件进行重点搜寻。

4. 发现射击残留物的重点部位

近距离射击的条件下,射击残留物往往会遗留在被射物体表面。在确定可能为近距离射击后,应当对射入口周围、射出口背面、弹着点附近以及尸体表面、穿着衣物等部位进行重点发现,以便于对射击残留物进行搜寻。此外,亦应当注意对可疑人员、自杀人员的双手、衣服袖管等重点部位进行射击残留物的搜寻。

**(二)枪弹痕迹的发现方法**

1. X 射线透视法

X 射线透视法主要用于发现尸体或活体身体内部遗留的射击弹头,如在尸体或活体身上发现有回转枪创、盲管枪创等,可以利用 X 射线进行透射,再使用手术、解剖等方式,沿着创道从人体内取出弹头。

2. 金属探测器寻找法

现场勘查中,如果弹头或者弹壳的遗留地点不明确、搜寻范围过大,尤其是在野外、空旷地点时,可以利用金属探测器、探雷器、磁铁等工具帮助搜寻遗留的弹头或弹壳。

3. 显微放大以及特种光源观察法

显微放大以及特种光源观察法主要用于对射击残留物进行搜寻。射击残留物具有体小、量微、色差小等特点,在目视以及普通光源条件下难以发现。在发现射击残留物时,可利用显微放大的方式进行观察、搜寻。针对反差较小物体上遗留的射击残留物,可以利用紫外线等特种光源进行照射,如呈现出荧光反映,可帮助勘查人员发现射击残留物。

## 三、枪弹痕迹的提取

### (一)现场弹头的提取

涉枪现场中发现有暴露在外的弹头,都应当先拍照固定。照片中应当反映出弹头与周围物体之间的联系,然后再予以提取。在提取弹头时,应当将所有弹头分别独立包装放入物证袋中密封,以免弹头之间相互碰撞,破坏原有的痕迹;并按顺序对提取的弹头进行编号,在物证袋上注明案件的名称、提取的时间、地点和方法等信息。

提取弹头时切忌破坏弹头上遗留的痕迹,亦不能去除弹头穿过物体时留下的任何物质。当发现弹头已嵌入泥土、砖墙或者木头内部时,应当仔细挖掘弹头射入口,不能使用刀、撬棒等金属工具进行直接挖掘,亦不能用金属镊子进行夹取,以免破坏弹头上原有的痕迹,并可能形成新的痕迹。在对射入口进行细致处理,露出弹头后,可用手或者竹制夹子将弹头小心夹出。对于嵌在墙体等坚硬物体内的弹头,如条件允许,可将弹头所在的部分墙砖取下。

对于射入人体内的弹头,应当在利用 X 透射确定具体位置的情况下,通过手术或解剖的方式予以提取。但在提取时应当注意不能使用金属镊子夹取,以免弹头表面原有的射击痕迹被破坏。

### (二)现场弹壳的提取

现场中发现的弹壳,应当先在原地进行拍照固定,记录发现的弹壳种类、型号、发现位置、发现时间等信息。提取现场弹壳时,不得破坏弹壳表面遗留的任何痕迹。应当使用软纸、棉花等柔软物进行妥善包装,并分别装入专用物证提取袋或小盒内进行封存,防止因弹壳之间的相互碰撞,而破坏表面遗留的痕迹。对于弹壳内的各种附着物,在提取时应当避免先行处理,而应当与弹壳一并封存。

### (三)射击枪支的提取

对于现场发现的枪支,为避免误伤,应检查枪支内有无子弹上膛,如有上膛子弹,应及时作出必要处理,退出上膛子弹,卸下弹匣,闭锁机枪。对于子弹与弹匣应分别提取包装。由于枪支表面可能遗留作案人指纹以及血迹、毛发等物，提取枪支时不可擦拭枪支，应戴上手套，注意拿取部位，避免破坏，同时对指纹、血迹、毛发等遗留物也应及时提取。提取枪支时应于扳机护圈出系上标签，记录案件发现时间地点及提取人姓名等信息。如枪支系从水中发现，提取后应继续浸入水中存放，防止枪支生锈。

**（四）射击残留物的提取**

枪支在射击后，作案人的手、衣物、射击枪支、弹头弹壳、弹孔、弹着点附近、中弹者体表以及各层衣物弹孔周围等重点部位均有可能遗留有各类射击残留物。应当利用放大镜、显微镜，结合各种光源进行寻找、发现。在提取射击残留物时，可以将留有射击残留物的物体一并提取，如有不能提取原物，则可以使用粘取、复印、溶解等方式进行提取。

1. 原物提取法

对于遗留在较小客体上的射击残留物或者弹孔周围的纤维等，可以直接提取原物。

2. 粘取提取法

利用胶纸、石蜡切片、醋酸纤维素薄膜等材料，对可能遗留有射击残留物的重点部位进行粘取。

3. 复印提取法

对于衣物、纺织品、纸张、皮革等光洁物体上遗留的射击残留物，可以采用复印的方式予以提取。将留有射击残留物的一面经喷洒四氯化碳溶液后，覆盖在洁净的滤纸上，垫上布片后，用熨斗加热到120℃左右，可在滤纸上提取到黄褐色的斑迹。

4. 溶解提取法

使用5%硝酸、丙酮或者石油醚等溶液浸泡棉球后，对重点部位进行擦拭，以提取射击残留物。擦拭后的棉球应用玻璃瓶密封保存。

## 第六节　其他痕迹、物证的取证

### 一、其他常见形态类痕迹的取证

**（一）车辆痕迹的取证**

犯罪活动中，作案人经常利用车辆作为交通工具或者运输工具，车辆本身也经常成为犯罪行为直接侵害的对象。车辆痕迹一般是指汽车、摩托车、自行车等车辆所形成的车轮痕迹、车辆启动痕迹以及刹车痕迹等。发现、提取案件中遗留的车辆痕迹,有利于判明作案人在现场活动的某些特征,便于对作案人进行追踪。通过对车辆痕迹的检验与鉴定,还可以为诉讼活动提供证据。

1. 车辆痕迹的发现

根据不同性质的案件,勘验的重点也有所差异,应当结合具体案情,确定发现车辆痕迹的重点部位。

(1)作案人往返路线上进行寻找。作案人在进行犯罪活动时,有时需要利用车辆作为运输工具,就容易在往返犯罪现场的路线上遗留下车轮痕迹或者刹车痕迹等。

(2)从犯罪中心现场进行寻找。中心现场是遗留有痕迹、物证较为集中的部位之一。例如,在交通肇事致人死亡、作案人驾车撞击杀人等案件的现场,一般都能够发现有可疑车辆遗留下的各类车辆痕迹。

(3)抛尸、匿赃等现场附近进行寻找。某些作案人在实施完犯罪后,需要利用车辆等运输工具,用以抛尸或者藏匿赃物。在对车辆痕迹进行重点发现时,应当注意抛尸、匿赃现场及其附近场所,以发现作案人用以运尸或者运赃的运输工具痕迹。

在对车辆痕迹进行勘验时,应当根据遗留痕迹的不同形态,选择合适的方法进行发现。遗留在潮湿、松软路面、雪地以及被碾压物等承受客体上的车轮痕迹,由于面积较大,且多为加层痕迹或者立体痕迹,通过肉眼直接观察即可发现。对于遗留在光滑干燥路面上的车辆痕迹,则需要利用测光或者逆光的观察方式进行发现。而对于碰撞现场遗留的微量物质,则可以借助放大镜等设备进行发现。

2. 车辆痕迹的测量

测量遗留在现场的车辆痕迹,有助于确定车辆的具体种类。在对车辆痕迹进行测量时,要求分别测量出车的轮距、轴距、轮径、胎面宽度等主要数据,还要测量记录花纹种类及大小,刹车痕的长短宽窄,遗留物、断离物的位置。①

3. 车辆痕迹的提取

现场勘查中,提取车辆痕迹一般有以下四种主要方式:

(1)摄影法。现场勘查过程中发现的所有车辆痕迹以及附着物,都应当先进行摄影固定,再视具体情况采用一定的方式进行提取。

(2)测绘法。通过专门的测量绘图方式,可以对现场上发现的车辆痕迹进行提取。勘查人员应当将经测量后确定的前后轮痕迹宽度、轮距,胎面宽度,车轮直

---

① 高光斗、王大中、朱翔主编:《中国刑事科学技术大全·犯罪现场勘查技术学》,中国人民公安大学出版社2003年版,第244页。

径等相关数据标示于图中。

(3)复印提取法。遗留在柏油路面、水泥路面上的车轮痕迹、刹车痕迹等,可以利用静电复印的方式予以提取。

(4)制模提取法。对于立体车轮痕迹以及车身上的碰撞擦划痕迹等,在拍照固定的基础上,还应当使用石膏、硅橡胶等材料进行制模提取。

### (二)整体分离痕迹的取证

整体分离痕迹,分为断离痕迹和分离痕迹。它是物体在外力作用下,分离为若干部分时,在各分离部分所形成的整体分离痕迹。① 整体分离痕迹不仅可以推断工具种类以及作案人破坏手段,还可以判明作案人与犯罪行为之间的联系,甚至可用以直接确定犯罪嫌疑人。

1. 整体分离痕迹的发现

在现场勘查中,应当结合案件性质、现场环境、现场走访等情况,以便于有效发现整体分离痕迹。一旦在现场中发现被分离的部分物体,应当竭尽全力寻找被分离的其他部分。必要时,可以借助放大镜等设备进行寻找和发现。对于现场中被破坏的痕迹及其附近区域,应作为重点部位进行寻找,以便于能够发现较为细小的工具碎片及其附着物。对现场上存在的犯罪遗留物、犯罪工具及一切可能留有整体断离痕迹的物体和碎片,如衣片、纽扣、线头、碎纸、断木棍等,应给予高度关注。②

2. 整体分离痕迹的提取

现场勘查中,一经发现有分离物及其痕迹,应当立即提取,并按分离痕迹的不同情况分别予以妥善处理。整体分离痕迹的提取主要有摄影法和实物提取法两种。首先对分离物及其痕迹进行拍摄固定,以保持其原始状态。随后按照分离物及其痕迹的大小和性质,分别予以提取。提取大件的分离物时,应当将分离物的两部分分别保存,不得与其他物质接触或碰撞。细小的分离物可装入洁净的小瓶或小盒内,周围填充入柔软物质,防止分离物晃动。分离物属于绳索、线头类的,应当用细线或者胶纸将其断端固定,以免痕迹特征被破坏。分离物如属于纸张、织物类的,则可用两块玻璃将分离物夹住后予以保存。

### (三)牙齿痕迹的取证

牙齿痕迹亦称为牙印,指牙齿对客体进行咬合作用时在客体上遗留的痕迹。牙体组织较为坚硬,既可以被作案人用来在现场上咬切物体,又可以被作案人利

---

① 管光承主编:《现场勘查》,法律出版社2000年版,第175~176页。

② 马丽霞主编:《犯罪现场勘查》,中国民主法制出版社2007年版,第141页。

用成为犯罪的手段,还可以成为被害人进行防卫的武器。犯罪现场中遗留的牙齿痕迹对人身同一认定具有重要作用,还可以为侦查工作提供诸如作案人的人数、现场是否有搏斗、作案人在现场的活动等线索和情况。

1. 牙齿痕迹的发现

犯罪现场中遗留的牙齿痕迹应当重点从作案人咬切过的物体上进行寻找,如作案人吃剩的食物,用牙齿破坏的物品、用牙开启的酒瓶等。较为常见的牙齿痕迹一般有咬切痕迹与咬压痕迹两大类。咬切痕迹出现在已咬断的物体上,在咬离部分与咬剩部分中,均遗留有一定的咬切痕迹;咬压痕迹出现在未咬断的物体上,在被咬物体的上下两面,均遗留有较为完整的立体牙齿痕迹。有时在被害人与作案人进行搏斗的过程中,也会在双方身体上遗留牙齿痕迹,因而被害人的尸体、身体或者作案人的身体都是寻找牙齿痕迹的重点部位。甚至在搏斗过程中,作案人的牙齿被打落或者假牙托被打坏的情况下,不仅出现牙印,更能找到被打落的牙齿或假牙托。尸体或身体上的牙齿痕迹多见于头面部、肩部、手臂、手指等处,如作案人处于变态或者报复等原因,则有可能在被害人的乳头、阴部等隐私部位出现牙齿痕迹。牙齿痕迹一般都为立体痕迹,用肉眼即可进行观察并发现。

2. 牙齿痕迹的提取

现场勘查中,提取牙齿痕迹一般有以下三种主要方式:

(1)摄影法。牙齿痕迹应当采用比例摄影的方式予以固定提取,将牙印分布的位置、大小、数量以及特征等拍摄下来。对于遗留在活体上的牙齿痕迹,因皮肤、肌肉具有弹性,不宜采用制模提取,更不能提取实物,只能采取拍摄提取。

(2)实物提取法。牙齿痕迹的提取,应当以提取实物作为首选方式。遗留有牙印的客体如发生干缩或腐败,容易使牙印遭到破坏。为了防止实物上的牙印变形或破坏,在直接提取带有牙印的实物后,应当放置于密闭的容器中,在冷藏或冷冻的环境下予以保存,防止其变形或损坏。如需提取尸体皮肤上的牙齿痕迹,可连同皮肤一并切下,置于1%的福尔马林溶液中保存,检验时再用二甲苯进行脱水透明处理。

(3)制模提取法。牙齿痕迹制模的主要材料有打样膏、硅橡胶以及石膏等,实践中多采用硅橡胶制作牙印模型,可保证制作的模型特征细腻且不易变形。

**(四)动物齿痕、蹄迹的取证**

1. 动物齿痕的取证

动物齿痕,主要是指鼠、兔等啮齿类动物啃咬电缆、电线、光缆、胶管等物体,在客体上形成类似剪切工具痕迹的一种特殊痕迹。在部分案件的现场勘查中,为了判明案件性质,就必须确定现场上遗留的痕迹是动物啃咬所形成还是人为破坏所形成。发现此类可疑痕迹时,应当从痕迹的形态以及现场环境等多角度进行全面分析判断。

(1)动物齿痕的发现。动物齿痕一般可以在任何场所或部位出现。现场勘查时,首先应当观察现场周围环境是否符合动物生存的环境要求,了解现场附近动物出没以及活动的具体情况。此外,动物咬痕断面不齐,线形痕迹粗大且不平行,咬起缘呈锯齿状。在动物啃咬的客体旁,会遗留大量啃咬碎屑,碎屑形态似锯末,还可能有动物粪便、趾印、毛发以及洞穴窝巢等出现。

(2)动物齿痕的提取。提取动物齿痕时,首先应当采用比例摄影的方式予以固定提取,并对动物齿痕的位置、形态、数量、大小、特征等予以详细记录。在拍照后还可以直接提取实物。在提取实物后应当及时放置于固定容器中,防止实物上遗留的动物齿痕变形或破坏。

2. 动物蹄迹的取证

马、牛、驴、骡等大型动物在一些刑事案件中,不仅是盗窃的对象,更可以成为犯罪活动中的运输工具。在这些案件现场中遗留的动物蹄迹,也就成为现场勘查的取证对象。

(1)动物蹄迹的发现。动物蹄迹一般多遗留在现场外围及其相关部位。如现场进出口及其附近,往返作案现场的路线,食源、水源地及其周围,动物栖息地,遗留动物粪便地及其周围等场所与地点均是发现动物蹄迹的重点部位。动物蹄迹通常为立体痕迹,且多为成趟出现。一般不难发现,用肉眼即可直接观察。

(2)动物蹄迹的提取。动物蹄迹的提取方法与足迹提取方法基本一致。在提取痕迹前,应当对动物蹄迹予以详细记录。具体的提取方法有摄影法、制模提取法、复印提取法以及原物提取法等。

## 二、常见法医物证的取证

### (一)毛发的取证

毛发作为头发以及体毛的统称,在人体的绝大部分体表都有毛发生长。在凶杀、强奸、伤害、抢劫、盗窃等案件中,毛发是现场上常见的物证之一。毛发由角蛋白组成,理化性质较为稳定,能够耐损坏、抗腐败,便于长期保存及利用。即使在尸体高度腐败后,仍能根据毛发对尸体残骸的身源进行鉴别与判断。

1. 毛发的发现

毛发由于外形纤细等特点,导致了在现场中发现毛发有一定的难度。这就要求在现场勘查中,应当明确寻找毛发的重点部位。例如,在现场有过搏斗痕迹的凶杀案件中,应当注意发现死者手中是否遗留有毛发;在强奸案件中,毛发多集中在死者穿着的衣物之上或者两腿之间。人的生物特性决定了每人每天的毛发脱落量为30~120根,因而在案件现场作案人经过的地点都可能有毛发脱落。在现场勘查时,只要进行细致寻找,是可以发现毛发物证的。

2. 毛发的提取

提取毛发时不能直接用手抓取,而应当使用镊子进行夹取。提取到的毛发应当置入纸袋或专门的物证袋中,分别包装以避免污染,并分别予以编号。破碎断离的细微毛发应当小心地储存于试管之中。勘查时发现有异物粘于毛发之上,应当予以妥善保存,防止脱落。勘查人员在提取毛发时应当注意防止将自身的毛发掉落于现场,以避免被认为是可疑毛发。

**(二)血迹的取证**

现场中遗留的血迹,对侦查破案而言极为重要。通过对血迹形态的检验与鉴别,不仅可以为分析案情提供依据,更能将犯罪嫌疑人与犯罪现场联系起来。

1. 血迹的发现

血迹在大多数情况下都是一种可见物质,因而在杀人、强奸、抢劫等案件中,发现血迹并不困难。但如果距离案发时间较长而导致血迹颜色发生变化,与背景颜色或者其他物体颜色产生混淆,案件现场被作案人进行过清洗后,发现血迹则较为困难。这就需根据犯罪现场环境,重点围绕实施犯罪活动的场所或者尸体,来搜寻遗留的血迹。对于已被作案人清洗过的现场或衣物,勘查人员应当仔细观察不易完全清晰干净的隐蔽处所,如地板裂缝、抽屉背面、衣服接缝、口袋内侧等处进行细致搜寻。

2. 血迹的显现

在现场勘查过程中,如果发现血迹无法确定或者不明显,甚至已被清洗过,可以对已经发现的可疑斑迹进行显现和分析。

(1)紫外线显现法。利用紫外线灯对可疑部位进行照射,如被照射部位有棕色荧光反映,则可确定该可疑部位存在血迹。

(2)磷甲联苯胺冰醋酸溶液显现法。首先将磷甲联苯胺冰醋酸溶液滴在可疑斑迹表面,再滴上3%的过氧化氢数滴,如可疑部位显现出蓝色,则能在极大程度上判断该可疑部位存在血迹。

(3)鲁米诺显现法。将鲁米诺溶液滴在可疑部位,如该部位显现有天蓝色荧光反映,则可确定该可疑部位存在血迹。由于鲁米诺显现法释放出的荧光极为微弱,因此在黑暗处或者完全遮光的条件下使用该方法,效果较为明显。

3. 血迹的提取

现场血迹应当按照其不同形态,采用不同的方式予以提取,以确保血迹得以保存而不受损坏。

(1)提取附有血迹的物体。对于附有血迹的物体,最好能原物提取,提取前,应按规定拍照,包装和运输中,应注意保证其不受污染和破坏。① 对于体积较大,无法全部提取的物体,可采用剪取带有血迹部分的方式予以提取。必要时,应按照相关规定提取不粘有血迹的邻近部分作为空白对照样本。

(2)液体血迹的提取。对于现场血泊、尸体或活体血液、新鲜血块等液体血迹,可以采用两种方式予以提取。第一,在干净的试管内注入 2 毫升氯化钠溶液备用。提取液体血迹时,用吸管吸取 2 毫升血液,注入备用的试管中。然后将试管口塞紧后轻摇数次,试管上应当标明样品的情况及采集人的信息。用该法提取的血液必须在 24 小时内检验,否则即会造成血液变质。第二,利用吸附性较强的材料予以提取。选用 100% 白色纯棉织物放入血泊中,待其吸附血液至饱和后,用镊子将其夹出,并置于试管中晾干。在放入试管晾干的过程中,试管口不得塞住。试管上同样应标明样品情况及采集人信息。

(3)干燥血迹的提取。对于血痂状的干燥血迹,可使用手术刀片等将其刮下,包裹于干净的包装纸中,并在包装纸上注明样品情况及采集人信息,随后再置于干净的大纸袋中。

(4)潮湿血迹的提取。提取黏附有潮湿血迹的物品时,应当将其在室温下晾干,但不得将其置于阳光下暴晒。晾干后应当将沾有血迹的物品置于干净的纸袋中,扎封不得过紧,并在包装上标明样品情况及提取人信息。

**(三)精斑的取证**

精液排出体外后,黏附在一定物体上,干燥后形成精斑。在强奸案件中,现场上遗留的精斑是重要的物证之一。通过对于精斑的检验,不仅可以确定血型,还可利用精子细胞核内的 DNA 来鉴别、认定精斑的遗留者。

1. 精斑的发现

精斑主要在强奸等特定案件现场中可以发现,除遗留在被害人阴道内,还多见附着在被害人的内裤、裤头、大腿内侧、阴部,强奸发生场所的床单、被褥、凉席、地面、杂草、泥土、地面等物体以及毛巾、布片、纸巾、纸张等擦拭物品上。

精液呈乳白色粘稠状液体,干燥后在自然光下用肉眼观察呈黄白色或灰白色不规则地图状的斑迹,触之有一定硬感。现场勘查中应当仔细搜寻可疑斑迹,必要时可使用紫外线照射进行寻找,当观察到有白色荧光反映时,可将斑痕范围用

① 管光承主编:《现场勘查》,法律出版社 2000 年版,第 174 页。

色笔标划,送实验室进一步检验。①

2. 精斑的提取

提取现场精斑时,应当根据黏附物体的不同而选用不同的提取方式。对于尸体上遗留的干精斑,可以用湿纱布擦取,风干后放入干净的试管或容器中。对于黏附在织物上的精斑,可连同织物一起提取。提取活体阴道精斑时,应当由法医或者医生进行。

**(四)唾液斑的取证**

1. 唾液斑的发现

犯罪现场上常可以提取到作案人遗留的烟头、瓜壳、果核、口罩、手帕、纸巾、喝过水的杯子等,这些物证中往往检测出唾液斑。此外,受害妇女的口唇面颊、乳房,男性生殖器以及啃咬处的皮肤上均可能遗留有唾液。

2. 唾液斑的提取

现场中遗留的烟头、瓜壳、果核等检材,应当用镊子进行夹取,以防止用手接触后对检材造成污染。现场中如发现有口罩、手帕、纸巾等潮湿物,应当先晾干后再提取原物,并妥善包装。尸体或活体上可能遗留有唾液的可疑部位,应当生理盐水浸湿纱布擦取,晾干后用干净纸张包好,再置于洁净物证袋内。现场发现的已干涸的可疑唾液斑,应当用生理盐水浸湿的纱布蘸取擦拭,晾干后妥善包装。

## 三、常见微量物证的取证

**(一)纤维物质的取证**

纤维物质是犯罪现场上常见的微量物证之一,在各类刑事案件的现场中基本上都能找到纤维物证。纤维物质质量较小、数量较少、具有较强的迁移性,往往需要借助于不同角度的强光照射以及放大设备等来寻找纤维物质。

1. 纤维物质的发现

犯罪现场中,遗留有纤维物质的重点部位一般集中在:(1)作案人进出犯罪现场的出入口。特别是作案人通过挖洞、揭瓦等方式进入现场的,作案人衣帽上的织物纤维极有可能遗留在出入口周围。(2)犯罪中心现场的破坏物及其周围。(3)作案人与受害人搏斗处。双方在厮打搏斗时,除衣物接触后互相附着有对方织物纤维外,还会因撕扯等原因散落下纤维物质和织物碎片等物品。(4)受害人所在的地面、床面。

---

① 高光斗、王大中、朱翔主编:《中国刑事科学技术大全·犯罪现场勘查技术学》,中国人民公安大学出版社2003年版,第313页。

2. 纤维物质的提取

根据现场的具体情况以及附着物的不同类别,应当采取不同的方式提取纤维物质。夹在缝隙中的单根纤维,可以用镊子轻轻夹取,如较难单独取下,则可连同承载客体一同提取。少量附着在尸体表面的纤维物质,可以利用胶纸粘取后粘贴于玻璃板上。成束的纤维物质,则可以用镊子直接予以夹取。床面、衣物以及车内遗留的纤维物质,可以采用静电技术提取。提取到的纤维物质,应当注意妥善包装,防止纤维物质被污染或丢失。

**(二)玻璃碎片的取证**

1. 玻璃碎片的发现

玻璃碎片同纤维物质一样,也是犯罪现场中常见的微量物证之一。现场上发现玻璃碎片相对较为容易。例如,入室盗窃现场中门窗玻璃的碎片可能附在作案人的衣帽、鞋袜上;伤害案件中利用玻璃酒瓶或其他玻璃制品作为凶器时,玻璃碎片会遗留在犯罪现场或者作案人身上;交通肇事案件中,现场可能遗留车辆挡风玻璃、车灯、反光镜的碎片。犯罪现场上玻璃碎片的发现,对于案件的侦破工作具有重要的作用。

2. 玻璃碎片的提取

犯罪现场上散落的大块玻璃碎片,可以带上医用橡胶手套后以接触玻璃断裂面的方式直接拿取,但不可接触玻璃碎片表面。而现场中散落的体积较小的玻璃碎片或碎渣,则应当使用非金属镊子直接夹取。对于仍固定在边框上的玻璃碎片,可带框进行整体提取,并采取适当方式固定,避免玻璃碎片散落。如无法带框整体提取,应当按照顺序拆卸提取,并表明碎片在边框上的原始位置及固定方式。现场上遗留的玻璃碎片,无论大小,都应当注意玻璃上附有的各类痕迹和物质,如手印、血迹、泥土、纤维等,都应当加以保护。

**(三)油漆碎片的取证**

1. 油漆碎片的发现

油漆碎片是交通肇事案件现场中出现频率较高的一类微量物证。在肇事现场中,车辆碰撞受害人或者物体时掉落的油漆碎片往往会散落在现场及其周围或者被撞击人的衣物之上,在搜寻时可以借助放大镜、显微镜等设备对被撞击处等重点部位发现寻找油漆碎片。此外,在撬锁、破门实施盗窃、抢劫、强奸或者杀人等特定案件中,应当重点对作案工具上可能遗留的油漆碎片进行发现、寻找。

2. 油漆碎片的提取

为了能提取到较为完整的油漆碎片,通常用不锈钢镊子夹取油漆碎片放入样品袋或样品瓶中。[①] 提取油漆碎片时,应当注意分开使用提取工具,防止油漆物质间的相互污染。对于提取到的油漆碎片,应当置于洁净的玻璃试管内,并妥善加以保存,防止油漆脱落或者被其他物质所污染。如某一物体上存在使用多层油漆的情况,在提取油漆物质时不能采取刮取的方式,而应当从油漆层底部切取或挖取所有涂层的油漆碎片,尽可能地保存其多层油漆结构。

**(四)金属颗粒的取证**

根据物质转移理论,一种金属物质与另一种物质相互发生接触后,如打击、撬压、碰撞或摩擦时,必然会在另一物质上遗留下金属物质的成分。微量金属颗粒的量极少,主要存在于犯罪工具、作案人的衣物、被侵害客体、现场地面以及犯罪遗留物上。

1. 金属颗粒的发现

在现场勘查中,应当对现场地面、犯罪工具、犯罪遗留物、工具痕迹以及作案人的衣帽、鞋袜等场所、物品进行重点勘验,以发现是否有微量金属颗粒存在。犯罪工具以及工具痕迹上残留的微量金属颗粒极其细微,不易被发现,应当利用放大设备在不同光线下进行仔细搜寻。另外,金属包装物及捆绑物上也经常会遗留有微量的金属颗粒。

2. 金属颗粒的提取

现场勘查中,微量金属颗粒的提取一般可以采用以下几种方式:

(1)直接夹取法。体积较大的金属颗粒,可以使用非金属镊子进行直接夹取,放入洁净的玻璃瓶中予以妥善保存。

(2)胶纸粘取法。体积较小的金属颗粒,如不便使用镊子夹取,可以利用透明胶纸粘取,再贴于洁净的载玻片上。

(3)磁铁吸附法。现场中遗留的金属颗粒如为铁质颗粒,可以使用磁铁进行吸取。提取后可去掉磁铁,将金属颗粒包装于洁净的塑料薄膜或白纸内。

(4)拍打抖动法。犯罪现场中,如金属颗粒附于衣物之上,不便用镊子进行夹取,可将衣物放置于大张玻璃板或者白纸之上,进行抖动、拍打,然后再收集金属颗粒。

(5)火棉胶提取法。犯罪工具或者工具痕迹上黏附的金属颗粒,可以利用火棉胶进行提取。可在附有微量金属颗粒的部位滴加2~3滴火棉胶醋酸戊脂溶液,待数分钟后醋酸戊脂挥发,在微量金属颗粒上覆盖一层胶膜。即可将透明胶纸粘贴在火棉胶薄膜上并用手压实,以30°角的方向揭下胶纸,就可将金属颗粒与火棉胶膜一同揭下,放入洁净的瓶中或者盒中妥善保存。

---

① 苑军辉主编:《犯罪现场勘查》,中国人民公安大学出版社2005年版,第227页。

# 第十章　犯罪现场勘查工作记录体制①

现场勘验、检查工作记录是对犯罪现场的如实客观反映，是侦查人员在现场勘查过程中所必须制作的法律文书。通过现场勘验检查笔录、现场制图、现场照相、现场录像以及现场录音等方式，客观真实地反映出犯罪现场的状况。现场勘验、检查工作记录不仅可以用来甄别证人证言、被害人陈述、犯罪嫌疑人、被告人供述和辩解的真伪，为分析案件性质以及侦查破案提供线索和方向，更是刑事诉讼法规定的证据之一，在诉讼过程中用以证明案件真实情况。

## 第一节　现场勘查工作记录概述

### 一、现场勘查工作记录的概念及特性

现场勘验、检查工作记录，是指现场勘查人员依法运用文字记录、制图、照相、录像以及录音等方式，对现场上与犯罪行为有关的情况以及勘查活动加以固定和记录的一种法律文书。该定义表明，现场勘验、检查工作记录具有以下特性：

**（一）记录内容针对现场上与犯罪行为有关的情况及具体的勘查活动**

现场勘验、检查工作记录主要针对犯罪现场以及勘查活动，其他有关记录不在现场勘验、检查工作记录的范畴之中，如现场访问笔录等。如果在现场勘查过程中还

---

① 本章内容的完成离不开沈臻懿博士的大力帮助和支持，在此表示诚挚的谢意。

进行了人身检查、尸体检验、物证检验、侦查实验等侦查活动,则应单独制作专门的人身检查笔录、尸体检验笔录、物证检验笔录、侦查实验笔录,但在现场勘验、检查工作笔录中应当予以简要记载。

**(二)记录内容客观、准确、真实地反映现场原貌**

现场勘验、检查工作记录应当有详有略,关键是将现场上与犯罪行为有关的情况以及勘查活动予以客观、准确、真实地记录。至于与犯罪行为无关的内容则应当简要概括或者予以省略。

**(三)记录方式包括文字记录、制图、照相、录像以及录音**

现场勘验、检查工作记录的方式,主要由现场勘验检查笔录、现场制图、现场照相、现场录像以及现场录音五个基本内容组成。侦查实践中,以现场勘验检查笔录为主体,以现场制图、现场照相、现场录像和现场录音为重要附件的现场记录证据体系,在侦破案件以及刑事诉讼中具有重要的证明效力。

**(四)现场勘验、检查工作记录是一种法律文书**

《刑事诉讼法》第48条规定:"证据包括:……(七)勘验、检查、辨认、侦查实验等笔录……"第131条规定:"勘验、检查的情况应当写成笔录。"从法律规定中可以明确,现场勘验、检查工作记录是刑事诉讼中的一种重要法律文书。制作现场勘验、检查工作记录也是整个侦查行为中的一项有机组成部分。

## 二、现场勘验、检查工作记录的意义

**(一)现场勘验、检查工作记录是刑事案件立案侦查的基本依据**

现场勘验、检查工作记录是侦查人员对现场上的客观状态以及勘查情况所作的如实记录,是证明犯罪事实是否发生的基本依据。立案是刑事案件侦查的程序性要求,根据《刑事诉讼法》相关规定,有犯罪事实发生是刑事案件立案的首要条件,而犯罪事实是否发生就需要通过相关证据来予以证明。现场勘验、检查工作记录可以证明痕迹、物证等现场证据的来源与出处,以及证明在现场发生了特定的犯罪行为并造成了相应的犯罪后果。[①] 作为犯罪现场情况以及勘查结果的客观记载,现场勘验、检查工作记录自然成为犯罪事实是否发生的主要依据,必然也成为刑事案件立案侦查的基本依据。反之,如果通过现场勘查,不能确定犯罪事实是否发生,或者能够确定犯罪事实并未发生的,现场勘验、检查工作记录自然便成为了不予立案的基本依据。

**(二)现场勘验、检查工作记录是犯罪现场重建的重要来源**

现场原貌的复原与重现是犯罪现场重建的主要内容之一,通过犯罪现场重

---

① 郝宏奎主编:《犯罪现场勘查》,中国人民公安大学出版社2006年版,第114页。

建,可以使犯罪现场恢复至发案前的状态,有助于侦查人员通过对于案发前后犯罪现场状态的对比,确定犯罪活动引发现场变化的原因及程度;可以为侦查人员分析案件性质、判明作案方式、确定侦查方向等提供有效帮助。绝大多数的犯罪现场在勘查后都不具备保留条件,无法保持犯罪现场的原始状态。然而,现场勘验、检查工作记录是现场客观事实的真实写照,是侦查人员进行勘验、检查活动的客观记载。它通过各种现代科学技术方法,从不同角度、准确、细致、全面、可靠地反映现场的原始状态,①为重建犯罪现场提供了重要来源,使犯罪现场复原与重现具有了现实可能性。

**(三)现场勘验、检查工作记录是揭露与证实犯罪的有力依据**

犯罪现场具有客观性的属性,决定了其能够客观地反映出作案人的犯罪行为以及作案过程,而现场勘验、检查工作记录正是对于这种犯罪现场中客观反映的如实记载。现场勘验、检查工作记录的事项包括犯罪发生的时间、地点,作案人在现场上的犯罪过程,遗留在现场上的痕迹、物证状态以及犯罪行为造成的后果等内容。现场勘验、检查工作记录上记载的这些内容,都与犯罪行为与犯罪嫌疑人有着直接的联系,具有揭露犯罪事实、证实犯罪人的重大意义。

此外,现场勘验、检查工作记录还具有甄别犯罪嫌疑人、被告人口供可靠性的重要作用。有些作案人为了逃避打击与制裁,在供述犯罪事实时真假难辨、虚实结合;有的在供述中采取避重就轻的方式,对侦查工作进行探风摸底。侦查实践中,只有利用现场勘验、检查工作记录跟犯罪嫌疑人、被告人的供述和辩解进行相互印证,才能有效甄别犯罪嫌疑人、被告人供述和辩解的真伪,对于揭露犯罪以及澄清犯罪嫌疑人具有重要的意义。

**(四)现场勘验、检查工作记录是一种重要的刑事诉讼证据**

《刑事诉讼法》第48条规定:“可以用于证明案件事实的材料都是证据。证据包括:……(六)勘验、检查、辨认、侦查实验等笔录……”第131条规定:“勘验、检查的情况应当写成笔录……”制作现场勘验、检查工作记录不仅是现场勘查以及侦查工作的需要,更是刑事诉讼的必然要求。现场是犯罪信息的重要载体,现场的变化情况及犯罪痕迹、物证是重要的刑事诉讼证据。由于原物展示的不方便性,影响证据作用的发挥,而现场勘验检查记录则是这些情况的客观记载,而且方便展示和审查。② 因此,刑事诉讼中将现场勘验、检查工作记录规定为法定的证

---

① 高光斗、王大中、朱翔主编:《中国刑事科学技术大全·犯罪现场勘查技术学》,中国人民公安大学出版社2003年版,第175页。

② 高春兴、苑军辉、邹荣合主编:《犯罪现场勘查》,中国人民公安大学出版社2007年版,第133页。

据之一,在分析案件情况、采取侦查措施时起到极为重要的作用。

## 三、现场勘验、检查工作记录的构造

现场勘验、检查工作记录的构造,由现场勘验检查笔录、现场制图、现场照相、现场录像以及现场录音五种基本形式组成。这五方面内容共同组成了一个整体,互为补充,才能形成一个较为完备的现场勘验、检查工作记录体系。

### (一)现场勘验检查笔录

现场勘验检查笔录是一种运用文字记录方式对犯罪现场情况以及勘查活动加以记载的专门方法,能够对现场的方位,痕迹、物证的尺寸、数量等进行准确记载。该方法虽然受文字描述的限制,具有一定的抽象性,无法对现场内外的具体情况,痕迹、物证遗留的确切形态等进行翔实的记载,但具有使用方便、描述细致、记载全面等特点,是现场勘查中首要的记录方法。

### (二)现场照相

现场照相是一种利用刑事摄影的原理和技术,并借助于一定的专业照相器材,对犯罪现场情况进行拍摄固定的专门记录方法。现场照相能够有效弥补现场勘验检查笔录中存在的不足,可以形象直观地记录现场内外部的具体情况,准确记载现场中痕迹、物证的形态与相互联系等。虽然现场照相受刑事摄影技术和拍摄角度的制约,摄影中光影变化以及明暗层次也可能对现场照相产生一定的负面影响,且一旦现场环境较为狭窄或者有物体被遮挡,现场照相的效果也将大打折扣,但这并不能影响到现场照相具有操作简单便捷、形象直观、信息记录量较大等优点,它在现场勘验、检查工作记录中的运用也较为广泛。

### (三)现场制图

现场制图主要运用测绘学、制图学的原理和技术对犯罪现场情况以及勘查活动进行客观的记录,能够在一张图上反映出现场的方位、概貌,以及痕迹、物证的方向、尺寸、距离等,也可以将被遮挡的物体进行剖析,绘制在一张图上。① 该方法虽然专业性较强,现场操作较为繁复,但现场制图的系统性极强、整体效果良好,且能避免现场照相中拍摄角度的影响以及光影的限制,能够清晰直观地反映出现场状态以及勘查情况,是现场勘查中常用的记录方法之一,尤其在大案要案的勘查中,必然需要运用现场制图的记录方式。

### (四)现场录像

现场录像主要运用图像处理的原理和技术,并借助于摄录设备对犯罪现场情

---

① 苑军辉主编:《犯罪现场勘查》,中国人民公安大学出版社2005年版,第243页。

况以及勘查活动进行记录。现场录像具有画面连续、形象直观、信息记录量较大等特点，在大案要案的现场勘验、检查工作记录中运用广泛。但录像资料易被剪接、编辑，故而不能作为独立的诉讼证据进行使用。

**（五）现场录音**

现场录音是一种运用音频记录的原理和技术，并借助于音频录制设备对犯罪现场有关的语音信息进行固定与记录的专门方法。该现场记录方式便于现场勘查人员在实地勘验、现场调查的过程中进行同步录音记载。

## 四、现场勘验、检查工作记录的要求

现场勘验、检查工作记录作为一种法律文书，又是刑事诉讼法规定的证据之一，不仅应当符合现场勘查的技术规范，也应当符合刑事诉讼法对证据收集的相关规定。因此，在制作现场勘验、检查工作记录的过程中，应当遵循以下六项基本要求：

**（一）制作主体应当是现场勘查人员**

现场勘验、检查工作记录的制作是一项专业性较强的工作，必须遵循相应的技术规范和具体要求。未经专门培训的人员不具备此类专业知识，无法保质保量地完成现场勘验、检查工作记录的制作。此外，现场勘验、检查工作记录是对发案现场原始状态以及勘查活动的客观记载，未参加现场勘查的人员无法了解现场的原始状态以及勘查工作的具体情况，也就无法保证其制作的现场勘验、检查工作记录的客观性。

**（二）现场勘验、检查工作记录应当及时制作**

现场勘查人员到达犯罪现场后，应当及时进行勘查和记录。务必做到一案一记、随勘随记，有效确保记录内容的客观性、全面性。在现场勘查活动进行的同时，应当同步制作相关记录，不能只勘查现场，而不作任何记录，更不允许在案件侦破后补做记录。

**（三）记录内容应当客观、全面**

现场勘验、检查工作记录应当客观地反映出犯罪现场的状态以及勘查活动的情况。在记录的过程中必须坚持实事求是的工作态度，如实记载犯罪现场以及勘查活动的实际情况，不允许将任何主观臆断的分析与推断记入至现场勘验、检查工作记录中，也不允许记录的内容含糊其词、模棱两可。

现场勘验、检查工作记录中，应当将与犯罪有关的一切客观情况以及勘查过程、结果进行全面的记载。这就意味着现场勘验、检查工作记录中应当包括犯罪现场的方向、位置、环境，现场变动情况，中心现场状况，遗留痕迹、物证的名称、数量、形态、分布、特征，勘查活动的实施以及勘查中的重要发现等内容。特别是在勘查中发现的与犯罪有关的痕迹、物证，对这些痕迹、物证遗留的部位，痕迹、物证的形状、大小与特征以及彼此相互之间、与其他物品之间的距离关系和最后的提取情况，要进行准确、细致的记叙。①

**（四）记录形式应当规范、完整**

现场勘验、检查工作记录中使用的计量单位必须符合国家有关标准，文字语言必须准确规范，不能使用非标准化的字、词、句。文字填写时，应用使用蓝、黑色墨水笔书写或者运用打印方式。在现场勘验、检查工作记录制作完毕后，应当在制作日期上加盖负责勘查单位的公章。

一份完整的现场勘验、检查工作记录要求现场勘验检查笔录、现场图、现场照片三者齐全，不可缺失。此外，根据案件侦破工作的实际需要，还可以在现场勘验、检查工作记录中增加现场录像以及现场录音等内容。

**（五）重复勘查现场，应当另行制作现场勘验、检查工作记录**

勘查人员在每次勘查现场时，都应当制作现场勘验、检查工作记录。有些疑难案件由于现场情况的特殊性和复杂性，一次现场勘查工作并不能满足侦查破案的需要，必须进行多次重复勘查现场并制作相关记录。尤其是在重复勘查中有新的发现时，更应当制作重复现场勘验、检查工作记录。该记录作为初次勘验、检查工作记录的重要补充，记录的侧重点不同，除现场勘查的程序性要求外，重点围绕新发现的内容进行记录，既避免同样内容的重复记录，又对于初次记录进行了重要补充。

**（六）人身检查、尸体检验等情况，应当单独记录**

现场勘查中，有时需要对活体或者尸体进行检查、检验，并制作相关记录。人身检查记录、尸体检验记录也是现场勘验、检查工作记录的组成部分，但由于其专业性、独立性较强，一般需要单独进行记录。

## 第二节　现场勘验检查笔录

### 一、现场勘验检查笔录的概念及作用

现场勘验检查笔录，是指侦查人员在勘查刑事犯罪现场的过程中，运用文字形式对现场上的客体变化、空间关系等所作的客观记载以及对现场勘验、检查过程所作的真实记录。从某种意义上说，现场勘验检查笔录就是用文字的方式将犯

① 管光承主编：《现场勘查》，法律出版社2000年版，第207页。

罪现场情况以及痕迹、物证等进行固定。现场勘验检查笔录在侦查实践中具有极为重要的地位，其作用主要体现在以下几个方面：

**（一）证明案件事实的重要依据**

现场勘验检查笔录是对于犯罪现场情况以及遗留痕迹、物证的客观真实反映，不仅有利于对案件进行分析、研究，还能够使没有到过现场的办案人员，通过现场勘验检查笔录来全面了解犯罪现场。此外，现场勘验检查笔录中记载的案件事实情况，也能够为犯罪现场重建提供重要资料，有助于对犯罪事实进行复原和重现。

**（二）甄别犯罪嫌疑人、被告人供述的科学依据**

现场勘验检查笔录客观、全面、详细、准确地记载了现场上与犯罪活动有关的客观事实，是甄别犯罪嫌疑人、被告人供述可信程度的科学依据。将犯罪嫌疑人、被告人供述的现场情况和作案过程与现场勘验检查笔录进行对比研究，如两者一致吻合，则能够在一定程度上证明该供述的可信性；反之，则证明该供述的可信度较低。

**（三）审查侦查人员是否依法实施勘查的基础**

现场勘验检查笔录是记录、证实侦查人员依法实施勘查行为、收集证据，见证人依法履行监督职责、见证勘验、检查过程以及弥补现场勘查中的漏洞和不足的重要证据。[①] 从某种角度而言，没有现场勘验检查笔录也就意味着没有勘查、检查现场。现场勘验检查笔录可以作为审查、鉴别现场勘查程序、方法是否科学、客观、全面，现场勘查工作是否合法有效的基础。

## 二、现场勘验检查笔录的基本内容

依据《公安机关刑事案件现场勘验检查规则》第48条以及公安部刑侦局《现场勘验检查工作记录》的相关规定，现场勘验检查笔录主要包括前言部分、正文部分以及结尾部分三方面内容：

**（一）前言部分**

前言部分包括：标题及笔录文号，接报案件时间和内容，现场地点，现场保护情况，勘验、检查的起止时间，天气情况，勘验、检查利用的光线，组织指挥人员，现场方位和周围环境等内容。

1. 标题及笔录文号。依据公安部刑侦局《现场勘验检查工作记录》的要求，该法律文书的标题应写明“现场勘验检查笔录”。标题右下方为笔录文号，应当

---

① 沙贵君、钱义编著：《现场勘查笔录制作规范》，中国人民公安大学出版社2004年版，第1页。

反映出现场勘查的单位、笔录的性质与类别、笔录的年份及编号等相关信息,如公(×)勘〔20××〕号。

2. 接报案件时间和内容。应当载明何机关、何部门、何人接到报案,接到报案时的确切时间。案件发生、发现的时间和地点;报案人和受害人的姓名、年龄、性别、职业、居住地址等;报案人、受害人陈述的有关案件的情况等。接报人在记录时间时应当精确到某时某分,对于案件发生、发现的地点也应当准确记录。

3. 现场地点。记录现场地点的行政区域划分,如×市(区、自治州、盟)×县(市、区、旗)×街(路、道)×号等。

4. 现场保护情况。记录现场保护人员的姓名、单位、职务等信息;准确记录第一批现场保护人员到达现场的确切时间;记录已采取的现场保护措施;记录现场保护中发生的情况,如现场有何可疑人员等。

5. 勘验、检查的起止时间。详细记录勘验、检查开始以及结束的时间,即现场勘验检查于×年×月×日×时×分开始,至×年×月×日×时×分结束。

6. 天气情况。重点记录现场勘查时的温度、相对湿度、风向、阴天、晴天、下雨、下雪、大雾等天气情况。

7. 现场的条件。记录现场条件系原始现场或变动现场。

8. 勘验、检查利用的光线。记录现场的光线为自然光还是灯光。

9. 组织指挥人员。记录现场勘验检查指挥人员的姓名、单位以及职务。

10. 现场方位和周围环境。(1)现场的方位。现场所在地点四周相邻的街道、单位、公园、桥梁、江河的名称及距离。(2)现场周围环境。现场处在城市街道、繁华地区、住宅还是郊区、田野、山林、农田,现场周围有无公路、铁路、机场、江河湖海和来往行人、车辆的流量等。①

**(二)正文部分**

正文部分是现场勘验检查笔录的主体内容,主要用以记录现场勘查的过程和基本情况,也是现场勘验检查笔录中的核心部分。在记录时,务必客观、全面、详细、准确和规范。

1. 现场全面情况。记录作案人进出现场的出入口、路线等情况;现场物品被翻动、破坏、变化的相关情况;地面以及现场空间中存在的痕迹、物证等。对于室内现场,还需记录现场的房屋结构以及内部状态,如三室一厅、二间等。室内现场的面积、长宽尺寸等。室内陈设的家具,如桌、椅、橱、柜、床、箱等的摆放位置,门窗的位置和状况等内容。如有室内现场含有多个房间,可运用添加小标题的形

---

① 马丽霞主编:《犯罪现场勘查》,中国民主法制出版社2007年版,第170页。

式,注明各部分空间的内容,以便于制作现场勘验检查笔录和了解笔录的相关内容,如客厅的勘验检查、浴室的勘验检查等。

2. 勘查取证情况。应当着重记录勘验检查的顺序,勘验检查的重点部位及客体,使用的技术方法和手段,勘验检查的结果,获取与犯罪有关的痕迹和物品的名称、部位、数量、性状、分布等情况,如实记录发现、提取痕迹、物证时运用的具体技术方法和专业手段。该部分内容的记载应当做到客观、准确、详细地记载,注意详略得当,与案件无关的情况应当略写或者不写。

3. 尸体情况。现场勘查中如果发现有尸体,应当对尸体的位置、衣着、姿势、损伤、血迹分布、形状和数量等进行如实记录。

4. 现场变动、变化情况。记录时应当对现场的原始状态以及发生的各种变动、变化情况进行准确描述。这就要求现场勘查人员在勘验、检查过程中务必做到细致观察,并对各种变动、反常的情况进行全面记载。但对于现场上出现的反常现场,在记录时不能加入如"伪装"、"反常"等带有主观判断的内容,应当客观看待反常现象并进行如实记载。

#### (三)结尾部分

现场勘验检查笔录的结尾部分通常包括以下几方面内容:

1. 提取、扣押的相关情况。现场勘验检查笔录中应当详细记载发现并提取的痕迹、物证以及现场遗留物的名称、提取部位、提取方法、数量以及提取人。详细记载现场勘查中扣押物品的具体情况。

2. 其他记录相关情况。现场勘验检查笔录中应当详细记载现场制图和照相的数量,录像和录音的时间。

3. 相关人员及签名。现场勘验检查笔录中应当如实记载笔录人、制图人、照相人、录像人、录音人的基本情况。记录执行现场勘验、检查任务人员的单位、职务,并由其签名。记录现场勘验检查见证人的性别、年龄、单位或地址,并由其签名。签名应为本人亲笔签名,不得代签,以确保现场勘验检查笔录的真实性、有效性、合法性。

### 三、现场勘验检查笔录的制作规则

#### (一)记录内容客观

侦查人员在制作现场勘验检查笔录时,必须保证记录的内容客观、准确。这就要求侦查人员在现场勘查过程中,只能记录通过视觉、听觉、触觉、味觉、嗅觉以及仪器设备所能直接感知的客观事实。侦查人员带有主观分析、判断的内容均不得被记入现场勘验检查笔录。

**（二）记录顺序、内容一致**

现场勘验检查笔录中记载的顺序应当与实地勘验、检查的顺序相一致。记录时应当确保笔录内容的逻辑性，对于先勘查的部分要先记载，不可前后颠倒，以免造成紊乱、遗漏或者重复的问题发生。

现场勘查中发现、提取的痕迹、物证（包括遗留物）应当与笔录记载的内容相一致。现场勘验检查笔录应当与现场照相、制图、录像与录音的内容相吻合。同一客体在笔录中多次出现的，应当使用统一的名称。

**（三）记录用语准确、规范**

现场勘验检查笔录中使用的语言应当准确、规范，不得使用渲染夸张的形容词，也不得使用如“或许”、“可能”、“大概”等模棱两可的不确定性词语。在具体描述客体在现场中的位置时，应当进行准确测量，不得使用“较近”、“较远”、“前面”、“后面”等无法准确判断位置的词语。在记述现场痕迹、物证的尺寸、大小、距离时，应当使用国家统一标准的计量单位，并用数字进行表明，如“××mm”等，不得使用公尺、市斤等非国家统一计量单位进行描述。在记载客体物的名称时，应当使用国家标准名称，如无法确定其标准名称时，可对其外部特征进行描述。

**（四）记录重点突出**

笔录中记载的内容应当繁简适中，突出重点。即在记录现场勘查的情况时，对于现场中与犯罪活动有关的情况，现场中发现、提取的可有助于案件侦破的痕迹、物证等，应当进行详细记载；反之，与犯罪活动无关的情况，不能为侦查工作提供线索、信息的内容，则应当概括记录，或者省略不记。记录时重点突出，就是要做到描述现场中心部位以及重点痕迹、物证时，务必描述清晰，详细记录其特征、结构、形态、环境等，还可以使用照相和制图等方式来进行补充说明。

**（五）一案多次勘查，制作多次笔录**

有些重大、疑难案件需要对现场进行重复多次勘验、检查，在制作首次现场勘验、检查笔录后，应当逐次制作补充勘验、检查笔录。一个案件中如存在多个现场，应当分别制作现场勘验检查笔录。

**（六）特殊笔录、单独制作**

现场勘查的过程中如果还进行了物证检验、侦查实验、警犬鉴别、人身检查、尸体检验，应当单独制作专门的笔录，作为现场勘验检查笔录的附件。现场勘验检查笔录中应当简明扼要地对此类检验、检查结果进行记录，并在现场勘验笔录中注明相关附件，所有附件中含有的材料均不得与现场勘验笔录内容发生冲突。

**（七）笔录更正、补充规则**

现场勘验检查笔录制作完毕并由相关人员签字后，一般不能再进行改动。如笔录中的确存在疏漏或者错误之处,可以通过更正或补充的方式来予以完善。

### 四、现场勘验检查笔录的规范格式(见附录)

## 第三节　现场制图

### 一、现场制图的概念及特点

现场制图是指侦查人员运用制图学的原理和技术,采用几何绘图和文字说明的形式,对犯罪现场情况和状态进行固定和记录的一种专门表现形式,是现场勘验、检查工作记录的重要附件之一。现场图应当如实反映现场的位置、范围,与犯罪活动有关的主要物体、痕迹、遗留物、作案工具、尸体的具体位置以及它们之间的距离和关系。因此,绘制现场图不仅是依法勘查的需要,也是对犯罪现场的客观状态和情况的固定与记录。在现场勘查以及案件侦破工作中,现场图所具有的特点主要集中在以下几个方面:

#### (一)全面反映现场整体空间

现场图是侦查人员利用几何图形和文字符号的形式,在图纸上全面反映出现场的客观情况。由于现场图不受空间形状、大小等因素的限制,可以将现场整体空间以及该空间内的所有物体清晰地在图纸中进行反映。现场方位图、现场全貌图、现场局部图等图纸,如实地记录了犯罪现场所处的位置和周围环境、犯罪现场内部情况以及现场中某个局部空间的状况。利用各种类型的现场图,可以直观地了解犯罪现场整体空间内的各种情况。现场图具有的这一特点,是其他记录方式所无法比拟的。

#### (二)透视现场内部结构

现场中存在的各种屏障物,阻碍了侦查人员对现场的直接观察。现场制图中使用的投影、剖视等绘图方式,则可以有效弥补人眼视力的不足,将无法用肉眼直接观察到的建筑物以及各种物体的内部结构如实进行记录。尤其是某些需要反映出多个现场之间相互关系的复杂现场或者位于坑道、地窖、矿井等处的案件现场,单靠文字进行描述难度较大,而用透视、剖视、截图等制图方法能将遮蔽物的遮挡作用去掉或选择一个角度进行空间透视,使得在全面反映位置关系的同时又将复杂结构现场或物品上需要侧重反映的局部表现出来,达到简明、准确地反映现场及现场中物体内部的情况的目的。[①]

---

① 高光斗、王大中、朱翔主编:《中国刑事科学技术大全·犯罪现场勘查技术学》,中国人民公安大学出版社2003年版,第208页。

### （三）直观记录痕迹、物证实际情况

现场图可以在实地测量的基础上，按照一定的比例标准，将现场上痕迹、物证的形状尺寸、体积大小、位置关系、距离远近等具体地反映出来。与现场勘验检查笔录中的文字记载不同，现场图可以利用平面图、立体图、透视图等不同的表现方式，可以形象、直观地记录现场中痕迹、物证的实际情况。

### （四）清晰反映现场之间相互联系

一起刑事案件中可能存在多个犯罪现场，如杀人案件中既存在杀人的主体现场，又可能存在抛尸、匿赃等关联现场。多个现场之间如果间隔距离较近，则可以运用照相方式在单张照片上将几处现场同时反映出来。但如果多个现场之间间隔距离较远，空间范围较广，通过照相方式则无法将多个现场中的全部情况反映出来。而利用现场图不受实际范围、视角限制的特点，能够同时将多个犯罪现场的位置关系以及具体状况如实地反映在单张图纸中。

### （五）几何语言反映现场勘查结果

现场制图即是利用"几何图形的语言方式"，直观、形象地反映出现场勘查的结果。现场制图借助于几何图形以及文字的形式，以一定的比例将现场客体进行缩放，准确、直观地描绘出现场上与犯罪有关的痕迹，物证的尺寸、形态、位置，现场环境、陈设，相关人员行走路线等具体勘查结果。

## 二、现场图的分类

现场图的种类较多，按照表现内容、表现形式以及表现比例等划分标准，可以对现场图进行不同的分类。现场勘验、检查人员应当根据现场情况，选择制作适合于诉讼活动所需要的现场图。

### （一）按现场图表现的内容划分

1. 现场方位图

现场方位图主要反映犯罪现场所处的地理位置和周围环境情况，现场周围与本案相关联的其他场所，遗留有痕迹、物证的地点以及作案人进出现场的具体路线和方向。（参见图 9 – 1）绘制现场方位图前，应当根据现场的具体情况，对现场进行全面观察。如果一个案件中存在多个现场，应当在绘制时厘清各个现场之间的具体位置以及相关之间的关系，尽量在一张图纸上将多个现场表现出来。通常现场方位图表现的范围较广，实际测量难度较大，可利用现有的地图以及有关单位的地形图作为现场方位图绘制的基础。

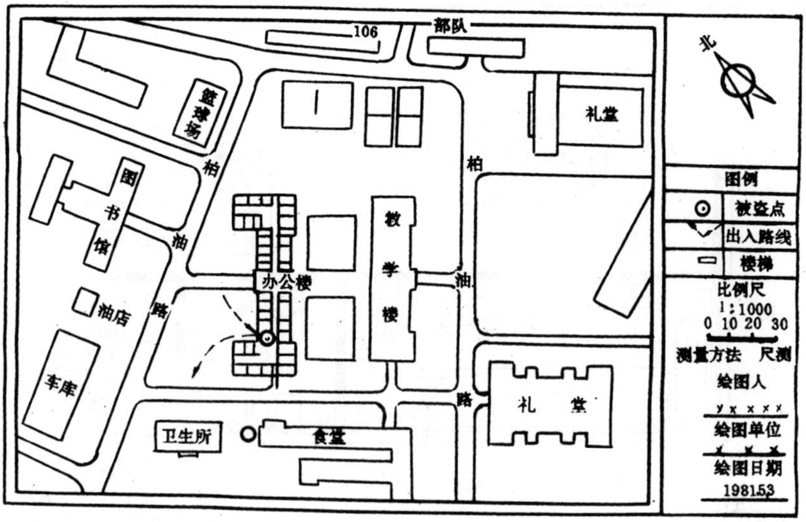


图 9－1　某学院被盗现场方位图

2. 现场全貌图

现场全貌图主要反映犯罪现场全貌以及内部状态等情况。它以案发地点为中心，对主体现场和关联现场内与犯罪有关的物体、痕迹、工具、尸体、血迹和其他痕迹、遗留物及其相互关系进行绘制，并按照一定的比例制作。① （参见图 9－2）绘制现场方位图时，应当以作案人实施犯罪活动的区域为界限，详尽表现出整个犯罪现场的全面情况。

3. 现场局部图

现场局部图亦称现场中心图，是反映出现场重点部位遗留痕迹、物证的形状、具体位置、空间关系以及被侵害客体特点的一种图形。（参见图 9－3）绘制现场局部图时，应当以现场某一特定区域或者某一重要客体为中心，重点反映出现场中某一局部的详细情况。

**（二）按现场图表现的形式划分**

1. 现场平面图

现场平面图利用垂直投影的原理和技术，将现场中客观存在的各类重要物体、遗留痕迹、物证的分布位置和空间关系以垂直投影的方式制作而成的一种水平俯视图。

① 黎明正主编：《侦查学》，华东理工大学出版社 1997 年版，第 62 页。

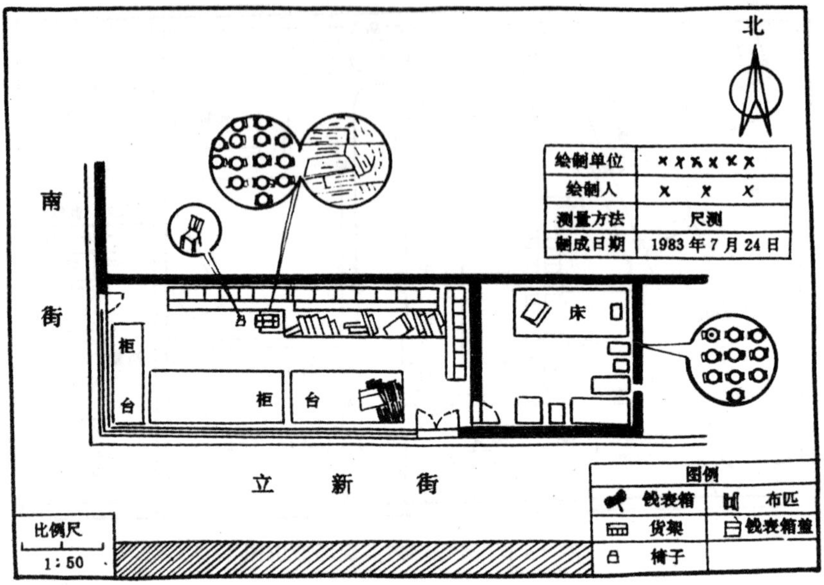


图9-2 某供销社被盗现场全貌图

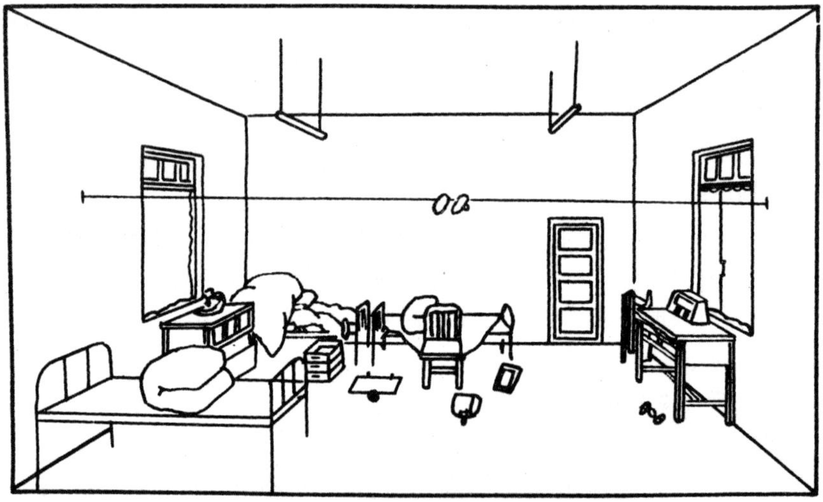

| | |
|---|---|
| 绘制单位 | × × × |
| 绘图人 | × × × |
| 绘制日期 | ×年×月×日 |

图9-3 某抢劫杀人现场局部透视图

2. 现场平面展开图

现场平面展开图将水平投影以及垂直投影的原理和技术进行综合运用，在现场平面图的基础上，表现出现场中仰视面、平视面和俯视面上与犯罪活动有关的物体之间相互关联的一种图形。（参见图 9－4）

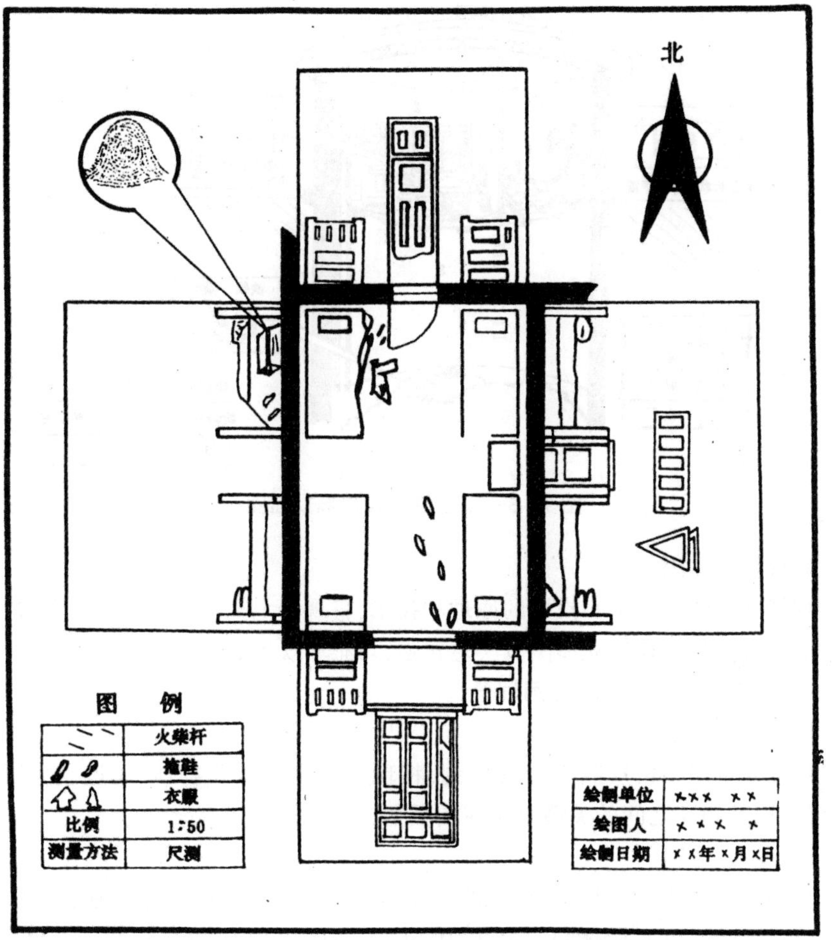


图 9－4　某学校宿舍楼被盗现场平面展开图

3. 现场立面图

现场立面图利用水平投影的原理和技术，以现场中某一立面为绘图对象而绘制出的一种平视图。主要用于反映该立面上痕迹、物证的位置以及形态等内容。

4. 现场剖面图

现场剖面图利用透视原理和剖切方法，切除与案件无关，但又遮挡住视线的一部分建筑、物体等，将现场内部各个部分之间的联系以及痕迹、物证的位置与相互关联进行反映的一种图形。（参见图9－5）

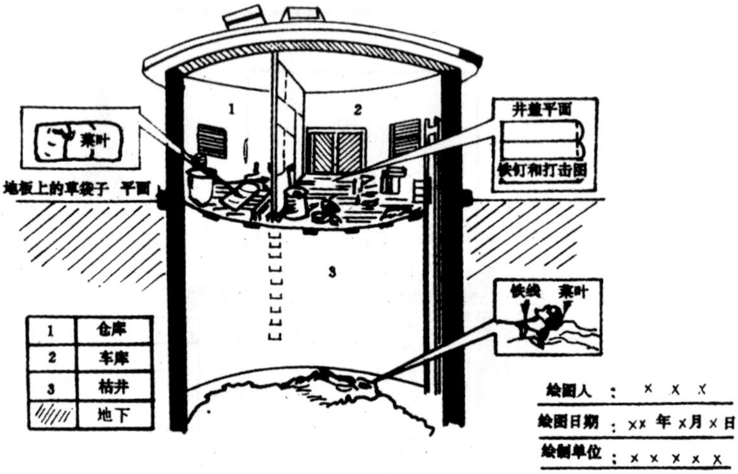


**图9－5 某强奸杀人现场剖面图**

5. 现场立体图

现场立体图利用中心投影的原理和技术，将现场上重要物体的长、宽、高反映出来的一种图形。现场立体图真实感较强，与犯罪现场的实际状况较为接近。

**（三）按现场图表现的比例划分**

1. 现场比例图

现场比例图严格按照一定的比例，将现场大小和重要物体、痕迹、物证的位置、尺寸以及相互之间的关系绘制在图纸上。

2. 现场示意图

现场示意图是人们依据观察到的大致情形绘制的一种图形，是一种常用的重要图形，易于绘制。重要物体间的距离、痕迹的大小及尺寸等可用实际数字表明。①

3. 现场比例、示意结合图

现场比例、示意结合图是比例和示意两种绘制手法综合运用而形成的一种图形。现场中心部位以及重要物体可按比例进行绘制，现场周围环境以及其他物体等可按示意图进行绘制。

① 谭卫平、沙贵君、赵民编著：《现场制图规范》，中国人民公安大学出版社2004年版，第13页。

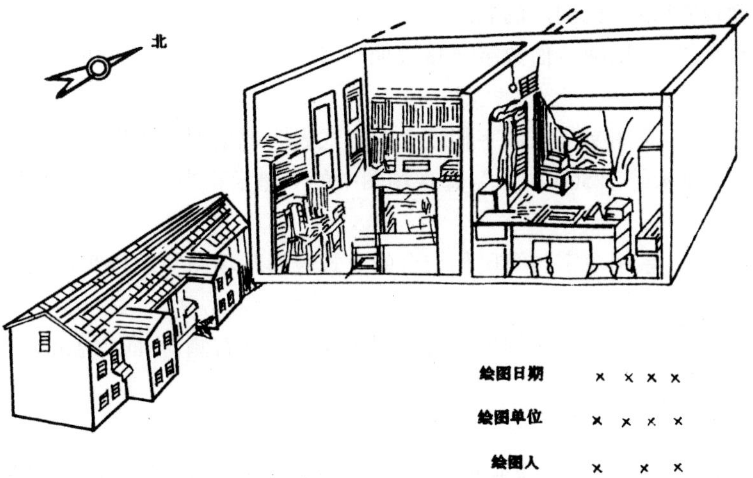


图9-6　道古桥四幢三号盗窍行凶案现场局部立体图

## 三、现场图的构成

各类现场图往往反映出不同的现场内容，其在现场勘查中所起的作用也不尽相同。然而，构成各类现场图的要素基本相同，主要有图题、指向标志、比例尺符号、图线、图形、图例、说明以及相关资料等要素组成。

### （一）图题

图题，通俗地说就是现场图的名称、标题，主要用以准确反映现场图的位置、内容、作用以及表现形式。规范的图题应当包含案件名称或代号、表现内容以及表现形式三方面内容。以“3·21”案件现场内部全貌平面图为例，“3·21”系指案件代号（该案发案时间），“现场内部全貌”指现场图的表现内容，而“平面图”则是指现场图的表现形式。

图题应当书写于现场图的正上方，也可在现场图的左侧或右侧进行标注，但不可写于图纸的下方。

### （二）指向标志

指向标志多为指北针符号，用以表明现场在空间中的方位。指向标志一般应当绘制在现场图的右上角，指示方位必须与地图方向一致。通过指向标志指示的方位，应能清楚辨明现场上各类物体以及痕迹、物证的方向和相应位置。制图时切忌将指向标志绘制过大，以免造成画面大小失衡。

### （三）比例尺符号

比例尺符号在现场制图中，主要用以表示现场图中的图形与现场实物的比例关系。勘查实践中,比例尺的表现方法主要有三种。

1. 数字式:系用阿拉伯数字直接表明现场图与现场实地之间的比例关系,如 1∶500(厘米)。

2. 文字式:系用文字与数字相结合的方式表明现场图与现场实地之间的比例关系,如“1 厘米等于 500 厘米”,即现场图中的 1 厘米相当于现场实际测量的 500 厘米。

3. 线段式:系用数字与线段相结合的方式表明现场图与现场实地之间的比例关系。

现场制图中,通常将比例尺符号绘制于现场图的右侧,指向标志的下方,并标明比例尺寸。

**(四)图线**

图线是构成现场图的基本元素之一,根据现场制图的实际需要,勘查实践中常用的图线一般有以下几种:

1. 标准实线:该图线宽度为 0.4 ~ 0.8 毫米,通常在现场制图中用于绘制公路、铁路、桥梁或者建筑物等重要物体的外形轮廓。

2. 中实线:该图线宽度为 0.2 ~ 0.4 毫米,通常在现场制图中用于绘制台阶、门窗、桌椅等实物。

3. 细实线:该图线宽度为 0.1 ~ 0.2 毫米,通常在现场制图中用于绘制图例线、尺寸线以及引出线等。

4. 折断线:该图线宽度在 0.1 ~ 0.2 毫米,通常在现场制图中用于绘制长形物体的面断开线。

5. 虚线:该图线宽度在 0.1 ~ 0.2 毫米,通常在现场制图中用于绘制不可见的轮廓线。

6. 点线:该图线宽度在 0.1 ~ 0.2 毫米,通常在现场制图中用于绘制行走路线以及物体间的距离。

**(五)图形**

图形是现场图的主体部分,系根据现场勘查的结果,将现场上各种实物的平面、立体投影图形有序绘制在现场图中。现场所具有的特征以及众多犯罪迹象,主要通过图形的形式来表现。

**(六)图例**

图例是对于实际物体的简化与缩写。(参见图 9 - 7)现场制图中,某些图例使用简化图形来标明特定的物体,而有些图例则是用符号的形式来对特定的物体或者地形地物来进行标注。

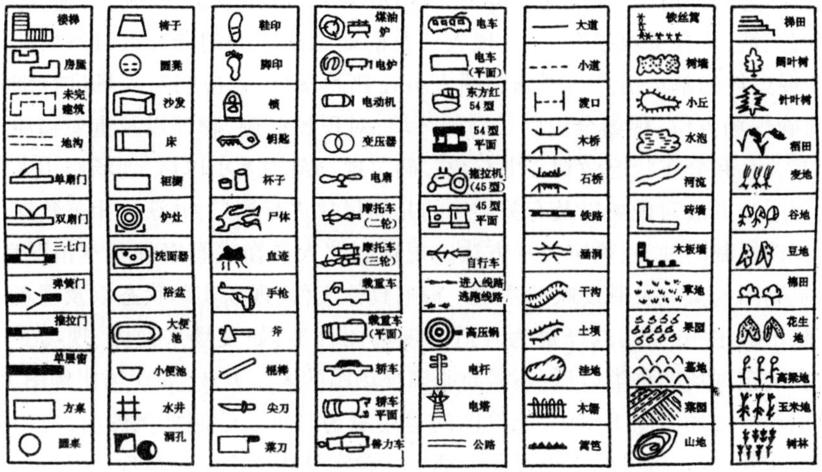


**图 9－7　常见图例以及说明**

**（七）说明**

现场图中的说明部分即是对现场的某些实物、地形地物的名称所作的解释以及对现场图中某些数字、字母所作的说明。

**（八）相关资料**

相关资料中应当包含案件名称、性质，案发时间、地点，制图人、审签人姓名以及制图单位名称等信息。上述资料信息应当使用表格形式标识于现场图的右下方。

## 四、现场制图的步骤

现场制图是一项极其细致的工作，必须严格按照现场勘验、检查制图的程序和规范进行操作。现场制图时，不仅需要熟悉掌握案情、确定现场范围、选择制图种类、构思具体画面，还需要对现场情况进行细致测量和绘制，以确保整个现场图的规范与准确。依照现场制图的基本程序，可将现场制图的步骤分为预备制图阶段以及实施制图阶段两大部分。

**（一）预备制图阶段**

现场制图前的准备工作，是绘制高质量现场图的基础。现场制图人员在实施绘制工作前，应当对案件现场进行实地观察，根据案件情况以及现场状态确定制图的具体种类，并对具体画面进行构思。预备阶段中充分、细致的准备工作，将为随后绘制出高质量的现场图奠定扎实的基础。

1. 熟悉案件情况，确定现场范围。现场制图人员在绘制现场图之前，应当全面了解案情，认真听取报案人、发现人以及前期到达现场的警务人员所反映的情况，掌握案件的基本信息。现场制图人员在熟悉案情后，应当对现场进行细致观察，明确现场方位、现场全貌以及周围环境，对现场痕迹、物证以及重要物体之间的相互关系和分布状况做到心中有数。确定现场范围大小以后，现场制图人员应当采用适当方法对现场以及有关物体的几何尺寸进行测量，并获取相关数据。

2. 选择制图种类，确定表示方法。现场制图人员在熟悉案件基本情况后，应当确定制图的重点及其反映的主题。根据具体案件、现场实际状态以及现场图所要反映出的主题内容，选择最为合适的现场图种类，如现场平面图、现场立面图等。在确定现场图种类以后，还需要明确现场图的表示方法，如现场比例图、现场示意图等。现场制图工作中，比例图的运用最为常见。绘制比例图时，应当根据现场的实际状态、范围的大小以及图纸尺寸确定具体比例。绘制现场方位图时可以使用1∶500，1∶1000，1∶2000等比例尺，而在绘制现场局部图、现场立体图时使用1∶40，1∶60的比例尺较为合理。当犯罪现场范围较大或者存在两个以上现场且相距较远时，也可以绘制示意图或比例示意结合图。图种的选择要以既满足需要又方便实用为原则，做到客观真实、简明而又形象地反映现场状况。①

3. 构思画面结构，安排方位布局。现场制图人员在构思画面结构时应当合理安排现场图所要反映出的内容、范围，突出的重要物体以及所占图纸幅面的大小等。综合考虑绘制的先后顺序，按照规范标准将图题、指向标志、比例尺符号、图例、说明等安排在图纸画面的相应位置。现场制图人员在构思画面时，应当明确现场图的方向。现场平面图的方向应当与现场的实际方向相一致，即上北、下南、左西、右东。现场制图人员在安排画面布局时应当规范、合理，突出重点内容，不仅给人以美观、大方之感，更能客观真实地反映出现场状态。

**（二）实施制图阶段**

实施制图的过程主要可以分为两个阶段：第一阶段主要是在现场完成对草图的绘制工作；第二阶段则主要是在绘图室内利用手工或者计算机技术完成对正式图的绘制工作。

1. 现场草图的绘制

绘制现场草图是应当按照制图的具体要求，在现场环境中绘制出现场图的初稿。绘制时应当注意使用素描的方式，反映出现场中心部位以及重要物体的轮

① 高光斗、王大中、朱翔主编：《中国刑事科学技术大全·犯罪现场勘查技术学》，中国人民公安大学出版社2003年版，第218页。

廓。及时定好现场图的方位，在现场图上标明从现场上测量获取的相关数据、痕迹、物证的名称以及它们之间的相互位置。绘制现场草图时应当保证线条完整齐全、数据准确详细，不得少画或者漏画现场上的痕迹、物证。

2.审核现场图

制作出现场草图以后，应当仔细审核草图中绘制的内容与现场实际情况是否一致，现场图中表明的物体、痕迹、物证等与现场状况是否符合或者是否有遗漏。此外，还应当审核现场图反映出的内容与现场勘验、检查笔录记载的内容是否一致。在审核过程中如果发现存在有不一致的地方，应当细致分析两者之间的差异情况，并对图中不符合现场实际状况的内容进行及时修改或增减。

3.正式图的作出

现场制图人员根据审核无误的草图，应当在绘图室内利用手工工具或者计算机完成现场图的正式图稿。运用手工制图时，应当按照先曲线、后直线；先上后下；先左后右；先细线、后粗线；先边框、后标题的顺序进行描画。绘制的过程中应当保持图纸的整洁，如出现绘图错误或者图纸被弄脏时，应当待图纸上的墨水干透后，用刀片将该部分轻轻刮去，并将图纸压平后再做进一步修正。利用计算机绘制现场图时，应当运用专门的绘图系统，通过输入设备将相关数据以及图像等输入计算机内。根据现场勘查的实际需要，制作出相应地现场图，并利用绘图仪或打印机等输出设备完成现场图的制作工作。

4.标注

绘制出现场图后，应当在图纸上填写具体的标题，对图例以及标注进行解释和说明，表明具体的比例尺符号、指向标志等，最后注明制图单位、制图人姓名以及制图日期等信息。

## 五、常见现场图的制作方法

### （一）现场方位平面图的制作

现场方位平面图系利用自上而下的平面视角，反映出现场地理位置以及现场物体之间的相互关系。现场方位平面图主要侧重于反映现场所在的外部情况，而非反映现场的内部状态。因此，现场方位平面图的作用可以概括为：帮助阅图人了解现场所在区域的具体地理位置以及周边环境状况。制作现场平面方位图时，应当注意以下几个方面的内容：

1.制作现场方位平面图的步骤

（1）熟悉现场基本情况，确定现场范围大小以及现场中心位置。（2）利用尺测丈量法、步测法等专门方法，测量现场的实际大小以及现场物体之间的距离等数据。(3)运用直线交叉法或者射线法等测绘方法,确定现场痕迹、物证与现场中各物体之间的关系,即测绘出各物体之间的相互距离,在现场图中反映出各物体的具体方位。(4)制作现场方位草图时,画面布局应当设计合理,尽可能将现场中心部位绘制于现场图的中心,有利于充分利用画面,将现场周围的物体以及地形地貌等实际状态完整地显现在图纸上。现场方位平面图的比例尺,应当根据现场的实际范围来选择。如现场范围较大,不宜制作现场方位比例图时,可以根据实际需要选择现场方位示意图或者现场方位比例示意结合图。制作现场图时,应当严格按照制图标准,达到标准化、规范化的要求。现场图中采用的图例应当简明、清晰,能够准确反映出现场实际情况。(5)现场方位草图制作完毕以后,应当及时进行审阅、修订。审核草图中绘制的各图形的方位与现场上实际地形、地图的方位是否相符,现场图中反映出的各种物体以及痕迹、物证等是否有遗漏或者与实际情况不相一致的情况;现场中应当测量的各物体、痕迹、物证之间相互距离的数据,在现场图中是否准确地予以反映。草图经审阅修订完毕后,即可制作出正式的现场方位平面图。

2. 现场方位平面图应当表明的内容

(1)绘制现场所处的具体地点时,应当根据室外现场或者室内现场的不同情况予以区分。现场处于室外时,应绘制能够反映室外特点的现场情况,如犯罪活动发生在河边,应当在现场图中绘制出该河流的基本情况;如犯罪活动发生在室内,应当将现场所在的建筑物轮廓如实反映在现场方位平面图中。(2)绘制现场周围环境时,应当将现场周围有明显标志性特征的地形、地物等反映在图纸上,如道路、公园、桥梁、河流、农田、建筑物等。(3)现场中心部位以及现场周围出现的痕迹、物证等,应当在现场图中予以标明,如血迹、作案工具、遗留物品等。(4)根据现场勘查的结果,应当在现场图中表明作案人来去现场的路线和方向。

3. 现场方位平面图的制作方法

现场勘查实践中,主要可以运用以下两种方式来制作现场方位平面图。

(1)复制修补法。现场方位平面图往往需要反映的空间范围较大,在实地测量较为困难的情况下,可以使用复制修补的方法来制作现场图。运用该方法来制作现场方位平面图时,可以借助于城市、机关、企业、学校的街道平面图、单位内部平面图,以及郊县、农村等地的行政区域图,对其进行复制、修补后,即可作为现场方位平面图。具体操作时应当首先根据现场所处的具体位置,将现有平面图纸中的有关部分进行复制,再将现场所处的地点以及现场勘验检查笔录中记载的物体和痕迹、物证分布情况予以添加说明,使之能够符合现场方位平面图的标准。

(2)观测绘制法。如果现场所在地点无任何行政区域图或者单位内部平面图的情况下,现场制图人员必须采用直观测绘的方法,来完成现场方位平面图。具体操作时应当首先熟悉现场所处的地点以及周边环境的情况,利用目测法,记录现场中有关地形、地物的大小、距离等信息。在图纸中应当能够清晰反映出现场方位情况,如存在多个现场时,须清晰表明各现场之间的联系以及各自的方位。

4. 制作现场方位平面图应当注意的问题

(1)绘制图形时应当首先选择河流、道路、桥梁等骨架性、地标性内容,以保证现场方位平面图能够准确定位。(2)根据距离现场的远近,选择绘制方法的详略。距离现场越近的物体,描绘时应当越加准确和细致;而距离现场较远的物体,描绘时可以适当简略与概括。(3)运用图例时,应当首先采用各行业公认的符号,如不具备上述条件时,应当结合犯罪现场的特点,采用形象、简明的图例,并予以解释说明。(4)运用线条绘制具体的现场方位平面图时,应当在客观真实的基础上,采用不同粗细以及形状的线条予以描绘,以达到形象生动的效果。

**(二)室内现场平面图的制作**

室内现场平面图也是现场勘查中常用的现场图之一,主要用于反映室内现场的真实情况。大多数情况下,室内现场的空间范围较小,制作现场平面图相对也较为容易。

1. 确定现场方位

部分建筑物由于受到地形地物的限制,其正面往往并非正北正南,而是存在一些偏南偏北的现象,同一建筑物内不同房屋的方位可能也不尽相同。这就要求现场制图人员首先确定室内现场的方位,再根据室内方向确定指北针在图纸中的方位。一般情况下,如果建筑物为长方体形状,应当将房门置于朝北的方位,相应地在图纸上变化指北针的方向;如果建筑物并非规范的长方体形状,又非正北正南方向时,可按照正规地图绘制方法在图纸上绘制出现场实际方位。

2. 测量现场相关数据

现场制图人员应当按照室内墙基线,测量出室内现场的长度、宽度以及墙面的厚度,如果墙角为弧形,还应当测量出墙角的弧度。对于现场中的痕迹、物证以及相关物体等,还应当分别测量其尺寸大小以及相互之间的距离关系。

3. 确定制图使用的比例尺

现场制图人员应当按照现场范围的实际大小以及所选图纸的尺寸,选择合适的比例尺。一般情况下,室内现场通常选用 1 : 40 或者 1 : 60 的比例较为恰当。

4. 绘制墙基线以及门、窗

首先应当按照比例绘制出现场内外墙的基线,再依次绘制房门以及窗户。门窗的实际关闭以及开启情况应当使用标准图例予以表示,如果在图纸中不易反映,可在图上加以说明。

5. 绘制现场上的主要物体以及痕迹、物证

绘制室内现场平面图时,应当将现场上尺寸较大、较为明显的物体以及现场上遗留的各类痕迹、物证都反映在图纸上。现场上的物品应当尽可能用图例予以描绘,对于没有图例符号的物品,应当在说明栏中予以注明。如果现场上存在部分难以表示清楚的痕迹、物证,可以在图中用数字①、②、③……进行表示,并在说明栏中予以说明。对于某些重要的痕迹、物证可以运用“引出图”的绘制方式,即采用局部特写的方法予以放大,但一张图纸中的“引出图”不能过多,否则容易使画面杂乱无章。

6. 其他

室内现场平面图的主体制作完毕之后,应当及时标出现场图的名称,画好图例,填写说明栏以及签名、署名日期。

## 第四节 现 场 照 相

### 一、现场照相的概念及特点

现场照相亦称刑事现场照相,是指在现场勘查过程中,侦查机关依照法定程序以及管辖权限,由现场勘查人员运用现场照相技术,客观、真实、全面地记录案件现场情况以及现场上客体之间的相互关系,如实反映案件现场的勘验过程,固定、记录、提取、检验与案件有关的痕迹、物证的一种专门照相活动。现场照相是对犯罪现场的形象记录,与现场勘验检查笔录、现场制图等专门性现场记录手段一起构成了案件现场的勘验、检查工作记录。现场照相所形成的照片图像,有着文字记录、线条描绘无法比拟的优越性,与勘查笔录、现场制图等其他勘验、检查工作记录相比,现场照相具有如下显著特点。

#### (一)现场照相的客观性

现场照相过程中,通过规定的拍摄程序以及照相方法得到的照片影像,能够客观真实地反映出案件现场的本来面目。照相程序以及记录方法的客观性,是现场照片形象真实的必要前提,如现场勘查人员依据由远及近、由大到小、由整体到个别的拍摄程序,在照相方法上运用相向拍摄、多向拍摄、直线连续拍摄等照相方法,所拍摄的相片能够客观、真实地记录相机物镜成像范围内所有客观存在的景物。

#### (二)现场照相的记实性

照相机的基本功能,即是将摄影镜头成像范围内的所有现场景物真实地予以

再现,利用记实手段形成清晰的图像。现场照相的记实性决定了其对于案件现场的客观写实,反映了客观事物的真实面貌。现场照相的记实功能,不仅可以帮助侦查人员获得案件现场的客观图像,更有利于侦查工作以及后续诉讼活动的顺利开展。

### (三)现场照相的快捷性

现场照相技术相对于现场勘验检查笔录、现场制图等记录手段而言,具有快捷固定、记录犯罪现场情况的特性。随着科学技术的进步与发展,数码成像技术在各个领域中的运用也日益普及。数码相机在现场照相工作中的运用,为节省现场勘验检查时间,提高现场勘查工作效率提供了技术手段上的保障。

### (四)现场照相的形象性

现场照相技术是以相片形式反映犯罪现场实际状态,相片具有的形象性特点,使之能够生动逼真地反映出现场实物的形态、尺寸、颜色等特征。现场照片所记录反映的形象与现场实际景物的外部形态完全一致,侦查人员以及其他诉讼参与人通过阅览相片,可以清楚地了解案件现场上的实际情况。

### (五)拍摄对象的不可复原性

现场照片所记录的客观影像,反映了现场景物在拍摄当时的瞬间状态。由于物质世界是不断运动、变化的,只有在实际勘验检查时所拍摄的现场景物,才能客观真实地反映出犯罪现场的本质属性。如果在勘验检查的第一时间未能成功地记录拍摄对象的原始状态,事后再恢复拍摄对象的原始状态是不可能完成的,因此现场勘查人员必须在短时间内完成犯罪现场的照相任务。

### (六)组合反映现场内容

现场区域的广泛性、环境的复杂性以及所涉物品的多样性决定了现场照相在记录案件现场时,必须通过一系列的现场照片有序组合,才能完整全面地反映出案件现场的实际情况。每一张现场照片都反映出了案件现场的一个侧面,而组合而成的系列照片则能清晰地反映出作案人在现场的犯罪活动,从而达到反映犯罪过程、揭露犯罪事实的基本任务。

## 二、现场照相的任务与作用

### (一)现场照相的基本任务

公安部颁布的《公安机关刑事案件现场勘验检查规则》明确了现场照相的基本任务,即现场摄影应当拍摄、固定现场中的一切有关事物以及犯罪遗留的痕迹、物证。

(1)固定、记录案件现场实际状况。针对案件现场的实际状况,可以运用现场照相技术将现场原始状态客观、真实、全面、准确地予以记录。此外，现场照相形成的照片还可以作为案情分析、现场重建以及甄别口供、证人证言的重要依据。

（2）固定、记录现场所处位置以及现场周围环境。现场勘查人员在运用现场照相技术时，应当将现场所处的位置以及与周围环境之间的关系、来去现场的路线、现场周围的地形地物等客观形象地固定与记录下来。有利于侦查人员通过现场照片，分析具体案件情况。

（3）固定、记录现场上各类物体、痕迹、物证的位置、大小、形态以及相互之间的联系。现场上各类物体的位置、形状、尺寸、色泽以及与案件有关的痕迹、物证等，均可以通过现场照相的方式予以形象逼真地再现，从而为司法鉴定提供相应的鉴定材料，为案件分析提供客观依据。

（4）固定、记录现场勘验检查工作的具体情况。利用现场照相的方式将现场勘验检查的工作情况予以固定、记录后，能够帮助司法人员审核勘查工作是否规范、有序，同时为进一步的复勘工作提供相应依据。

**（二）现场照相的主要作用**

现场照相能够将案件现场上不能提取或者易受破坏的痕迹、物证或者利用文字、绘图等方式无法表达的现场情况，用照片的形式及时、完整、准确、清晰地予以固定、记录。从而为分析案情、重建现场、鉴定工作以及诉讼活动提供客观、真实、完整的证据材料。具体而言，现场照相的主要作用主要体现在以下几方面：

（1）为检验、鉴定工作提供相关材料。犯罪现场上遗留的各类痕迹、物证，尤其是难以用肉眼观察或者不易在现场上直接进行提取的微量物证，都必须首先用拍照的方式将微量物证的原始位置、状态固定和记录下来。拍照法主要用于微量物证的固定和记录，适用于所有类型的微量物证；[①]此外，对于现场上难以用其他常规方式提取的痕迹、物证，也可以运用现场照相中的专门技术手段进行显现、记录、固定和提取，为后续的检验、鉴定工作提供重要材料。

（2）为案件侦破工作提供图像信息。根据物质转移理论的客观规律，作案人在实施具体的犯罪活动时，必然与现场上的某些客体发生直接接触，作案人在现场上遗留有与犯罪活动有关的痕迹、物证同时，也从现场上黏附、带走了某些物质。例如，一起杀人案件中，被害人与作案人殊死搏斗时，作案人的毛发、纤维、被撕破的衣服碎片以及被抓破的皮肤组织等遗留在了被害人身上或者现场上，而被害人的血迹、身上的纤维以及现场上的灰尘、泥土等又转移到作案人身上后被其带离现场。通过现场照相的技术手段，可以将现场的实际状况以及犯罪痕迹、物

① 杜志淳主编：《司法鉴定概论》，法律出版社2010年版，第319页。

证客观形象地记录、固定下来。根据现场照相提供的图像信息而制作的完整现场照片卷宗，可以为侦查人员研究现场状况、分析案件情况、甄别犯罪嫌疑人口供以及证人证言的真伪提供相应依据。

（3）有效弥补勘验、检查工作的不足。现场照相作为现场勘验、检查工作记录的一项有机组成部分，与现场勘验检查笔录、现场制图、现场录像等相辅相成，共同印证现场勘查工作的具体情况。此外，通过现场照相制作出的一整套系统的现场照片可以全面记录、反映现场实际状况，即使在现场勘查当时对于某些细节问题存在疏忽和遗漏，在现场照片上也能清晰地反映出来。现场照相可以在一定程度地弥补现场勘查工作的不足，能够依据现场照片重建犯罪现场，为现场复勘以及侦查实验提供有利条件。

（4）为刑事诉讼活动提供证据材料。刑事诉讼活动需要利用证据来证明案件事实，而犯罪现场以及现场上的某些痕迹、物证等由于种种原因无法在法庭上作为呈堂证供，如遗留在粉尘上的手印和足迹，在墙壁和地板上涂写或刻划的字迹，以及某些体积大和重量重的痕迹物证。① 利用现场照相将其进行记录、固定、提取后，则能够在刑事诉讼活动中作为证明案件事实的证据进行使用。

（5）为宣传、教育提供重要素材。现场照相提供的图像信息，具有形象、直观、生动的视觉效果。利用现场照片的这一特性，可以为宣传法律、教育群众、预防犯罪等工作提供重要的素材。

## 三、现场照相的种类与步骤

### （一）现场照相的种类

现场照相的种类根据拍摄内容以及拍摄要求的不同，可分为现场方位照相、现场概貌照相、现场中心照相以及现场细目照相四种基本类型。

1. 现场方位照相

现场方位照相是一种以犯罪现场和周边环境为记录对象、反映现场所处位置及其与周围环境之间相互联系的一种专门照相技术手段。方位照相以现场整体情况为记录内容，根据现场所在环境的不同，拍摄的具体内容也不尽相同。拍摄现场方位照片时，要求将犯罪现场处于照片的中心区域，凡是与案件事实有关的周围景物、环境特点、道路、建筑物、地点、单位名称以及能表明现场方位的特殊性标志物等，都应当能够在现场方位照片中反映出来。现场方位照相反映的空间范围广、对象内容多，因此在拍摄现场方位照片时，应当选择位置较高、较远的拍摄

---

① 徐立根主编：《物证技术学》（第2版），中国人民大学出版社1999年版，第75页。

点,有条件的情况下尽可能选择广角镜头,以扩大镜头对景物的取景范围。取景构图时,要求将现场安排在成像区域的中心部位,并将特殊性标志物处于画面的显著位置。具体拍摄过程中,应当尽量反映出现场及其周围环境的关系,并将道路标志、车站、街道名称、门牌号码、单位名称、建筑物、水塔等永久性标志物清晰地反映在成像的照片中。现场方位照相应当尽量使用一个镜头反映出被拍景物,如受拍摄地域、距离等条件限制时,可采用直线连续拍摄法或回转连续拍摄法,通过多个画面综合反映出现场的整体方位。在拍摄接片时,应当注意画面衔接重叠部分应当避开现场重点部位,拍摄时各画面的调焦、用光、曝光等均应一致。现场方位照相多采用自然光进行拍摄,除特殊情况必须在夜间进行拍摄外,可在白天进行补拍。必须在夜间进行拍摄时,可将相机用三角架进行固定后,通过延长曝光时间的方式进行拍摄。

2. 现场概貌照相

现场概貌照相亦称现场概览照相、现场全貌照相,是以整个现场情况或者现场中心区域为记录内容,反映现场全貌以及现场内部各部分之间关系的一种专门照相技术手段。现场概貌照相的目的在于通过拍摄的照片,全面反映出案件性质、特点,作案目的、方式、过程,以及与犯罪活动有关的痕迹、物证所处的位置及其相互关系,完整记录犯罪现场的全景以及现场内各部分的联系。现场概貌照相拍摄的空间范围虽然没有方位照相的范围广,但拍摄的内容更为具体,反映出的现场状况也更为全面。因此在现场概貌照片的拍摄过程中,拍摄点不论在什么位置和角度,都必须以能将整个现场的范围,现场内的所有与犯罪有关的痕迹、物证等客观、真实、全面地拍照下来为准。现场概貌照相一两张照片不能反映现场的全貌,须按实施犯罪活动顺序的房间、场所或地段,分组有机地一一拍照。[①] 例如,现场空间范围,犯罪嫌疑人出入现场的进出口,现场内部结构特征,现场内受侵害客体的客观状态,与犯罪活动有关的痕迹、物证的分布位置及其相互联系等。取景构图时,要求在现场重点部位安排在照片的显著位置,同时提高相机的拍摄角度,以避免重要景物、痕迹、物证之间的相互遮挡及重叠。在拍摄方法上,现场概貌照相主要采用相向拍摄法、多向拍摄法或者连续拍摄法,拍摄时应注意调焦距离、镜头角度、用光曝光等保持一致。室外现场的概貌照相基本采用自然光,如在逆光条件下进行拍摄下应当使用遮光罩,并向主要部位进行补光;室内现场概貌照相由于存在光照不均、亮度不足的情况,应当使用闪光灯或者其他灯光照明的方式进行拍摄。

---

① 杨玉柱著:《现场照相规范》,中国人民公安大学出版社2004年版,第5页。

3. 现场重点部位照相

现场重点部位照相亦称现场中心照相，是用以记录现场重点部位或者区域的情况、特点以及与犯罪活动有关的痕迹、物证所在地点的一种专门照相技术手段。现场概貌照相与现场重点部位照相两者之间，属于整体与部分的关系。概貌照相强调照片记录的全面性，而重点部位照相则突出重点部位在案件现场中的重要地位。重点部位照相的目的在于客观记录现场上与犯罪活动有关的重点部位，反映出被侵害客体的实际状态以及痕迹、物证的分布位置。根据犯罪活动的情况不同，有的案件现场上只有一处重点部位，而有的案件现场则有多处重点部位。案件性质的不同，案发地点、环境的差异以及作案手段的差别等，也会使不同案件现场上的重点部位各不相同。因此，在拍摄具体照片时，对于拍摄张数以及拍摄部位的选择，应根据案件现场实际情况决定，以保证拍摄的照片能够完整、真实、清晰地反映出案件现场的重要部位。在镜头的选择上，现场重点部位照相时应选择标准镜头而非广角镜头，避免造成拍摄对象产生变形。现场重点部位照相的用光与现场概貌照相相同，拍摄方式主要可以采用单向拍摄法以及相向拍摄法。

4. 现场细目照相

现场细目照相亦称痕迹、物证摄影，是一种用以记录现场上发现的与犯罪活动有关联的细小局部状况以及反映各类痕迹、物证形状、尺寸、特征等的一种专门照相技术手段。现场细目照相的拍摄对象基本都是用以检验、鉴定以及作为证据材料的各类痕迹、物证，应当尽量在现场上进行拍摄，尤其是在外力作用下易发生变化或毁损的痕迹、物证时，必须及时进行细目照相。即使某些痕迹、物证不便在现场进行拍摄，或者需要进行特种检验照相的，也必须坚持先照相、后提取的基本原则，防止痕迹、物证在提取过程中遭到人为破坏。取景构图时，应当使被拍摄对象占到画面大小的1/3以上，在靠近拍摄对象一侧的同一水平面上放置比例尺，并将比例尺一同摄入照片中，如痕迹、物证过于微小时，可使用近摄装置进行拍摄。拍摄现场细目照片时，应使镜头光轴与拍摄对象的物面垂直，以保证照片上反映出的痕迹、物证不会发生变形，客观、真实地反映出被摄物体的形状、尺寸以及特征等。现场中存在较多同类型的痕迹、物证时，应当分别对其进行编号，并在现场细目照相中，将号码一并摄入照片。现场细目照相的用光应当根据被拍摄客体的形态、结构、色泽等具体情况，选择合适的光源类型、强度以及光照的角度进行拍摄，以便于反映出拍摄的主题内容。

**（二）现场照相的实施步骤**

现场照相作为勘验、检查工作中的重要组成部分，应当根据现场勘查的进程以及具体的拍摄的程序，有条不紊地开展现场照相工作。按照整体到部分、由远及近、由大到小、由外向内的顺序，将案件现场客观、全面、完整地记录下来。一般而言，现场照相应当按照以下的实施步骤开展工作。

1. 了解案情

现场照相人员在抵达犯罪现场以后，应当与其他现场勘查人员一同了解、掌握现场实际情况，包括案件发生、发现的时间、地点和经过，现场原始情况、变动情况以及采取的保护措施，出入现场的人员情况以及具体原因等。

2. 固定现场

现场照相人员在初步了解案件情况之后，应当与其他现场勘查人员一同对案件现场进行实地巡视。通过静态观察，了解并掌握案件现场的周围环境、犯罪活动所涉及的空间范围、现场内部各部分的结构状况、现场出入口的位置以及与犯罪有关的痕迹、物证的分布位置及其相互关系等。现场照相人员在进行现场巡视的同时或者在详细勘查工作开始之前，应当迅速、准确地完成对现场概貌状况的拍摄与固定。

3. 现场构思

现场照相人员应当根据现场实际状态，明确现场照相的反映内容以及重点部位，构思安排需要拍摄的画面之间的组合结构，确定采用何种表述方法来反映整个现场情况。

4. 制定计划

现场照相人员在了解基本案情、熟悉现场情况以后，应当按照现场光照条件，选择合适的拍摄位置，并按照现场照相的具体要求，制定出现场照相的拍摄计划。当二人以上共同负责现场的拍照时，应共同研究制定拍摄计划，统筹安排拍摄内容的先后顺序，并明确具体任务和责任范围的分工。

5. 确定拍摄顺序

现场照相人员在实施具体拍摄工作中，一般应遵循以下原则：(1)先拍概貌，后拍中心、细目；(2)先拍原始，后拍移动；(3)先拍易被破坏消失的，后拍不易破坏消失的；(4)先拍地面，后拍上部；(5)先拍急，后拍缓；(6)先拍易，后拍难；(7)现场方位的拍摄，应根据情况灵活安排。[①]

6. 查漏补缺

整个现场拍摄完毕以后，现场照相人员应当及时检查是否存在漏拍、错拍或者技术失误等现象，如需要对全部现场或部分现场进行保留时，应及时向现场指

---

① 中华人民共和国公共安全行业标准：《现场照相、录像要求规则》(GA/T117－1995)相关条款规定。

挥人员提出。

## 四、现场照相的主要方法

现场照相的具体方法，应当根据现场照相内容的整体性以及拍摄的目的性来进行选择。案件性质的不同、现场环境的不同、拍摄对象、目的的不同等，也决定了在现场中应当采取不同的照相方法进行拍摄。

### （一）单向拍摄法

单向拍摄法系指从单一方向，使用一个镜头对现场中的某一客体或者现场的某一侧面进行拍摄的专门照相方法。单向拍摄法在现场照相中应用广泛，现场方位、概貌、重点部位、细目照相中均可采用。单向拍摄法的景别应当根据不同种类的现场照相进行选择，如反映现场方位的景别为远景，反映现场概貌的景别为全景，反映现场重点部位的景别为中景或近景，而反映现场细目时，采用的景别多为特写。

选择单向拍摄法进行现场照相时，应当确定具体的拍摄内容、目的以及范围，合理取景构图，并选择合适的拍摄点，力求能够突出拍摄主体。相机调焦时，除保证主体成像清晰之外，还应当使画面内主体前后的景物都能清晰可见。这就要求照相人员在调焦时以纵深范围的前 1/3 处为调焦点，利用小光圈的同时，采用较低快门速度，从而获得较大的景深，以保证画面中的影像都能清晰可见。运用单向拍摄法记录现场概貌或者现场重点部位时，应当将相机镜头处于水平位置进行拍摄，而记录现场细目时，则应当将相机镜头与被拍客体的物面垂直，以防止客体在拍摄的影像中变形。

### （二）相向拍摄法

相向拍摄法系指以现场上某一重点部位或者客体物为拍摄对象，从相对的两个方向、相等的距离对其进行拍摄的专门照相方法。相向拍摄法的特点在于其能够充分反映现场相对的两个方向，表现出现场重点部位状况及其与前、后景之间的相互关系。相向拍摄法可以用来拍摄现场方位、现场概貌以及现场重点部位，尤其适合于需从两侧或者两端进行拍照的对象，如反映笔直的马路或街道、长方形的房间、走道、地铁等现场，反映出现场上的尸体、重点物品等在现场的状况、特点以及与其他痕迹、物证之间的联系情况。

选择相向拍摄法进行现场照相时，应首先确定具体的拍摄对象。取景构图时，在两张相向照片中的相应位置突出需拍摄的现场中心物体，以便于能够相互印证。具体拍摄时，应当根据拍摄范围、内容以及现场的光照条件，选择合适的拍摄方向、拍摄距离以及拍摄角度，确定两处相对的拍摄点。相向拍摄时，应当注意避免将两处拍摄点与被拍客体中心处于同一直线上，同时确保拍摄过程中无逆光、反光现象，如出现上述情形时，可更换拍摄点或者在相机镜头上加装偏光镜来消除逆光、反光。

相向拍摄法的两次拍摄的曝光量、冲洗工艺要相同，两张照片的放大倍率、反差、影调、色调以及照片的尺寸等要一致。制作现场照片案卷时，应将相向拍摄的两张照片以上下或左右相对应的形式进行编排和粘贴。①

**（三）多向拍摄法**

多向拍摄法系指以现场上某一重点部位或者客体物为拍摄对象，从三个以上不同方向，以相等的距离对其进行拍摄的专门照相方法。多向拍摄法的优点在于其能够充分反映出现场重点部位各个侧面的情况，表现出被拍客体各侧面的实际状况以及与现场中所遗留的痕迹、物证之间的相互联系。多向拍摄法在现场方位照相、现场概貌照相以及现场重点部位照相中运用广泛。采用多向拍摄法时，应当根据犯罪现场情况、被拍物的特性以及实际拍摄要求，选用三向交叉或者十字交叉等多向交叉拍摄，并对每个拍摄点的拍摄方向都予以详细记录。

多向拍摄法反映出的每一个镜头都是独立的，只能反映出现场的一个侧面，因此在取景构图时应当掌握好重点以及全面的关系。在反映出被拍物全貌的同时，还应当表现出周围情况以及现场上遗留的痕迹、物证，保证拍摄出的照片重点突出，主次分明。

多向拍摄法在具体操作时，应当注意多个拍摄点与被拍物中心的高度与距离基本保持相等，以确保拍摄的每张照片影像大小比例一致。拍摄时应当尽量避免现场逆光，必要时可采取补光的方式进行照相工作。照片制作时应当条件一致，并按照片的实际左右、上下位置进行编排，从而相互印证，达到全面反映被拍物实际状况的目的。

**（四）回转连续拍摄法**

回转连续拍摄法系指将照相机固定在具体的机位后，通过水平或垂直方向转动镜头，将被拍客体进行分段连续拍摄，从而得到若干画面的专门照相方法。回转连续拍摄法可以完整地反映出现场及其周边的景物，适合于范围较大，但拍摄点又无法后移的现场。现场方位照相、现场概貌照相中均可以采用回转连续拍摄法，但由于该方法容易造成影像变形，因此绝对不能适用于检验客体的拍摄，如长条形的车轮痕迹、现场上的成趟足迹等。

具体拍摄时，应当选用标准镜头或者长焦镜头，并将相机固定在带有环摄云

① 公安部政治部编：《犯罪现场勘查教程》，群众出版社2007年版，第253页。

台的三角架上，以保证相机能够围绕镜头的节点进行回转，使拍摄出的照片能够具有较好的拼接效果。选择固定相机机位的拍摄点时，应将其选在能够观察现场全貌以及正对现场重要部位的位置，取景构图时将主要拍摄对象置于画面的中心或者显著位置，防止无关物品遮挡住现场画面。回转连续拍摄法的所有镜头应当一次性调焦并调整光圈，通常在正对现场中心拍摄第一张照片的基础上，再分别向左、向右分别回转拍摄。由于回转连续拍摄法需要将拍摄得到的若干照片进行拼接，因此在选择两个画面之间的拼接线时，应当避开现场重要物品，选择远景或数目、电线杆等竖直线条作为画面的拼接线。两个画面直接的画面应有一定部分的重叠，重叠部分以占到整个画面的1/5至1/4为宜。

**（五）直线连续拍摄法**

直接连续拍摄法系指相机平面与被拍客体平面平行、等距，沿着被拍客体直线移动并分段连续拍摄，从而形成若干画面的专门照相方法。获得若干画面之后，再将这些照片拼接在一起，就形成一张完整的现场照片。直线连续拍摄法主要适用于对狭长现场以及狭长痕迹的拍摄，如狭长的道路、现场上成趟的足迹以及长条形车轮痕迹等。利用直线连续拍摄法时应当注意，如拍摄对象为平面痕迹时，一般在拍摄过程中不易变形，而拍摄对象为立体形态较强的客体时，近距离拍摄容易造成影像变形。

具体拍摄时，应当将相机镜头的光轴垂直于被拍客体的表面，等距离地移动相机进行拍摄，以防止拍摄出的图像存在变形。直线连续拍摄法的所有镜头应当一次性调焦，并选择光圈系数以及快门速度，以防止影像出现倍率大小不一、曝光程度不同等现象。选择相邻两个画面之间的连接点时，应当注意避开现场重点物品或者痕迹，两相邻画面中的重叠部分应当占到整个画面的1/5至1/4，以便于对照片进行拼接处理。由于直线连续拍摄法多为近距离垂直拍摄，稍有疏忽便容易将照相者的双脚、三角架以及人影等摄入画面中，因此在取景时应当尤其注意，以保证拍摄出来的影像效果。

**（六）测量拍摄法**

测量拍摄法系指拍摄时连同比例尺与被拍客体一同摄入相片内，并可根据比例尺测量出原物及其特征大小的专门照相方法。测量拍摄法主要用于现场细小局部状态的记录以及各类痕迹、物证等现场细目照相的客体，可以根据照相上被拍物和比例尺之间的关系，测定现场、痕迹物证的大小以及现场上各客体之间的距离。用测量拍摄法对被拍客体进行照相前，应当根据实际情况选用合适的比例测量尺。比例测量尺主要有厘米比例尺、深度比例尺、直角测量尺、直尺以及卷尺等，在拍摄痕迹、物证时往往应当选用厘米比例尺。确定具体的比例尺种类后，应当根据被拍客体的颜色以及使用的感光片种类来选择最为恰当的比例尺形式。以最为常用的厘米比例尺为例,主要有白底黑刻度厘米比例尺、黑底白刻度厘米比例尺、黑白相间底厘米比例尺、透明厘米比例尺以及彩色底厘米比例尺等形式。现场照相中,一般要求比例尺与衬底色调或色彩呈现出较大的反差。比例尺的长度应当根据被拍客体的长度来进行选择。

单位:mm

| 被拍客体长度 | 比例尺长度 |
| --- | --- |
| <50 | ≥30 |
| 50~150 | ≥50 |
| 150~500 | ≥100 |
| >500 | ≥客体长度的50% |

安放比例尺的位置时,应当保证其与被拍客体物面呈水平,将有刻度的一侧朝向被拍客体,并与被拍客体保持一定的距离。具体拍摄应保持比例尺表面、镜头平面以及感光片平面三者保持平行,并垂直于镜头光轴,以防止拍摄过程中影像以及比例尺变形。拍摄用光时,应使被拍客体与比例尺的光照度基本相当,并应防止比例尺在拍摄过程中出现反光现象。

## 五、现场照片的编辑制卷

现场照相中的单张照片只能反映出现场上的某一部分片段,只有将若干张、若干组照片进行科学编辑后,才能全面、完整地反映出现场实际状态。为了全面系统地反映现场的位置、环境、状态,犯罪侵害的客体,造成的后果,犯罪活动的情况、特点、过程以及遗留的痕迹、物证等,对现场照片应当进行认真细致的编辑,以便为刑事诉讼活动提供高质量的证据材料。① 现场照相工作中,对于现场照片的编辑制卷应当注意以下几个方面:

### (一)现场照片的选择

现场照片的用纸应当选用光面纸,要求纸面平整、清洁,无白点、斑渍、划痕,照片不留白边、不切花边。在照片的尺寸上,现场方位、概貌、重点部位以及反映案件性质的细目照片要求使用3.5英寸×5英寸或5英寸×8英寸左右的尺寸;辅助画面的场景照片、特写照片等,可以选择2.5英寸×3英寸左右的尺寸。现场照相中属于从属画面的痕迹、物证照片,应当根据比例尺来放大尺寸。通常情

① 郝宏奎主编:《犯罪现场勘查》,中国人民公安大学出版社2006年版,第137页。

况下，指纹放大3倍、掌纹原大、足迹放大1/2倍、弹底痕迹放大4倍、弹头痕迹方法10倍，其他痕迹、物证的照片应当能够清晰反映其形象以及特征，照片尺寸可选择在2.5英寸×3英寸左右。

现场照片的选择应当坚持与案件有关联的原则。但凡拍摄的照片画面与现场无关，或者虽有一定关联，但画面内容不能反映出所要表现的主题，都应当予以剔除。如一组照片中有多张照片反映的内容相同或相似，应当按照形象逼真、清晰反映、色差适中、层次丰富等要求进行选择，综合比较后，选取其中最为合适的一张照片进行后续编辑。

**(二)现场照片的编排**

现场照片画面的编排顺序应当能够清晰反映案件地点、性质，作案手段、过程，造成的客观后果以及现场痕迹、物证所在的位置与特征，有条理、有层次地进行展示。现场较为简单、拍摄照片数量较少的案件，可以根据现场方位、概貌、重点部位的顺序，将现场细目照片穿插其中进行编排；现场较为复杂，拍摄照片数量较多的案件，则需要根据照片的内容、类别进行分层编排。如空间范围较大的现场，可安排第一现场、第二现场等层次对现场照片进行编排，在每一段落层次内，又可依据照片的内容进行进一步分类并编排层次。在现场照片的后续编辑过程中应当将重点部位照相以及痕迹、物证照相作为编排工作的重点，在编排中注意将需标引的现场细目照片与反映其遗留部位和环境的照片画面相互印证。

**(三)现场照片的粘贴**

粘贴现场照片所使用的纸基，应当选用纸张较为硬的白色A4型卡纸。纸基应采用连续折页的方式，以保证所粘贴照片的内容连贯、完整性。在设计现场照片的粘贴版面时，必须保证照片粘贴的疏密有序，照片与照片之间不得过于拥挤或松散。相邻照片之间应保持适当的间距，粘贴单幅照片时须将其处于纸基中心偏上部位，粘贴指纹照片时须保持指尖朝上，足迹照片须保持足尖朝上，其他现场细目照片的标引定位，也应当同所属的主画面方位基本保持一致。在黏合剂的选择上，务必使用不与照片乳剂、成色剂发生化学反应的物质，以防止现场照片发生变色。

**(四)现场照片的标引**

现场照片主画面与从属画面组合在同一版面或相邻版面时，有时需要通过标引的形式来反映主题内容以及位置关系。具体进行标引时，应当使用粗细适中的连贯单线条。现场照片中的标引线主要以红色为主，其他颜色线条为辅，在具体颜色的选择应当坚持与照片影像颜色明显反差的原则。标引线的指向线端应当准确，线条之间不得交叉，且应与照片一边平行，标引线在转折时应当为直角，一般转折不得超过两次。

**(五)现场照片的说明、制卷**

现场照片的编辑制卷除了对图像画面进行编排外,还必须运用文字形式进行表述,并附上文字说明。文字说明要求简洁明了、表述准确,多采用打印的方式,并附于照片下方。现场方位、概貌、重点部位照片,应当附有具体拍摄方向的文字说明,而使用特殊照相技术所获取的现场细目照片,应当在照片下附有具体拍摄方法的文字说明。

现场照片在编辑完毕以后,应当按照内容分类以及数量多少进行加装封面,并根据实际情况装订成一卷或者数卷。

# 第十一章　犯罪现场分析与现场重建体制

## 第一节　犯罪现场分析

犯罪现场真实暴露与体现了作案人的犯罪行为，有利于现场勘查人员充分认识犯罪行为以及犯罪人。现场分析环节中，能否对犯罪现场进行正确分析与判断，将直接影响到案件性质的认定以及侦破工作的进展。从现场勘查的角度而言，现场分析也就必然成为了勘查工作的关键与灵魂。

### 一、现场分析概述

#### （一）现场分析的概念

现场分析系指现场勘查指挥员或主侦案件的侦查员在勘查工作基本结束后，组织所有参与现场勘查的侦查人员、技术人员，根据案件现场情况以及获取的犯罪信息与资料，对犯罪行为以及犯罪人的基本情况进行讨论、分析与推断，并作出初步判断性意见的一项专门侦查活动。现场分析作为现场勘查过程中的一项关键环节或步骤，对于立案侦查、案件定性以及犯罪侦破等方面均具有重要的作用。根据现场分析的界定，主要包含以下几方面内容：

(1)现场分析的时间。现场分析往往在现场勘查结束之后，现场指挥员将侦查人员、技术人员组织起来，汇集现场勘查中获取的证据材料以及现场访问情况，并对案件信息进行综合汇总和初步判断。从更为广义的角度而言，现场分析贯穿于现场勘查全过程，现场勘查的过程实质上即是分析检验的过程。侦查人员、技术人员在面对勘查过程中的可疑痕迹、现场遗留物、证人证言以及当事人陈述时,无时无刻不在进行着各种形式的分析。狭义上的现场分析,仅仅是一种总结性、集中性的讨论与推理过程。

(2)现场分析的参加人员。现场分析的参加人员应当根据犯罪现场具体情况以及侦查工作的实际需求而确定。现场分析一般由现场勘查指挥员或者主侦案件的侦查员主持,召集参加现场勘查工作的侦查人员、技术人员参加。必要时还可以聘请相关技术领域的专家共同参加现场分析,如重大事故案件现场分析或者现场中存在难以解决的技术性问题等情况。现场分析的固有性质决定了其并非一项专门收集证据的活动,而是对于现场证据、案件信息的汇集讨论、深化认识过程,因而,不需现场勘查见证人参与现场分析。

(3)现场分析内容的广泛性。现场分析的内容极为广泛,通过汇集现场勘查中获取的证据材料以及现场访问情况,重点讨论、推断现场中已发生的具体犯罪活动以及犯罪行为人的相关情况,包括分析作案地点、作案时间、作案环境、作案人特征、因果关系以及其他与犯罪事实有关的问题。此外,现场分析作为侦查破案的重要组成部分之一,也为侦查方案的制定提供了重要依据。

(4)现场分析的总结性、集中性等属性。现场勘查中获取的证据材料以及现场访问情况经过汇总、集中后,有利于侦查人员对现场进行系统认识与深入总结。现场分析的总结性、集中性等属性,决定了其能够将现场勘查中的各个部分有机地衔接起来,从而可以进行相互印证以及综合判断,便于侦查人员认识与把握案件整体情况。

(5)现场分析的法定性、阶段性。根据《刑事诉讼法》第 118 条规定:"人民法院、人民检察院或者公安机关对于报案、控告、举报和自首的材料,应当按照管辖范围,迅速进行审查,认为有犯罪事实需要追究刑事责任的时候,应当立案;认为没有犯罪事实,或者犯罪事实显著轻微,不需要追究刑事责任的时候,不予立案,并且将不立案的原因通知控告人。控告人如果不服,可以申请复议。"

**(二)现场分析的特点**

(1)现场分析是对案件现场的系统认识与深化过程。现场分析作为案件侦破过程中的一项重要内容,要求将犯罪现场视作一个体系、整体去加以认识。现场分析的内容较为庞杂,现场发现的可疑痕迹及遗留物品、当事人陈述、目击证人陈述、现场访问情况等都应进行分析,这就需要现场分析参与人员将其作为一项整体去加以讨论、判断,并从中找出规律性或者矛盾性的内容,以确定现场发现的可疑痕迹及遗留物品是否为作案人所留,当事人以及目击证人的陈述是否真实等情况。

(2)现场分析是集体讨论后达成共识的特定行为。现场分析是侦查指挥人员组织参与现场勘查的侦查人员、技术人员进行集体讨论、判断的过程。现场分析中既要发挥集体的力量,又要充分发挥个人的智慧。应当充分发扬民主意识,使参加现场分析的所有人员能够畅谈自身的想法,表达对于各种问题的见解与想法,以保证分析讨论能够取得高质量的效果。

(3)现场分析环节与侦查工作紧密相连。现场勘查服务于侦查破案,勘查工作不仅是侦查的开始阶段,更是侦查中的重要环节之一。勘查人员应当强化自身的侦查意识与诉讼意识,通过现场勘查,紧紧围绕犯罪活动以及犯罪行为人等关键性问题进行讨论、研究,并为侦查工作提供线索、证据或者侦查方向及范围。在现场分析中,再通过集体讨论的形式帮助大家得出正确的结论。

**(三)现场分析的目的**

1. 确定事件的性质

在现场勘查的基础上,排除精神病、自然灾害、自我伪造、意外事故等因素,得出是否构成刑事案件的结论。现场分析的一个非常重要的任务,就是要确定是否需要立案侦查。实践证明,侦查部门所勘查的现场并非都是犯罪现场。例如,火灾现场,起火可能是纵火,也可能是意外。爆炸现场,可能是事故也有可能是人为的爆炸案件,发现尸体的现场可能与侦查范围有着至关重要的联系。

2. 确定案件的性质

通过分析推断某案件是否属于杀人案件,是图财杀人,报复杀人,还是奸情杀人;盗窃案件是内盗还是外盗。

3. 分析犯罪行为人的个人特征

一是自身状况。如年龄、性别、身高、体质、职业、外貌特征、婚姻状况、与被害人的关系、有何种特殊技能等;二是犯罪嫌疑人的外在条件,如衣着、鞋式、随带物品、作案工具、运输工具等。

4. 分析犯罪人数和犯罪行为人之间的关系

在现场勘查的基础上,分析犯罪行为人实施犯罪的全过程。同时,为了争取主动,侦查人员应通过分析,预见犯罪行为人的行动变化。如受伤的犯罪行为人可能求医问药;流窜的犯罪行为人可能逃窜躲避;当地犯罪行为人可能隐藏赃物和作案工具,制造伪证等。

5. 确定侦查方向、范围

通过分析确定侦查工作应在哪些部位、地区和在具备哪些条件的人中去开展工作。

6. 对现场勘查工作进行全面检查

对现场勘查工作进行全面检查，发现漏洞和不足之处，及时弥补或提出新的要求，以便进一步实施勘查和复查，必要时可组织现场试验。

7. 确定对勘查后现场的处理工作

现场勘查具有一定的时间性，不能无限地进行。因此，犯罪现场分析时要把各方面的材料汇集起来，通过分析讨论的形式对勘查工作中的全部内容及漏洞进行全面的检查。通过调查访问的情况与勘查情况进行相互印证，从中发现矛盾和问题，以便及时复验现场或补充访问，迅速补救勘查漏洞和不足，保证现场勘查的质量。

**（四）现场分析的原则和要求**

1. 客观性、定向指导性。

2. 及时性、秘密性、反复性。

3. 突出重点，抓住关键问题。

4. 充分发扬民主。

5. 与侦查措施密切衔接。

## 二、现场分析的实施程序

现场分析的参加人员较多，需要分析、讨论的问题也较多，而现场分析的时间又相当有限。因此，为保证现场分析的有序进行，必须按照一定的实施程序有条理、有步骤地进行现场分析。现场分析的实施程序主要可以分为汇集材料、信息，单项、个别分析，综合分析以及论断与决策四部分。

**（一）汇集材料、信息**

现场保护、现场访问、实地勘验以及其他相关情况的全面、及时汇集，是准确、科学地进行现场分析的前提。全面汇集材料、信息时，勘查指挥人员应当要求各勘查小组按照现场分工，分别汇报相应情况。首先，应当由先期到达现场的人员汇报接报案的情况，到达现场时看到的、听到的与现场有关的情况以及现场保护情况。其次，应当由现场访问人员汇报调查访问的情况，如对于被害人、事主以及证人的询问，证人证言收集的具体情况等。再次，应当由实地勘验的技术人员汇报现场勘查的范围、顺序、重点部位，痕迹、物证的发现、提取情况，尸体的位置，死亡原因，作案工具以及尸体检验结果等。最后，对于现场搜索、追踪以及其他相关情况等进行汇报。条件允许的情况下，可以一边播放实况录像，一边进行汇报工作，以增强所有现场分析人员的直观感受。汇报情况时，汇报人应当实事求是，反映客观情况，不得加入个人的主观臆断，更不得对现场勘查中获取的材料、信息进行随意取舍。现场分析人员应当充分听取各方面的汇报情况，注意实地勘验的材料与调查访问的材料、信息之间是否能够相互印证，判断证人证言以及收集到的痕迹、物证是否真实可靠。

**（二）单项、个别分析**

现场情况汇报后，指挥员要组织侦查、技术人员，把汇集的各种材料分门别类地逐一进行审查和研究，如各种痕迹、物品、证人证言、被害人陈述等，逐一分析其形成的原因、条件、发展变化和各自不同的特点、特征。[①] 单项、个别分析环节中，应当重点解决以下三方面问题：

（1）寻找材料、信息与犯罪事实之间的关联性。现场分析时，应当从现场当时所处的具体环境、特点条件等前提出发，重视材料、信息与犯罪事实之间的相互联系。通过现场分析，排除表面的、偶然的、与犯罪事实无关的材料、信息，将现场分析建立在准确、可靠的基础之上。

（2）审查各种材料、信息的真实可信度。受各种主客观原因的限制，现场勘查人员汇集的各种材料、信息往往真真假假，真实可信度也各不相同。这就需要现场分析人员通过单项、个别分析，对汇集的材料、信息逐项进行深入剖析研究，从而对其真伪进行甄别与审查。

（3）分析材料、信息的证明效力以及应用价值。现场分析中，应重点对于作案人伪装的假象、访问对象的不实陈述以及获取的失真材料、信息进行审查判断。此外，现场访问、实地勘验以及搜索追踪环节中作出的初步判断性意见，仍需要通过集体分析讨论来加以反复验证。验证时，应将现场访问情况和实地勘验情况、不同访问对象陈述情况和现场上各种痕迹、物品情况进行相互印证对比，多方验证单向分析结论的准确可靠性。对于因客观条件限制或工作尚未做完，一时难以得出结论的，更需要经过集思广益，以凝聚众人的智慧，攻克难关。[②]

现场分析的过程中，往往会遇到某些难以解决的问题或者出现不同意见，现场指挥人员应当给与参加人员以充分发表自身意见的机会，同时引导所有参加现场分析的人员从以下两方面关键问题上进行深入探讨：第一，重点讨论犯罪现场构成要素、现场结构等问题；第二，重点探讨获取的证据、侦查线索以及侦查方向和范围的确定等问题。

**（三）综合分析**

综合分析作为现场分析中最为关键的环节，系在单项、个别分析的基础上，将

---

① 苑军辉主编：《犯罪现场勘查》，中国人民公安大学出版社2005年版，第303~304页。

② 高春兴、苑军辉、邹荣合主编：《犯罪现场勘查》，中国人民公安大学出版社2007年版，第157页。

现场中的各个部分、各种问题以及所有案件材料、信息综合起来,从总体上对已汇集的材料、信息进行分析与评估,以便于对案件有关的重点问题进行全面、细致的研究判断,形成对于现场以及案件的系统认识。综合分析系勘查人员由片面到全面、由低级到高级、由浅入深、由感性到理性认识现场的必然环节,该环节充分考验侦查人员对于材料、信息的分析能力以及思辨能力。汇集的材料、信息以及相关问题只有经过综合分析,才能真正抓住事物实践的内在本质联系,才能从根本上达到对现场、对与案件有关的问题的全面、充分认识。侦查人员在综合分析阶段,应当紧扣案件主要矛盾,力图解决关键性问题,并按照案件现场的逻辑顺序进行分析判断工作。先分析事件、案件性质、作案时间、作案地点、作案工具、作案方式、作案过程,再判断作案人的个体特征、心理活动,最终通过上述一系列的分析、判断,确定案件性质,明晰侦查范围,并制定相应的侦查措施。综合分析要求侦查人员在分析、讨论时,不得将案件有关的事项割裂进行孤立分析,而必须将所有相关事项有机地联系后,进一步明确现场材料、信息与整个现场、案件的关联,确保侦查人员能够对案件相关问题作出准确、系统的分析判断。

**(四)论断与决策**

通过现场分析,最终为了确定案件性质、明晰侦查范围、制定侦查措施以及决定对勘查后的现场如何处理等问题。现场勘查指挥人员在综合事实材料的基础上汇集所有正确分析意见,运用一定的推理与判断,对整个现场、案件情况以及制定的侦查思路进行评价,并提出具体的侦查部署以及实施方案。

1. 认定事件、案件性质。现场分析首先应当判断现场中发生的究竟是事件还是案件,如确定为案件后,应当再对案件性质作出明确判断。

2. 确定是否立案。通过现场分析,如认定存在有犯罪事实后,应当根据《刑事诉讼法》的相关规定,作出立案侦查的决定。

3. 制定侦查方案、部署侦查措施。侦查人员应当根据案件情况以及掌握的证据材料,制定初步的侦查方案,划定侦查范围,并部署具体的侦查措施,以便于后续侦查工作的顺利、有序开展。

4. 如何处理勘查后的现场。现场分析环节中,应确定勘查后的现场是否需保留及复验。如无需保留的现场,应及时通知当事人予以妥善处理;如需保留及复验的现场,并通知当事人予以保留,并及时采取相应措施来复验及保留现场。对于现场上提取到的痕迹、物证,现场上存在的尸体以及当场抓获的犯罪嫌疑人,应当依法进行处理。

## 三、现场分析的基本内容

### （一）分析事件和案件性质

1. 分析判断事件性质

分析事件性质时，应当确定现场上已经发生的事件是否属于犯罪事件，如确定现场上曾发生犯罪活动，即应当决定是否需立案侦查。判明现场上所发生的事件性质，应当以现场上的相关事实为依据，并系统分析实地勘验和现场访问获取的材料、信息，才能最终形成正确意见。一般可以从以下几个方面来对事件性质进行分析判断：

（1）实地勘验的情况。根据实地勘验的情况，往往能够反映出现场上发生的事件是否为犯罪事件。犯罪活动所形成的现场与其他原因所形成的现场存在诸多不同之处。侦查人员在现场分析时，应当依据现场的实际状况，所处环境，遗留的痕迹、物品等进行审查判断，以确定是否有犯罪事实发生。

（2）现场访问的情况。现场访问过程中，侦查人员可以获取大量有助于判明事件性质的原始材料、信息。现场访问中被害人、事主的陈述、证人证言、知情群众的情况反映等，都可以为事件性质的判明提供参考依据。现场分析中，应当注重陈述、证言之间的矛盾及相互印证，并结合实地勘验的结果，以此来准确判明事件性质。

（3）现场实验的结果。现场勘查过程中，对于某些难以认定的情节和事实，在必要时，可以依法进行现场实验，以实验的结果来作为分析事件性质的有力依据。例如，通过现场实验确定某物质在一定环境下是否能自燃，以此来判断是否存在他人放火的事实。

（4）司法鉴定的结论性意见。司法鉴定作为解决诉讼中涉及的专门性问题的一项重要手段，其得出的结论性意见可以作为判断事件性质的重要依据。例如，对于现场上发现的尸体，可以通过法医鉴定来确定死者的死亡原因，是否为自杀或他杀；对于现场上发现被破坏的电缆，可以通过物证鉴定来确定被剪断的电缆是否由工具剪切形成还是动物啮咬形成，从而为分析事件性质起到重要作用。

通常而言，通过以上几个方面的综合分析，即可对事件性质作出较为准确的判断。但有时受各种条件的限制，一时无法确定事件性质，如事件本身的复杂性、作案手段的隐蔽性、犯罪行为人的反侦查意识较强等因素。在此情形下，不应急于确定事件性质，而应当经过进一步细致分析后，再进行判断工作。

2. 确定案件性质

现场分析中，如确定事件性质为需要立案侦查的刑事案件后，即需要进一步对案件性质作出判断。部分案件的性质较为单一,如强奸案件、抢劫案件等。而某些案件则需要经过深入分析后,划分为若干类具体性质的案件。例如,依据杀人动机的不同,可以将杀人案件划分为图财杀人案件、强奸杀人案件、报复私仇杀人案件、侵害国家安全的杀人案件等。不同性质的案件,其侦查方向、侦查范围、侦查措施、侦查部署等也会有较大差异。例如,盗窃案件中,如果案件性质为内盗案件,则侦查范围应当锁定为单位内部,相反,如为外盗案件,则侦查范围应当确定为案发单位以外的相关区域。分析研究案件性质时,一般可以从两个角度进行判断。第一,分析作案人的行为结果,如作案人实施的是盗窃、抢劫、强奸等案件,即应当根据其行为进行立案侦查。第二,分析作案人的目的与动机。依据作案人的行为特征来判明案件的具体性质。例如,盗窃案件中,即应当判明案件作案人是否为内盗、外盗或者内外勾结。如若侦查人员能够准确判明案件目的与动机,即可确定案件的具体性质。作案动机作为犯罪实施的内在动因,往往比较隐蔽,需要侦查人员通过现场实际状态来进行判明。因此,侦查人员在分析判断案件性质时,务必综合现场勘查中获取的各种材料、信息进行研究,为明确侦查方向、侦查范围,有效组织侦查活动提供重要依据。

**(二)分析作案时间**

作案时间是用来划定侦查范围,确定嫌疑人是否实施犯罪的一项重要依据。此外,对于作案时间的正确判断,还有助于审查判断犯罪嫌疑人的口供以及被害人陈述、证人证言是否真实可信。作案时间的推断是现场分析中需要解决的重要问题之一,一般应当从以下材料、信息中来分析案件的作案时间。

1. 报案人、被害人、事主以及其他知情群众提供的情况。通过访问被害人、事主、报案人以及知情群众所提供的有关案发经过的情况,可以分为分析判断作案时间的参考依据。例如,群众听到的异常声响或者呼救声的时间;与作案人相遇或者接触的时间;最后看到死者生前活动的时间;目击证人看到作案人逃离现场的时间等。

2. 现场上物品的使用及陈设情况。现场上各类物品使用以及陈设的不同情况,同样能够为侦查人员分析案件的作案时间提供依据。例如,室内现场上的电灯是否亮着;床上的被褥是否已铺开;房间内的炉火是否已熄灭等。

3. 现场上各类记载时间的物品所反映的情况。现场上记载时间的物品较多,如钟表停止的时间、日历停翻的时间;日记停记的时间;发票、车票、电影票、存款单、盖有邮戳的信件、报纸以及电子数据上记载、存储的时间等。

4. 痕迹、物品的新旧程度。例如,可以根据犯罪活动遗留下的足迹新鲜程度、血迹干湿程度、作案工具上堆积的尘土多少等情况分析作案时间。

5. 尸体现象以及胃内容物消化程度。个体死亡后，尸体必然会发生各种变化，出现如肌肉弛缓、尸冷、尸僵、尸斑、尸绿、腐败血管网、角膜混浊、皮革样化、巨人观等尸体现象，具有推断死亡时间的规律性特点。此外，死者胃内容物的消化程度也与其死亡时间有着直接的关联，可作为推断死者是在进食后多少时间内死亡的参考依据。

6. 现场所处地理环境以及人员往来活动情况。特定现场环境在不同时段内的人员往来活动情况各不相同，据此可以分析哪些时段作案人更易侵入现场，并判断作案人的具体作案时间。例如，企事业单位内部发生的盗窃案件，往往发生在职工下班或者开会，现场上无人的时间段；公园内发生的杀人案件，一般发生在游客数量较少的时间段内。

7. 被害人、事主的工作、生活习惯。主要可以依据被害人、事主的工作、生活习惯，如起居时间、上下班时间，结合现场有关情况，分析推断案件的作案时间。

**（三）分析作案地点**

作案地点通常又称第一现场，系指作案人实施犯罪行为的特定场所。司法实践中，往往发现案件的地点并非作案人实施犯罪行为的地点。当某一案件存在两个或两个以上现场时，就应当首先判断正在勘查的现场是否为作案人作案的地点，如结论为否定，则应及时通过一定的措施寻找犯罪行为人的作案地点。勘查犯罪行为人的作案地点，有利于充分、准确地发现、提取与犯罪活动有关的痕迹、物品，甚至在特定的情况下还能够直接发现作案人。作案地点的实际状况以及所处位置，不仅有助于正确判断案件性质以及嫌疑人范围，还能作为审查核实犯罪嫌疑人供述以及证人证言的重要依据之一。

为了准确判明作案地点，侦查人员必须全面、细致研究现场实际状况以及作案人实施犯罪过程中遗留的各种痕迹、物品。例如，现场滴落的血迹，拖拉尸体形成的痕迹、搏斗痕迹，现场遗留的手印、足迹、工具痕迹、毛发、纤维等。某些案件的犯罪行为人反侦查意识较强，作案时往往对现场进行伪装，故意在现场上遗留某些虚假的痕迹、物品。侦查人员在现场分析时，应当对各种反常现象进行发现与分析，并及时识破犯罪行为人的伪装。现场分析时，应当重点关注尸体或者现场有关物体上遗留的异常物质，如尸体上发现黏附有某种微量物质，而发现尸体的现场上并未发现此类物质，在此类情况下就应当考虑尸体是否由他处移尸至此。此外，被害人、事主、目击证人以及其他知情群众提供的信息、情况也能够作为判断作案地点的参考依据之一。例如，有群众目睹了作案人在某场所实施的犯罪行为，或者听到某处传来的厮打搏斗声或者呼喊求救声等。必要时，可以让被害人、事主、目击证人以及其他知情群众指认犯罪行为人实施作案的具体地点，并结合实地勘验的结果,综合分析判断犯罪行为人的作案地点。

**(四)分析作案人数**

作案人数的分析,主要用以判断案件系单人作案还是团伙作案。现场条件较为充分时,还可以进一步确定具体的作案人数。分析判断案件中的作案人数,有利于确定侦查范围,对案件侦破工具具有极为重要的作用。一般而言,分析判断作案人数时,主要可以从以下几个方面进行考虑:

1. 现场上发现、提取的痕迹、物品。遗留在现场上的痕迹、物品,包括手印、足迹、不同烟蒂、多副手套等,都是分析作案人数的主要依据。经鉴定,发现现场上提取到的相同部位的手印在纹型、细节特征等方面均不一致,现场足迹的长度不同、磨损程度差异较大,案件现场上出现多种类别的工具痕迹时,即可判断案件由两人以上作案的可能性较大。此外,作案人曾在现场上吃过饭、喝过茶、睡过觉的碗筷、茶具、被褥数量等,也可用来分析判断作案人数。

2. 事主、被害人以及知情群众提供的情况。抢劫、强奸等案件中,被害人一般与作案人有过直面的接触过程,且亲历犯罪的全过程,由其提供的作案人数信息一般较为准确。此外,部分案件中有事主、知情群众看到可疑人员进出现场或者目睹了作案过程,或听到某些异常声响等,其陈述的内容也有助于侦查人员分析案件中的作案人数。由于事主、被害人、知情群众可能受主客观因素的影响,而产生错误表述情况的可能性,因此侦查人员在根据事主、被害人、知情群众提供的情况进行作案人数分析时,应当结合其他材料、信息进行综合考虑。

3. 犯罪活动的行为及结果。侦查人员在现场分析过程中,有时往往需要借助于现场发生的实际变化状态,如被害人的损伤情况、财物损失的数量、重量等,进行估算后得出可能的作案人数。例如,根据现场上被盗物品的数量、重量、体积以及运输方式,分析判断可能的作案人数;根据现场上发现的工程量破坏大小,分析判断特定时间内需要多少人员才可能完成。对于某些复杂疑难问题,需要通过侦查实验的方式来予以验证。

**(五)分析作案工具**

实施犯罪过程中,作案人往往需要借助于一定的工具来达到其不法目的。不同地区、不同行业的人,使用的工具往往各不相同。即使是同一类工具,不同人在使用过程中也能反映出其地区或者行业的特点。分析判断作案工具及其使用方法,不仅可以为分析犯罪人作案动机、作案条件、职业特点、是否为惯犯等方面提供依据,还可以通过物来找人,从而有利于发现犯罪嫌疑人。作案工具的分析,主要是判断作案工具的类别、规格、尺寸以及工具上的细节特征。由于作案工具种类繁多,无固定范围及形状,即使同一类工具,在不同的承受客体、不同的作用力下，其形成的痕迹往往也各不相同。因此，现场分析中对于判断作案工具往往具有较大难度，需要侦查人员从以下几方面综合进行分析判断。

1. 事主、被害人、知情群众提供的情况。侦查人员在现场分析过程中，应当根据事主、被害人、知情群众提供的线索与信息，仔细研究作案工具的基本情况，并结合实地勘验的结果进行比较研究，以最终推断出案件中的作案工具。

2. 现场中遗留的工具痕迹。观察与检验从现场上发现、提取的工具痕迹，是分析判断作案工具的重要途径之一。工具痕迹能在一定程度上反映出作案工具的外部结构，如形状、尺寸、大小、宽窄、深浅等特征。分析作案工具的关键在于应不断经验积累，多注意观察各种工具形成痕迹的状态。对于某些专业性较强的问题，可向该领域的相关专家进行咨询，或通过鉴定的方式予以解决。

3. 现场上遗留的可疑工具以及与作案工具有关的物品。现场上一旦发现遗留有可疑工具，应当将其与现场上的工具痕迹进行比对分析，观察两者之间是否吻合，从而判明其是否为作案工具。由于此类问题专业性较强，可以通过鉴定的方式对可疑工具与现场上的工具痕迹进行检验，以确定现场上遗留的工具痕迹是否来源于可疑工具，如鉴定意见为肯定，则能认定该可疑工具即为作案工具。此外，犯罪行为人常常将与作案工具有关的物品遗留在现场上，如包裹物、擦拭物、外鞘等物品。遗留在现场上的此类物品，同样能够反映出作案工具的某些特征，从而为判断作案工具提供相应依据。

4. 附着在痕迹、物品上的各类微量物质。犯罪人在利用作案工具实施犯罪活动时，往往会将工具上的涂料、纤维、铁锈、碎片、油垢等遗留在各类痕迹、物品上。通过对此类物质进行微量物证鉴定，有时也能为分析判断作案工具的种类及特点提供一定依据。

**（六）分析作案方式**

作案手段、方式，主要是指犯罪行为人在现场上的活动特点，如作案对象的选择、出入通道的选择、来去现场的路线以及作案过程中的破坏方式是否具有职业特点等。分析判断犯罪人的作案方式，不仅可以初步判明作案人是否为初犯或惯犯，还能通过作案方式，对案件是否进行串并作出判断。作案方式的分析与判断，应从以下几个方面进行综合考虑：

1. 作案人的习惯性动作。作案人在实施犯罪活动之前，有的习惯于在现场附近逗留、窥视、打听、试探等。有的作案人在选择出入通道时，采用捅、撞等方式；有的则采用翻窗、撬阳台门、窗等方式侵入；还有的利用开锁技术进行现场。实施犯罪活动时，不同的作案人习惯携带不同的工具、凶器进行作案。上述这些行为都是作案人在实施犯罪过程中形成的习惯行为。此类习惯一旦形成心理及行为动力定型,即可在较长时间内保持相对稳定不变。

2. 作案方式的熟练程度以及智能化程度。分析案件中作案方式的熟练程度以及智能化程度,主要体现在:有助于分析判断作案人是否为初犯或惯犯;是否具有某种特定的职业习惯;是否熟悉现场内部情况或者掌握事主、被害人的生活、工作规律。例如,有些犯罪行为人对现场情况不熟悉,出入道的选择舍近求远、见锁就撬、见屋就入,作案盲目性较大,无效动作过多,到处乱翻,反映为初犯或外来人、流窜犯作案。①

**(七)分析作案过程**

侦查人员通过现场勘查,需要对作案人在现场上实施犯罪活动的先后顺序以及行为动作的综合情况进行分析与判断。具体而言,作案过程的分析研究,就是判明作案人从何处进入现场、到过哪些地点、接触过哪些物品、实施过哪些行为动作、从何处逃离现场等问题。准确地分析作案过程,不仅有利于认定案件性质、刻画作案人特征、确定侦查方向与范围,更对日后甄别犯罪嫌疑人的供述与辩解也具有重要作用。通常而言,可以根据以下几方面的内容对作案过程进行分析判断:

1. 现场上遗留的各类痕迹物证。作案人遗留在现场上的各类痕迹物证,客观地反映了其在现场的具体作案过程。例如,根据现场上发现的作案人遗留在现场上的足迹走向以及行走路线,可以用以分析作案人在现场上的出入口以及作案顺序;根据现场上遗留血迹的分布、形状、大小以及距离等,同样可以用来分析判断作案人在现场上的具体作案过程。

2. 被害人、事主以及知情群众的陈述。部分案件中,被害人、事主等经历了案件发生的全过程,某些知情群众也目睹了案发过程,其对于案件发生经过的陈述与反映有利于侦查人员分析判断案件的作案过程。

3. 事物之间的相互因果关系。行为实施的先后顺利往往受到事物之间因果关系的制约,只有实施了先行行为,才能使得之后的行为能够实施。例如,某盗窃现场中,办公桌的抽屉被盗、保险柜被原配钥匙打开,造成财物失窃,而原配钥匙原放置于办公桌抽屉内。这就说明作案人如不先撬开办公桌抽屉,是无法得到保险柜钥匙的。上述因果关系表明,作案人在现场的作案过程,必定是撬窃办公桌抽屉在前,用钥匙打开保险柜在后。

**(八)分析作案人特征**

分析判断作案人的特征作为现场勘查中的一项重要任务,也是现场分析中所

---

① 高光斗、王大中、朱翔主编:《中国刑事科学技术大全·犯罪现场勘查技术学》,中国人民公安大学出版社 2003 年版,第 166 页。

要解决的核心问题。只有对作案人的特征进行准确判断,才能明确侦查方向与范围,顺利开展破案活动,及时、准确地抓获犯罪行为人。分析作案人的特征,实质上就是推断作案人有可能潜藏在某个地区、行业或者单位,作案人的个人特点等,如作案人的性别、年龄、身高、体重、容貌、衣着职业、与被害人的关系、对现场是否熟悉等特点。分析作案人特征时,应当着重从以下几方面进行全面、细致地研究:

1. 根据作案人遗留在现场上的各类痕迹进行分析。例如,根据现场上遗留的手印可以判断作案人是否为左撇子,手指是否存在畸形等特点;根据现场足迹可以用以判断作案人的性别、身高、体态、行走习惯以及腿脚是否存在残疾等特点;根据作案人遗留在现场上的字迹,可以分析作案人的年龄、所处地区、职业特点以及文化水平等。

2. 根据作案人遗留在现场上的物品进行分析。现场上发现、提取的各类与犯罪有关的遗留物,不仅可以作为揭露、证实犯罪活动的有力证据,也能作为侦查人员分析作案人特征的重要依据。例如,根据现场遗留物的形态、大小、重量等特征,可以判断作案人的性别、年龄、身高、体态等;根据现场遗留物的用途以及使用范围,可以判断作案人的职业特点以及兴趣爱好;根据现场遗留物生产或制作的地区,可以判断作案人多处的区域范围;根据现场遗留物的价值、新旧等,可以判断作案人的经济状况以及身份等。

3. 根据作案人从现场上盗取或破坏的物品进行分析。作案人从现场上盗取或破坏了哪些物品,往往反映了其心理状态,从而为侦查人员分析判断作案人的心理特征以及外在特征提供了客观依据。例如,根据被盗物品的种类以及用途,可以判断作案人的职业以及爱好;根据被盗的物品或者破坏的物品数量、重量、体积,可以判断作案人的年龄、人数以及体力情况等。

4. 根据被害人、事主的背景情况进行分析。除个别案件外,作案人与被害人、事主之间往往存在着某种特殊关系。通过对事主、被害人的工作情况、经济状况、思想品质、生活作风、交往关系及家庭成员等进行全面的分析研究,并结合现场勘查中所获得的其他材料,往往能够对嫌疑人的范围作出某种判断。①

5. 根据被害人、事主以及知情群众反映的情况进行分析。被害人、事主以及知情群众提供的作案人体貌形态、衣着打扮、方言口音、携带物品等特征,是侦查人员分析研究作案人特征的重要依据。

**(九)分析作案人的作案目的与动机**

犯罪行为人在故意实施犯罪时,总是受一定的目的和动机所支配。所谓作案

---

① 黎明正主编:《侦查学》,华东理工大学出版社1997年版,第59页。

目的,是指犯罪行为人实施犯罪行为所要达到的结果。而作案动机,则是指犯罪行为人实施犯罪行为的内心企图。[①] 作案目的与作案动机两者之间紧密相连,但又互有差异。例如,故意杀人案件中,犯罪行为人的作案目的即非法剥夺他人生命,而犯罪行为人的作案动机则有可能各不相同。有的是为了报复,有的是为了图财,有的是为了图色,有的是为了灭口等。

作案目的与作案动机不仅是犯罪行为人实施犯罪的主观体现,更是判明案件性质与确定侦查范围的重要依据。作案目的与动机的不同,使案件性质也往往不同,从而侦查范围也不尽相同。例如,杀人案件中,为报复私仇而杀人,其侦查范围相对较小;为图财图色而杀人,则侦查范围相较于前者而言要大得多。作案目的、动机的判断,应当着重从以下材料中进行分析:

1. 事主、被害人及其亲属的情况。通过分析事主、被害人及其家庭成员的工作性质、政治态度、生活作风、生活习惯、经济状况及社会关系等,来分析判断作案人的作案目的和作案动机。

2. 案件现场的实际状况。通过观察与分析现场状态,现场上与犯罪活动有关的痕迹、物品分布情况、财物损失情况等,对作案人的作案目的与动机进行分析判断。

3. 现场上遗留的尸体基本情况。通过观察尸体所处的位置、俯卧的姿势、损伤的部位、形态及程度,分析判断作案人的作案目的与动机。例如,现场遗留的尸体为女性,还应当检验其是否被强奸,以便于侦查人员准确进行现场分析、判断。

作案目的与动机的判断作为现场分析中的一项重点与难点,必须以实地勘验以及现场访问中获取的材料、信息为依据,实事求是地进行分析判断,切忌存在先入为主、主观臆断的错误思想。某些案件中,仅凭现场勘查中掌握的材料、信息,尚不能确定作案人的作案目的与动机,只能推断出某几种可能的情况。此时,侦查人员应当充分考虑可能的各种因素,从中寻找可能性较大的主要矛盾,以重点部署侦查措施。某些反侦查意识较强的犯罪人,往往在作案动机上制造种种假象,以混淆侦查视线。因此,侦查人员在分析作案动机时,务必树立警惕意识,善于发现各种异常现象,以准确判断犯罪人的作案动机。

**(十)分析被害人的身份背景**

现场勘查中如发现被害人身份背景不明的情况时,还必须在现场分析过程中分析判断被害人的身份背景。被害人背景的判断,不仅有利于查明被害人身份,而且有助于侦查人员正确选择侦查途径,锁定侦查方向。分析被害人身份背景时,往往应当从被害人的被害状况、职业特点、家庭关系、经济状况以及人际交往

---

① 黎明正主编:《侦查学》,华东理工大学出版社 1997 年版,第 56 页。

等多方面进行判明。

1. 被害人的被害状况。主要分析被害人的损伤情况、致死伤原因、致死(伤)方式等,被害人的被害状况主要应当根据法医对被害人进行的检验、鉴定意见进行分析。

2. 被害人的职业特点。主要通过现场访问获取的材料,被害人的衣着打扮、头发、身体、皮肤、指甲、失窃物品等情况,来分析被害人从事的职业。

3. 被害人的家庭关系。主要通过现场调查访问等,分析判断被害人家庭成员以及相互之间的关系。

4. 被害人的经济状况。主要通过现场状况、现场环境、被害人衣着打扮、身体状况、失窃财物情况等,来分析被害人的经济状况。

5. 被害人的人际交往。主要通过研究与被害人交往的人员情况,来对被害人的人际交往进行分析判断。

## 第二节　犯罪心理痕迹分析

### 一、犯罪心理痕迹的概述

#### (一)概念

犯罪心理痕迹是隐藏于犯罪现场之中,反映犯罪行为人个性特征及心理活动特点的犯罪信息,它具有抽象性和特有的表现形式。[①] 对于"犯罪心理痕迹"的概念,理论界尚无统一定义,有将其称为"犯罪心理画像"、"犯罪心理特征"等。我国《中国公安百科辞典》对此概念的界定为,"犯罪行为人实施犯罪行为,受到临场心理活动的作用,通过其言语、动作、神态在犯罪现场或人们意识中所留下的痕迹为心理痕迹"。[②]

#### (二)犯罪心理痕迹的特征

1. 抽象性

犯罪心理痕迹就是通过现场的物质痕迹反映出犯罪嫌疑人心理上的特点,从而对于寻找犯罪嫌疑人起到至关重要的作用。由于心理的特点就是看不见、摸不着的,本身就具有抽象性。侦查人员通过各个物证及物质痕迹上所反映的特点,描绘出犯罪嫌疑人的各项特征,成为一种观念性的集合体,从而寻找犯罪嫌疑人。这与物质痕迹最大的区别就在于其抽象性、主观性的特点,物质痕迹现实展现在

---

① 张映雪:"浅析犯罪心理画像的基本方法",载《河南公安高等专科学校学报》2009年第4期。

② 宋占生主编:《中国公安百科辞典》,吉林人民出版社2000年版,第6页。

犯罪现场之中,侦查人员可以采取一定的手段进行发现、提取的。而犯罪心理痕迹,是无形的、抽象的,只能通过侦查人员的主观思维捕捉犯罪人的心理特征。但犯罪心理痕迹的存在和物质痕迹是同时形成,犯罪心理痕迹不能单独存在,只能通过物质痕迹的展现来进行推断。

2. 稳定性

人的心理容易形成习惯性,当一件事情取得成功,下次在遇到相同的事情之后往往采取之前的方法,对于犯罪嫌疑人也一样。在系列案件中,犯罪嫌疑人的作案手段、被害人挑选、实施犯罪的特点等方面往往都具有相似性,因此侦查机关通过对现场的侦查将这些类似的案件并案侦查,从而获取犯罪嫌疑人的更多特点。

**(三)犯罪心理痕迹的作用**

1. 判断案情真伪

通过对犯罪心理痕迹的分析,可以识破犯罪嫌疑人的伪装,避免侦查被引入歧途。随着犯罪嫌疑人各项犯罪技能的提升,犯罪嫌疑人会采取各种手段,来迷惑侦查人员,达到逃避法律制裁的目的。如在一起情杀案中,犯罪嫌疑人因与被害人发生口角,一怒之下杀死被害人,为了达到掩盖情杀、迷惑侦查机关侦查的目的,犯罪嫌疑人故意将门锁破坏、将被害人家中钱财拿走一部分、将被害人的衣物翻乱。侦查人员经过现场侦查就会发现本案和犯罪嫌疑人真实的犯罪心理痕迹不一致。侦查机关在侦查时,会发现此案犯罪嫌疑人可能并没有拿走大量的财物,门锁被破坏的痕迹也是虚假的,物质痕迹分析犯罪嫌疑人和平进入被害人家中,被害人茶几上放着两个茶杯,等等。这些都表明此案绝不是一起抢劫杀人案,通过对被害人的社会关系走访,从而查到犯罪嫌疑人与被害人当天晚上一直在一起。因此,对于物质痕迹进行分析从而判断矛盾之处,反映出犯罪嫌疑人的心理痕迹的不同。

2. 为案件提供线索

不同的案件往往表现出犯罪嫌疑人不同的心理特点。比如,现场留下的痕迹且杂乱,表示犯罪嫌疑人可能处于慌乱状态,心理承受力比较弱等。从凶器的使用过程,如果专业性操作比较强,可将犯罪嫌疑人锁定在特定的职业中。可以根据现场所留下的诸多物证及痕迹中,找出蛛丝马迹,从而对犯罪嫌疑人的心理痕迹进行分析,为案件侦破提供线索。

3. 建立犯罪心理痕迹档案库

目前有不少国内外学者,都致力于研究犯罪心理痕迹,希望发现其中的规律,更好地帮助警方侦破案件。由于犯罪心理痕迹的主观性和抽象性,最初的犯罪心理痕迹分析,主要依靠侦查人员自身的经验、专业素质等方面的综合考虑,所得到的结果的准确性也不可预测。然而随着这方面理论研究的深入和技术水平的不断提高,可以收集大量的犯罪心理痕迹信息源,根据类似案例、类似现场的物质痕迹和犯罪嫌疑人的不同表现,通过实践对应出相应的模式,并不断积累。通过大数据的应用,收集海量的信息源,在以后可以研发分析犯罪心理痕迹的软件,从而提高侦查案件的效率。

## 二、犯罪现场分析法①

### (一)犯罪现场分析法的理论基础

犯罪现场分析法的任务是构建对未知犯罪人的人格和行为特征的综合推断。进行这种推断的前提是承认个体的人格具有稳定性,并承认对犯罪现场证据的正确阐释能够揭示实施犯罪的个体的人格类型。人格的特质理论认为人类行为是前后一致的、可预测的。虽然很多社会心理学家认为,人格并不能很好地预示特定情境下的行为,当行为仅被看作内在倾向的产物而忽略环境的影响时,会产生基本的归因错误,但美国联邦调查局的犯罪心理画像家认为他们要处理的绝大部分是极端变态的案件,而成年人的严重反社会行为通常特别稳定。并且,人类行为是"在具体时空框架之下个体个性结构特征的表达",同种人格类型会表现出相似的行为模式,了解这些模式或"背景线索"有助于调查犯罪和评估潜在的嫌疑人。所以,犯罪心理画像试图建立前后一致的人格模型,其基本原理是犯罪人的人格特质可以从他在案发现场的行为推断出来,然后用于预测犯罪人其他的行为。

### (二)犯罪现场分析法的形成和内容

在1972年,随着犯罪心理画像技术的不断成熟以及在一些疑难重大案件中所发挥的巨大作用被看到,这一门年轻的学科越来越为侦查部门所重视,对于心理画像技术的理论和实践研究开始突飞猛进。美国联邦调查局侦查人员杰克.科斯齐(Jack Kirsch)带领穆勒尼(Mnleni)和特登(Terdun)创建了联邦调查局的行为科学部(Behavioral Science Unit)。目前,这一部门受设在弗吉尼亚州的匡提科的国家暴力犯罪分析中心(National Center for the Analysis of Violent Crime,NCAVC)的直接领导。② 并且要求穆勒尼和特登在他们工作之余进行犯罪心理

---

① 蹇璐亦:"犯罪心理画像的方法——犯罪现场分析法与行为证据分析法之比较",载《河南司法警官职业学院学报》2006年第4期。

② 蔺拓:"论心理画像技术在网络犯罪侦查中的应用",西南政法大学2013年硕士学位论文。

画像的理论研究,在他们利用犯罪心理画像技术侦破了一些疑难案件之后,这门技术随后就声名远扬了。1979年行为科学部开始对包括一些著名的犯罪人如查理·曼森在内的36名系列杀手和强奸犯进行广泛的访谈调查。根据访谈结果并结合美国联邦调查局积累的相关数据,研究人员提出,可根据动机、暴力程度、再次犯罪的可能性等将谋杀犯和强奸犯分为不同类型。雷斯勒和道格拉斯等人在合著的《性杀人的类型与动机》一书中,区分出两类系列杀人犯:有组织力的杀人犯和无组织力的杀人犯,二者在个体特征和犯罪现场特征上都有很大的不同。海兹伍德以格罗斯等人提出的分类系统为基础,将强奸犯分为权力确认型、权力专断型、愤怒报复型、愤怒兴奋型四类。并且,以访谈所得的数据为基础,一个全国性的数据库——暴力犯罪追捕计划于1985年得以建立。各类凶杀案的报告也被送交侦查支援部,相关信息被加入数据库。

总的来说,现场分析法就是将数据库中的信息和待处理案件中警方详细的犯罪现场报告及被害人报告结合,根据侦查支援部已建立的犯罪人类型,得出对犯罪人的心理画像,重点是推断犯罪人的个性和犯罪动机,并用于指导侦查及审讯工作。具体操作可分为六个步骤。

1. 画像输入

对与具体案件相关的所有材料进行收集和评估,包括物证、现场照片、尸检报告和照片、证人证言、被害人的大量背景信息、警方的报告,以及其他可以精确描述犯罪发生之前、之中和之后发生过什么的有关信息。在这一阶段,画像人员不需要被告知可能的犯罪嫌疑人,因为收集到的信息可能带有偏见或可能过早影响画像结论的方向。该阶段的工作是进行其他步骤的基础,如果相关信息不完全或不准确,则随后的分析也会受影响。

2. 决策过程模型

在这一阶段,画像人员将第一阶段收集到的信息按犯罪活动的几个方面组织成富有意义的问题和模式:该杀人案属于什么类型(简要分类为集中杀害、纵乐性杀人和连环杀人)?犯罪的首要动机是什么:性、财、个人或感情的失控?被害人所经历的风险水平有多高?凶手在杀害被害人时承担的风险水平有多高?凶手杀人之前和之后的行为顺序如何?完成这些行为花了多长时间?凶手在什么地方作的案?尸体被搬动过还是就被放在谋杀现场?

3. 犯罪评估

以前两阶段工作得出的结果为基础,画像人员开始尝试着对犯罪人及其被害人的行为进行重建。所涉及问题包括:该案件是有组织的还是无组织的?若是有组织的,则犯罪行为人仔细挑选过被害人,被害人很可能常出现在凶手的幻想中。

若是无组织的，则犯罪行为人是冲动的，很可能有精神疾病。犯罪行为人在作案过程中是否故意误导警方？从被害人的死因、伤口位置、尸体摆放情况等细节可以推断出凶手有什么样的动机？常规嫌疑画像包括以下内容：

(1)暴虐的面部伤害表明凶手认识被害人。

(2)谋杀工具是从现场随意取得的谋杀案其冲动性程度，要高于用枪作案的谋杀案，并且可能暗示着凶手的住处就在被害人附近。

(3)早上发生的谋杀很少涉及酒精或药物使用。这些有利于帮助分析者理解各个体在犯罪中的角色，并有助于得出随后要进行的犯罪人心理画像。

4. 犯罪心理画像①

在这一阶段，侦查人员人员得出关于未知嫌疑人的初步描述。典型的犯罪心理画像结论包括未知嫌疑人的种族、性别、年龄（年龄的准确性很低，因为心理年龄或经验年龄并不总是和生理年龄一致）、婚姻状况、居住条件、工作记录，心理特征、信仰、价值观，过去的犯罪记录（包括过去有相似犯罪的可能性）、对警方可能的反应。该阶段还包括一个反馈环节，即画像人员根据新发现的信息来检验其结论，以保证画像结论符合真实情况。

5. 根据犯罪心理画像结论进行调查

在这一阶段，犯罪心理画像结论被用于协助侦查工作。如果仍不能找出嫌疑人，或出现了新的证据，则需要对画像结论进行重新评估和修正。

6. 逮捕及审讯

在犯罪人被逮捕以后，可以对画像中关于犯罪人特征的结论进行交叉检验，以验证画像是否准确。这一工作有时极难进行，因为有的犯罪人可能永远不会被抓获，或者在其他辖区抓获从而不方便进行交叉检验，或犯罪人停止作案而消失于警方的视线之外。对画像结论的检验可以进一步评估背景因素和心理变量的影响。

---

① 犯罪心理画像，英文表述为 criminal profiling，是在对现场分析进行心理分析的基础上，根据侦查所获取的情况和信息，运用犯罪心理学理论和逻辑学、统计学等方法，对某一特定类型的犯罪嫌疑人及其犯罪行为的特征进行分析、刻画，以确定最可能的犯罪嫌疑人一般特征的犯罪人辨识技术。参见刘杰："国外犯罪心理画像简述及其本土化研究"，载《江苏警官学院学报》2004 年第 1 期。蹇璐亦："犯罪心理画像的方法——犯罪现场分析法与行为证据分析法之比较"，载《河南司法警官职业学院学报》2006 年第 4 期。

## 三、行为证据分析法[①]

### (一)行为证据分析法的内容

行为证据分析法由美国的法庭科学家和犯罪心理画像家特维于20世纪90年代末提出。特维所指的行为证据,是指任何有助于确认某事件或某行为是否发生、如何发生以及何时发生的物证。在适当情形下,任何形式的物证,包括脚印、血迹模式、指纹、精液、伤口形态、药物等都是行为证据。通过物证和行为证据分析犯罪行为模式,从这些模式中推断犯罪人特征的过程就是"行为证据分析"。特维认为,对犯罪人行为的重建才是关于某次犯罪最客观的纪录,行为证据分析法可以弥补大多数画像方法因较多地依赖归纳结论与直觉臆测,却忽视对犯罪人行为的考察而造成的缺憾。

行为证据分析法可分为四个主要步骤:

1. 刑事疑点分析,主要是对刑事证据的分析。疑点是指对某个证据有不止一种解释,这一步骤的目的就是确定某个证据最合理的含义。可用于刑事疑点分析的材料包括犯罪现场照片、录像、草图,调查报告,证据记录单,尸检报告、录像和照片,证人和邻居访谈记录,被害人背景,被害人死前行踪等。

2. 对被害人的深入评估,或称被害人研究。传统上,被害人研究往往是犯罪心理画像中被忽略的领域,但现在研究者已经认识到对被害人也应该作类似于对犯罪人所进行的画像,以确定某人为何、如何、在哪里、何时被选择为被害人,而这可以提供关于犯罪人的很多信息。

3. 犯罪现场特征。即辨识一个犯罪现场最有区别性的特点,这些特点和被害人、犯罪地点、其对犯罪人的意义等有关,体现了犯罪人的行为和决策。包括现场进入方式、攻击方式、控制被害人的方法、场所类型、言语类型等。

4. 犯罪人特征,即根据前面的工作得出画像结论。包括对犯罪人种族、体态特征、家庭背景、职业、犯罪经历等特征的推断。特维认为,在行为证据分析过程中应该使用科学的分析方法。与仍依赖于归纳性结论的现场分析法不同,他强调演绎性的犯罪心理画像法,包括六个步骤:

第一,观察。对一个具体案例,要评估已知的行为证据、被害人研究,确认已知的犯罪现场特征。

第二,收集信息。根据观察结果,确定需要进一步收集的资料,分析和检验有

---

① 蹇璐亦:"犯罪心理画像的方法——犯罪现场分析法与行为证据分析法之比较",载《河南司法警官职业学院学报》2006年第4期。

用的行为证据、被害人研究和犯罪现场特征。

第三，推测，即对具体案件建立一个初步假设或解释，形成关于犯罪人特征的初步评估。这一步骤中一般要提交书面的初始评估报告，包括已知的物证、已知的被害人研究、已知的犯罪人行为模式、可能的动机和人格特征等。

第四，假设检验，即对所有行为证据进行完整分析后重新评估犯罪人特征，并结合新发现的证据、新的案情分析而调整对犯罪人特征的推测。

第五，解释结果，即根据渐渐明朗的案件证据来解释对犯罪人特征的推断，抛弃没有证据支持的部分，保留有效的推断。

第六，形成结论。从行为证据、被害人研究、犯罪现场特征中总结关于犯罪人情感、个性、社会关系等方面的信息，寻找表现犯罪人特征的行为模式，组成对未知犯罪人的心理画像。

## 第三节　犯罪现场重建

案件侦查工作中，合乎逻辑地认识现场中的犯罪行为，对准确分析案件性质、顺利开展刑事诉讼活动起着极为重要的作用。犯罪现场重建中注重运用科学技术和方法，为了解案件事实、重现犯罪过程提供了可靠的依据，有利于刑事诉讼活动公正、合法地进行。

### 一、犯罪现场重建概述

#### （一）犯罪现场重建的概念

犯罪现场重建这一术语来源于美国，美国的犯罪现场重建协会（The Association for Crime Scene Reconstruction）认为：犯罪现场重建，指的是应用科学方法、物证和演绎推理，以及它们之间的相互关系，获得围绕犯罪之事的一系列事件的明晰认识。[①] 犯罪现场重建，是指在现场勘查基础上，侦查人员通过对现场痕迹、物证状态、位置及相互联系的分析，以及运用痕迹、物证的实验室检验结论和其他相关信息，结合已掌握的相关客观事实，进行合乎逻辑的形象、抽象或者实物模拟，从而对现场发生的犯罪行为相关情节甚至是全过程进行重新构建，最终确定犯罪

---

① The use of scientific methods, physical evidence, deductive reasoning, and their interrelationships to gain explicit knowledge of the series of events that surround the commission of a crime.

现场中所发生的犯罪行为的一项专门性侦查方法。[①] 犯罪现场重建具有以下一些内涵：

1. 犯罪现场重建是由侦查人员主导的专门性活动。我国实行的是职权主义侦查模式，只有侦查机关才享有侦查权，因此，也仅有侦查人员才有权进行犯罪现场重建。但也并非所有的侦查人员都可以进行犯罪现场重建，只有那些负责本案侦查工作并且具有一定侦查理论知识、经验丰富的侦查人员才可以胜任此项工作。

2. 犯罪现场重建是在现场痕迹、物证状态、位置及相互联系的分析研究这一基础上进行的。犯罪现场重建是通过对现场痕迹、物证状态、位置及相互联系的观察，结合现代化科技手段对现场痕迹、物证进行研究，最终实现对犯罪行为的认知。现代化技术、实验室结论等对犯罪现场重建的完成均起着极为重要的作用。

3. 犯罪现场重建的目的是认知案件形成过程和犯罪行为。只有掌握了案件形成过程和犯罪行为，才能进一步查明案件的形成原因，确定案件性质，分析犯罪行为人。因此，案件形成过程和现场犯罪行为过程是认知犯罪行为、判断案件性质时应当首先解决的问题。

4. 犯罪现场重建是对所有相关信息进行系统且合乎逻辑的思维后，所得出的对犯罪行为过程的合理解释。在犯罪现场重建中，除了现代化技术、实验室结论之外，侦查情报、调查访问等相关信息也发挥着一定的作用。

**（二）犯罪现场重建与几个相关概念的辨析**

1. 犯罪现场重建与犯罪现场分析的区别

犯罪现场重建与犯罪现场分析既有区别又有联系。在实际在犯罪现场勘查实践中，很容易把两者之间的概念混淆起来。事实上，犯罪现场重建与犯罪现场分析是两个不同的概念。虽然两者存在一定的相似性，但它们是有着不同之处的，具体体现在：

（1）时间上的不同

犯罪现场分析是指现场勘查指挥员在现场勘查结束后，组织全体现场勘查人员根据现场访问现场勘验所获得的材料。对现场和案件的情况以及初步侦查方案等问题进行研究，并作出判断的一项侦查活动，现场分析由于经常在犯罪现场就地进行，所以也叫“临场讨论”或“临场分析”。从现场分析的时间上来看，基本上是在案件侦查阶段的前期，现场勘查阶段的中后期，是对案件阶段性的研究总

---

① 也有学者认为：犯罪现场重建以现场勘查为基础，结合科学的逻辑推理，以犯罪现场痕迹、物证、情报信息、物证检验、侦查实验结果、案件现场分析等多种侦查方法，对犯罪行为发生的有关情节，以及犯罪行为发生的部分及全部过程的合乎逻辑的现场认知方法。参见雷中坚：“对犯罪现场重建理论相关问题的思考”，载《河北公安警察职业学院学报》2013 年第 4 期。

结。而犯罪现场重建工作是先进行相关证据的识别和其价值的确认。在进行多个特定物证重建的基础上,根据已有的犯罪信息及其相关证据进行物证的重建,再结合其他犯罪证据与线索,重建犯罪现场中的某一个环节或某一个特定情节等,并使之逐渐充实起来。然后按照特定的时间与空间条件或特定时序,使之链接为某一单元,并最终形成犯罪现场案件事实的全部,从而清晰地反映犯罪现场上所发生的一切。对犯罪阶段性的重建、全过程的重建往往是在侦查阶段的后期。如在侦查终结的时候甚至是在法庭审判的阶段。

(2)形式上的不同

犯罪现场分析主要采用讨论的形式,而现场重建过程则更多的是以技术检验为主要形式。针对案件中的某一个问题而言,现场分析的结论可以有几个答案、几种可能性结论。而犯罪现场重建的结果只能是一种答案,而且是唯一的结果。因为现场分析在开展的过程中,就案件的作案目的、作案动机、作案人数甚至作案手段等问题的研究,可能有多种意见。侦查指挥人员可以根据不同的分析意见,可以制定不同的侦查方案、侦查措施等。而现场重建则不同,其结果往往是经过验证了的,是通过实验室研究检验了的,是对犯罪事实在情节上、过程上所做的一种合乎逻辑的科学判断。

(3)方法上的不同

犯罪现场分析与犯罪现场重建都是对犯罪现场进行分析判断,都是对犯罪现场的一种研究过程,但二者在研究方法上仍然存在差异。犯罪现场重建更多地运用技术实证分析的方法,以现代科学技术手段和实验室检验结论为依据。而犯罪现场分析则更多的运用心理学的方法,利用社会学、人文学科等方法对犯罪现场相关情节、犯罪嫌疑人等进行的分析方法。可以这样认为,犯罪现场重建是现场分析的结论,是一种合乎逻辑的、科学的、得到各种侦查实验和侦查结论验证的科学结论。

(4)本质上的不同

从刑事案件侦查的本质上看,犯罪现场分析只是一种侦查方式,是案件侦破的重要手段,它更多的价值体现在刑事案件的侦查阶段。而犯罪现场重建既是一种侦查方式,也是一种举证方式。其价值既体现在侦查阶段,也体现在诉讼阶段,特别是在庭审中,由于犯罪现场重建是对各种犯罪行为的确定,是经过实验验证了的科学判断,是证据,是事实,是一种中立的科学事实和法律事实,因此,犯罪现场重建结论可以被法庭所采信,可以被作为证据使用。我国对犯罪现场重建结论没有直接规定可以作为证据使用,但从实践证据的使用上看,实际上已经把犯罪现场重建结论的证据价值分解在其他证据中了。直接利用犯罪现场重建结论,作为证据使用的案例在美国等国家已经非常多了。

2. 犯罪现场重建与现场实验的区别

所谓现场实验是指在现场勘查的过程中，侦查机关为了确定与案件有关的某一事实或现象发生或存在的客观可能性及其方式，依法将该事实或现象参照案件原有的条件重新加以演示的侦查活动。同样，现场实验与犯罪现场重建既既有区别又有联系，两者不能混淆。

(1)发生阶段不同

现场实验通常是在现场勘查阶段进行的，它是伴随着现场勘验工作的进行而进行的。犯罪现场重建则发生在案件侦查的中后期，它是建立在现场勘查某种特定结论、现场访问所获得的相关信息的基础上，对有关案情事实、情节的科学推断，是在一定勘查工作结论的基础之上发生的，这是两者的区别之一。

(2)产生条件不同

现场实验只能是在案发后的现有条件下进行。现场实验要求尽可能地与犯罪现场原有条件相一致，尽量选择与现场相似的实验条件进行现场实验。如根据现场实验情节的需要，选择与作案条件相似的时间条件、地点条件、环境条件、实验材料条件、自然条件等。尽量选择与案发时间相同的时间段内；尽量选择在案发地点(若条件不允许，选择与案发地点相似的地点)；尽量选择原有物或工具或与原有工具种类相一致的工具；尽量选择与现场相似的自然条件，如与案发时的天气、风力、风速、温度、湿度、光线等相一致的条件下来完成现场实验，以最大限度地保证实验结果的真实性、可靠性。而犯罪现场重建则是在现场所勘查结果、现场访问所获信息的基础上的科学推断。

(3)目的不同

现场实验的目的是确定某一案情事实或现象发生存在的可能性，或者是确定某一事实或现象发生存在的条件。而犯罪现场重建的目的是确认犯罪行为过程，认知犯罪事实。

(4)结果的运用不同

现场实验的结果存在偶然与必然性特征，即由于用于现场实验的条件等因素与犯罪现场嫌疑人作案条件的不一致性，犯罪现场实验结果存在某种偶然性，因此，现场实验应反复进行，必要时还要变换实验条件和方法，避免因实验条件的差异而得出错误的结论。然而，不同的实验结果，其在案件中的价值体现也是不同的。实验结果存在肯定性结论、否定性结论、单义性结论和多义性结论，对实验结果的运用往往处于案件的侦查阶段，主要用于案件的侦查。如前所述，犯罪现场重建结论是科学推断，是证据，运用于诉讼审判阶段中，发挥着证据价值作用。

**(三)犯罪现场重建与现场原貌恢复的区别**

很多人以为犯罪现场原貌恢复即犯罪现场重建,只不过是名称不同罢了。事实上,两者是两个不同的概念。犯罪现场原貌的恢复或复原,通过现场勘验就能实现,而现场重建是建立在现场勘查结果的基础之上,利用各种明态或潜在的犯罪信息或证据,对犯罪现场上嫌疑人的犯罪行为及犯罪内容、手段及过程等所作出的科学判断。犯罪现场恢复(或复原)是针对变换了的犯罪犯罪现场而言的,是案情分析的需要,目的是为侦查机关提供侦查线索;而现场重建是推定犯罪现场嫌疑人犯罪的活动过程,从而确定犯罪。

**(四)犯罪现场重建的意义**

犯罪现场重建这一科学理论,对增强侦查工作的科学性,推进刑事司法改革都具有重要的意义。

1. 犯罪现场重建有利于更好地认知犯罪。犯罪现场重建的目的就是认知既往的犯罪客观事实。犯罪现场重建作为认知犯罪现场客观事实的一种方法,可以帮助侦查人员了解与掌握具体案件中的犯罪行为和犯罪过程。通过犯罪现场重建,可以分析判断案件的性质、所发生的犯罪行为以及犯罪行为发生的过程,从而进一步发现犯罪现场事实。而通过犯罪现场重建这一科学方法所发现的既往犯罪客观事实,所得出的结论也更具有科学性,也更能使人信服。

2. 犯罪现场重建有利于侦查工作的现代化发展。现代化科技手段为犯罪现场重建提供了技术支撑。加强现代化科技手段在案件勘查中的运用,可以提高侦查工作中的科技含量,使其更具有科学性,从而进一步促进侦查工作的现代化建设。

3. 犯罪现场重建有利于促进证明制度由人证本位模式转变为物证本位模式。当今社会,现代化科学技术的快速发展,使法治工作对现代科技也有越来越高的需求,而犯罪现场重建则恰恰符合这一需求。通过引入犯罪现场重建,可以适应司法制度改革的需要,并且有助于促进侦查实践工作由收集以言词证据为主转变为以收集实物证据为主,强化证明制度中的物证本位模式。

4. 犯罪现场重建有利于完善刑事诉讼制度。犯罪现场重建不仅可以认知现场事实真相,还为刑事诉讼控辩双方的证据展示做了认知准备。我国刑事诉讼制度改革进一步吸纳控辩式诉讼模式因素后,法庭审判的对抗程度加剧,对证据展示方式、证据质量、法庭辩论与证明方式都提出了新的更高的要求。[①] 而犯罪现

---

① 高春兴、苑军辉、邹荣合主编:《犯罪现场勘查》,中国人民公安大学出版社2007年版,第176页。

场重建的引入可以从一定程度上改变我国侦查工作和刑事诉讼制度改革之间的矛盾。

**(五)犯罪现场重建的原则**

1. 客观性原则

客观性原则是犯罪现场重建的首要原则。只有遵循客观性原则,犯罪现场重建才能具有坚实的物质基础。犯罪现场重建是对犯罪现场所发生的犯罪行为的重新构建,必须建立在客观存在的现场事实的基础之上。重建人员可以对现场所收集到的痕迹、物证进行推测假设,但是只有通过科学的手段,对所有的现场事实进行检验后,才能得出的客观结论,从而使犯罪现场重建结论具有积极的现实意义。由此可见,犯罪现场重建是在客观事实的基础上,最终得出客观合理的结论。

2. 科学性原则

犯罪现场重建必须遵循科学性原则。犯罪现场重建是在科学的进步发展中所产生的。犯罪现场重建是在各种科学理论依据的基础上,利用现代化科学技术的手段,运用化学、物理、医学、动物学、植物学等各学科知识,结合信息技术、人工智能对犯罪现场所取得的物证等信息进行研究检验,所得出的科学性结论。而技术缺陷、实验检验失误等任何科学技术上的错误都会导致犯罪现场重建的失败。而侦查人员在收集、整理、运用现场信息时,可能由于认识上的主观片面性而产生误差。只有运用科学的方法才能使侦查人员减少此类失误,提高侦查水平。由此,犯罪现场重建必须具有科学性。

3. 逻辑性原则

逻辑性原则是犯罪现场重建的思维保证。犯罪现场重建是通过对犯罪现场所发现痕迹、物证等相关信息在合乎逻辑的思维整合和科学检验后,对犯罪现场的犯罪行为和犯罪过程得出的合理结论。犯罪现场事实具有复杂性,只有通过逻辑性的思维才能对这复杂的犯罪现场事实进行重建,才能对最终的犯罪现场重建结论作出合理解释。遵循逻辑性原则对犯罪现场重建具有非常重要的意义,只有遵循逻辑性原则,对犯罪行为和犯罪过程所得出的解释才是合理的。

4. 系统性原则

犯罪现场具有高度的复杂性,包含各种各样的现场痕迹、物证等丰富的信息,因此,犯罪现场重建亦成了一项非常繁复的系统性工程。犯罪现场重建将各种痕迹、物证、证人证言、实验室检验等科学手段所得出的分析结果进行系统性的整合与分析,了解它们之间的相互联系,以此得以清楚地认识到犯罪现场的犯罪行为和犯罪过程。由于犯罪现场非常复杂,所以对犯罪现场有系统性的认识是非常重要的。犯罪现场重建的系统性程度从一定程度上可以决定其结论的准确度。

**（六）现场重建的功能**

1. 发现功能

现场重建有助于发现犯罪现场所发生的犯罪内容和犯罪过程，有助于判明犯罪嫌疑人与被害人之间的关系，有助于判明事件的性质，有助于说明某种行为能否发生、怎样发生、能否由某人实施等。这些对于有针对性地查找犯罪嫌疑人，认定或者否定特定对象的嫌疑具有重要意义。

2. 演示功能

现场重建作为一种演示客观事实的手段和途径，在英美法系当事人职权主义诉讼模式之下，它是促使陪审团对指控的犯罪事实建立内心确信的最佳手段。当然辩方律师或者专家证人也可以通过对控方犯罪现场重建过程与结论提出质疑的方式，攻击其指控；辩方律师或者专家证人还可以进行自己的重建，以主张一定的事实和结论；控辩双方还可以基于同样的事实和证据，进行不同形式的重建，得出不同的重建结论，以驳斥对方。在职权主义诉讼模式下，犯罪现场重建的直观演示功能，也可起到使政府官员、新闻记者、被害人家属、公诉人、法官、辩护律师直观理解较为复杂的犯罪事实的作用，推进侦查或者诉讼的顺利进行。

**（七）犯罪现场重建的类别**

1. 按痕迹、物证的类型分类。按特定痕迹、物证类别进行的犯罪现场重建是对现场各种形态不同的痕迹、物证的形成方法等问题进行研究、重建。这些特定痕迹、物证类别包括血迹、手印、足迹、枪弹痕迹、火焰燃烧、轮胎痕迹、伤痕、破坏物等。对犯罪现场的痕迹、物证进行重建，可以解释现场的痕迹、物证所形成的方式和形成情况，可以从某种程度上展现犯罪现场的犯罪过程，并且能够给侦查人员开展进一步的侦查工作提供侦查线索和信息。

2. 按犯罪现场重建的程度分类。按犯罪现场重建的程度又可以分为犯罪的瞬间状态重建、犯罪的特定情节重建和整个案件的重建。

犯罪瞬间状态的重建是指重建犯罪现场的一个关键性的瞬间。通过对这个关键性的瞬间的重建，以了解犯罪过程中的一些重要信息。比如，重建爆炸案中爆炸前的现场瞬间状态可以了解到爆炸点等。

犯罪的特定情节重建是指重建犯罪过程中某一个特定的犯罪情节，如对盗窃情节、入室情节、行凶情节、逃跑情节、纵火情节等的重建。通过对特定痕迹、物证的顺序、方位、位置、关系的研究，对特定情节进行重建，可以了解到犯罪过程中一些有疑问的行为活动、位置关系等。

对整个案件的重建是指对整个犯罪过程的重建。案件整体的重建是在个别情节重建的基础上对这些个别情节加以合理地推测连接起来，但也不是简单的相加，而是通过研究所有的现场事实，以了解整个案件的犯罪过程。例如，对犯罪行为人如何进入犯罪现场、如何实施犯罪行为、又如何逃离犯罪现场的整个犯罪过程进行重建。但是由于整个案件的犯罪现场重建非常复杂，因此只有必要并可行的时候才需进行使用。

3. 按案件的特定类型分类。根据案件的特定类型，犯罪现场重建可以分为杀人案件现场重建、爆炸案件现场重建、纵火案件现场重建、强奸案件现场重建以及其他特殊类型的犯罪现场重建。

4. 按犯罪现场重建的不同意图分类。按犯罪现场重建的不同意图可以分为验证性重建和求知性重建。验证性重建是对已知的案件过程进行检验，以了解此案件过程的真实性。由于在侦查案件的过程中，经常会有目击者或者当事人告知案件的发生过程，但是所告知的犯罪过程和犯罪性质不一定是真实的，由此需要验证性重建检验所了解的案件过程的真实性，以揭示犯罪过程的真相。求知性重建是为认知未知的犯罪过程而进行的重建。一般在求知性重建之前，对犯罪过程等往往完全不了解，由此，需要通过求知性重建再现所需要了解的犯罪过程、案件性质等。

## 二、犯罪现场重建的依据和方法

### （一）犯罪现场重建的理论依据

同一认定原理、种属认定原理、物质交换原理和转移原理为现场重建提供了科学的理论依据。

1. 同一认定原理

所谓同一认定，是指鉴定人应用现代科学的理论和技术，通过比较客体特征，解决不同时间不同地点先后出现的两个客体是否为同一客体的鉴定过程。一般分为人身同一认定和物品同一认定。

由于任何客体特征都具有特定性、相对稳定性和反映性，以及人类具有认识世界的主观能动性，使同一认定理论具有了坚实的科学基础。从而，成为犯罪现场重建的一个重要理论依据。

2. 种属认定原理

所谓种属认定，是指具有专门知识的人通过检验未知物质本身或未知客体留下的物质性反映形象，确定物质属性或客体类型的一种方法。它是以科学事实为根据，对物证和留下物证的人或物的种类归属进行鉴别和判断的过程。种属认定的过程，就是以通过研究获得对各种客体的本质特征或一般规律的认识为基础与具体案件中的物证或其所反映客体的特征作比较，去认定客体的种类归属，通过种属认定,可以为同一认定打下基础,从而使种属认定原理成为犯罪现场重建理论的又一依据。

3. 物质交换和转移原理

20世纪初,法国刑事侦查学家、法庭科学家埃德蒙·洛卡德博士在总结个人现场物证检验实践和他人物证技术运用经验的基础上,通过科学的概括,提出了物质交换原理。所谓物质交换,是指物质在两个客体之间相互交换的运动过程,自然界中的两个物质客体在外力作用下,通过相互接触、碰撞、摩擦就可能引起两个物质客体接触面的物质成分和客体形态痕迹的相互交换。所谓物质转移,是指物质由一个客体转移到另一个客体上的运行过程。在物质转移过程中,一个物质客体上的物质成分或客体形态、痕迹、转移到另一个物质客体上,而并不发生物质的相互交换。

犯罪过程是导致发生物质交换和物质转移的内因。犯罪现场是犯罪行为能量交换和转移物质成分和客体形态、痕迹、交换和转移的结果。实际发生的物质交换和转移的性质及范围,不仅可以把犯罪行为与特定的痕迹物品联系起来,而且通过对现场事实的系统性研究,还可以揭示作案人在现场的活动过程。作用于对象物、环境物,必然引起作案人与对象物、环境物或两个相互作用的物体之间的物质成分、客体形态、痕迹、能量、位置关系的交换与转移。物质交换和转移原理具有坚实的科学基础,反映了客观事物的因果制约规律,揭示了犯罪现场的形成机制,体现了能量转换和物质不灭的规律是犯罪现场重建的理论基础。

**(二)犯罪现场重建的事实依据**

1. 现场痕迹、物证

犯罪现场的痕迹、物证是犯罪活动在案件现场所引起的最直接的外在物质表现,从不同的客观角度真实记载了犯罪行为人在案件现场所进行的犯罪活动,可以用它甄别证人对案件现场所发生的犯罪行为陈述的真伪或者证明犯罪嫌疑人当时不在场的辩解等,并且可以为侦查人员进一步的侦查工作提供新的线索、信息。

痕迹一般是由两个表面互相接触而产生的,此接触形成了立体、平面或标记痕迹。这些立体痕迹可以来自静态或者固定的接触,或者动态或移动的接触,也可以是二维和三维的接触。① 在实际案件中,这样的接触可以是物质从一个表面转移到另一个表面,以附着物等形式形成痕迹和物证的转移,也可以由于物体的破碎、断裂、剪切形成痕迹、物证。案件现场上所能发现的痕迹、物证一般有血迹、

① 马丽霞主编:《犯罪现场勘查》,中国民主法治出版社2007年版,第227页。

指纹、足迹、毛发、工具痕迹、枪弹痕迹、车辆痕迹等。因此,为了获得这些痕迹、物证,应当进行全面、细致的现场勘查,这是犯罪现场重建的基础和关键。从犯罪现场上得到的现场痕迹、物证越多、越详细,能够证实犯罪行为的证据也就越充分、符合实际,认知犯罪行为的条件也越充足。

2. 现场痕迹、物证的状态、位置以及相互关系

现场痕迹、物证一般不会以孤立的形式存在于犯罪现场中。犯罪现场重建人员应当认真研究所有现场痕迹、物证的位置、状态及其互相关系,包括具体痕迹、物证在现场的整体背景中所展现出的状态,整体痕迹、物证背景下某个痕迹、物证的形成方式、形成过程,以及某个痕迹、物证和其他痕迹、物证的位置关系等。例如,在犯罪现场重建中对于血迹形态的利用。血迹形态要揭示的并不是与案件相关的人,而是可以表明与血迹分布情况相关的犯罪行为和犯罪过程,有时候甚至比血清或者 DNA 分析结论具有更高的价值。因此,对于血迹形态的研究就不能仅仅是孤立、静态的,一般会通过以下几个方面进行研究:血滴运动的方向;被害人与目标物表面的距离;血滴下落的角度;血滴的类型;血液痕迹、方向和相对运动速度的测定;导致出血的力的性质;导致出血的物体的性质、打击的次数以及出血点附近的人、物的相对位置;与流血时间有关的多个时间的先后发生顺序;接触形态或者转移形态的解释;流血事件经过的时间和流血数量的估计。[①] 犯罪现场重建人员应当在观察过现场的基础上,结合勘验检查笔录、现场图以及现场照片等,最大程度地掌握现场原始状态。

3. 痕迹、物证检验结论

仅靠对现场痕迹、物证的直接观察和研究并不能得出犯罪现场重建结论,还需要对这些痕迹、物证进行实验室检验。通过对各种痕迹、物证进行实验室检验,可以确定其物理、化学等属性,为判明案件的事实真相提供依据。由于一些痕迹、物证仅仅靠肉眼很难判断出其所包含的信息,因此,必须依靠实验室检验对现场痕迹、物证加以检验、分析,这样才能为犯罪现场重建提供客观、充分的依据。特别在一些比较复杂的犯罪现场重建,如对杀人案件、爆炸案件的犯罪现场重建中,实验室检验是不可或缺的。在杀人案件中,对现场所发现的血迹只有通过实验室检验才能查清是否为人的血迹、是几个人的血迹、每个人的血迹遗留位置,在此基础上对杀人案件进行准确的犯罪现场重建。在爆炸案中,要对现场提取的炸药成分进行实验室检验,从而对整个爆炸案件进行重建。

---

① [美]李昌钰、蒂莫西·M. 帕姆巴奇、玛丽莲·T. 米勒著:《李昌钰博士犯罪现场勘查手册》,郝宏奎等译,中国人民公安大学出版社 2006 年版,第 268 ~ 269 页。

4. 目击者、被害人等提供的有关情况和信息

被害人陈述、证人证言、犯罪嫌疑人供述等,可以从不同的侧面、不同的对象反映出犯罪活动的发生、发展经过。通过把确认的犯罪嫌疑人和被害人之间的互动关系,结合被害人陈述、证人证言、犯罪嫌疑人供述等信息综合分析犯罪现场的一些假设,并且结合现场物证和信息,从而确定案件的真实或者虚假,在此基础上对犯罪行为进行推理,最终得出合理的结果。可见这些言词信息对于犯罪现场重建也是非常重要的。这不仅能够验证现场勘查得来的信息、结论,也能够补充物证上的不足。在制作现场访问笔录时,要详细了解案件的发生过程、案发前情况、现场原始状态、现场保护情况等。现场访问所获得的情况是犯罪现场客观事实的组成部分,是完成犯罪现场重建的重要依据。

5. 现场实验结论

对于现场勘查中的一些疑难问题很难通过现场勘查、现场访问查明,只有依靠模拟重演的方法加以再现。现场实验的结论不仅可以验证某种现象是否发生、如何发生,还可以辨别实地勘查、现场访问所获得的结论的真伪,有助于进一步查明案件真相。这为犯罪现场重建人员根据某些已知的情节提出假设并且通过犯罪现场重建进行验证提供了可能。

**(三)犯罪现场重建的方法**

犯罪现场重建的关键之一是现场重建的方法。只有使用正确的现场重建方法,犯罪现场重建的结论才能更接近于犯罪活动发生时的真实情况。目前,犯罪现场重建的方法主要有几何学重建法、实验重演法、计算机模拟法等。

1. 几何学重建法

几何学重建法又可以分为 Extrapolation 法、拉线法、探针法、激光法,主要适用于具有一定的运动规律,可以确定相应运动轨迹的痕迹、物证,如血迹、枪弹痕迹等。几何学重建法在精确的几何学和数学运算的基础上,用可见的方法揭示了痕迹、物证的运动轨迹,因此这种方法远远比想象或者推测更为客观和精确,得到的犯罪现场重建结论也就较为准确。几何学重建的意义是通过拉线、探针和激光可见地重建了痕迹、物证的运动轨迹,并且可以灵活地延伸运动轨迹,或者可以在一定的范围内变换轨迹线在现场空间内的位置,从而使对犯罪行为人行为轨迹的重建可以更加符合现场环境条件和现场痕迹物证条件。

2. 实验重演法

在犯罪现场,并不是所有的痕迹、物证都具有一定的运动规律、并且有可循的运动轨迹能够用以重建犯罪行为过程。在这样的情况下,实验重建法可以解决其中的一部分问题,如指纹、脚印、齿印等这些和行为人肢体运动直接相关的痕迹。

确定该痕迹是行为人哪一部分的肢体所留下后，就可以通过实验重演法来研究留下该痕迹时候的姿势以及做出该姿势时行为人的动作。另外，有些与行为人肢体运动间接相关的痕迹、物证也可以通过实验重演法进行研究，如犯罪行为人移动物品所留下的痕迹、使用工具所留下的痕迹、身上所携带物品掉落所留下的痕迹等。通过研究这些痕迹、物证可以确定行为人如何作用于物品才可以留下哪类痕迹，从而得以确定犯罪行为人当时所做的姿势和动作。虽然有时候实验重演法并不足以确定犯罪行为人当时的行为过程，但是可以验证某个犯罪行为是否成立，或者可以排除一些动作或者姿势。

3. 计算机模拟法

通过计算机模拟法进行犯罪现场重建是从20世纪末才开始兴起的，计算机模拟法相对于几何学重建法和实验重演法的运用成熟度上还稍逊一筹。目前域外的部分国家对计算机模拟法有一定的应用，主要运用于痕迹和物证的模拟与重建、现场空间的模拟与重建、行为动作姿势的模拟与重建、爆炸现场的模拟与重建等。计算机模拟法模拟犯罪行为过程主要可以分为瞬间姿势的模拟、动作的动态模拟和空间漫游。计算机重演犯罪行为过程现在主要应用于模拟被害人受伤的那一瞬间，被害人、犯罪行为人和犯罪工具的相对位置和姿势，还可以应用于模拟多名犯罪行为人和被害人在某一行为发生时的相对位置和姿势。使用计算机模拟法模拟犯罪行为人的行为过程有以下这几个优点：可以通过计算机模拟一些真人无法进行实验的动作；可以不用顾忌真人实验时所需承担的实验风险，可随意摆弄模型；可以从现场空间的各个角度全局性地审视整个现场空间和模型。这些都是通过真人模拟实验所无法比拟的。

## 三、犯罪现场重建的步骤

### （一）现场物证和信息的收集阶段

1. 现场物证和信息收集在犯罪现场重建中的作用。犯罪现场重建是在对现场所收集到的物证、信息进行科学研究的基础上所作出的结论，因此收集现场物证和信息也就成为了犯罪现场重建的前提和准备阶段。案件现场是犯罪行为产生的结果，由于犯罪行为千差万别，导致案件现场有着极大的不确定性。案件种类的区别、作案方式的区别、作案工具的区别，都使每个犯罪现场的存在状态都不尽相同。由于犯罪现场的物证、信息等所存在状态的差异性和不确定性，因此，侦查人员要在犯罪现场能够完全地占有现场物证和信息并不是一件容易的事情，需要一定的技术手段作为支撑和保障。

准确、完整地收集到犯罪现场的物证、信息对犯罪现场重建有着十分重要的意义。犯罪现场重建作为一种较为先进的现场认知方式，需要通过现代化的技术手段对现场的物证、信息进行分析的方式来重新构建现场，这对收集现场物证、信息提出了很高的要求。如果不能准确和完整地收集到犯罪现场的物证、信息，那么犯罪现场重建就非常有可能由于信息的错误或者缺少而无法得出犯罪现场重建结论，或者是得出错误的结论。所以作为一名现场勘查人员，充分掌握现场物证和信息的收集技术，准确、完整地收集到犯罪现场的物证、信息是非常重要的。

2. 现场物证和信息的收集要求。现场的物证、信息种类繁多，而不同的物证、信息的收集方法、处置方法都不尽相同。因此，在现场勘查中要本着客观、全面、科学的要求，对各种现场物证、信息，如痕迹、生物检材、实物证据等，认真做好发现、记录、固定、提取、保存工作。对于从被害人、目击证人处获得的所有言词信息或者书面信息等也应做好认真的记录工作。

3. 物证的识别和初步评估。(1)识别。现场物证和信息的收集工作与识别工作是互相联系的。收集现场物证、信息不是盲目的，而是有目的性的，应收集与案件相关的物证和信息，去除与案件无关的物证、信息，因此物证识别是有必要的。物证识别工作并不是在收集工作完成之后才开始的，而是在收集物证、信息的过程中就已经开始了。一些通过肉眼或者简单的技术设备就可以判断的痕迹、物证可以在现场勘查阶段进行识别。例如，在现场勘查中，侦查人员应区分犯罪行为人、被害人的手印、足迹与无关的手印、足迹。然而对于血迹、呕吐物等的识别则需要在实验室中才能完成。(2)初步评估。由于犯罪活动往往是秘密进行的，现场各种物证、信息常常混杂在一起，因此在现场痕迹、物证的收集工作完成后，侦查人员应对所收集到的物证、信息进行整理，并且做出初步评估。这里所说的初步评估并不是指对案件进行初步分析，而是对现场勘查工作进行整理和研究，评估现场的勘查工作是否全面、收集到的物证、信息是否完整，记录的内容是否准确。对于现场物证、信息的初步评估可以及时发现现场勘查中所发生的问题、疏漏，便于采取补救措施，以防犯罪现场重建工作在初始阶段就发生错误，导致整个犯罪现场重建工作的失败。

### (二)初步推测阶段

1. 推测的概念

初步推测就是通过对现场痕迹、物证的特征及其相互关系的研究，对物证、犯罪情节、整个犯罪行为的发生过程等情况的初步解释。这种推测仅仅是一种事件发生的可能性推测，对同一物证、情节、犯罪全过程可能会有多种推测。

初步推测的过程中较多运用归纳的逻辑方法，主要是以从事实到思维这种逆向发散性思维为主。推测在犯罪现场重建中的意义和作用就在于通过推测可以确定所需解决问题的模型,厘清犯罪现场重建的思路,从各个不同方向的进行分析思考,防止由于先入为主或者思维局限使下一步的假设产生偏颇,为之后更高程度的系统性思维打下坚实的基础。

2. 初步推测的提出

犯罪现场从表象上看是零星、散乱的,现场的痕迹、物证具有无限多样性,可能存在着多种不同的形式、性质。要客观、深入地认识现场事实之间的内在联系就必须从多个方面进行思考和分析,只有在此基础上才能认知案件事实。

在掌握完整的现场痕迹、物证、证人证言等信息之后,就应提出对犯罪行为、犯罪过程的初步推测。对案件推测的形成非常复杂,案件多种多样,推测的方法、内容也各不相同。但是就通常情况来看,推测都是从局部开始的,如某个痕迹、物证的位置、状态、性质、形成状态、形成原因等,这是一种从局部到整体的事物认知方式。

现场所发现收集的痕迹、物证等信息与犯罪行为、犯罪过程都有着紧密的联系,这些都是提出初步推测的基本线索。在提出推测的过程中应注意以下几个因素:一是犯罪行为过程的时序性和行为动作的分类;二是瞬间姿势与现场的痕迹、物证相对应;三是要借用有关科学知识以帮助扩展瞬间姿势的前后动作;四是要发挥痕迹分析技术的作用。①

通过现场所收集的信息,可以推测形成这一现象的瞬间姿势,而通过确定瞬间姿势又可以推测行为人整个动作的发生。推测虽然具有科学性和逻辑性,但在推测过程中并不可能解决所有的问题,往往对同一个问题会出现几种可能性的推测,所推测出的结论并不是必然和唯一的。

要形成推测需充分掌握现场各个痕迹、物证的情况,特别是对于细节问题应尤为关注。在形成推测的过程中应思维细致严密,充分考虑到犯罪行为、过程的各种可能性,不可主观臆断,只考虑一种可能性。局限、片面地思考问题、进行推测是不可取的。推测正是通过考虑问题的各种可能性,从而能更广、更深地展开思考,认知案件事实。

**(三)假设形成阶段**

1. 假设的概念

假设是指侦查人员运用科学技术手段和个人经验,充分观察、研究现场痕迹、物证的属性、状态、互相关系等信息,比较和论证各种推测,对物证、犯罪情节、整

---

① 吕云平主编:《犯罪现场重建与犯罪心理画像》,中国人民公安大学出版社 2007 年版,第 31 页。

个犯罪行为的发生过程作出具有现实可能性的解释。如果说在推测阶段中既有一定的客观事实基础，又结合了一定的想象，那么假设阶段就是在推测阶段所获得的种种可能性中，提炼出有足够的证据支持和事实基础的可能性。假设在犯罪现场重建中的作用就在于可以使侦查人员通过围绕假设展开的具有逻辑性的推演进行测试，找到能够认知犯罪行为的途径，从而可以进一步认知犯罪行为和犯罪过程。

2. 假设的形成

犯罪行为和犯罪过程往往不能直接、简单地为人们所认知，现场事实通常具有多种可能性。例如，现场痕迹、物证之间的关系非常复杂，某一个痕迹、物证和其他的痕迹、物证之间的关系可能存在几种可能性；犯罪现场可能被犯罪行为人掩盖事实，伪造作案现场，使现场具有虚假性；犯罪现场可能被人有意或无意破坏而缺乏完整性；由于犯罪行为在秘密状态下进行，有些现场痕迹、物证很难被发现。因此，分析思维只有具有很强的能动性才能对存在多种可能性的现场事实作出合理的解释，从而实现对犯罪行为和犯罪过程的认知。而在犯罪现场重建中进行假设正是一种具有能动性的分析思维。

从思维过程看，假设的形成是基于多种推测所形成的，是在推测基础上所进行的再思考，是对各个推测肯定、否定、修改后获得的系统化结论。从思维方式看，假设的形成，是充分研究现场各种具体状态与细节，综合运用各种实验室检测结果，在多个思维方向上，综合使用归纳与演绎的逻辑方法，并在此基础上分析、综合、比较的结果。① 在假设形成过程中运用多种思维方法，包括运用归纳的逻辑方法进行的逆向线性集中思维和演绎的逻辑方法进行的顺向发散性思维。因此，在犯罪现场重建中，逻辑思维发挥了重要的、不可或缺的作用。从某种意义上看，假设的目的并不是获得推测性结论本身，而是要通过假设，找到认知犯罪行为、犯罪过程的途径，通过展开合乎逻辑的推演，进行验证，实现对犯罪行为、犯罪过程的认知。形成合理的假设是实现犯罪现场重建非常重要的环节。

**（四）假设验证阶段**

1. 验证假设的重要性

犯罪现场是一个复杂的存在，犯罪行为和犯罪过程存在多种可能性，假设是依靠归纳推理的方法根据有限的案件事实材料得来的，因而带有一定的猜测性质，并且对同一种情况所作出的假设可能不止一个，所以假设具有不确定性，可能

---

① 吕云平主编：《犯罪现场重建与犯罪心理画像》，中国人民公安大学出版社2007年版，第33页。

不完全正确,甚至是完全错误的。因此,这就需要对前期工作形成的结论进行验证,看其是否正确。只有通过验证,对假设不断地修改、调整和充实,才有可能逐渐接近客观事实。

2. 验证假设的方式

(1)以顺向思维和逆向思维的方法验证假设。假设的形成是依靠归纳推理的方法,而假设的验证则需要运用演绎的逻辑方法。对假设的验证不仅仅是对形成假设的思维过程进行简单的重复,而是必须要跳出形成假设时的思维框架,用顺向思维和逆向思维的方法对假设进行验证,这样可以避免形成思维定式。勘查人员应当多在假设结论的对立面换位思考,并且不能放过每一种可能性、每一个细节,对结论多斟酌、多拷问。还可以把假设结论公开,供所有的勘查人员思考,这样可以消除个人的思维局限和认识误区。(2)检查现场物证、信息。现场物证、信息是否客观、准确、全面与犯罪现场重建的最终结论有必然的联系。因此,重建人员应当对现场物证、信息进行复查,检查这些物证资料是否有错误或者遗漏,保证犯罪现场重建结论可以建立在正确、完整的现场事实基础之上。(3)检查实验室检验的方法和检测数据。在形成假设之后,应当检查实验室检验方法是否符合规范,检测所得到的数据是否准确,侦查实验条件的仿真情况如何。这些与犯罪现场重建结论是否正确都有着直接的关系。这些方面工作的错误都会造成现场重建结论的不可靠。(4)检查逻辑思维。犯罪现场重建过程中的逻辑思维是非常复杂的,假设形成的过程很容易出现逻辑错误,推论是否严密、是否具有必然性,这些会直接影响结论的可靠性。因此,仔细检查形成假设的逻辑思维是非常有必要的。

如果假设结论得到了证实,那么假设结论可以作为犯罪现场重建结论,反之,则应当推翻这一结论,并且在此基础上提出新的假设。但是要注意的是,即使能够验证假设为真实的,这结论还是具有一定的或然性,不能够证明它是必然正确的。如果假设结论被证明为错误的话,那么它必然是不能成立的。然而在有些情况下,重建假设的可能范围为非此即彼的两种相反情况,所以如果否定了所建立的重建假设,那与该假设相反的那种情况则应当视为成立。

**(五)结论形成阶段**

经过了对假设的验证,就可以对一些犯罪情节甚至是犯罪行为的全过程等情况作出具体的推断,获得犯罪现场重建结论。当然,由于受到了种种主观、客观条件的限制,即使证据再齐全、重建人员的能力再强,犯罪现场重建的结论也不太可能和案件的实际情况完全相同,只能做到大致相同。简单的犯罪现场重建还相对容易一些,但是一些复杂的犯罪现场重建,如需要重建犯罪行为的全过程,则要更为繁琐。这种犯罪现场重建需要先重建出一个个犯罪情节,再对一个个犯罪情节进行组合,逐步形成整个犯罪行为、犯罪过程的重接结论。因此,复杂的犯罪现场重建需要反复按照这几个步骤进行一个个局部性的重建,最终才能完成整个犯罪现场重建。

在犯罪现场重建结论得出后应当撰写犯罪现场重建报告。犯罪现场重建报告中应当说明现场重建的依据、过程、结论,并且在文字报告中附上图片、照片、多媒体演示资料、模型等,用以展示重建过程和重建结论。

# 第十二章　案件现场勘查类型化研究

## 第一节　杀人案件现场勘查

### 一、杀人案件现场勘查的概念及特点

#### （一）杀人案件现场勘查的概念

杀人案件现场是指犯罪行为人非法剥夺他人生命的场所，包括实施杀人、碎尸、掩埋尸体、尸块等行为的具体地点。杀人案件实施过程较为复杂，一般要经过预谋、赶赴杀人现场、实施杀人、毁灭证据、逃离等几个阶段。因此杀人案件可能有多个现场组成，这些现场可以分别反映犯罪行为人实施杀人行为不同阶段的活动情况，从而可反映出整个犯罪过程。由于杀人是一种非常严重的刑事犯罪，犯罪行为人一般会在作案前精心策划并且在事后销毁证据或者伪造杀人现场，因此，杀人现场往往会真假难辨。随着现代科学技术的不断发展，犯罪手段也越来越高明，杀人现场的痕迹、物证也越来越少，这使杀人案件现场显得格外扑朔迷离。

杀人案件现场勘查是指侦查人员通过实地勘查、现场访问等方法，对与杀人案件相关的场所、痕迹、物证、尸体等进行勘验的活动，以解决案件性质、死者死亡时间、作案手段、犯罪行为人现场活动情况、现场痕迹、物证情况等问题。因此，对于杀人案件现场，侦查人员都应及时、细致、全面地进行勘查，收集与杀人案件相关的材料，尽可能地解决与案件相关的问题，以完成勘查任务。

#### （二）杀人案件现场勘查的特点

1. 现场上一般遗留有被害人的尸体、尸块或尸骨。由于作案人的心理、能力、作案环境等条件的影响，杀人

案件现场往往会不同程度的遗留有被害人的尸体、尸块或尸骨。有些作案人在作案后,由于没有时间、没有条件或者心理紧张,无法掩埋被害人的尸体或者尸块,使其处于暴露状态或者部分暴露状态。一些非熟人作案的案件中,犯罪行为人可能会认为没有必要处理尸体,而使被害人尸体直接暴露在现场环境中;熟人作案的案件中,犯罪行为人则很有可能在作案后进行移尸、分尸、碎尸、焚尸,侦查人员在现场勘查过程中只能发现被害人的残肢或者尸体的某一部分。由于大多数杀人案件都是在发现被害人的尸体、尸块或者尸骨之后才立案侦查,因此杀人案件的现场勘查往往以此为起点和重点,并不断对侦查工作进行深化和延伸,以便于发现更多的证据和线索。

2. 现场上遗留有较多痕迹、物证。由于在杀人案件中,被害人与犯罪行为人之间往往会有激烈的搏斗过程。作案人在实施杀人行为,特别是暴力杀人时,往往会在尸体上留下各类伤痕。加之被害人的反抗,杀人案件现场通常都会留有大量的痕迹、物证,包括血迹、毛发、血手印、血足迹、杀人工具等。不同的杀人工具、杀人手段,使案件现场上所留有的痕迹、物证也各有特点。在与犯罪现场有关的各类痕迹、物证中,血迹是杀人现场上非常重要、明显的特征之一。无论作案人使用的是刀、棒、枪或其他杀人工具,只要导致被害人尸体上有开放性伤口,在第一现场或者移尸、抛尸现场上都会留有不同数量、形态的血迹。因此,血迹是杀人案件中的重要证据之一。通过分析血迹的数量和形态,可以推断案件性质,杀人时间、地点、手段、过程以及凶手特征等。杀人案件现场一般留有较多的痕迹、物证,这需要侦查人员仔细全面地勘查,提取各类证据,特别是血迹,并且根据这些痕迹、物证分析部分作案过程甚至整个过程。

3. 杀人工具及动机不同,现场上反映出的尸体损伤情况、杀人手段和过程也不尽相同。有的作案人为了造成社会影响,会使用爆炸破坏、枪杀无辜来达到犯罪目的;有的作案人为了发泄私愤,会在杀害被害人之后进一步破坏尸体,多砍数刀或者把尸体砍成数块,使被害人死无完尸;有些熟人作案,为了毁尸灭迹,也会分尸、碎尸;有的情杀者还会针对性地破坏尸体的生殖器等。但是不能仅仅凭借表面的现场状况和尸体现象判断杀人动机和杀人手段。有些作案人为了迷惑侦查人员、转移侦查视线,故意对尸体和现场进行处理后造成若干假象。只从表面现象分析杀人动机很容易造成误判,这就需要侦查人员对案件进行进一步分析,以了解真实的作案动机。例如,有些犯罪行为人在报复杀人之后再抢夺财物,造成抢劫而非报复的假象;而有些抢劫杀人者则故意对被害人的尸体进行处理,切割生殖器等,伪装成情杀。因此,需要通过综合分析尸体状态、作案时间以及现场状况等研究判断杀人动机、杀人手段。

4.现场容易被破坏,尤其是室外现场更易受到破坏。有时候被害人被发现后可能还未死亡,发现人或者周围群众会对其进行抢救,在发现和抢救的过程中,案件现场会发生变动和破坏。而室外现场则更容易被破坏,一般会受到气候环境、尸体在野外被动物啃咬等状况的影响。另外,杀人案件的很多证据是生物性的,会随着时间的推移发生腐败或者变质,需要及时提取。这些因素都使勘查工作更为复杂、困难。通常情况下,这种破坏和变动只是局部的,只要侦查人员认真勘查现场,仍然可以发现较多有价值的证据和线索。

## 二、杀人案件现场勘查的任务

### (一)查明事件性质

一般死亡事件的情况较为复杂,就死因而言,造成死亡的原因有老死、病死、意外事故死亡、自杀、他杀等。在这些死亡原因中,只有非法他杀属于犯罪行为,需要依法追究刑事责任。因此,查明死亡事件性质、了解死亡事件是否属于杀人案件是现场勘查时的首要任务。通常情况下,结合现场情况以及证人证言可以较为容易地判断死亡事件的性质。但是有些死亡事件的性质则较难分辨。例如,他杀、自杀和意外事故可能会造成相似的死亡结果。另外,作案人在作案后可能对杀人现场进行伪装和改变,如把推人坠楼致死伪装成跳楼自杀,把勒死伪装成上吊自杀等。因此,侦查人员有时难以从死亡现象上判断死亡事件性质,而应掌握各种死亡的规律和特点,仔细勘查死亡事件现场,善于抓住现场的蛛丝马迹,寻找反常的、与表面的死亡现象不相符合的线索,准确查明死亡事件性质。

### (二)查明杀人案件性质

在查明死亡事件性质,并且确定该死亡事件是由于他人的非法行为所导致,构成杀人犯罪之后,就应当进一步查明杀人案件性质。杀人案件性质一般根据杀人动机划分,常见的有私仇报复杀人、流氓杀人、图财杀人、奸情杀人、家庭纠纷杀人、强奸杀人,另外还有政治性杀人、误杀杀人等。除此之外,有的作案者为了嫁祸他人或者转移侦查视线而杀人,有的作案者仅仅为了满足其不正常的心理需求滥杀无辜。杀人动机非常复杂,而杀人动机的外在表现——现场也往往扑朔迷离。因此,侦查人员应当从可以直接接触到的现场痕迹、物证入手,逆向推断出作案人实施杀人案件的动机产生与发展,从而确定杀人案件性质。

### (三)查明死者基本情况

杀人案件现场一般会留有被害人的尸体、尸块或者尸骨,侦查人员应当通过尸体检验以及现场调查,查明死者的基本情况。死者的基本情况包括:死者姓名、性别、年龄、身高、五官、体态、衣着打扮特征以及随身携带物品、病理特征、身上的伤痕、致死原因、死者的家庭情况、经济状况、社交情况、性格和思想情况等。致死原因大致可以分为机械性损伤死亡(锐器伤死亡、钝器伤死亡、火器伤死亡等)、机械性窒息死亡(勒死、扼死、溺死、捂闷口鼻等)、其他物理性损伤死亡(烧死、电击死等)和中毒死亡。查明死者情况是案件侦破的前提,通过了解死者情况,寻找死者和作案人之间的某种因果联系,从而可以发现、锁定犯罪嫌疑人。

**(四)确定作案人的犯罪地点**

一般情况下,犯罪地点都是比较明确的。往往发现尸体、尸块的地点多为作案人实施杀人行为的场所。但有时杀人案件也有数个现场存在,在这种情况下,侦查人员应当以已发现的现场为线索,寻找其他未知的现场。在一些杀人案件中,发现尸体、尸块的现场并不是实施杀人行为的具体地点,仅仅是移尸、抛尸后的现场,侦查人员则应通过现场的移尸痕迹等寻找杀人的第一现场。有时发现了杀人的第一现场却没有发现尸体、尸块时,则可以根据第一现场的血迹走向、足迹等其他痕迹寻找到尸体、尸块。只有查明所有与犯罪有关的地点,才能全面地了解案情。

**(五)推断作案时间**

明确作案时间是杀人案件现场勘查的重要任务,确定作案时间可以有助于排查犯罪嫌疑人。通过现场勘查、尸体检验以及现场访问等,确定作案时间是完全有可能的。例如,在杀人案件的案发当时,案件现场周围有人路过、居住或者有现场目击者,侦查人员可以通过对这些知情人的现场访问,了解到何时有可疑人员出现在案发现场或者现场周围、何时听到过可疑的声音等,从而分析、推断出杀人案件的作案时间。

**(六)分析作案人的基本情况**

在杀人案件现场勘查中,应当根据得到的各种线索,对作案人的基本情况进行分析,包括:作案者的人数、作案者的体貌特征(包括身高、体态、五官、四肢以及其他外貌特征)、作案者的心理特征(包括报复心理、图财心理、强奸心理、性变态心理、反侦查心理等)、姓名、性别、年龄、住址、职业、口音方言、文化程度、生活习惯、经济状况、对现场熟悉情况以及作案人与被害人的关系等。

**(七)再现作案人的犯罪过程**

了解作案人的犯罪过程是认定作案者实施杀人犯罪的重要证据,应当在现场勘查中对其进行逐步分析和再现。再现犯罪过程是指通过对现场访问、实地勘查、尸体检验等获得的信息进行综合分析、推理、勾画,从而形成对犯罪人进出现场的部位及路线,在现场有过哪些活动,触动过哪些物品,使用何种犯罪工具,留下哪些痕迹、物品,犯罪人身上是否黏附血迹等微量物质,死者在什么情况下、处于何种状态被杀,受害人与凶手有否交谈、有无搏斗等主要问题的系统完整的认识。①

## 三、杀人案件现场访问的重点

### (一)访问发现人以及报案人,查明现场的发现情况

发现人和报案人可能是同一个人,也可能是不同的人,因此先要询问报案人是直接发现杀人现场还是他人告知,若仅仅只是报案者,则向其询问报案过程。而对于发现者,则应询问何时何地在何种情况下发现现场,现场当时的状况,现场有无受到过变动,尸体在发现时的位置、姿势、状态,另外应当了解发现现场时有无他人在场,如果有,则应了解其姓名、住址等,以便查证。

在一般情况下,发现人及报案人与案件无关,因此在审查中应当注意方式,以避免影响其提供线索的积极性。但是在有些杀人案件中,特别作案人是被害者的熟人或者亲属,则作案人可能会装扮成案件的发现者进行报案,因此侦查人员有必要对案件发现者及报案人的陈述进行审查,以确定其陈述的真实性和合理性。

### (二)访问现场保护人,查明现场的保护情况

通过访问现场保护人,应了解现场保护前现场的状况,对现场采取了何种保护措施,是否有人进入过现场、何人由于什么原因进入现场、是否有人改变过现场、触动过现场何物、变动的原因以及变动时的具体情况。

### (三)访问死者家属,查明死者的基本情况

通过访问死者家属,主要了解被害人的姓名、性别、年龄、职业、家庭生活情况、经济情况、社会关系、政治态度、性格、兴趣爱好、为人处事、行为嗜好、生活习惯,与何人经常来往接触,本人或者家庭成员与他人有无矛盾冲突、有无私仇或者奸情关系,产生矛盾冲突的时间、起因以及经过,有无前科,什么时间携带什么物品与何人外出等。另外也应了解死者在死前有无反常表现,有无他杀因素或者悲观厌世等自杀因素。同时还要了解死者家属对案件的看法,认为谁比较有可能是凶手、有什么原因等。

### (四)访问知情群众,查明案件的相关情况

知情人是指除了被害人家属以外的其他了解杀人案件相关情况的人员,包括案发时在场的群众或者路人以及单位领导、同事、朋友或者与死者存在利害关系的有关人员。通过对知情人的访问,应当了解与掌握被害人及其亲朋好友的情

---

① 高光斗、王大中、朱翔主编:《中国刑事科学技术大全·犯罪现场勘查技术学》,中国人民公安大学出版社2003年版,第407页。

况;发案之前、发案期间、发案以后的疑人疑事,包括在发案之前有无可疑人员或者可疑车辆在现场或者现场附近逗留,发案期间是否看到可疑人员或者听到可疑声音,发案后是否看到作案人的逃跑方向、使用何种交通工具等;知情群众对案件的看法和依据;目击者耳闻目睹的情况等。

## 四、杀人案件现场勘验检查的重点

### (一)尸体所在地点及周围环境

1. 尸体所在地点的勘验

虽然杀人现场应当以检验尸体为中心,但是如果先对尸体进行检验,势必会破坏现场原有的状态,现场所留有的痕迹、物证也会遭到破坏,因此杀人案件现场勘查不能一开始就对尸体进行检验,而是应当先有计划地勘验、检查杀人案件现场及其周围环境。

2. 尸体周围地面的勘验

在室内杀人案件中,一般室内现场即为主体现场,应当注意观察尸体周围地面是否有血迹、毛发、纽扣、可疑足迹、杀人凶器以及其他痕迹、物证。如果在现场发现了痕迹、物证,应当固定、记录和提取这些痕迹、物证。

如果杀人案件现场在室外,所发现的现场不一定为杀人案件的主体现场。若尸体上存在开放性损伤,应当先观察尸体周围地面是否有血迹,以此可以判断该现场为主体现场或是关联现场。如果是关联现场,则应观察尸体周围有无拖拉痕迹、成趟足迹等,并且检查尸体上所黏附的树叶、泥土、杂草等客体,由此可以分析作案人通过什么路线、使用什么交通工具移动尸体,以寻找杀人案件的主体现场或者其他关联现场。

3. 尸体周围空间的勘验

对于室内现场而言,应当注意门窗、墙壁、屋顶等是否完好、有无破坏迹象。如果尸体处于床下、桌子下、井中、箱柜内等,侦查人员不应急于将尸体移动或者拖出,而应仔细观察尸体周围空间有无血迹、足迹、手印、毛发以及撬压、蹬踩、刮擦等痕迹、物证,在提取和保护后再对尸体进行移动和检验。

### (二)尸体

1. 尸体外表检验

杀人案件现场勘查中发现的尸体,应当从以下若干方面对其外表进行检验。

(1)死者个体特征。包括尸体的性别、年龄、身高、五官、体态、四肢、发型、病理特征、伤痕、特殊斑痕以及附着在尸体上的杂草、泥土、树叶等。

(2)尸体所在的位置及姿势。应当注意观察尸体所处位置、尸体的姿势、四肢的伸屈状况、头脚的朝向、身上有无捆绑搏斗痕迹、与现场痕迹的关系、面部表情，以此可以推断死亡时的情况。

(3)尸体衣着装束及携带的物品。应当检查尸体所穿衣物的材料、式样、颜色、品牌、新旧；衣服上有无血迹、分泌物、油漆等痕迹；衣服有无破裂、拉链是否完好、纽扣是否脱落；衣服口袋是否被翻动，口袋里有无证件、笔记、便条、车船票、钱币等物；死者随身携带的各类物品的特征。这些都有助于推断被害人的身份、居住地、职业等信息。

(4)尸变征象。尸变征象，亦称尸体现象，系指人死后，在物理、化学、生物诸因素作用下，尸体发生一系列有规律的变化。[①] 杀人案件现场勘查时，需要对尸体所呈现出的特定现象进行检验。应当检验尸冷、尸僵的程度，尸体的腐败程度，有无尸斑出现，尸体上有无蝇蛆等，这些都可以用以判断被害人的死亡时间、死因以及移尸过程。

(5)尸体外部伤痕。对于尸体的外部伤痕，应当标记其位置、形状、数量、深浅、大小、是否为致命伤等，特别要注意伤口周围表皮剥脱和出血状况，由此可以分析致伤物的种类、在何种情况下形成的损伤、被害人与作案者所处的方位等。

(6)尸体附着物。应当注意检验尸体的口鼻、指甲、耳朵、头发等隐蔽部位以及伤痕处是否有附着物，如杂草、泥土、毛发、血迹、体液等，由此可推断死者的死亡地点、致死方式等。

2. 尸体解剖检验

一般杀人案件的尸体都要进行解剖，通过尸体解剖检验可以发现许多尸体外表检验中所无法发现的问题或者解决一些原本无法解决的问题。例如，对于锐器伤的检验，通过尸体解剖可以确定伤口的深度以及伤及的器官，由此确定锐器的形状、大小；而对于钝器伤的检验，则可通过尸体解剖发现内脏的损伤情况。

**(三)现场痕迹、物证**

1. 血迹

血迹是杀人案件现场中重要的痕迹，也是侦查案件过程中的重要线索、刑事诉讼中的重要证据。通常情况下，案件现场上往往遗留有大量被害人的血迹，但是有时也会遗留有作案人的血迹。血迹可分为血滴、血柱、血泊、喷溅血迹、浸染血迹、擦拭血迹、带血印痕等类型。血滴，俗称滴落血迹，即从一定高度向下滴落而形成的点状血迹。血柱，俗称流注血迹，即沿着一定的物体表面而流淌而成的线状、条状血迹。血泊，即具有一定的面积的成片血迹。喷溅血迹，出血时成喷射

---

① 闵银龙主编：《法医学》，中国法制出版社 2007 年版，第 53 页。

状态而形成的血迹,血迹密集且呈辐射状。浸染血迹,即血液渗入某些物体内部而形成的血迹,常见的如纺织品上的血迹。擦拭血迹,即出血或带血部位在某些物体上擦拭或是擦划过某些物体表面而形成的带有明显擦划状的血迹。带血印痕,如血手印、血足迹等。[①] 由于血迹的颜色较为鲜艳,一般比较容易被发现。但是在有些情况下,如作案人对现场进行了清理、血迹颜色与周围环境的反差不明显、血迹在一些不容易被注意的地方等,也会使血迹难以被发现。因此,对于这样的现场应当特别注意仔细观察,在必要的时候也可以使用人工辅助光源进行观察,以及激光、荧光等化学、物理方法帮助发现血迹。血迹应当及时提取,最好将带有血迹的物品予以原物提取,但是当条件限制的时候也可以用棉球蘸取血迹或者用刀刮取血迹等方式来进行提取。

2. 凶器

杀人凶器可能在案件现场出现,也可能在杀人现场没有发现凶器。有时候凶手会在逃跑过程中丢弃凶器,因此可以在凶手的逃跑路线上进行相应搜寻。如果发现凶器时,则应当对其拍照固定,记录其原始位置和状态,之后再仔细观察留在凶器上的血迹、手印、毛发等,并且将凶器与被害者的伤口进行比对,由此判断其是否为杀死被害者的凶器。如果不是,则需要再另外进行搜索与寻找。如果在现场上没有发现凶器,则可以根据伤口的状态判断为何种凶器所致。

3. 遗留物

案件现场上的遗留物系指作案人遗留在现场的烟蒂、报纸、证件、衣物、手套、绳索等物品,通过对其进行分析,可以判断作案人的身份、习惯、居住地点、职业等信息。

4. 其他痕迹、物证

其他痕迹、物证系指作案人在现场留下的手印、足迹、枪弹痕迹、交通工具痕迹等。应当注意区分该痕迹、物证是否为作案人或者他人所遗留,重点提取作案人所遗留的痕迹、物证。

## 第二节　爆炸犯罪案件现场勘查

### 一、爆炸犯罪现场的概念和特点

#### (一)爆炸现场的概念

爆炸案件现场是指犯罪嫌疑人实施爆炸准备工作,组装、实验和实施爆炸的

---

① 管光承主编:《现场勘查》,法律出版社2000年版,第319~320页。

场所以及爆炸威力波及的空间的总称。[①] 由于多数爆炸犯罪现场被严重破坏，爆炸犯罪现场与传统犯罪现场不同，有范围大、难度高等特点，特别是针对爆炸现场的勘验需要极大的耐心和较高的专业水平。

**（二）爆炸犯罪现场的特点**

1. 犯罪现场破坏严重

由于受到爆炸的冲击、明火的灼烧以及消防灭火手段的影响，爆炸犯罪现场可能被多种因素破坏。多数犯罪证据会在爆炸中灭失或损毁，对现场勘查工作造成了严重的影响。

2. 爆炸现场范围广

根据爆炸威力的不同，爆炸波及的空间范围也不尽相同，有些爆炸范围极为广阔，现场勘查人员需要通过地毯式搜索才能发现犯罪证据。不仅如此，爆炸是呈球状辐射向外扩散的，其勘查现场并不局限于地面，也包括地表下、墙壁内、屋顶上、树枝上等场所。这样广阔的现场勘查加大了侦查人员搜索证据的难度，也导致许多证据由于时间的流逝而灭失或被污染。

3. 爆炸现场残留物较多

由于受到爆炸作用的影响，爆炸现场会散落大量支离破碎的证据，甚至存在许多肉眼无法识别的微量物质。侦查人员需要花费大量的人力、物力及时间搜集、修复现场的各类证据并对其甄别何为有效证据、何为无效证据。特别是越靠近爆心，证据损毁情况越严重，侦查人员花费的精力越大。

4. 爆炸现场物证碎片多

爆炸使多数物证及尸体变得支离破碎，因此在勘查现场时，侦查人员需要格外谨慎，在细心发现犯罪证据的同时，也应当注意自己的行为是否会破坏地面上存在的微量物证。

5. 爆炸现场危险因素多

在勘查爆炸犯罪现场的实际工作中，工作人员面临着两重安全威胁：一是爆炸所造成的危险，如爆炸物导致建筑物结构破坏、电路断线暴露，爆炸产生的有毒有害物质，爆炸导致泄露的易燃易爆物质等。二是犯罪人所预设的针对警察和群众的爆炸装置。[②] 爆炸现场不同于其他犯罪现场，爆炸犯罪现场可能出现二次甚至三次爆炸情况。因此，在勘查爆炸现场时，应该率先安排排爆人员进行现场勘查，确定无爆炸物后再进行现场勘验。

---

① 高光斗："爆炸案件现场勘查及其组织指挥"，载《警察技术》2009 年第 3 期。

② 左惠民："126 例爆炸案件现场勘查研究"，载《中国刑警学院学报》2008 年第 4 期。

### （三）爆炸现场的分类

爆炸现场主要分为两类：

（1）封闭式爆炸现场：主要泛指爆炸中心位于四周有格挡、相对封闭的空间内，与外部环境接触较少，如居民楼、厂房、仓库等空间内的爆炸。

（2）开放式爆炸现场：主要是指发生在高速公路、铁道、广场、城镇街道等开放空间处的爆炸。

### （四）爆炸起爆方式

1. 电起爆

电起爆装置的发火能源来源于电能，可以由电池、直接电源、遥控器、定时器等引爆。例如，电流起爆电雷管，由电雷管再引爆炸药；电流通过去掉或部分磨去玻璃罩的直流电珠，钨丝燃烧后引燃硝酸盐类、氯酸盐类等地火焰感度炸药。[①]电起爆装置中的基本元件电雷管及脚线、各种电池、各种导线，是电起爆的关键物证。钟表的元件、齿轮、法条等则是定时的关键证据。[②]

2. 火起爆

火起爆则是主要是通过火源引燃爆炸物所致。譬如，通过火源引燃导火索后再引爆炸药；亦可以通过火源直接引燃炸药导致爆炸。在火雷管起爆的现场中，导火索碎片多为残片，若导火索缠绕在炸药包上则找不到碎片。

3. 自然自爆

自然自爆是由外界的不确定因素达到起爆能而引发的爆炸，是指非人为意志的主动引爆。这些不确定因素包括：日晒、摩擦、挤压、撞击、运输过程中的颠簸、粗鲁搬运、炸药自身分解所产生的各种热能、爆炸能、机械能等。其中，热能和机械能是最为常见的自爆原因。

## 二、爆炸现场勘查的难点

### （一）爆炸装置隐蔽性强

第一，爆炸装置可以由金属制品单独构成，也可以由单独的非金属制品或金属和非金属制品共同构成。因此，传统的金属探测仪器在检测爆炸装置时，往往会发生疏漏，无法正确判断爆炸装置是否完全移除、是否还有残留。

第二，许多爆炸案件犯罪嫌疑人会在犯罪现场设置一个以上的爆炸装置，但并非所有爆炸装置都在爆炸中被引爆。有些是犯罪嫌疑人意料之外，因为其他原

---

① 左惠民："爆炸案件现场勘查研究（Ⅲ）——起爆方式讨论"，载《警察技术》2009 年第 5 期。

② 左惠民："126 例爆炸案件现场勘查研究"，载《中国刑警学院学报》2008 年第 4 期。

因并未在爆炸中被引爆;也有些爆炸装置是犯罪嫌疑人有意为之,为了造成大量警方人员的伤亡而特意布置的二次、三次爆炸装置。

因此,在勘验现场之前需要派遣专业的排爆人员对爆炸现场进行排爆或检测作业,当确认现场不存在爆炸装置或者二次爆炸的危险性后,侦查人员才能开展现场勘查工作。这样的行为无疑延长了勘查现场的时间,也延迟了搜索证据的时间,导致许多证据损毁灭失严重,给现场勘查工作带来诸多不便。

**(二)爆炸的破坏性导致搜集证据工作难度加大**

爆炸的破坏性,决定了勘查难度在于提取现场残留物和遗留物。传统的刑事物证包括指纹、足迹在爆炸中往往已经灭失。以这些物证为搜查重点,往往会导致现场勘查工作陷入瓶颈中。这些痕迹距离爆心越近,存在的希望就越小,这给爆炸现场的勘验带来了巨大的挑战性。因此,爆炸现场的勘验需要尤其谨小慎微,其重点往往在于提取现场的散落物,包括肉眼不可见的尘土和爆炸残留物。

**(三)爆炸现场的立体式搜查**

爆炸现场的勘验工作不能和常规的刑事案件勘验工作一样以地面为主,因为爆炸是呈球状辐射向外扩散的,爆炸现场的地面下、墙壁上、顶棚上包括开放式环境中的屋顶上、树梢上及电线上都可能悬挂有证据。为了避免因错失证据而导致侦查工作的片面性,现场勘查需要对爆炸现场展开立体式的勘查。这样的搜查方式加大了勘查工作的复杂性。

**(四)爆炸现场勘验工作量大**

第一,爆炸现场涉及的空间范围较广,需要投入巨大的人力物力进行勘查、搜集证据。爆炸现场的范围少则几十米多则几公里,从中心向外扩散的现场中布满了散落物、爆炸痕迹以及尸体、尸块,需要法医、痕迹、影像、理化等多种技术人员的介入,也需要投入大量的人力对案件现场周边的可疑物证碎片进行搜集并寻访周边群众。

第二,爆炸现场发生二次爆炸的可能性极高,因此,需要从事爆炸专业的专家亲临现场,进行排爆或者检测作业。现场需要派出大量警力保护案发现场,也需要对周边交通实行管制以防无辜人员受伤。

**(五)物证灭失严重**

基于爆炸的破坏性,多数物证在犯罪现场已然被损坏、灭失。在检查是否具备二次爆炸危险以及扑灭爆炸火焰的过程中,水、灭火粉末也会对物证造成二度损害,导致物证搜集难度增加,不利于现场勘查人员发现物证。

## 三、爆炸犯罪现场的勘验工作内容①

### (一)检测爆炸现场

在勘验检查爆炸现场前,应当由专业的排爆人员进入现场,对爆炸现场进行地毯式排摸,检测是否有还未引爆的爆炸装置以及是否具备二次爆炸的隐患。

### (二)查明案件性质

查明爆炸案件的性质,即确定该爆炸事件是一起意外事故、自然灾害,还是人为制造的案件,这对于后续的现场勘验工作能够提供较好的依据和勘验方向。

### (三)查明爆炸源

查明爆炸源即确认爆炸中心,一般在爆炸现场中,物品损坏最为严重之处即为爆炸中心。确认爆炸中心对于收集犯罪证据,圈定犯罪现场范围具有良好的导向作用。

### (四)查明爆炸方式、时间、原理及相应的爆炸物

(1)确认爆炸方式,即确认爆炸是如何引发的,如火引爆、电引爆、自然引爆、化学引爆等还是通过远程遥控进行引爆。

(2)确认爆炸的类型,即爆炸过程是物理爆炸还是化学爆炸。

(3)确认爆炸物的种类,即确定爆炸使用的炸药类型。

---

① 也有实务工作者认为具体工作流程为:与其他类型爆炸案件相比,特殊爆炸案现场对勘查时效性的要求更加严苛,因此如何在勘查效率与科学规范之间取得平衡,在最短的时间内高质量完成现场勘验工作值得思考和总结。山西太原“11·06”爆炸案的现场勘查工作是通过以下一些工作来进行的:第一,在防爆排查组进行排爆和安全检查后,现场勘查组安排2~3名技术员开始概览巡视,并迅速拍照、摄录以固定现场。第二,勘查组分责任划定现场范围,确定中心与外围现场,根据技术员实际人数进行分组,每组至少3人,并根据各个炸点位置、人员伤亡、抛出物散落位置、数量等情况进行勘查任务分配,制定统一的勘查要求,统一要求是提高勘查效率的关键。第三,各小组快速勘查外围现场,以固定、提取爆炸抛出物为主要工作,注意做好记录,缩小现场保护范围,尽快恢复中断的交通秩序,减少关注面。第四,各勘查小组集中精力勘查中心现场,发现、固定、提取炸点痕迹、爆炸抛出物、爆炸产物直接作用痕迹、空气冲击波作用痕迹、人体上的爆炸作用痕迹等,留意可能遗留嫌疑人DNA、指纹等物证信息的爆炸碎片。把中心现场作为绝对重点,详细认真,分层分片勘查是保证特殊爆炸现场勘查质量不下降的关键环节。第五,汇总各小组勘查信息,得出初步分析意见,确定爆炸类型和性质,及时上报案件指挥部,与技侦、网侦等部门及时沟通信息,有针对性地进行现场复勘,尽可能全面收集现场痕迹物证。第六,对收集的所有现场爆炸碎片物质进行分类、测量、整理、拼接,推测原形物,反复验证,重建爆炸装置,同时分先后对遗留DNA信息概率较大的爆炸碎片进行检验。第七,综合现场勘查及鉴定信息,对爆炸类型、性质、爆炸装置类型、死伤者与爆炸关系、嫌疑人具备的技能、作案条件等进行综合分析,根据爆炸现场终结状态反推出爆炸前瞬间的原始状态,为侦查提供方向和范围。参见李鑫:“特殊开放空间爆炸案现场勘查要点——以山西太原市‘11·06’爆炸案为例”,载《河北公安警察职业学院学报》2015年第3期。

(4)估算炸药的用量,通过分析搜集炸药存留物,了解犯罪嫌疑人的意图。

(5)确认爆炸线路,从爆心的寻找了解犯罪嫌疑人的犯罪意图。

(6)确认爆炸时间及波及范围,奠定收集证据的基础。

**(五)分析作案过程、作案手法及作案原因**

通过对爆炸现场勘验,如对爆炸物和引爆手法专业程度的鉴别,警方能够判断嫌疑人的身份信息、智商高低。有些炸弹的制作需要专业的知识支撑,亦或许有些作案手法、炸弹制作的过程和其他案件相类似,属于连环杀手所为。

## 四、爆炸犯罪现场的勘查重点

**(一)排除自然自爆的可能性**

爆炸可以由人为方式引起,也可以由外界的不确定因素达到起爆能后引发自然自爆。不同的引爆方式决定了案件的性质和侦查的方向。因此,判断该爆炸属于犯罪还是意外事故显得尤为重要。排除自然自爆可能性的步骤主要有以下几方面:

1. 检测爆炸物的种类

炸药的不稳定性来源于炸药的热分解原理,一般而言,炸药是具有相对稳定性的化学产物,在没有氧化剂或者可燃剂的催化下,炸药不会随意引爆。但炸药在常温下都会进行缓慢的分解,在散热较差的环境下,炸药分解产生的热量可能会达到炸药燃点从而引发爆炸。特别是一些包含氯酸盐类化学原料的爆炸物,对生产、运输和存储的环境都有极高的要求。因此,判断该爆炸物是属于何类的爆炸物种类,能够及时了解该爆炸物的属性特点,从而判断该起爆炸事件是人为引发还是意外事故。譬如,硝酸酯类、氯酸盐类、铵盐类的炸药都极易发生自爆自燃。

2. 检测是否符合炸药自然爆炸所需的特定条件

爆炸物的引爆是外部因素(即特定条件)和内部因素(爆炸物)共同作用的结果。因此,判断炸药是否属于自然爆炸,主要需要考虑的是此次爆炸是否是基于自然原因使爆炸物达到引爆的外部因素而引起的。外部特定条件主要包括炸药保存的环境与炸药自身特性。

(1)存储环境:基于炸药的危险性和不稳定性,炸药的存储环境一般十分苛刻。不良的存储环境会大大增加爆炸物自然引爆的概率。譬如,存储环境的温度、湿度、通风情况、存储空间等。

①温度过高或暴晒在阳光下:有些爆炸物中的成分燃点极低,过高的气温可能会使炸药提前引燃;过高的气温也能导致炸药内部成分分子运动速度加快,导

致分子之间剧烈碰撞从而促使炸药爆炸；有些爆炸物是由各种化学原料混合而成，温度升高会使成分之间相互反应，引发爆炸。

②湿度：空气相对湿度也是些炸药自然引爆的关键因素，有些炸药在受潮后会散发大量热能导致爆炸物自爆。

③通风：通风不良的存储环境将会阻止爆炸物散发因分解而产生的热能，导致炸药内部温度升高持续不散，从而引发爆炸物引爆。

④存储超量、混合存储：譬如，将炸药和电雷管混合存储在一处，当电雷管形成回路时，极易引发爆炸。

(2)炸药自身特点：易分解、易自燃自爆、稳定性低。

譬如，包含硝酸甘油、硝化棉等化学原料的炸药物极易发生热分解引发自燃自爆；包含安定剂的一些爆炸物，若存放超时将会分解出一氧化氮、二氧化氮、三氧化二氮等多种爆炸物的催化剂，加速炸药的分解或自燃。

3. 检测现场遗留的爆炸装置

爆炸装置是最为直观了解爆炸案件真相的案件证据，它是解开案件真相的钥匙。通过对爆炸装置的研究，侦查人员可以获得爆炸物、起爆方式、爆炸种类、爆炸原理等多条重要线索，也能探寻得出此次爆炸事故时犯罪事件还是意外事故，这对确定案件性质了解案件真相具有极大的作用。爆炸装置包括：起爆装置、电雷管、金属碎片、电极、电路板、电池、捆绑物、填充物、化学原料等诸多物品。

**(二)检测判断属于气体爆炸还是炸药爆炸**

炸药爆炸是引发爆炸事件最常见的方式，但是氢气、沼气等一些易燃气体也可能引发爆炸。因此，在勘查爆炸现场时，应当首先判断爆炸的种类是属于气体爆炸还是炸药爆炸。这样不仅有利于把握侦查工作的总体方向，也利于划分收集证据的重点方向，以防因判断失误导致侦查工作陷入"瓶颈"。判断爆炸属于气体爆炸还是炸药爆炸主要依赖于以下几点：

1. 根据案发现场环境进行判断

炸药爆炸只需具备炸药、热能和空气三个条件，因此炸药爆炸没有地点的局限性，无论是在封闭空间还是开放式空间，只要具备以上三个条件炸药都可以引发爆炸。气体爆炸则不同，气体爆炸的条件较为苛刻，一般只有在高压环境或者与氧气混合一定比例后，才能达到爆炸的标准，因此受到环境因素的限制，气体爆炸较之炸药爆炸更为严格，侦查人员可以根据现场环境判断是否属于气体爆炸。

2. 根据爆炸遗留的痕迹和现场散落的物证判断

第一，炸点痕迹不同。炸药爆炸不同于气体爆炸，在不存在外部供氧的情况下,爆炸产物在爆炸发生的一瞬间只占据炸药爆炸前本身的体积,因而能量高度集中,爆炸发生瞬间有极强的冲击波,易形成明显的炸点。气体爆炸由于爆炸前气体体积占有面积比之炸药爆炸更大,其爆炸能量分散,因此不存在明显的炸点。譬如,炸药安置在某些物体上时,易形成明显的圆状破洞;但气体爆炸时,往往会形成开裂状的痕迹。

第二,炸药爆炸在刑事案件中多具有引爆装置或远程遥控装置,在勘验现场过程中,往往会搜集到导火线、雷管、电池、定时器、电路板等相关物品及碎片。但气体爆炸现场并无这些物品的痕迹。

第三,炸药爆炸能量过于集中,冲击力强,因此炸药爆炸范围广,证据细小而琐碎;气体爆炸冲击力弱,证据较之炸药爆炸更大且爆炸范围小,鲜少有抛出物。

第四,爆炸时效果不同。炸药爆炸是化学反应,爆炸时有燃烧、光亮、烟痕和较大的爆炸声。化学反应也易形成新的物质,因此,在炸药爆炸时,常会遗留下一些新的痕迹和物质。气体爆炸可以是化学反应也可以是物理反应,在气体爆炸时不一定具有火光或燃烧现象。

第五,烟痕位置不同。炸药爆炸烟痕多出现于炸点周围,而气体爆炸由于不存在明显的炸点,气体爆炸所形成的烟痕多分布于可燃气体存在的空间表面。

### (三)搜集起爆仪器碎片、复原爆炸装置

在现场勘查环节,最为重要的即是寻找犯罪凶器。爆炸装置作为爆炸案件的犯罪"凶器"和发现、寻找、锁定犯罪嫌疑人的有利证据,是爆炸案件现场勘查的重中之重。复原爆炸装置可以了解爆炸引爆的方式、原理,确认犯罪嫌疑人是否具备相应的专业知识,以此缩小犯罪嫌疑人的范围。爆炸装置所需的一些原材料并非常人可以获得,还可以从材料来源途径走访寻找犯罪嫌疑人的线索。不仅如此,制作爆炸装置是需要十足的耐心、细心,警方可以根据爆炸装置的难易程度判断犯罪嫌疑人的心理或者性格特征。爆炸装置在制作过程中,犯罪嫌疑人无法穿戴手套等反侦查工具的情况也屡见不鲜,在爆炸装置内部,往往会遗留下犯罪嫌疑人的指纹或者其他物质线索,有利于警方捕获犯罪嫌疑人。在现场勘查环节,搜集起爆仪器碎片、还原爆炸装置是至关重要的。诚然,由于爆炸的冲击性,爆炸装置在爆炸现场已然支离破碎。因此,侦查人员在搜集证据碎片的过程中必须谨小慎微,不放过任何细微的物证,无论是金属碎片还是非金属碎片亦或是可疑碎片都应当搜集整理,以防错失有效证据。

### (四)现场的安全保卫工作

爆炸现场和传统刑事犯罪现场不同,具有高度危险性,随时可能发生二次、三次爆炸。在勘查现场的过程中稍有不慎也可能引发不必要的安全事故,造成大量

的勘查人员和周边居民的伤亡。因此,在勘查犯罪现场的过程中,现场的安全保卫工作十分重要。

第一,在设立安全警戒线时,应当同时考量爆炸碎片波及的范围和安全警示范围,根据不同的炸药爆炸的强烈程度,在最远爆炸碎片之外划定一定范围的非安全区域,以防无辜群众误入受伤。

第二,现场勘验人员应当具备专业的防爆安全意识并经过专业的防暴训练。对于现场其他易燃易爆物品及不安全的隐患,应当及时排除险情或划定危险区域,以防不必要的事故发生。

第三,爆炸犯罪现场在勘查前必须经过严密的部署和缜密的爆炸物排查工作,防止现场存在延时爆炸装置及仍存在爆炸隐患的爆炸装置。在勘验时,应当完全遵守《公安机关刑事案件现场勘验、检查规则》的统一规定,在提高安全意识的同时科学勘验,不可贸然进入现场,盲目开展勘验工作。

## 第三节　性犯罪案件现场勘查

### 一、性犯罪的现场的概念和特点

#### (一)性犯罪

1.强奸案件

强奸妇女即遂或者奸污幼女的,应当立为重大案件;持枪强奸或两人以上轮奸妇女的,应立为特别重大案件;奸污未满 14 周岁幼女的,不论幼女同意与否,不论罪犯采用何种犯罪手段,均立为强奸案件。

强奸案件现场,是指犯罪行为人以暴力、胁迫和其他手段,违背妇女意志而强行与妇女发生性行为,或与未满 14 周岁幼女发生性行为的场所及遗留有与强奸犯罪行为相关的痕迹、物证的场所。

2.强制猥亵妇女、儿童案件

强制猥亵妇女、儿童是指以暴力、胁迫或者其他方法强制猥亵妇女、儿童或者侮辱妇女、儿童的行为。行为人实施此行为的目的是满足性欲或者寻求刺激。

强制猥亵妇女、儿童案件的现场与强奸罪的现场极为类似,行为人可能留下与强制猥亵妇女、儿童行为有关的痕迹、物证。

3.组织、强迫、收容卖淫案件

通常情况下,卖淫者为成年女性,但是幼女和成年男性也同样可以构成。

**(二)性犯罪现场的特点**

1. 犯罪行为人人身形象暴露得比较充分

2. 现场遗留有与实施强奸行为有关的痕迹、物证,遗留痕迹、物证较多

由于强奸是违背妇女意志的行为,往往会遭到被害人的反抗,常常会触动现场有关物品,留下反抗搏斗的各种痕迹。有的被害人在搏斗中将犯罪嫌疑人的衣裤撕破,纽扣扯掉,甚至将犯罪嫌疑人抓伤、咬伤,在现场上留下足迹等混乱搏斗痕迹和衣服碎片、纽扣、血迹等,不管被害人有无明显反抗,现场都会留下足迹、指纹、倒卧痕迹、毛发、精斑和一些精斑、血迹的擦拭物。有的现场还可发现犯罪嫌疑人的随身物品,如书报、钥匙、钢笔等。有的现场因犯罪嫌疑人紧张、仓皇逃离,在现场中常会失落犯罪所用凶器。这些现场遗留的物证,对于确定强奸案,发现和查获犯罪嫌疑人有重要价值。

3. 一般没有伪装、破坏的痕迹

4. 被害人是强奸案件现场勘查中的重要勘查对象和勘查资源

强奸犯罪案件中,被害人是犯罪的对象,搏斗中可能导致被害人的身体损伤,实施强奸的过程中可能造成被害人阴部损伤,强奸行为又会使犯罪嫌疑人的精液留在被害人的体内或体表,犯罪嫌疑人的毛发、唾液、汗液等可能遗留于被害人的衣服和身体上。因此,被害人是现场勘查的重要对象。

犯罪嫌疑人要实施强奸犯罪行为,就不可避免地与被害人之间都有一段或长或短时间的正面接触。因此,被害人对犯罪嫌疑人的人数、体貌特征、衣着打扮、讲话口音、作案过程,以及逃跑方向等都会留下较深的印象。如系轮奸案,被害人还能提供强奸犯罪嫌疑人在犯罪过程中互相呼叫的名字或绰号等。这些都可为分析案件,查获犯罪嫌疑人提供重要依据。

被害人不仅可以提供有关犯罪案件及犯罪嫌疑人的大量信息,而且还可以为确定实地勘验范围、重点和顺序提供依据。因此,被害人又是强奸案件现场勘查中的重要勘查资源。

5. 强奸案件现场往往伴有抢劫行为造成的相关现象

在强奸案件中往往伴有抢劫行为的发生,抢劫行为通常发生在以下三种情况下:第一,在强奸过程中,犯罪嫌疑人发现被害人有财可图,见财起意,于强奸后进行抢劫。第二,有的犯罪嫌疑人同时具有强奸和劫取被害人随身财物的双重意图,对被害人既强奸又抢劫。第三,有的抢劫或盗窃犯罪嫌疑人作案时犯罪动机发生了转化或扩张,对被害人施以强奸。所以,强奸案件现场往往伴有抢劫行为造成的相关现象,特别是室内现场,犯罪嫌疑人还可能撬压一些存放财物的家具,留下一些破坏痕迹乃至手印,勘查人员要留意寻找、提取和利用。同时,应详细询

问被劫物品的具体情况，及时布置控制赃物工作。

## 二、强奸案件现场勘查的任务

强奸犯罪中的被害人多数为青年妇女，且这种犯罪涉及被害人的隐私，会给被害人的身心带来极大伤害，因此，在侦查实践中，被害人报称被强奸的，大多数是真实的。但是，也有少数人出于各种目的，如为了诬陷他人，或为了掩盖其与他人的不正当男女关系，或是恋人之间因某种矛盾而伪造现场，谎报假案。因此，侦查人员、技术人员在接到报案，赶赴特定现场进行勘查时，应注意甄别有无强奸行为发生。如果无强奸行为发生，应向相关方面和人员说明；如果有强奸案件的发生，则应通过现场勘查完成以下任务。

### （一）查明强奸犯罪的过程

主要查明以下问题：

（1）犯罪时间：犯罪嫌疑人进入现场的时间；开始实施犯罪的时间；离开现场的时间。

（2）犯罪的地点：犯罪嫌疑人预伏守候的地点；尾随跟踪的地段；实施强奸行为的地点以及逃离现场的路线和方向。

（3）犯罪方式：犯罪嫌疑人是否采用暴力和胁迫；是否使用某种凶器或工具；采用何种方式实施犯罪。

（4）是否兼有其他的犯罪活动：如抢劫、伤害。

### （二）查明犯罪嫌疑人的情况

（1）犯罪嫌疑人的人数：犯罪嫌疑人是一人还是两人以上；如果是两人以上，有几人实施了强奸行为。

（2）犯罪嫌疑人的人身特征：犯罪嫌疑人的身高、体态、大致年龄、外貌特征，特别是身体某些较为隐蔽的特征；衣着打扮；口音及语言特征；动作特征。

（3）犯罪条件：犯罪动机条件；对被害人行踪的知情条件；具有某种流氓违法前科条件等。

### （三）寻找、发现、提取痕迹、物证

现场勘查质量的高低，在侦查中能否发现、找到犯罪嫌疑人，以及最后能否认定犯罪嫌疑人和犯罪事实，主要取决于能否及时、全面、细致、客观地发现、提取、利用强奸现场上的痕迹、物证。

### （四）性犯罪现场的甄别

（1）没能及时报案，变动现场——仔细勘查。

（2）熟人报强奸案——审查关系和案发前状态。

(3)不良行为人报案——不能臆断。

(4)印证。

**(五)性犯罪现场保护**

(1)进出口。

(2)主要部位。

(3)现场遗留物。

## 三、强奸案件现场的勘验

### (一)及时勘验现场,全面收集利用痕迹、物证

勘验强奸案件现场,要抓住案发不久,犯罪痕迹比较明显,证据未遭破坏,群众记忆犹新,犯罪嫌疑人未及远逃,赃物尚未脱手等有利时机,接到报案后,迅速赶赴现场。在勘验时,凡是与犯罪有关的人和事都应一一调查;凡是能够认定和证实犯罪的现场信息,都要收集;凡是与犯罪案件有关的事实都要全面分析。在勘验过程中,不仅要注意发现那些明显的、清晰的、完整的痕迹、物证,还要注意发现不易发现的、模糊的、不完整的痕迹、物品,而且还要注意发现与案件有关的只字片纸或细枝末节,尤其是微量痕迹、物证。

强奸案件现场,由于被害人的反抗、挣扎和搏斗,加之犯罪嫌疑人作案时的紧张心态,会留存较多的痕迹、物证。除了常见的指纹、足迹、工具痕外,主要有以下几种。

1. 犯罪嫌疑人遗留的物品

强奸案件现场犯罪嫌疑人通常可能遗留的物品主要有帽子、鞋子、碎衣片、纽扣、手帕、钢笔、手套、口罩、裤带、钥匙、小刀、拉断的表带等。对这些遗留物品要进行仔细研究,找出其独具的特征。可以作为摸底排查的条件,缩小侦查范围,迅速发现犯罪嫌疑人的线索,经过必要的技术鉴定,可以直接认定犯罪嫌疑人。例如,对现场遗留的凶器,从种类上摸底排查时,可把持有此类器具的人列入侦查范围;从独具特征上,可以组织有关群众进行辨认,以发现凶器的所有者;对从犯罪嫌疑人身上扯下的碎衣片,应作为摸底排队的条件,注意发现具有与被提取的碎衣片相似的衣服的人,并通过整体分离的技术鉴定,认定犯罪嫌疑人;对现场遗留物,还可通过警犬进行气味鉴定。

2. 犯罪嫌疑人与被害人互换的痕迹、物证

犯罪嫌疑人在作案过程中,不仅会遇到被害人的反抗、挣扎和搏斗,他还要脱下自己的裤子,扒掉被害人的衣裤,加之犯罪嫌疑人的强行接吻、性交,必然会引起犯罪嫌疑人与被害人身上的痕迹、物证相互换位。例如,犯罪嫌疑人强行接吻,

把唾液留在被害人的脸上;而被害人将犯罪嫌疑人咬伤,被害人的牙齿痕迹就会留在犯罪嫌疑人身上;犯罪嫌疑人的血液有可能流到被害人身上。又如,犯罪嫌疑人强行与被害人性交,犯罪嫌疑人的阴毛和精液就会黏附到被害人的身上,而被害人的阴毛和血液或分泌物有可能粘染在犯罪嫌疑人身上或内裤上。

犯罪嫌疑人留在被害人身上的物证主要有两种,即精斑、毛发。检验精斑可以认定血型以及有无精子等情况。还可以做 DNA(遗传指纹图谱)检验,对犯罪嫌疑人作人身认定。通过对毛发的检验,不仅可以确定犯罪嫌疑人的血型,还可以进行线粒体 DNA 检验,认定人身。在没有确定犯罪嫌疑人的初始侦查阶段。还可以通过测定毛发中微量元素的含量,分析犯罪嫌疑人的健康状况;通过毛发的形态、颜色和组织结构上的特点,估计犯罪嫌疑人的年龄;通过毛发上的各种附着物及微量元素含量,推断犯罪嫌疑人的职业,生活习惯等,为确定侦查方向,缩小侦查范围提供依据。

被害人留在犯罪嫌疑人身上的多是咬痕、抓痕。如有的被害人把犯罪嫌疑人的舌头咬伤,或是把犯罪嫌疑人的胳膊、手咬伤,留下被害人牙齿痕迹,既可依据伤痕查出重点犯罪嫌疑人,又可根据牙齿痕迹认定犯罪嫌疑人。

**(二)微量物质**

犯罪现场的泥土微粒、灰尘微粒、油脂、漆类、纤维以及其他粉末性物质和化学物质,有的系犯罪嫌疑人遗留在现场;同时,犯罪嫌疑人又可能将现场原有微量物质带走。对于前者,要注意发现、提取和利用;对于后者,要注意分析、判断犯罪嫌疑人带离的方式及可能存在的方式。它们对于查找和认定犯罪嫌疑人具有积极的线索价值和证据价值。

**(三)赃物**

有些强奸案件,犯罪嫌疑人不仅对被害人进行强奸,还同时抢劫财物。有的犯罪嫌疑人本身就是在实施抢劫的作案过程中,又对被害人实施强奸。犯罪嫌疑人一旦抢走被害人的手机、手表、钱包、项链、耳环、戒指等小型贵重物品,要注意把被抢赃物的种类、型号,特别是个性特征搞清楚,以便调查控制。

## 四、强奸案件现场勘验的重点

根据犯罪嫌疑人作案地点的不同,强奸案件现场可分为入室强奸现场和拦路强奸现场两类。

**(一)入室强奸案件现场的勘验重点**

1. 对入室强奸现场进出口的勘验

观察现场所在地理位置、房屋结构,现场房屋四周与什么建筑相毗连;有哪些道路或通道;注意犯罪嫌疑人在现场中出入口和出入路线的选择;要注意在出入路线和出入口发现犯罪嫌疑人徘徊、潜伏、侵入和逃出时留下或遗弃的痕迹和物品,如烟头、作案工具等。根据现场出入口状态,注意判断犯罪嫌疑人侵入室内的方法,是借口冒充叫门入室还是撬门、撞门、破窗、挖墙、钻天窗入室等,勘验时应认真地观察并寻找和发现可能留下的痕迹、物品,如足迹、手印、手套印痕、作案工具或工具痕迹、凶器等。

2. 对现场中心部位的勘验

在入室强奸案件中,要注意对犯罪嫌疑人实施强奸行为处铺垫物的勘验。例如,床及床上的被子、床单、枕巾、沙发、地板等物的状态,注意这些物品上有无阴毛、精斑、血迹以及其他痕迹。注意观察现场势态,哪些陈设物品因搏斗、厮打被损坏,哪些物品因犯罪嫌疑人使用、触摸、移动而可能留下手印。勘验现场中心部位还需注意犯罪嫌疑人在实施强奸犯罪的同时,是否兼有抢劫等犯罪行为。勘验时,应注意发现现场上是否有物品的短缺,有无柜门、箱盖、抽屉被破坏的情况。在现场中心部位,还应注意去发现、收集犯罪嫌疑人实施犯罪所用的捆绑物、堵嘴物和有关工具,如绳索、毛巾、布团、卫生纸等。

**(二)拦路强奸案件现场的勘验重点**

拦路强奸案件现场的特点是地点多、范围大、情况比较复杂。这类案件现场通常不止一个,有潜伏、尾随、拦截、强奸、逃跑等现场。拦路强奸案勘验的重点是:应以实施强奸犯罪的地点为中心,围绕犯罪嫌疑人的潜伏、尾随、拦截和逃跑等犯罪活动的地点,寻找发现、提取各种有关物证。

1. 发现、确定强奸地点

应根据被害人报案时的陈述和被强奸的过程及现场的地形环境去寻找地点,确定强奸地点后应认真勘验、寻找、发现有关痕迹、物证。

(1)地面的印压痕迹,如泥土被压实、草被压倒伏、水泥地面灰尘。

(2)犯罪嫌疑人的足迹。

(3)犯罪嫌疑人留下的生物检材,如精斑、毛发等。

(4)犯罪嫌疑人使用的凶器。

(5)犯罪嫌疑人留下的其他痕迹、物品,如遗落衣裤、纽扣、皮带、鞋袜、书报、毛巾等。

2. 对潜伏、拦截、尾随和挟持地点、地段、路线的勘验

(1)注意发现犯罪嫌疑人预伏、守候所留下的坐卧痕迹、足迹,某些物体上的手印和丢弃的果皮、糖纸、烟蒂、剩余食物、纸片等物品,以便为侦查破案提供条件。

(2)注意发现交通工具痕迹,如有嫌疑交通工具,应对车内进行详细勘验。

(3)观察现场地形、地物,分析犯罪嫌疑人实施犯罪前可能来自何方、作案后又可能逃向何处,为侦查方向和范围的确定提供依据。

## 五、强奸案件的人身检验和衣物检查

在对强奸案件现场勘验的基础上,应重视人身检查工作,以判明案件真相、犯罪过程和伤害程度,确定犯罪嫌疑人。

### (一)被害人人身检查

1.性器官检查

性器官检查主要是观察、检验处女膜有无破裂,是新鲜破裂还是陈旧性破裂,阴道内有无精液等。对被害人性器官的检查,需征得被害人本人或家长、家属同意,由女法医和女医师进行。

鉴于一些犯罪嫌疑人作案过程中强迫被害人口交或肛交,因此要注意通过策略的询问了解案情真相,并注意在被害人肛门进行检查,注意在被害人肛门和口腔提取精液。

2.身体其他部位检查

检查身体其他部位,观察有无伤痕。

检查头颈面部,观察有无损伤。要特别注意被头发覆盖的部分。

检查手指、手掌、手臂以确定有无抵抗伤。

检查肘部、背部和臀部,观察有无擦划伤、印压伤。

检查乳房,观察有无抓伤、咬伤。

检查腹部、两大腿内侧,观察有无抓伤、咬伤和其他伤痕,以及有无精斑、血迹附着。

检查指甲,以寻找抓挠伤痕留下的血迹、毛发、皮肤、组织和纤维等,这都是抵抗时留下的迹象。

注意检查被害人身体某些部位黏附的异物,如阴毛、泥土、纤维、木屑、草籽。

### (二)犯罪嫌疑人的人体检查

对于被及时抓获和在现场勘查中发现的重大犯罪嫌疑人,也应迅速进行人身检查。

因被害人自卫、反抗而形成的伤痕,应注意头面部、颈部、手臂、手指、大腿内侧等重点部位有无抓伤;嘴唇、舌等部位有无咬伤。

某些因实施犯罪活动而形成的伤痕,如手掌、膝盖等部位的擦划伤、压印伤等。

检查身体某些部位有无黏附现场泥土、草籽、粉尘,被害人的化妆品、毛发、纤维等。

检查身体的相应部位有无血迹、精斑、分泌物。

**(三)对被害人衣物的检查**

强奸犯罪中,犯罪嫌疑人和被害人的衣物必然要紧密接触,某些情况下双方衣物还会碰到地面,因此必须对犯罪嫌疑人和被害人当时所穿的衣物进行检查,看是否有杂草、泥土、灰尘痕迹,如果找到以上痕迹且与作案现场相吻合,这个证据能将犯罪嫌疑人衣物、被害人衣物与犯罪现场联系起来。

注意检查被害人衣物某些部位是否黏附有纤维、毛发。

注意检查被害人当时所穿衣物与人体伤痕相对应的衣裤部位上的有无损伤及痕迹。

注意纽扣是否完整、裤子拉链是否完好、内衣内裤是否有撕裂等现象。

注意被害人被强奸时所穿衣裤,特别是内裤,以发现可疑精斑、血迹并予提取。

**(四)对犯罪嫌疑人衣物的检查**

注意检查犯罪嫌疑人衣裤某些部位有无黏附毛发、纤维等。

检查犯罪嫌疑人衣裤上是否留有血迹。要注意检查内裤内档部位是否留有血迹和分泌物。

检查犯罪嫌疑人所穿的鞋子是否黏附有与现场相同的泥土、杂草、灰尘等。

## 六、强奸案件的现场访问

现场访问,是现场勘查的重要组成部分。强奸案件的一个突出特点就是被害人与犯罪嫌疑人有一段或长或短的正面接触,被害人对犯罪嫌疑人的外貌特征和某些个体特征以及强奸犯罪的整个过程比较清楚。因此,对被害人及有关人员进行现场访问,是一项十分重要的工作。侦查人员接到报案后首先要及时询问被害人,通过询问被害人,为勘查强奸现场、分析案情、划定侦查范围、确定侦查方向、采取相应措施开展侦查活动提供依据。

**(一)对被害人的访问**

根据强奸案件的特点,被害人对犯罪嫌疑人一般有较为深刻的印象,有的事后能准确地辨认犯罪嫌疑人,因此对被害人的访问,就成为分析刻画犯罪嫌疑人,确定侦查方向和范围的重要一环。对被害人访问的内容,要紧紧围绕犯罪嫌疑人实施强奸犯罪所必备的基本条件,问明作案过程的细节、犯罪嫌疑人体貌特征和生理特征,以及犯罪嫌疑人如何出入室内,案发前有否可疑迹象,对谁有怀疑,根据是什么。要充分认识强奸案件中访问被害人的难度,加强教育,解除她们的顾虑,卸掉她们的思想包袱,启发她们把对犯罪嫌疑人的仇恨转化到协助侦查部门破案上来,尽量详细地回忆与陈述受害经过。由于涉及被害人的隐私,访问时要注意方式方法,如果被害人是未成年人,访问时要请其父母、老师或监护人参加。访问的主要内容是:

(1)被强奸的时间、地点。

(2)被强奸时的天气情况,现场周围人员活动情况,出事前是否发现过可疑人尾随、守候等迹象。

(3)犯罪嫌疑人是怎样进入现场的,采用什么方式和工具作案。

(4)犯罪嫌疑人有何特征:是一人作案还是多人作案;犯罪嫌疑人外貌特征,如身高、年龄、肤色、体态,身体上的斑、痣、疤痕以及身上有无某种特殊气味等;犯罪嫌疑人的衣着特征,如衣服式样、颜色、布料、新旧程度等;犯罪嫌疑人的语言特征、声音特征如何;犯罪嫌疑人的某些动作习惯特征,如左撇子、走路姿势、习惯性表情、手势。

(5)犯罪嫌疑人是否持有凶器,是何种凶器。

(6)在实施犯罪过程中,双方有无搏斗过程,犯罪嫌疑人是否受伤,受伤的部位、程度,被害人是否撕坏了犯罪嫌疑人的衣物,扯落衣扣。

(7)作案过程犯罪嫌疑人进入现场后有哪些活动,实施犯罪的顺序如何,是否采用暴力、引诱、胁迫等方式,实施强奸的具体方式,是否完成性交行为,有哪些痕迹、物证可能留在现场,被害人是否呼救,整个作案过程中犯罪嫌疑人都说了些什么。

(8)抢走何种财物,犯罪嫌疑人在实施强奸的同时是否掠走了某些财物,如钱财、手表、首饰等,这些物品的数量、规格、价值及有无特殊记号。

(9)是否熟人。被害人与犯罪嫌疑人是否相识,是熟人或有过一面之交,或完全是陌生人。

(10)犯罪嫌疑人什么时间离开现场,离开现场的方向、道路。如犯罪嫌疑人使用了交通工具,应问明型号、颜色、特征等。

**(二)访问邻近住户和过往行人及其他有关人员**

1.案件发生时的情况

案件发生的时间、地点、天气状况、光线条件。

是否目击了犯罪,是否听到呼叫声、搏斗声以及其他声音。

2. 案件发生前后有无可疑情况

案发前有无可疑人在现场附近窥视、滞留、徘徊。

案发前是否有人对被害人盯梢、尾随、打探。

案发后是否有人行为可疑,神色反常。

案件发生后是否有人销售与案件有关的物品。

3. 当地的社会治安状况如何

流氓、强奸犯罪是否突出,近期是否出现多次强奸案;当地有哪些人平时有流氓行为,其表现如何。

## 七、强奸案件现场分析的重点

### (一)全面掌握案情,确定案件性质

由于强奸案件本身的特点,在确定案件性质时,往往会有一定困难。因此,立案时要慎重。特别是不可盲目听信被害人及其家属直接指控的强奸犯罪嫌疑人,而应多方调查访问,把事实核对清楚。

1. 必须把强奸与通奸严格区别开来

这里主要应注意:是否使用了暴力和暴力相威胁,是否运用了强制手段,是否违背妇女意志。但对不满 14 周岁的幼女,不管是否使用过强制手段,不管幼女是否同意,只要发生了性器官接触,就以强奸论处。

2. 通过现场勘查加以识别

在强奸案件中,被害人的陈述常常是进行现场勘查的依据,而现场勘查又是审查、印证被害人陈述的重要措施。通过现场勘查,可以鉴别被害人陈述的受害时间、地点、手段、过程以及造成的后果是否合乎情理,是否符合强奸案件发生的一般规律。在勘查中,要特别注意寻找和提取足以证明发生了性行为的痕迹、物品。对于报案不及时,现场失去勘查条件的,要注意从被害人内衣上寻找犯罪嫌疑人留下的精斑。

3. 通过调查了解被害人的情况,被害人与被指控人之间的关系来识别

一般来说,被害人品质的好坏,被害人与被告人的某种联系有可能影响其陈述的真实性。应认真分析、研究,以判断陈述的真实程度。

4. 通过法医或妇科医生检查鉴定

检查被害人生殖器官的改变和有关痕迹并检验精斑等。报案及时的,可在被害人的阴道内、外阴部、大腿内侧和内裤上提取到犯罪嫌疑人留下的精斑。处女膜有无新鲜破裂伤痕,对确定未婚女青年是否被强奸有重要价值。

### (二)划定侦查范围,确定犯罪嫌疑人具备的条件

划定侦查范围,主要是指确定在多大的地域范围和职业范围开展侦查工作和

从哪些人员中去发现犯罪嫌疑人的问题。侦查范围划定的大小和准确与否,主要取决于现场勘查、调查访问获得材料的多少及其可靠程度,以及现场分析判断的正确与否。强奸案件侦查范围的划定,必须在全面分析现场的情况,在给犯罪嫌疑人"画像"的基础上,采取从大到小,由不够准确到比较准确,逐步缩小侦查范围的方法进行。一般应从以下几个方面确定:

1. 根据犯罪嫌疑人与被害人、犯罪现场的关系去划定

分析犯罪嫌疑人与被害人有无特定关系,如邻居关系、工作关系、认识关系等,有的被害人不一定认识犯罪嫌疑人,而犯罪嫌疑人则认识被害人。分析犯罪嫌疑人对现场情况的熟悉程度,按照一般规律来说,对现场熟悉的犯罪嫌疑人所处的范围就不大,但要对具体事情作具体分析,对发生在公共场所、道路等对外开放的单位和地点的案件,就不能以是否熟悉现场情况来确定,有的犯罪嫌疑人多次到现场踩点观察,作案时反映出熟悉现场的特点,在划定范围时要慎重。

2. 根据现场痕迹、物证的特征去划定侦查范围

有的痕迹、物证具有明显的地域、行业特点,如衣裤、鞋、帽的样式,质料花色品种等,交通工具的类型、颜色、车牌及车内装饰等,具有可识别的各种特征。

3. 根据犯罪嫌疑人作案时的手段和习惯性特点划定侦查范围

犯罪嫌疑人往往在一个时期、一个区域内用同一种手法连续作案,反映出作案时间、地点及作案过程的规律性。根据案情条件把个案集中在一起进行综合研究,串案分析,并案侦查,缩小侦查范围。

4. 在刻画犯罪嫌疑人条件的基础上划定侦查范围

(1)依据犯罪嫌疑人的衣着、身高、体态、年龄、口音、举止神态、面貌特征、皮肤颜色、身体气味等特征来划定。

(2)依据作案的时间条件、空间条件、工具条件、特殊技能条件、知情条件、赃物、痕迹、物证条件划定。

(3)依据犯罪嫌疑人的思想基础、动机目的、因果关系、恶性程度及反常表现等划定。

(4)DNA 检验技术的运用,在侦破强奸案件过程中,为缩小侦查范围,确定犯罪嫌疑人提供了有力的技术保障。

## 第四节　抢劫案件现场勘查

抢劫罪是指犯罪嫌疑人使用暴力、胁迫或其他方法,强行劫取公私财物的犯罪案件。

## 一、抢劫案件现场的类型

按照不同的标准,从不同的角度,可以将抢劫案件分为若干种类。

(1)根据实施犯罪的地点不同,分为入室抢劫案件、在交通工具上发生的抢劫案件、拦路抢劫案件。

(2)根据抢劫的对象不同、目标不同,分为抢劫银行、运钞车案件,抢劫出租车案件等。

(3)根据抢劫时使用的工具、手段和方法的不同,分为持枪抢劫案件、麻醉抢劫案件、色情勾引抢劫案件、“车匪路霸”抢劫案件,等等。

## 二、抢劫案件的特点

### (一)被害人与犯罪行为人有正面接触过程

这一特点往往使作案人的人身形象等特征得以暴露,从而被侵害对象所感知和牢记。这个特点为现场访问提供了条件。案发后,侦查主体可以通过访问被害人,准确地刻画作案人的形象,从而为破案提供有利条件。但是犯罪行为人事先隐蔽在暗处,突然以暴力将被害人致昏或致死的情况除外。

### (二)有赃可查

作案人从被害人那里抢劫的财物往往具有特殊性、特定性、归属性,发案后作案人无论采取何种方式处理赃物,都有可能暴露。据此,侦查主体可以采取查控赃物、以物找人的方法去侦破抢劫案件。

### (三)作案人在实施抢劫犯罪之前多有预谋准备活动

一般来说,犯罪行为人为了顺利实现犯罪目的,会在作案前进行充分的准备,选择特定的地点和特定的时间来进行作案。犯罪行为人通过“踩点”或尾随的方式跟踪选择作案目标,等目标在特定的时间到达特定的地点,犯罪行为人就会实施抢劫。

### (四)作案人多结伙作案,具有习惯性和连续性

人多胆大,人多势众,公然抢劫需要通过胜过对方的胆量和力量,因此,抢劫犯罪结伙作案多于单人作案。此外,由于利益的诱惑和侥幸心理的驱动及犯罪行为的动力定型,犯罪行为人通常会采用相同的作案手法连续多次作案。

## 三、抢劫案件现场访问的要点

### (一)案件发生、发现的情况

抢劫案件的发案时间、地点,何人发现案件现场,发现案件现场人、事主和其

他人是否进入现场及在现场的活动情况等。

**(二)犯罪行为人的情况**

犯罪行为人的人数、性别、年龄、体貌特征、口音,抢劫的过程及谈话内容,是否化妆等,以便查明是否真正发生了抢劫案件。

**(三)来去路线**

犯罪行为人如何进入现场,采用何种胁迫和暴力手段抢劫财物,采用何种方式将财物运离现场。

**(四)犯罪工具和犯罪手段情况**

犯罪行为人在抢劫作案时,有无持凶器、凶器的种类,有无交通工具等,案后向何处逃窜。

**(五)犯罪行为人在现场的活动情况**

犯罪行为人在现场接触和翻动了哪些客体,并将哪些物品带走。犯罪行为人自身携带的物品和抢劫作案用的工具是否遗留在现场。

**(六)被抢劫物品情况**

犯罪行为人抢劫物品的名称、数量,物品有何特征及被抢前存放地点,贵重物品是公开点名索要,还是盲目搜寻物品。

**(七)犯罪行为人的伤残情况**

犯罪行为人在抢劫过程中,受害人是否与犯罪行为人进行搏斗,犯罪行为人是否受伤,受伤的部位及程度;另外,受害人和犯罪行为人是否受伤出血,有无血迹反映及血迹可能遗留的部位。

**(八)犯罪行为人的其他犯罪情况**

犯罪行为人在抢劫过程中,或抢劫后,有无其他犯罪行为,尤其是抢劫女性后,有无强奸犯罪行为。

## 四、几类抢劫案件现场勘验的重点

**(一)拦路抢劫案件现场的重点**

拦路抢劫案件现场勘验的重点,为抢劫犯罪活动的主体现场和关联现场。

1. 确认拦路抢劫犯罪实施的地点

要认真寻找犯罪行为人足迹,然后依照现场足迹寻找其来去路线;依照进入现场的足迹寻找预先潜伏、逗留处、徘徊地点;在逃离现场的路线上,发现犯罪行为人停留、分赃处和隐蔽赃物地点,以便发现更多的痕迹、物证。这些地点都是勘验的重点。

2. 发现犯罪遗留物及附着物的痕迹和微量物证

在抢劫地点和周围寻找犯罪行为人遗弃的各种物品;如纽扣、烟头、信纸片、凶器、棍棒、手电、弹壳等物品；在现场遗留的物品上显现手印，同时注意提取附着物，并力求在现场发现足迹。

3. 犯罪行为人的人体组织和分泌物

如果被害人在案件发生的现场有与犯罪行为人搏斗或被强奸的情况，应当注意在现场发现提取血迹、精斑；犯罪行为人身上的脱落物和抛弃物，并注意从遗留物品上发现手印和保存嗅源。

4. 交通工具及与之相关的痕迹

犯罪行为人如果使用交通运输工具，可在存放、隐蔽或遗弃交通工具处，寻找自行车、三轮车、架子车及机动车辆等，将车的把手、反光镜、方向盘和易留下手印、脚印的部位，作为勘验的重点部位。若是在车辆被抢，车主被杀害的现场，要着重勘验自行车及车的支架痕、车辆的轮胎花纹痕迹及相关的轮胎数据，依据其轮胎花纹的结构、宽度、轮距、轴距等数据，判断被抢车辆的车型和行驶方向。

5. 来去现场的路线

勘验犯罪嫌疑人来去现场的路线，有可能发现和提取到犯罪嫌疑人的足迹、交通工具痕迹、遗落或丢的有关物品。

**(二)入室抢劫案件现场勘验的重点**

1. 仔细勘验犯罪行为人现场的进出口

犯罪行为人在入室实施抢劫前，往往将房屋的门窗、院墙、房顶及四周墙壁处作为进出口，因此，无论犯罪行为人采取何种暴力手段或隐蔽手段，均应将进出口作为勘验的重点，注意发现挖洞、撬锁、破坏物品形成的工具痕迹以及遗留在相关客体上的手印和足迹。

犯罪行为人在进入现场之前，往往不注意隐蔽，也不注意由于自身活动过程中会遗留痕迹、物证。进入现场之后，虽然引起了注意，又因为是抢劫或受某些活动和周围环境的限制，致使其将手套或脚上捆绑的物品去掉以及身体其他部位直接与被抢客体接触，在接触部位上遗留痕迹。例如，上墙时，由于攀登的需要，即便是借助蹬踩物，手也要抓墙顶部表面，才能攀越围墙，这一活动过程的完成，往往会将其手和足的印痕遗留在围墙的表面，有时犯罪行为人为了不遗留手印，戴手套攀登，这时，犯罪行为人的注意力是放在如何尽快攀越围墙，引体向上时，手和手套局部分离，此时，手的指、掌就有可能在墙顶部遗留印痕，所以，我们要将围墙较隐蔽的遗留有攀登痕迹的地段作为重点部位勘验。

门窗等部位，往往是犯罪行为人进入现场抢劫和逃离现场的必经之路，应作为现场勘验的重点。尤其是入室抢劫杀人案，能否准确确定进出现场的通道、具体部位，对于判断犯罪行为活动过程，刻画犯罪行为人的人身条件和判断是否具有某种技能,有尤为重要的意义。因此,在案发现场,不能仅靠目测门窗栏杆间隙和玻璃框架间隙宽窄的方式,简单地判断特定的门、窗为出入口,更不能凭主观想象确定犯罪行为人采用了何种方式进出门窗,只有通过现场勘验和现场实验后,才能把握现场进出口和部位,发现犯罪行为人遗留的痕迹、物证,才能对犯罪行为人的活动过程作出客观的科学判断。

2. 对现场中心部位的勘验

犯罪行为人在室内实施抢劫时,要用暴力手段胁迫事主,而有些事主不畏强暴同犯罪行为人进行搏斗,因此,搏斗时在地面上会遗留犯罪行为人的足迹或血迹;同时,犯罪行为人要抢劫贵重物品,特别对放置贵重物品的保险柜、金库等客体要进行破坏,那么被破坏客体上会遗留犯罪行为人的手印、手套印痕和工具痕迹及纺织物纤维、金属碎屑等微量物证;犯罪行为人在逃离现场时,由于种种原因,会将作案工具遗留在现场,如照明工具、酒瓶、刀具、切割机、物品包装物等客体,这些客体是被犯罪行为人接触过的,因此,这些部位应作为勘验的重点。

3. 对来去道路和现场外围以及关联现场的勘验

依照现场遗留的足迹或被抢劫的事主提供的犯罪行为人逃跑的路线,在现场外围寻找其进入现场前预先潜伏处和逃离现场路线上的足迹、交通工具和运输交通工具痕迹等,将这些部位和交通工具作为勘验的重点。注意发现犯罪行为人遗留的烟头、纸片、分泌物、纺织品及专用的蒙面物品。若犯罪行为人利用交通工具离开现场,外围现场的勘验范围要确定得大一些,着重把附近的湖泊、池塘,沿路的水库、河流作为现场外围勘验的重点。

4. 对犯罪行为人实施暴力行为的现场痕迹、物证的勘验

如果犯罪行为人使用暴力手段,将受害人杀死、杀伤,要注意寻找凶器、未爆炸的爆炸装置、弹头、弹壳、钢珠、火药残渣、血迹以及捆绑绳索、胶带等物品。

尤其是勘验未爆炸的爆炸装置时,要由排爆专业技术人员来进行拆解。拆解前,要注意拍照固定,注意发现、提取和保护未爆炸装置表面及用作爆炸装置的包装物品上的手印、附着物,对拆解后的炸药装置、包装物或填充物,要逐一记录,查清用途、属性及销售的范围。

排爆专业技术人员应根据爆炸装置的制作方式,对犯罪行为人是否具备制作爆炸装置的技能作出判断,并分析其有无职业特点。

**(三)发生在交通工具上的抢劫案件现场勘验的重点**

有的作案人选择在汽车、出租车、火车、船只等交通工具上实施抢劫。发生在交通工具上的抢劫案件具有得逞率高、便于逃跑、不易留痕迹或者痕迹易受损害等特点。因此,交通工具发生的抢劫案件难度较大,但仍有勘查的价值。此类案

件勘查的重点：

1. 犯罪行为人的手接触部位

在汽车、火车车厢内发生抢劫案，现场勘验时，应把犯罪行为人乘坐座位的扶手、车门把手、车窗和行李架上，作为发现手印的重点部位。被犯罪行为人翻动过的司乘人员的提包以及包内物品，如笔记、零散钱、票据、稿纸等物品上，也是显现发现手印的重点部位。

2. 犯罪行为人的脚接触部位

将犯罪行为人蹬踩的座位、椅凳、引擎盖等部位，作为寻找发现犯罪行为人足迹的重点部位。

3. 犯罪行为人遗弃的物品

注意在车厢内，尤其是在货车车厢内寻找、提取犯罪痕迹、物证，收集犯罪行为人遗留的烟头、手套、口罩、食品、水果、瓶盖、匕首、棍棒、纸片等遗弃物，这些遗弃物易留下犯罪行为人的手印、牙齿痕迹、唾液和其他痕迹，应作为勘验的重点。

4. 出租车被抢劫和驾驶员受害地点

出租车被抢劫，有的是犯罪行为人将驾驶员杀害，抢劫车内物品；有的是将驾驶员捆绑，采取暴力手段迫使其失去抵抗能力，将其车辆抢劫。此类现场的勘验重点：一是将驾驶员杀害后抛尸的地点。二是将驾驶员捆绑的地点及捆纺绳索、封装胶带等物品。三是被抢劫的车辆和车辆上录音带设备（同一台录音设备上使用的不同录音带，可作同一认定检验）作为勘验重点。

**（四）利用色相勾引和麻醉抢劫两类抢劫案件现场勘验**

对利用色相勾引进行的抢劫和麻醉抢劫两类抢劫案件，现场勘查中应将勘验工作与控赃工作同步展开。

1. 利用色相勾引抢劫案件的勘验

利用色相勾引他人，入室后同伙以冒充警察身份或以女方的亲戚等身份再进入房间以胁迫、暴力或其他手段，对被骗的人员进行抢劫，此类案件有的是租借民房，有的是事前在私人开办的旅馆登记好房间，作为抢劫的场所；有的是直接到被害人租住的房间，以暴力手段抢劫现金、手机、金银饰件或储蓄卡、存折等物品，并胁迫受害人，让其告知存折密码，一旦得手，就快速逃离现场。

2. 利用麻醉抢劫案件现场勘验

利用麻醉品将受害人制伏，再进行抢劫，有的是在宾馆，有的在火车上将麻醉品装入饮料、酒或者食物中，以各种方式骗取被害人的信任，被害人误食了有麻醉品的饮料和酒、食物，轻者昏睡，失去抵抗能力，重者有可能死亡，犯罪嫌疑人借此机会，将被害人的金钱、手机、储蓄卡等物品抢劫。

对上述两类抢劫案件的现场的勘验,要注意提取茶杯、酒杯、瓶子等物品上的手印,发现地面、床上的足迹,要及时通知银行冻结被抢存折的款项,发现取款人及时通知公安部门。要对手机的销售点布控,同时,也要及时与有关部门联系,监控被抢劫的手机,搞清楚犯罪嫌疑人使用手机的区域。

## 第五节　盗窃案件现场勘查

盗窃案件现场,是指犯罪行为人以非法手段秘密攫取公私财物的处所及遗留有与盗窃犯罪行为相关的痕迹、物证的场所。在我国,盗窃案件的发案数一直高居各类案件之首,在刑事案件中所占的比例最大,因而,盗窃案件现场也是各类犯罪现场中数量最多的一种。

### 一、盗窃案件的类型

在实际工作中,为了便于侦查,常需要对盗窃案件现场进行分类。比较科学的分类有以下几种:

第一,依据实施盗窃的目的不同,可分为经济性盗窃现场和非经济性盗窃现场。

第二,依据犯罪行为人是否单位内部人员,可分为内盗、外盗、内外勾结盗和监守自盗现场。

第三,依据犯罪行为人针对的盗窃目标的不同,可分为盗窃现金现场、盗窃文物现场、盗窃保险柜现场、盗窃枪支现场、盗窃车辆现场等。

第四,依据侵害的部位不同,可分为室内盗窃现场、室外盗窃现场、运载工具上盗窃,其中,室外盗窃现场又可分为公共场所盗窃(如扒窃)现场和野外现场等。

### 二、盗窃案件的基本特点

#### (一)多有预谋准备和窥测踩点过程

盗窃案件中的大多数案犯都有不同程度的预谋准备和窥测踩点过程,但是也有少数作案机会很强的而没有预谋的案件。预谋准备活动主要有三种:一是选择作案目标,寻找、观测财物存放处,了解财物的保管方法和有关制度等;二是观察现场环境条件、门窗结构和报警装置,窥测进出路线及事主、周围群众的生活、工作规律等;三是准备作案工具,策划作案方法,熟悉作案技术,寻找作案时机。

#### (二)现场一般留有容易收集的盗窃证据

除了扒窃、拎包等案件外,盗窃案件现场大多留有明显的破坏痕迹。尤其是在入室盗窃案件中,由于事主的财物通常都有保护措施,案犯在盗窃前有时需要制造侵入条件,而实施盗窃一般要破坏、触动障碍才能取得,有时要排除多层障碍。案犯为盗窃成功,排除这些障碍物,轻者需要直接接触,重者需要借用工具通过撬压、砸打、钻挖等手段进行破坏。由此可见,现场原貌必然会改变并留下各种痕迹、物品,作案工具也可能遗留在现场上。

**(三)盗窃的手法带有惯性**

盗窃犯罪的手段多种多样,但是就某一特定的案犯来说,其多次盗窃作案的手段往往带有惯性,具有各自的特征。盗窃是一种再犯可能性很大的犯罪活动。由于贪欲在屡次作案中不断膨胀,盗窃案犯难以罢手。大多数案犯在长时间的连续作案过程中积累经验,往往总结出一套得心应手的比较定型的盗窃手法。习惯性的盗窃手法在作案过程中一再得逞,案犯往往会下意识地连续使用。习惯性的作案手法的适用,给案犯带来便利,同时也为侦查机关推断案犯的心理、生理和技能等特征提供了条件。

**(四)被盗财物具有追查价值**

通常实现所盗窃财物可满足的需要才是案犯的最终目的,因此在作案后,案犯总要通过某种方式处理所获财物。凡是盗窃既遂的案件,被盗财物都有追查价值,这是因为被盗财物都有自身的特征,并且案犯处理财物的方式和途径有规律可循。被盗财物时分析作案动机、目的的重要依据,是获取侦查线索和证据的主要渠道,因此,在现场勘查中要掌握清楚财物的种类、数量和特征。

## 三、现场勘查的任务

在报称的盗窃案件现场中,并非所有的现场都是真实的盗窃案件现场。例如,有的人为了骗取保险金或出于其他动机而故意伪造盗窃现场;有的现场财物被动物破坏或自然灭失,事主误认为发生了盗窃犯罪等。这就要求侦查人员和技术人员在到达特定场所之后,要留意判明该现场是否为实施盗窃犯罪行为而留下的现场。经过甄别,如果没有盗窃案件的发生,应该根据具体情况作出妥善的处置;如果确有盗窃案件发生,则应通过现场勘查完成以下任务。

**(一)确定盗窃案件现场的具体性质**

通过对现场的实地勘验,并结合现场访问所获的信息,确定该现场是经济性盗窃现场还是非经济性盗窃现场,是内盗、外盗、内外勾结盗现场还监守自盗现场,以最后确定盗窃案件的具体性质,并据此划定侦查范围,明确侦查方向,开辟正确的途径推进侦查。

**(二)发现、记录、提取、检验、分析有关的痕迹、物品,了解与盗窃犯罪有关的情况,推断犯罪行为人应具备的条件**

除部分扒窃现场和部分车辆被盗现场勘查价值不大外,多数盗窃案件现场都留有痕迹、物证可供勘验,如撬压、破坏、钻爬、攀登痕迹和手印、足迹等痕迹或遗留在现场上的作案工具、手套、烟头、火柴杆及其他随身携带的物品等。通过对这些痕迹、物证的详细检验和分析,有助于查明与盗窃犯罪有关的情况,如犯罪行为人进出现场的出入口和来去路径;侵入现场的方式、部位、工具;现场上触动了哪些物品,是否留有手印、足迹等;犯罪时间及犯罪活动的整个过程,该过程及痕迹、物证能否反映出犯罪行为人的职业特点或习惯性手法等。

同时,通过对现场上的痕迹、物证的检验和分析,再结合被盗物品的种类、数量、用途和调查访问所获情况,可以对犯罪行为人的人身形象和其他个人特点作出推断,如犯罪行为人的人数、年龄、身高、体力、嗜好、性别、文化程度、职业、体貌特征、心理特征以及是否具有某种技能、是否有前科、是否知情等。

**(三)采取紧急侦查措施**

盗窃案件的特点之一就是有赃物可查。在勘查盗窃案件现场时,要根据现场的不同情况及赃物的特征、数量等情况,具体问题具体分析,及时采取相应的紧急措施,快速反应,以达到控制赃物的转移、改装、销售及抓获犯罪嫌疑人的目的。

1. 追缉堵截

对发案时间不长、犯罪嫌疑人逃跑不久、逃离不远,其体貌、衣着、随身携带物品、所使用的交通工具等方面的特征明显或被盗物品特征比较明显,且具有追缉条件的,应及时组织力量追缉堵截。

2. 搜索、寻找赃物,张网捕捉犯罪嫌疑人

根据现场或赃物的体积、重量、数量或运输工具状况等情况,判断赃物可能隐藏于现场的附近时,应该及时组织力量对现场外围进行搜索。如果发现了犯罪嫌疑人失落的物品和隐藏赃物的处所,不要轻举妄动,应该保持其原状,并组织力量守候,以捕获可能回来取物的犯罪嫌疑人。

3. 紧急部署控制赃物

如果被盗财物中有外币,应加强对外汇储存、兑换和使用的控制。如果被盗财物中有银行存折、支票、国库券、取货单等物,应及时通知有关单位,在挂失的同时,请相关单位在开展兑换、支取、发货等有关业务时提高警惕,加强控制,以协助缉捕犯罪嫌疑人或其他关系人。如果现金、货物已经被犯罪嫌疑人取走,应及时向有关人员了解领取的时间和领取人的体貌特征等有关情况,如果犯罪嫌疑人取赃之处设置有监控装置,应及时调取监控录像,获取犯罪嫌疑人的影像资料。然

后根据具体情况进一步采取相应的侦查措施。

4. 对犯罪嫌疑人可能继续实施盗窃犯罪的场所进行控制

如果通过现场勘查，分析犯罪嫌疑人很有可能继续对相关单位实施盗窃犯罪，则应及时通报有关单位加强防范，并组织力量守候，争取直接抓获再次作案的犯罪嫌疑人。

## 四、现场访问的重点

对有关人员的访问，和盗窃案件现场勘查的重要任务，当事人及有关知情人员提供的情况是侦查线索的重要来源，也是分析盗窃事实是否存在以及立案侦查的重要依据，对盗窃案件的现场访问，主要在被盗的当事人、法人代表、值班巡逻人员、现场周围的群众等人员中进行，询问的主要内容有以下几方面。

### （一）被盗财物的存放情况、特征及被盗经过

向当事人了解被盗财物是何时何地经过哪些人放进现场的，具体如何存放保管的，财物的保管有何规定和制度，是否按规定和制度保管的等。

了解被盗财物的种类、名称、数量及特征，特别查明物品的商标、破损情况及暗记等特征，还要问明被盗财物中是否有存折、有价证券和其他票据，以便采取有效措施进行控制。

了解财物的被盗经过。当事人是何时离开财物存放处的，离开时在现场做了什么，何时返回发现被盗的；是谁发现被盗的，具体在什么时间，是在怎样的条件下发现被盗的；被盗时当事人、值班巡逻人员等在什么地方，干什么事情，有谁证明等。

### （二）现场有关情况

询问现场的原始情况。财物的具体存放部位，是怎么保管的；门窗是否关闭，是否反插或上锁；有无报警装置；哪些物品是经常使用移动的，哪些物品是很少接触的等。

同时了解现场的变动情况。发现被盗时的现场情况，发现被盗时现场处于什么状态，门窗是否被撬，是关闭、半开还是全开；玻璃是否破碎；门锁是否被撬掉，丢在什么位置；是否有人进入过现场，经过哪些部位，触摸碰动了什么物品；进入现场时穿什么鞋，具体干了些什么等。

### （三）有关当事人等的活动规律

主要询问当事人起居、工作、家中存款、财物、放置财物的规律等情况。

对保卫、值班人员的工作情况也要详细了解。每天值班、保卫、巡逻的人数、次数、交接班的时间，有无违反制度规定及漏岗漏哨、巡逻不到位等不负责任的情

况等。

**（四）发案前后的疑人疑事**

了解发案前后是否有可疑人在现场附近窥测、徘徊及可疑人的体貌特征、衣着打扮、可疑动作；发生案件时是否听到某些异常声响；当事人怀疑是哪些人作案、根据是什么，这些人表现如何、案发后是否出走、有无反常迹象等。通过调查，为排除嫌疑人提供依据。

## 五、几类盗窃案件现场勘验的重点

**（一）室内盗窃现场的实地勘验**

1.对现场进出口的勘验

犯罪行为人入室实施盗窃，总要通过一定的孔道进入存放财物的处所，盗窃得逞后，又必然要通过一定的孔道逃离现场，这个进出现场的孔道通称为进出口。犯罪行为人进入现场的方式多种多样，但无论是采用破坏障碍物（破门窗、挖洞、揭瓦、撬拧门锁等）的方式，或是攀登入室，抑或是趁人不备先行潜入室内，都会在进出口附近留下相应的痕迹、物证。所以，对进出口的勘验是盗窃案件现场勘查的重点之一。

在侦查实践中，许多盗窃案件现场的进出口并非很明显，如拨锁舌入室，用配制钥匙开锁入室，先潜入室等，但无论现场上是否有明显痕迹，对犯罪行为人可能经由进出现场的进出口，都要仔细地勘验检查，并尽量运用高科技手段发现、显现、提取痕迹、物证，同时应注意观察是否有反常现象。对盗窃案件进出口的勘验主要应把握以下几方面：

（1）观察现场墙壁的状态。注意观察是否有攀登、擦划等痕迹。对于楼房等高层建筑，同时要注意观察墙壁上的钉子、电线瓷瓶、雨水管以及阳台上、附近的建筑物上、窗户防盗网上有无攀登、蹬踩、架梯、擦划痕迹或新鲜的泥土和其他遗留物。

（2）勘查墙壁上洞口的状态。如果是从墙壁上挖洞进出现场的，要注意勘查洞口的大小、形状和部位，并结合被盗物品的体积等，以分析犯罪行为人或被盗物品能否从此洞口出入；洞口是否内小外大，挖洞时挖出的砖、石、土等是在墙外还是墙内以及挖洞工具痕迹的作用方向。同时要注意观察洞口周围有无足迹、坐卧痕迹和烟头、挖洞工具等。

（3）勘查现场门的状态。门是关闭还是开启；门上的玻璃是否缺损及缺损的原因、时间；门上是否有撞击、撬压、钻洞痕迹；门锁是否脱落及脱落的原因、部位和相应的痕迹，必要时，要拆卸门锁，检查锁舌、锁芯上是否有擦划痕迹和微量物质;门扇的内外侧及门内外地面有无手印、脚印或蹬、擦痕迹和附着物等。

(4)勘查现场窗的状态。窗是关闭还是开启;窗玻璃有无缺损及缺损的时间、原因;玻璃是被打碎还是被拆卸,玻璃或玻璃碎片所处的位置,其上有无手印、手套印、血迹或黏附的胶纸、胶布等物;窗台上有无攀登、踩踏痕迹;窗上插销所处的状态;窗栅栏的材质、间隔距离,被锯断、剪断或拉弯、撬弯的方向、根数、形态,着力点有无附着的铁锈、油漆、手套纤维等微量物证;窗上是否有蜘蛛网,蜘蛛网是否被触动;窗框上积灰较多的地方有无减层手印及擦划痕迹;窗上突出的铁钉、木片上有否衣物或手套等纤维;窗的内外地面及墙壁上有无足迹、擦划痕迹等。

(5)勘验房顶的状态。房顶有无瓦片被揭而形成的洞口;室内屋顶有无天窗;房顶距地面的高度及洞口、天窗距室内地面的高度;洞口的部位、形状、大小;犯罪行为人从洞口或天窗进入室内是否借用了绳索、棍棒、梯子等工具,留有哪些痕迹、物证。

2. 对被盗财物存放地点的勘验

被盗财物的存放、保管处所,也就是盗窃现场的中心部位。由于被盗财物的存放地点是盗窃犯罪行为人的主要目标,犯罪行为人在那里的活动时间较长,犯罪行为的实施也比较集中,如触摸、翻动、钻、锯、撬、砸等,是留下痕迹、物证较多的地点。犯罪行为人在该部位走动频繁、情绪较紧张或兴奋,也最易留下犯罪痕迹、物证。详细、全面地勘验盗窃案件现场的中心部位,不仅可以获取重要的犯罪证据,而且有助于对整个犯罪活动过程的全面认识。

(1)勘验现场物品的变动情况。勘验时,一般要在事主或保管人员的协助下,了解哪些物品被移动、翻动、破坏;现场变动面有多大,是否凌乱不堪;现场上有无不必要的破坏障碍物的行为,是见锁就撬、见物就翻,还是翻动面虽小,但目标比较准确。通过对现场上物品位置的移动情况、组合状态的改变情况的分析,可以推断犯罪行为人盗窃目标是否准确、是否具备知情条件、是否流窜犯罪行为人及是否惯盗分子,也可以分析犯罪行为人作案的具体过程。

(2)重点勘验存放财物的具体部位。被盗财物多系现金、有价证券、贵重物品,这些财物多放于箱、包、柜及办公桌的抽屉里,犯罪行为人要窃取财物,往往要破坏这些障碍物,从而留下许多痕迹、物证。实地勘验时,首先要具体分析这些箱、柜、抽屉等所处的具体位置,是否上锁;其次是否有破坏痕迹以及该痕迹所在的部位、形状、大小、作用力方向和痕迹遗留的先后顺序;箱、柜、抽屉等物体上及附近地面上有无手印、足迹等。

(3)详细勘验痕迹、物证。①勘验工具痕迹。盗窃案件现场中心部位最常见的痕迹就是工具痕迹。犯罪行为人破坏障碍物时往往需要借助一定的犯罪工具,如锯、钻、螺丝刀、钳子等,这些工具痕迹虽然种类繁多,痕迹形态变化多样,出现率高,具有稳定性强、不易破坏、立体性强等特点。勘验时,注意勘验工具痕迹的种类、数量以分析犯罪行为人的人数、分工;注意勘验痕迹上的黏附物(如从被破坏的客体上脱落的油漆等)出现的先后顺序及其分布状态,以分析犯罪行为人的作案过程,辨识现场的真伪;勘验痕迹的局部形态以确定成痕工具的种类;勘验痕迹出现部位是否准确,以分析犯罪行为人是否具有专业技能或是否有该类犯罪前科。②勘验手印、脚印。应根据犯罪行为人的作案过程和变动的物体去搜寻现场上遗留的手印、脚印,被翻动、移动、触摸过的物体上面及附近地面常常留有犯罪行为人的手印和脚印。如果犯罪行为人戴手套作案,不能轻易地放弃对现场的详细勘验,因为犯罪行为人在作案时的紧张心理或发现贵重物品时的极端兴奋心理的驱使下,或在破坏某些特定障碍物、搜寻某些财物(如书页中夹藏的纸币、支票)时,都有可能脱下手套,从而遗留下手印。

**(二)室外盗窃现场的实地勘验**

室外盗窃是发生在露天的盗窃案件现场。室外盗窃现场的外在表现明显,范围大、翻动大,触摸、移动物品多,痕迹繁杂。勘查时应按中心、外围、沿途的顺序进行,其优点是以中心现场的可疑犯罪痕迹(主要是足迹)为依据,向外围沿途扩展,可以提高效率和质量。

1.实施犯罪行为现场的勘查

与室内案件现场勘查一样,选取没有足迹和物品的路线进入现场,勘验的重点是:(1)足迹。室外盗窃现场的地面多为土地、水泥或沥青等,质地粗糙,浮土较厚,足迹遗留条件不好,多遗留在被搬动、移动、破坏的物品部位周围,因此应特别注意用侧光观察。对半硬地面和浮土上的足迹,首先拍照摄影,再采取不同的方法固定后用灌制石膏模型提取。中心现场往往比较乱,要注意遗留在物品上的足迹及被物品覆盖的足迹。室外盗窃多为团伙作案,足迹是分析作案人员的可靠依据,要做好排除、甄别工作,以便确定作案人数。在确定了可靠足迹后,首先要通过这些足迹分析行为人在现场活动的情况;其次找出他们的来去路线和入出口;最后,还要通过足迹分析行为人的个体特征。(2)手印。由于室外遗留手印的条件复杂,被触摸、移动的物品多数质地粗糙、体积较大,发现和提取手印比较困难,但不可放弃,当遗留客体条件好时,应注意发现。利用各种光来认真查找发现。(3)遗留物品。室外盗窃案的现场遗留物主要有工具、包装物、捆绑物等。如果是团伙作案,有时还会留下衣物等个人物品。对这些遗留物品要先拍照固定,再提取。要注意包装物,特别是对较为特殊的、可能属于个人的物品,有新鲜断裂痕迹,又不能在现场找到其余部分的物品,均应单独包装,以防止不同物质间的交叉污染,影响微量物证检验及作为嗅源的效果。(4)其他痕迹。主要是运载工具痕迹,如轮胎痕迹、人力车的支棍痕迹等,并分析其运动方向。

2. 入出口及沿途现场的勘查

通过足迹和破坏痕迹确定了入出口后,要注意和分析以下几个方面:(1)破坏工具痕迹,蹬、踏痕迹和附着物。盗窃现场的围墙可能被挖洞,铁丝网可能被剪切,门锁可能被撬别、打击等,这些都是会留下所用工具的痕迹。如果犯罪行为人是翻墙而入,可能在墙壁、墙头留下蹬、蹭、扒、扶的痕迹。如果是钻洞而入,特别是被剪切的铁丝网的断面上可能会留下纤维等附着物。所有这些痕迹都要注意发现并提取。(2)分析入出口的方法。通过对行为人入出口的选择和入出方法的分析,可以判断行为人对作案现场的熟悉程度。一般来讲,现场面积较大,能选择距看管人员的处所较远,并能避开巡查,找准时机作案的,是对现场情况有一定了解的,或是踩过点;随机性强的,则多为流窜作案。(3)如发现被盗物品较多,且体积大,沉重,就要考虑是否有运输交通工具。要在入出口附近注意发现是否有车轮痕迹,并分析车种(机动车或非机动车)及其去向。(4)沿途勘查。可沿足迹或车轮痕迹进行沿途勘查,注意发现可能遗落的现场被盗物品。如遇路口,应特别注意观察分析可疑痕迹,找出作案人(车)的方向。

**(三)运载工具盗窃案件的现场勘验重点**

利用运载工具实施盗窃活动所侵犯的现场多是存有大量生产、生活资料的地点、场所,如露天贮物场、库房、建筑工地、商店等。使用小型运载工具(自行车、三轮车等)的,也有针对一般目标,如居民住宅、机关、企事业单位办公室等。当现场出现可能有利用运载工具作案可能性时,应进行如下工作:

1. 对被盗物品及部位的进行勘查

通过勘查、询问,了解被盗物品的体积、重量、数量、形状等,并发现可能的痕迹、物品,如手印、鞋印、工具及其痕迹、包装物或遗留物。

2. 对装运现场进行勘查

一般来讲,被盗物品都要有搬运、装载过程,可沿足迹及散落物品寻至装载地点,一般会在门口、围墙外等处。如果用船舶,则在水边有停泊船舶条件的地点搜索。装载现场会有杂乱的足迹和零星的被盗物品,特别是车轮痕迹。对轮胎痕迹先加比例尺拍照再灌制石膏模型提取。

3. 沿途的勘查及路线

车轮碾过的土地面会留下轮胎痕迹,其边缘会有与车轮前进方向相反的倾斜痕迹;如硬地面上有浮土,也会有类似的现象。据此可以沿途勘查,可能会发现遗落、散失的被盗物品。路访也是必要的,可能会有目击者提供车型、方向等线索。

4. 对运载工具的勘查

对于可疑的运载工具，勘查的目的有两个，一是该工具是否为盗窃案件使用的，做到“以车找案”；二是使用工具的人是谁，做到“以车找人”。因此，在勘查中应注意发现：

(1)与现场被盗物品相同的物质和痕迹。数量较多的被盗物品或零落的物品可能会在运载工具上遗落；大件笨重的被盗物品可能会在运载工具上留下刮、擦、压、撞等痕迹，这些都能反映出可疑运载工具与现场的联系。

(2)与现场轮胎痕迹进行对比。先进行花纹种类、轮距等方面的种类比对，但要注意轮胎式通用性、互换性很强的部件，要同时了解是否有更换的情况，再进行轮胎的细节特征比对。

(3)手印、鞋印等的勘查。在驾驶中最常接触的那些部位如方向盘、反光镜、后视镜、各种把手等部位要认真搜寻。如现场空间较小，可采用“502”整体熏显。

(4)车辆内的勘查。对于被抛无主的可疑车辆，除手印、鞋印的勘查外，还需对车辆内的各种原始情况进行勘查并作详细记录。主要有车门是否锁闭，里程表数字，燃油量，档位，手刹状态等，这些对于推断驾驶人员的职业化程度、反推作案时的行使里程等都具有参考的作用。车牌号、车架号，发动机号等对于“以车找人”也有重要作用。

5. 可疑场所的现场勘查

如发现可能存在被盗物品的可疑场所，其勘查重点是搜寻和发现被盗物品，其他方法与可疑运载工具勘查方式相同。

总之，运载工具盗窃案件现场的勘查时运用各种技术手段、方法，并通过分析、比对、判断，将被盗现场，运载车辆，犯罪行为人联系起来，做到“以案找车(船)”，“以车(船)找人”。

## 第六节　计算机网络犯罪案件现场勘查

### 一、计算机网络犯罪现场

#### (一)计算机网络犯罪现场的概念

计算机网络犯罪现场是指存在和发生计算机网络犯罪案件或与之相关联的场所和地点，它可能是看得见的有形的现场，如计算机机房、网吧、终端室等，也可能是看不见的无形的现场，如电磁辐射区等。计算机犯罪现场，指的是计算机网络犯罪行为的一切活动空间，不仅包括罪犯活动实施的地理空间、物理载体等实体空间,也包含犯罪行为活动中传递的所有数据信息、网络节点等虚拟空间。①

一般来说,计算机网络犯罪现场总是与计算机有关,计算机和信息通信技术的高技术含量使犯罪信息可能隐藏在各个环节或处于不同状态,因而计算机网络犯罪较之其他的犯罪具有更大的隐蔽性,由此造成计算机网络犯罪发现难、现场认定难。常规计算机网络犯罪现场认定着重依赖于计算机技术自身的特点,以计算机及其相关设备为中心开展工作。②

### (二)计算机网络犯罪现场的特点

任何犯罪都是发生在一定时间和空间内的,必然会形成一个或多个犯罪现场,无论犯罪人如何处心积虑地想去掩饰或破坏,都无法完全地抹去犯罪的痕迹。计算机网络犯罪也同样存在这样一个或几个犯罪现场,但由于计算机网络犯罪的独特性而使计算机网络犯罪现场不同于传统犯罪,具有以下特点:③

1. 整体性

计算机网络犯罪案件中绝大多数都是异地犯罪,即在一个地方实施犯罪而该犯罪结果却发生在另一个地方,即犯罪人是选择在不同时空条件下进行计算机犯罪活动的,这些不同的时空就形成了不同的犯罪现场,这些犯罪现场都是各自相对独立地,它们分别反映了犯罪人在不同时期和阶段的行为,但从它们之间的内部联系来看,这些看似相对独立地现场又相互联系,互为因果,犯罪人在一起犯罪案件的不同阶段形成的不同犯罪现场只能反映案件的某个方面或某个阶段的行为,只有将它们综合起来才能构成一起计算机案件的完整现场,只有将各个阶段的不同现场作为一个整体来勘验认证,才能重现一起案件的全貌。

2. 时间瞬时性

在计算机网络犯罪现场,计算机中的数据、运作程序,会随着时间的推移或人为的有意、无意破坏或自然条件的影响而发生改变乃至消失,这些现象的消失将会给侦查破案带来十分不利的影响,使案件侦查事倍功半,这将极大地浪费司法资源,因此对犯罪现场的勘验要遵循及时性原则。

---

① 李喆、马丁:"计算机犯罪现场及现场电子数据处理研究",载《信息网络安全》2012 年第 5 期。

② 罗文华、胡欣、吴连锋:"计算机犯罪现场的认定",载《警察技术》2007 年第 3 期。

③ 有学者认为:计算机犯罪现场具有三个特性:(1)隐蔽性。计算机犯罪现场具有较强的空间跨越性,存储的数据量庞大。(2)伪装性。电子数据伪装是为了阻碍犯罪侦查的一种特殊手段,它利用隐蔽、欺骗、迷惑等措施防止目标识别,以掩盖真实的犯罪目的和犯罪行为。(3)智能性。计算机犯罪现场涉及很多智能设备和高端技术,高科技犯罪分子常利用智能化的犯罪技术和设备清除犯罪痕迹,转移侦查人员的侦查视线。李喆、马丁:"计算机犯罪现场及现场电子数据处理研究",载《信息网络安全》2012 年第 5 期。

3. 区域跨越性

计算机网络犯罪多为异地犯罪,犯罪的行为地和结果地常常分离,一个案件往往涉及一个国家的不同地区,甚至于跨越不同的国家,此时对犯罪案件进行现场勘查就成了一个棘手的问题,除了关系到地区间的合作,国际间的援助外,还有一个及时性问题,因为现场具有时间的瞬时性,越早赶到现场,对侦查人员越有利,现场跨度越大,对侦查就越不利,这就要求侦查人员要提前作好现场勘查计划,及时有效地执行。

4. 电子数据证据脆弱性

在计算机网络犯罪犯罪现场中,很多证据是以电子数据证据的方式存在的,作为犯罪证据的电子数据、电子脉冲很容易被篡改、销毁。① 因而,计算机中的数据非常脆弱,而且容易消失,有时是很难再恢复,甚至是不可能恢复的。②

**(三)计算机网络犯罪现场的确定**

计算机网络犯罪案件的现场,它不同传统犯罪的物理现场,计算机网络犯罪的发现地或结果地未必是作案地。因此,确定案发的作案地或说真正的犯罪现场非常重要。另外,一般计算机犯罪现场总是与计算机有关,由于计算机的高技术含量使犯罪信息可能隐藏在各个环节或处于不同状态。

计算机犯罪案件可能发生在单台计算机上,可能是在局域网中,还可能是在网络中。无论其发生在何处,总是会形成至少一个犯罪现场,这个现场可能是计算机本身、操作员的控制台、程序员的控制台、计算机的远程终端、远方城市的电话、计算机的通信线路或电磁辐射区等。③ 侦查人员要侦破案件首先得认定犯罪现场,再通过勘查现场确认是否有刑事案件发生,应否立案,并收集证据。传统的犯罪案件一般都存在有形的看得见的现场,容易发现,而计算机网络犯罪案件的现场不同于传统犯罪的现场,它有看得见的现场,但主要是看不见的虚拟的现场且其犯罪现场区域跨度大,发现计算机犯罪的发现地或造成犯罪后果的结果地未必是作案地。因此,确定案发的作案地或说真正的犯罪现场非常重要。只有根据已知线索,通过分析案件性质、作案时间来确定。

具体可以分为以下几种现场的确定:

1. 单机系统犯罪现场的认定

对单机系统进行攻击和破坏的犯罪,其现场容易认定,一般就是犯罪嫌疑人

---

① 马宁:"谈计算机犯罪案件的现场勘查方法",载《理论界》2007 年第 5 期。

② 李娜:"单位犯罪现场中以计算机为中心的线索挖掘",载《中国刑警学院学报》2015 年第 3 期。

③ 马丽霞主编:《犯罪现场勘查》,中国民主法制出版社 2007 年版,第 346 页。

破坏的或使用过的计算机系统及机器所在的物理空间。

2. 互联网犯罪现场的认定

侦查人员寻找互联网上的犯罪现场一般是从犯罪结果显现的计算机或被侵害的对象入手的。互联网犯罪往往存在于多个现场,常见的犯罪情况是作案在一个地方,犯罪结果可能出现在另一个地方或多个地方;作案人实施互联网犯罪既可以在家中、单位,也可以在网吧等公共场所,犯罪结果发生的地点可能在ICP服务器中,也可能是其他用户,所以说,网络犯罪现场可能存在于整个网络。对于具有固定IP的上网用户可以根据ISP系统日志中的IP地址直接查出单位和个人,对拨号上网的用户,还会在认证的服务器中留下用户名、电话号码以及所占用的动态IP地址。因此,在互联网上发现犯罪,首先需要根据ISP系统日志追查犯罪嫌疑人的IP地址,核查主叫号码,对于境内号码,再根据主叫号码确定实际地址,从而认定现场。①

3. 局域网犯罪现场的认定

在局域网中,一旦发现犯罪,首先可以认定最先发现问题的计算机系统就是犯罪现场,然后根据报案人提供的具体细节,并根据网络线缆和集线器、路由器、交换机、MODEM等设备的工作状态来确定是否存在来自外部的入侵。最后通过查看系统主机的日志,确定具体的作案时间和终端设备。总之,无论哪种类型的计算机犯罪案件,计算机都是目标物和指向物,因此,一般认定现场的基本方法是:

(1)以发现问题的计算机为中心;

(2)根据计算机系统日志或审计记录以及现场发现的其他相关信息;

(3)充分考虑犯罪嫌疑人的作案动机、手段以及计算机知识和技术水平,对整个案件进行综合、全面分析,从而确定现场。例如,1999年四川某厅信息中心受到黑客的攻击,致使全省厅内电子邮件系统瘫痪。重庆警方从搜索被攻击的邮件服务器的磁盘和相关文件夹和工作日志文件开始,查找到犯罪行为人进入内部网的途径和邮寄电子邮件炸弹的IP地址以及收到邮件炸弹的时间,以此确定了犯罪现场,从而大大缩小了犯罪嫌疑人的范围。

**(四)计算机网络犯罪案件现场的保护**

计算机网络案件现场保护与普通刑事案件现场相比,普通的现场保护方法几乎不能适用计算机网络犯罪现场保护。因为计算机网络犯罪现场的物证不同于

---

① 靳慧云:"计算机犯罪案件现场的认定和保护",载《中国人民公安大学学报》(自然科学版)2003年第4期。

普通案件的物证，指纹、足迹对侦查人员几乎没有应用价值。犯罪嫌疑人从预谋到实施犯罪行为可利用任何时间而不被人发现，且机房工作人员一般为多人，因此，保护现场已不是一般的划定范围，保护痕迹、物证、尸体等，而是技术性的保护。对于计算机犯罪现场的技术保护，《公安机关办理刑事案件程序规定》第197条规定：对计算机犯罪案件现场保护，应当立即停止计算机使用，保护计算机及其相关设备。①

因此，计算机网络犯罪案件发生后，一旦认定了犯罪现场，妥善保护现场和有效地控制现场是争取破案、抓获案犯的重要一环。因此，当受理了计算机网络犯罪的案件或得到有关犯罪线索后应做好以下几个方面的工作。

(1)侦查人员在接到报案或发现案件时，应及时赶赴犯罪现场，对所有可疑的现场进行封锁，布置警戒，维持好现场周围的秩序，任何人未经许可不得进入案发现场，特别应该防止犯罪嫌疑人再次进入现场对机器进行操作。如果无法将所有人与设备隔开，并且明显地有证据被删除或者丢失的危险，应该考虑切断外部电源供给。禁止任何人干预计算机信息系统的电力供应，如果电力被破坏，必须做记录，并由破坏者说明原因并签字或盖章。

(2)侦查人员应该调查相关计算机系统与外部其他系统的连接状况。断开计算机系统与外界的连接。如果断开连接不会对取证造成影响，则应立即断开连接，以保证计算机系统的独立性。但在断开之前，要进行认真分析，如犯罪行为人正在利用网络作案，则在网络连接中可能存在证据，断开连接可能对发现证据造成影响。如果断开连接对系统的业务可能带来很大的破坏或对系统的运营方造成很大的经济损失，则应该由案件管辖地网络监察部门负责人批准才能断开连接。

(3)不开启或关闭计算机系统，不要随意操作或移动机器及相关设备，最大限度地使设备处于原始状态，为此应该封存现场物品其中包括内部工作人员手中的工作日志、存储介质。并对系统日志文件和审计记录进行备份。封存现场中的计算机系统、网络设备，在封存前应记录下正在运行的计算机信息系统的工作状态和相关参数，防止关机后无法恢复。

(4)注意保护存储介质和资料文件，防止任何人携带计算机证据离开。未经调查人员允许，任何人不得携带电子存储介质、纸张及其可能携带的证据物品离开现场。如果经调查人员允许携带离开现场的物品可能包含计算机犯罪证据，必

① 朱东风："计算机犯罪案件现场特征与勘查对策"，载《山西警官高等专科学校学报》2006年第4期。

须做记录,并由调查人员和携带物品离开的人员签字或盖章。

(5)如果计算机犯罪现场在单位或公共场所,在保护控制这些现场的同时,应立即对犯罪嫌疑人家中的计算机系统进行控制,因为,犯罪嫌疑人家中计算机可能留有与犯罪相关的信息,要防止被销毁和破坏。

(6)查扣相关物品。依《刑事诉讼法》的规定,对证明犯罪嫌疑人有罪或无罪的各种物品和文件,应当扣押。因此扣押是基于保存证据、避免证据丢失的法律行为。扣押的物品包括所有与案件有关的物品和文件。在计算机犯罪案件中可能成为犯罪证据的主要包括:计算机设备、联网设备、存储介质及相关的文件资料。

## 二、计算机网络犯罪现场勘查

### (一)计算机网络犯罪现场勘查概念

计算机网络犯罪现场勘查指计算机案件的侦查人员依照法律和相关法规的规定,运用计算机科学技术,对与犯罪有关的场所、物品及报案人、犯罪嫌疑人以及可能隐藏犯罪证据的人进行搜查,并对和犯罪有关的证据材料予以扣押封存的一种侦查活动。

### (二)计算机网络犯罪现场勘查的要求

现场勘查是计算机网络犯罪案件侦查的首要环节,现场勘查进行的如何有时是一个案件能否被侦破的关键。侦查人员在进行犯罪现场勘查时应当以事实为依据,防止主观臆断,严禁弄虚作假,做到以下要求:

1. 依法进行勘查

《公安机关刑事案件现场勘验检查规则》第 8 条规定,现场勘验、检查工作应遵循依法、安全及时客观、全面、细致的原则。《计算机犯罪现场勘验与电子证据检查规则》第 5 条也同样规定:“计算机犯罪现场勘验与电子证据检查,应当严格遵守国家法律、法规的有关规定,不受其他任何单位、个人的干涉。”现场勘查是一项侦查活动,其任务是为了查明案件性质,确定是否立案,发现和提取犯罪现场的各种痕迹物证和信息证据,了解犯罪嫌疑人的特征,明确侦查的方向和范围,为侦查破案提供前提,其中最主要是为了提取各种类型的证据。为了证据能在随后的起诉和审判中被法庭采纳,为了证据具有足够的证明力,侦查人员必须依法定程序进行现场勘查并收集证据,唯有如此,现场勘查所获取的证明材料才能作为揭露、证实犯罪的证据,否则即使证明材料客观真实且能够证明案件情况,也不能在刑事诉讼中作为证据加以运用。

2. 及时进行勘查

计算机网络犯罪案件与传统案件不同,其现场痕迹多表现为电子信息,如电子数据、电子程序等,这些痕迹极易被删除或篡改,有些犯罪人作案后并未立即离开现场而是逗留在现场伺机破坏犯罪证据,此时就看哪方更快一步掌握现场,时间就成了破案的关键环节,因此,公安部在发布的《公安机关刑事案件现场勘验检查规则》第 4 条中规定,公安机关对具备勘验、检查的刑事案件现场,应当及时进行勘验、检查。同时《计算机信息系统安全保护条例》第 14 条还规定:“对计算机信息系统中发生的案件,有关使用单位应当在 24 小时内向当地县级以上人民政府公安机关报告。”双管齐下更有利于提高工作效率。

3. 认真细致

侦查人员在进行现场勘查时一定要全面客观、细致入微,不放过一点蛛丝马迹,有时一些看似细小的东西却对侦查破案起到关键作用,计算机网络犯罪案件的侦破尤其如此。

4. 严格保密

计算机网络犯罪案件所针对的对象大多为单位内的有重大财产价值的信息,这些信息一般都是商业秘密,即使在单位内部也只有极少数的几个高层管理人员知晓,当这些信息遭到侵犯,侦查人员为了侦查破案的需要,必然要接触到这些信息,有时甚至要拷贝这些信息,为了避免给受害单位带来更大损失,也为了避免承担民事责任和刑事责任,侦查人员对于侦查过程知晓的商业秘密或其他秘密必须严格保密,不得泄露给任何人知晓。《公安机关刑事案件现场勘验检查规则》第 8 条明文规定:现场勘验、检查人员应当严格遵守保密规定,不得擅自发布刑事案件现场有关情况,泄露国家秘密、商业秘密、个人隐私。

**(三)勘查前的准备工作**

计算机网络犯罪现场勘查是一项十分复杂的工作,由于计算机犯罪的现场勘查经常要操作计算机信息网络系统,但是为了获取更多的与犯罪有关的信息而又不破坏原有的系统,一般都不使用被调查的计算机系统的硬件和软件。因此,在勘查前,除了准备传统案件所需的常规设备(包括现场照相、提取现场手印、足迹等痕迹物证的设备)外,还必须准备好完备的计算机信息系统勘查工具。

1. 到达现场之前的材料准备①

(1)获取授权搜查和收缴的法律文书。

(2)讨论、评估现场形势,如计算机及外设的类型和数量操作系统类型等。

---

① 刘志奇、秦玉海:“计算机犯罪案件的现场勘查”,载《网络安全技术与应用》2003 年第 6 期。

(3)安排现场检验的负责人。

(4)确定检验参加人员的分工和职责分配。

(5)确信全部检验人员都了解证据的所有可能形式及对这些证据形式的处理方法。

(6)准备现场调查所需填写的表格。

(7)准备典型搜查情况下所需的工具(包括软件工具)、设备和包装材料。

2. 到达现场之前的硬件设备和软件设备

(1)为了便于收集证据,应准备携带方便、功能齐全的手提电脑;用于收集硬盘数据的证据拷贝机和移动硬盘、U盘;广泛使用的计算机取证勘查箱,对不同的案件数据进行取证;打印机,用来分析和固定一些电子证据;电源插座和一个不间断电源(UPS),以防止忽然断电使计算机关闭,导致计算机内的信息和运作程序消灭或被自动清除;硬盘拷贝光盘,可以快捷地将一些硬盘数据拷贝下来,是为了弥补拷贝机的不足,在特定情况下使用可以节省时间;拆卸、维修工具,在特殊情况下,需要将被调查的计算机运回检验中心时,则需要螺丝刀、钳子等进行拆卸。

(2)软件设备

系统软件:准备两三种本地操作系统,如 Windows 操作系统,Linux,Unix 和苹果机的操作系统 Appletalk 等。

应用软件:ghost 备份工具、netstat(用于列出所有监听端口和在那些端口上的所有当前连接的内置系统工具)、nbtstat(用于列出大约最近十分钟内的 NetBIOS 连接的内置系统工具)、arp(系统内置工具,用于现实最后一分钟内与目标系统进行通信的系统的 MAC 地址。),①EasyRecover 等磁盘恢复工具(该工具可以在一定程度上恢复磁盘中被删除、破坏或格式化之前的数据),NeoTracePro 追踪软件(可以根据 IP 地址确定主机的物理地址)。②

3. 现场勘查前的行动准备

(1)保护犯罪现场

犯罪现场是侦破案件的第一线索和主要切入点,而计算机中动态的犯罪信息很容易被破坏,不当的犯罪现场保护控制措施很可能会失去许多有价值的破案线索。因此,应妥善保护计算机犯罪现场,保全计算机犯罪证据。侦查人员在接到报案或发现案件时,应及时赶赴现场,对所有可疑的现场进行封锁,布置警戒,维

---

① 蒋占卿:"计算机网络犯罪案件'虚拟空间'现场勘查研究",载《中国人民公安大学学报》2003年第6期。

② 邹涛:"论计算机犯罪案件现场勘验和现场访问的实施及其注意事项",载《四川警官高等专科学校学报》2003年第3期。

持好现场周围的秩序,任何人未经许可不得进入案发现场,防止一切可能消灭、损毁、丢失证据的情况发生,为下一步现场勘查创造条件。

(2)准备现场勘查工具

在现场勘查过程中,为了查获证据,经常要对系统进行必要的操作。但一般情况下,不使用被调查的计算机信息系统的硬件或软件工具,因此,必须事先准备好勘查所需要的工具,以免在勘查过程中受到阻碍,继续发生侵害和损失。勘查所需的工具在硬件方面一般应包括:便携式电脑,摄像机,可移动硬盘、U 盘、刻录机、打印机、硬盘保护卡和证据保管袋等。软件方面主要是操作系统软件、硬盘克隆工具、数据恢复工具、常用日志分析工具、痕迹搜索工具、密码破解工具、易失数据提取工具和计算机信息追踪及入侵检测工具等。此外,还要准备电缆、证据标签、拆卸机器所需的拆卸和维修工具等。

了解现场的计算机系统设法尽可能多地收集有关被勘查计算机的系统和网络配置等情况。如要了解该计算机系统的配置和布局、硬件类型及存贮能力、软件类型及其版本、网络通信设备的类型与传输速率、是否有安全系统、安全系统的类型、可能存放证据的位置范围等。每一种计算机和计算机网络都是不同的,硬件、软件、操作系统和系统配置上的细微差别都能够在很大程度上改变案件现场勘查计划。如果勘查人员不能了解到目标使用的计算机种类和操作系统,就不可能获悉检索系统内存中信息的方法以及信息存储于什么位置。

4.组织现场勘查

计算机网络犯罪案件大都与计算机技术紧密相关,如对现场的计算机系统的处理、提取计算机内的电子证据等,都需要从计算机技术方面入手进行现场勘查。

(1)从对计算机搜查入手。以计算机为工具的犯罪,往往在计算机中存有犯罪嫌疑人留下的电子痕迹,还有一些人会把与犯罪相关的重要信息资料储存在计算机内。这时需要对计算机及移动存储器等外设进行搜查。搜查时可利用专用浏览、恢复删除、物理扫描、解密等工具软件,查找可疑文件。[①] 对隐藏或加密的硬盘分区和文件、能够恢复的被删除文件以及非正常用途文件,要重点审查。

(2)查找系统记录。计算机系统中都存有日志、历史、系统注册表等系统记录文件和信息,从这些记录中可以发现对系统的访问、操作等情况。尽管有时作案人想到消除记录,但也常由于作案时间不充裕或技术水平不够高而留下犯罪信息,查找到这些信息能为侦查工作指引方向。

(3)采取技术监测措施。利用犯罪行为人往往会再次登录、重复侵入的特

① 马宁:“谈计算机犯罪案件的现场勘查方法”,载《理论界》2007 年 5 月。

点，采取技术手段，在受害系统中设置更加完善的审计监察、跟踪检测系统，或设立虚假系统陷阱，在犯罪嫌疑人再次登录或入侵时，即时响应、报警，检测并记录入侵时间和手段、所在终端、对计算机系统所进行的非法操作以及导致的结果等信息。经过一段时间的监测，一般可获取重要线索。对通过窃线方法进行的犯罪，也可利用一些设备和技术监测定位。

(4)检查系统漏洞。许多计算机犯罪是侵入计算机系统实施的，侦查时必须首先确定系统漏洞所在以及作案人侵入系统的方法，通过运用漏洞扫描等技术对系统的安全性进行仔细检查，可以找出漏洞所在，获取线索，进而分析、判断计算机犯罪嫌疑人入侵或所处的位置以及应具备的条件等情况。

(5)核查有关网站记录。入侵计算机系统并进行破坏的犯罪，受害系统中的犯罪记录很可能连同系统一同被破坏，这种情况下，可以从核查有关网络站点的记录入手开展侦查。因为一般的计算机系统都只与几个固定的站点直接相连，无论从何处入侵受害系统都必须经由这些站点。通过检查有关站点的通讯记录发现蛛丝马迹，再沿迹追踪，可能获取更多线索。

(6)检查恶意程序。对可能含有逻辑炸弹、特洛伊木马等恶意指令的软件、程序，通过文件一致性比较、数据运行测试、特殊程序插入检查、输出结果的完整性和准确性核查等方法进行检测，如果疑点上升，再通过查寻或反编译，获取程序源代码，对程序语句逐条或按字符串搜索检查、核对，查找恶意指令。

(7)检查计算机涉案物品。对计算机犯罪涉案物品认真研究、检验，以获取犯罪证据或侦查线索。如对于涉及打印机打印文字的案件，可通过对计算机和打印机字库、油墨或墨粉的检查检验，发现线索。对于可疑磁盘、光盘、磁带等存储介质和存储设备进行检查，亦可发现线索。

5. 提交勘查报告

由于计算机证据具有无形性、脆弱性，容易被篡改、伪造，并且往往不留下任何痕迹的特点，所以提交的勘查报告的证明力成为它能否成为证据的关键。为了说明它的证明力，在勘查中必须保证信息在采集、存储及传递的过程中保持原始性、可信性和完整性。同时，也要保证计算机证据的可重现性，这样才可能被法庭所接受。如何保证勘查报告的证明力？首先，要保证使用的软件工具安全、可信，从而使提取的证据可信。其次，对分析的文件进行数字签名，保证文件内容不被更改、破坏。最后，保存一个详细的列表文件，记录从信息采集到数据处理的每一步中对证据具有控制权的每个人的操作步骤、操作结果及其使用的工具等，并将文件归档，保证提取的证据可信并按此操作可重现。

**(四)计算机网络犯罪现场勘查**

计算机网络犯罪案件的现场勘查是侦破计算机犯罪案件的首要侦查措施，其一般要经历以下几个基本步骤：

1. 现场保护

计算机网络犯罪现场保护与普通刑事案件现场相比，普通的现场保护方法几乎不能适用计算机犯罪现场保护。因为计算机犯罪现场的物证不同于普通案件的物证，指纹、足迹对侦查人员几乎没有应用价值。犯罪嫌疑人从预谋到实施犯罪行为可利用任何时间而不被人发现，且机房工作人员一般为多人，因此，保护现场已不是一般的划定范围，保护痕迹、物证、尸体等，而是技术性的保护。对于计算机犯罪现场的技术保护，《公安机关办理刑事案件程序规定》第197条规定：对计算机犯罪案件现场保护，应当立即停止计算机使用，保护计算机及其相关设备。这一保护方法，侦查人员应当掌握，如果不懂其技术，自己破坏了相关证据，尚不知其因，这将是可悲的。

具体来讲，现场保护有如下几个步骤：

(1)任何人不得触动现场的计算机设备，不可移动现场任何物件. 直至现场检验人员到达。

(2)现场检验人员到达现场后，应对已在现场的人员进行身份识别并简单询问后方可允许离开。

(3)初始安全建立后现场不能离人，不能出现任何可能破坏现场安全的活动直至现场勘查结束。

(4)现场人员数量应维持在最小水平上。只有调查人员和现场检验人员可以进入现场。对现场保护实施情况和进入现场人员应详细记录。

(5)首先处理可能很快消失的物理或电子的数据。例如，传呼机、电话来电显示记录、手机等设备上的数据。上述数据如果发现，应立即设法保全、记录和照像。

(6)如果现场计算机是开着的应避免使屏幕保护程序激活，否则可能会遇到需要屏幕保护密码的麻烦。检查屏幕上的活动如果发现系统正在删除文件、格式化、上传文件、系统自毁或进行其他危险活动立即拔掉电源线。

(7)找到并标记连接调制解调器或电话来电显示器的所有电话线和网络电缆。

(8)键盘、鼠标、软盘、光盘等可能有指纹或其他物理证据需要提取。如果提取指纹所用的化学药品可能损坏设备或数据，则应推迟到电子证据恢复完成后进行。①

---

① 高光斗、王大中、朱翔：《中国刑事科学技术大全·犯罪现场勘查技术学》，中国人民公安大学出版2003年版，第490页。

(9)如果现场已经受损,如火灾中被烧毁或在救火时受损,应注意防止证据被进一步破坏。

2. 现场访问

现场访问是一种严肃的侦查行为,是获取证据,收集线索的重要手段。现场访问其实就是为了提取被访问者的记忆,通过访问报案人及其他知情人,通过问话唤起他们的记忆,侦查人员越早访问,得到的被访问者的记忆就越清楚,越接近事实,所以现场访问具有时间性。《公安机关刑事案件现场勘验检查规则》第63条规定:现场勘验、检查人员应当向报案人、案件发现人,被害人及其亲属,其他知情人或者目击者了解、收集有关刑事案件现场的情况和线索。

计算机犯罪案件的现场访问主要针对以下对象和内容:

(1)报案人或其他知情人。询问他们案件发现的时间、地点、详细经过,发现后采取的保护措施,现场所见情况,有无可疑人或其他人在现场,现场有无反常情况,以及物品损失等情况。

(2)计算机系统管理员。他们日常管理计算机,对计算机的运行情况最为了解,侦查人员可询问以前是否发生过类似情况,是否发现过一些可疑的人或事,哪些人有条件接触计算机,谁有作案嫌疑;咨询案件所涉及的资料存放位置,各个存储媒介是否有相应的备份系统,从案发到调查人员到达现场这段时间是否更新过系统中的硬件,要注意追查原有硬件设备的去向①;调查计算机信息网络系统安全管理情况:如是否对外部人员进行了严格的出入控制,是否有安全防护系统,是否使用防火墙和杀毒软件,是否有渗透的可能性,是否为计算机设置密码,是否有破译的可能性。根据这些详细信息可以分析出内部人员或外部人员作案的可能性,抑或可能是内外勾结作案,为以后的侦查活动确定范围。

(3)受害单位的领导。询问有条件接触计算机的人所具备的计算机专业技术知识和技能的情况、工作情况、思想表现、社会交往人员的情况、经济情况以及与同事、领导的关系,②辞职、辞退或离职人员的情况,作案可能性。

3. 实地勘查

实地勘查指侦查人员运用计算机科学技术知识对违法犯罪的场所、物品、人身进行勘验、检查。

公安机关对计算机犯罪案件现场进行勘查不得少于两人,且在勘查时应当邀

---

① 丁丽萍著:《计算机取证——实时可取证操作系统理论与事务》,群众出版社2006年版,第114页。

② 朱东风:“计算机犯罪案件现场特征与勘查对策”,载《山西警官高等专科学校学报》2006年第4期。

请一至两名与案件无关的公民作见证人。勘验、检查现场时,非勘验、检查人员不得进入现场。确需进入现场的,需经指挥员同意,并按指定路线进出现场。现场勘验、检查人员到达现场后,应当了解案件发生、发现和现场保护情况。《公安机关刑事案件现场勘验检查规则》第31条列明现场勘验、检查应按照以下工作步骤进行:

(1)巡视现场,划定勘验、检查范围;

(2)按照"先静后动,先下后上,先重点后一般,先固定后提取"的原则,根据实际情况确定勘验、检查流程;

(3)初步勘验、检查现场,固定和记录现场原始状况;

(4)详细勘验、检查现场,发现、固定、记录和提取痕迹、物证;

(5)记录现场勘验、检查情况。

4. 现场搜查

现场搜查是侦查人员对涉嫌案件的计算机和有关场所进行搜查。

对于哪些计算机或场所与犯罪案件有关,由侦查人员根据现场提供的证据来判定,切忌随意搜查。如侦查人员根据证据可以推定某人有犯罪嫌疑,则可对犯罪嫌疑人的家及其计算机进行检查、搜索,必要时可以扣押其计算机,防止犯罪嫌疑人销毁和破坏计算机中可能留有的与犯罪相关的信息。在进行现场搜查时,要注意收集笔记本、电话本、烧焦或烧毁的纸张,丢弃在废纸篓中的纸屑、纸张,犯罪人可能会将账号、口令、联系人的信息等记录在这些地方,如果发现这些信息即可顺藤摸瓜,尽快破案。侦查人员还要注意现场上与计算机相关的硬件和软件的使用说明或操作手册等,阅读这些说明书有助于侦查人员正确分析电子证据。对在现场发现的与案件有关的打印纸张,可根据上面的文字、符号的特点,分析打印机的类型,看是否与可疑地点的打印机一致。

5. 现场取证

这里所提到的取证是专指侦查人员运用计算机科学技术提取和固定与案件有关的电子证据,包括打印出的电子信息和存储有电子信息的设备。

计算机取证也称数字取证是指把计算机看作犯罪现场,运用先进的辨析方法,以符合法律规范的形式对计算机、相关外设和网络中的数字证据进行识别、获取、传输、保存、分析和提交的过程。计算机取证的主要目的就是收集数字证据,重构犯罪现场,为诉讼案件提供可靠、有效的证据。但数字证据本身及计算机取证过程的原则使传统计算机取证技术已不能满足实际需要,因此对计算机取证技术的改进成为司法和计算机科学等领域的新挑战。①

计算机取证分为静态取证和动态取证。

静态取证是在事后对各种形式的存储介质进行提取、分析、取证的过程。这种方法主要针对文件系统的恢复,且不能达到对系统完整还原的目标。而且随着计算机犯罪手段不断的升级和发展,大部分犯罪嫌疑人会在入侵后掩盖、删改证据,因而有些数据文件即使经过技术恢复被恢复了,但仍可能是被篡改过的数据,因而不能作为呈堂证据。另外,由于现在大部分入侵攻击都来自计算机网络,采用静态取证方法无法获取网络信息,从而对网络入侵行为无能为力,所以这种方法存在一定的缺陷。

动态取证是将取证技术结合到防火墙、入侵检测技术以及蜜罐技术中,对所有可能的计算机犯罪行为进行实时数据获取和智能分析,诱敌深入,实时监控和分析入侵企图,迅速采取相应措施,在确保系统安全的情况下获取大量的证据。②不难看出,动态取证技术能更快、更多地获取入侵信息,实时监控入侵活动,及时分析入侵者的活动企图,及时获取更多的犯罪证据,也可以随时采取相应措施,将损失降到最小。为了保证取证工作的顺利进行,就必须遵从一定的方法步骤。主要包括如下环节。

(1)证据的来源

数据证据一般可包括静态证据和动态证据。静态证据主要指存储在硬盘和移动存储设备介质中的数据信息,而针对计算机动态取证的动态证据主要来自计算机系统和正在运行的网络。内容形式上主要包括四类:

①犯罪行为发生时的实时主机运行参数;

②与外网的物理链接状况及网络通信情况;

③相应的邮件信息;

④各种日志信息。

(2)证据的采集

网络攻击入侵必须依靠网络进行传输通信数据,到达目标系统后才能发起攻击行为。证据采集时可将网卡设为混杂模式,从而达到对经过该网段的数据进行监听的目的,一旦发现报警,立即将相关运行信息保存至日志。对接受的每一个数据包,读取包头信息,并与规则库中的相应规则进行匹配,不满足规则获取条件的便将其丢弃,否则立即以二进制格式按时间间隔存储为网络数据文件,它们既

① 张岳:“计算机网络犯罪浅析”,载《河南公安高等专科学校学报》2003 年第 6 期。

② 刘琴:“判定树算法在计算机取证中的应用”,载《计算机应用与软件》2008 年第 7 期。

可作为日后呈堂的证据使用,又可通过实时或事后读取这些数据进行在线入侵分析和离线取证分析。

(3)证据的传输

对犯罪现场勘查过程中获取的数字证据,可以采用光缆以 RS－232 为接口通过异步数据传输的方式,从被取证的计算机系统中安全转移到取证分析机上。由于计算机取证的整个过程有不可篡改性的要求,因此,数据在传送前要先对数据进行 MD5 校验、数字签名和压缩等操作,通过认证、加密后使用 VPN 进行传送。

(4)证据的保存

鉴于计算机证据作为证据呈堂时形式与内容的特殊性,因而必须保证被保存证据的真实性、可靠性、完整性与合法性。一般在保存证据时使用一定的存储介质如硬盘或光盘进行原始镜像备份,并可使用加密、物理隔离、数字签名、时间戳等技术措施来作保全和固定的保证。

(5)证据的分析

通过证据获取阶段获取的证据数据量是庞大且不断更新的,取证系统如何从海量且变化的数据中深入地分析出正常与异常数据,如何挖掘出有效信息,提取出与计算机犯罪案件相关的、反映案件事实的相关信息和直接证据,并提取、固定可被法庭接受的数字证据已成为动态取证过程的关键。在动态取证的证据分析阶段,通常运用专用的辅助分析软件工具筛选已获取数据,从中寻找、匹配关键词短语,根据已获取的文件或数据的用词、语法和编程风格,根据数据进行犯罪实施过程的确定与再现,包括入侵事件、使用 IP 地址、修改的文件、增加的文件、删除的文件、上传和下载的文件等。①

计算机犯罪案件,属于高科技犯罪,外国有人称其为“白领犯罪”,案件侦破难度高。表现在:一是犯罪的发生地查实难,即犯罪的第一现场不确定性造成侦查部门勘查时,丧失了获取原始证据的条件。二是取证难。由于计算机犯罪往往都是经过预谋和精心设计,犯罪痕迹多遗留在操作系统和软件资料上,因而犯罪证据也只存于软件数据库和输出资料中。另外,计算机犯罪经常是不留痕迹,它只发生在计算机空间,唯一的痕迹就是那一闪即逝的脉冲信号,使调查取证无从做起。例如,美国曾发生一起高额佣金案件,债券在短时间内频频倒手,全部是电子交易,调查人员发现这些债券根本没有动过,却拿不出有力证据,只好眼睁睁地

---

① 郝姗姗、陈红玉:“计算机动态取证系统的研究与设计”,载《铁道警官高等专科学校学报》2011 年第 3 期。

付了900万元。[①] 三是对于已发生的计算机犯罪,只有快侦快破,才能起到对这类犯罪的惩戒作用。侦破计算机犯罪案件,侦查人员对犯罪的调查思路、证据的确认,均不同于一般刑事案件的侦破。

首先,无论是现场勘查阶段的现场访问范围,还是在后续案件侦查中的调查访问的范围,应该包括计算机犯罪的受害人、受害机构的计算机从业人员、受害者使用同一厂家机型的厂商与电脑制造商、电脑程序开发公司等。

其次,搜集证据必须完整而积极。搜集的证据应包括电脑系统运转的工作档案、网上作业的处理步骤、准备资料与案件有关的资料。

最后,侦查人员需要有一定的计算机专业知识,不断研究把握计算机犯罪手段与过程。侦破计算机犯罪案件,侦查人员不仅应懂得法律知识、侦查业务知识,而且还应掌握计算机技术、勘查计算机犯罪现场的专门技术。关于计算机犯罪的专门法律及诉讼证据,侦查人员也必须精通,从而保证侦查工作的有效性。

**(五)现场勘查应注意的问题**

(1)侦查人员在进行现场勘查时,必须邀请两名与案件无关、为人公正的人作见证人,以保证勘查工作的客观性和法制性。

(2)绝不可轻易关机或重新开启计算机。盲目关机将导致计算机中存储的许多电子信息毁坏,造成不可挽回的损失,而擅自开机,可能会启动犯罪嫌疑人事先设定的自动毁证程序或病毒,同样破坏证据。有时计算机在长期不使用的情况下,显示器可能处在节电模式中,或者用户可能临时关闭显示器,而计算机却正在运行之中。此时侦查人员不要急于开机、关机,在现场勘查时要观察显示器电源是否打开,如果没有打开,打开显示器电源。如果屏幕处在黑屏状态,移动鼠标以查看计算机是否处在运行状态。[②] 例如,警方在侦查一个色情网站时,因犯罪嫌疑人比较狡猾,他把淫秽网站的服务器设置在美国,这对警方的勘验取证造成了困难,因为他们不可能遵循常规程序去美国进行勘验取证。此时就意味着警方不能轻易切断这个淫秽私情网站的传输通道。警方首先要做的就是对这些淫秽信息进行下载、整理和保存。

(3)必要时应指派或聘请计算机专业人员。计算机犯罪都是高智商犯罪,犯罪人作案都是采取先进的计算机技术,不同的犯罪人采用的专业技术也不同,侦查人员不可能全面掌握所有的计算机专业知识,为了避免失误或错误,应当根据

---

① 朱东风:"计算机犯罪案件现场特征与勘查对策",载《山西警官高等专科学校学报》2006年第4期。

② 丁丽萍著:《计算机取证——实时可取证操作系统理论与事务》,群众出版社2006年版,第112~113页。

案件中作案手法的不同，聘请具有相应专业技术的专家来分析和解决相关的问题。借助计算机专家的力量有助于获得对案件大有裨益的线索和证据。

（4）不要轻易搬动或拆卸被调查的计算机。如确因侦查工作需要，也应当先使用照相机、录像机将计算机所处的位置、运行状态拍摄下来，并且将计算机内的所有电子信息都做好备份，拆卸时要在导线上标好标记，表明导线的连接方式，以便按原始状态重新装置计算机。

（5）尽量一次性完成对现场的勘查，如果确实因案件复杂，无法一次完成，则应当注意对现场进行继续保护，保持现场的原始状态。

（6）对于与计算机犯罪案件有关的证据，应在当事人或犯罪嫌疑人及见证人在场的前提下，全部或部分复制，当场封存，并详细记录提取过程和提取的时间。

## 第七节　水域犯罪案件现场勘查

陆地发生刑事案件的现场勘查取证研究已经相当深入，而水域犯罪现场勘查取证的研究还处于起步阶段。在犯罪嫌疑人进行犯罪和留有与犯罪有关痕迹、物品的沼泽、浅滩、池塘、河流、湖泊等水域进行勘查，与陆地现场勘查取证存在很大差异。因此，水域犯罪现场勘查取证已成为侦查理论和实践领域研究的一个重要课题。

### 一、水域犯罪现场勘查概论

#### （一）水域犯罪现场保护

侦查工作的实践证明，现场勘查的质量高低，除了与勘查人员的素质和勘查装备有关外，在很大程度上还取决于犯罪现场保护的情况。犯罪现场大体可分为室内犯罪现场和室外犯罪现场，在室外犯罪现场的搜索过程中，现场勘查人员可能会在水域现场处发现尸体。水域犯罪现场的保护与现场勘查取证理论具有重大的发展空间和实践意义。

水域犯罪现场勘查的开展始于对水域犯罪现场的保护，这点与陆地犯罪现场勘查无异。侦查机关接到报警后，负责保护水域犯罪现场的警察，应当根据案件具体情况划定水域犯罪现场的保护范围，设置警戒线和告示牌，禁止无关人员或船舶进入水域犯罪现场。负责保护现场的警察除了抢救伤员、保护物证之外，不得进入水域犯罪现场，不得触动现场的痕迹、物品和尸体，并且防止其受到自然、人为因素的破坏。

对于水域犯罪现场的保护，主要是对尸体进行保护。水域可能是浅水沼泽、湖泊、水流湍急的河流,也可能是淡水或咸水。在水域现场发现的每具尸体都具有特征,因而,相应的搜索和收集方法也应当有所不同。① 对水域中发现的浮尸,不必先急于打捞到陆地上来,因为尸体暴露在空气中更容易腐败和氧化,况且如果打捞不专业又容易给尸体造成新的损坏,增加法医检验的难度。如果水域犯罪现场水流湍急,则应采取相应措施把尸体先固定下来,以免尸体被冲走或衣物被冲散。同时还要采取简单保护措施防止尸体被水中鱼虫等动物破坏,并防止尸体被其他物体撞击。如果水特别深或者水流流速较快,无法固定,为避免尸体损坏扩大,这时可选择先把尸体打捞出来。如果负责保护水域犯罪现场的警察赶到现场时,尸体已经被群众打捞出来,这时警察要做好现场访问工作,向发现人、报案人、打捞人或者周围群众进行询问,重点询问并详细记录下尸体发现前后的变动情况,尸体打捞前的衣着情况以及在打捞过程中是否有损伤情况,以采取相应的补救措施。另外,从水中打捞出来的尸体,如无特殊原因,仍应按原姿势存放,以便之后的现场勘验工作能顺利进行。②

**(二)水域犯罪现场的搜索**

1. 人员要求

不同的水域状况,需要相对应的搜索人员来完成不同的搜索工作。在浅水水域的犯罪现场,不需要专业的打捞人员,直接由犯罪现场勘查人员穿戴防水靴或者防水裤徒步进行搜索即可。深水水域的犯罪现场,勘查人员无法单独完成,需要在潜水人员的协助配合下完成搜索工作。在最为理想的情况下,潜水人员最好是接受过专门的犯罪现场勘查技术的相关培训,掌握一定的现场勘查基本常识,了解搜索工作的一般流程,能够准确地搜集相关的犯罪证据并记录相关信息。如果无法达到上述要求,潜水人员至少也应当能够协助犯罪现场勘查人员进行证据的收集和保存工作。

2. 专业设备要求

除了专业潜水人员和安全设备之外,专业设备对深水水域犯罪现场勘查工作也是至关重要的。③ 水下探测仪:犯罪现场勘查人员不需要下水,在陆地或船舶上就可以在监视器里观察水下的情况,从而完成搜索任务;水下金属探测器:犯罪现场勘查人员可以利用其实现对枪支、铁棒、菜刀等金属性物证实施搜索。如果

① [美]李昌钰、蒂莫西·M.帕姆巴奇、玛丽莲·T.米勒著:《李昌钰博士犯罪现场勘查手册》,郝宏奎等译,中国人民公安大学出版社2006年版,第234页。

② 傅晓海:"水域犯罪现场的勘查技术",载《警察技术》2010年第2期。

③ 李昌钰、蒂莫西·M.帕姆巴奇、玛丽莲·T.米勒著:《李昌钰博士犯罪现场勘查手册》,郝宏奎等译,中国人民公安大学出版社2006年版,第234页。

搜索的目标区域的水位相对较浅,现场勘查人员可以利用水下探测仪或金属探测器,若对深水水域犯罪现场中的尸体、物证等证据进行搜索,可以利用质子测力仪、侧扫描声纳、地层剖面仪等相近仪器设备。当然随着科技的超速发展,在具备条件的情况下,利用水下机器人来完成深水水域犯罪现场搜索工作也是可能的。

警犬的嗅觉是非常灵敏的,专家们认为,警犬可以探测到水下 150 英尺深处的尸体,也能够嗅出水下 50 米左右的物体气味。[①] 因此,在水域犯罪现场搜索中,可以利用警犬来搜索水底的尸体等物证。

3. 搜索区域

水域现场及证据的精确定位无疑给现场勘查人员带来严峻的挑战。因此水域犯罪现场搜索范围的确定就显得格外慎重,如果范围过大,不仅浪费侦查资源,更可能会贻误最佳侦查时机,使案件侦查陷入僵局进而增加破案难度。[②] 在没有办法确定水下犯罪现场位置时,如果水域面积较小,犯罪现场勘查人员可以把整个水域确定为搜索范围;如果水域面积过大,犯罪现场勘查人员应该综合证人及周围群众的描述、水流的流速和流向、风速和风向、潮汐、水底地形图等信息,倘若条件允许的情况下还应该听取专家的意见,由此来初步确定搜索范围,一旦发现嫌疑物体或区域,应当使用浮标或者 GPS 系统进行定位。

如果犯罪现场有漂浮的尸体,犯罪现场勘查人员应该根据尸体目前状况以及水流、水向、风流、潮汐等因素,确定第一犯罪现场的位置。因为尸体腐败后产生大量气体充满整个尸体,从而漂浮在水面,在风流、水向、潮汐等的作用下,离开原来现场而转移到另一地点。此时,如何判断第一犯罪现场就成为首要解决的问题,更是侦破案件的关键点。当然,随着科技和法医学的快速发展与交融,有望在几年内研制出水上漂浮物地标精确探测仪器,不仅可以精确定位漂浮物的地理位置,还可以根据相应程序设置规划出物体的初始来源地。

4. 搜索方法

根据上述方法确定搜索区域后,犯罪现场勘查人员就可以组织潜水人员或专业侦查人员对水域实施搜索。如果水域面积相对较小,潜水人员可以直接开展水下搜索;如果水域面积过大,应该先用绳索或 GPS 系统把水域划分为几个小部分,再进一步开展搜索行动。潜水人员可以采用螺旋搜索法进行搜索,也可以借鉴水下考古的测绘方法进行网格搜索。[③] 如果水域水质条件好、水体清澈,潜水

① 李昌钰、蒂莫西·M. 帕姆巴奇、玛丽莲·T. 米勒著:《李昌钰博士犯罪现场勘查手册》,郝宏奎等译,中国人民公安大学出版社 2006 年版,第 236 页。

② 李宝宇:"水域犯罪现场勘查取证研究",载《公安海警高等专科学校学报》2010 年第 4 期。

③ 傅晓海:"水域犯罪现场的勘查技术",载《警察科技》2010 年第 2 期。

人员也可以采用水下拉线法进行搜索。注意,搜索时,要根据不同的水域环境采取一种或几种搜索方法,最好邀请水质专家在场,对重大的搜索行动给予必要的指导,不仅可以提高对物体的搜索准确度,更重要的是给予搜索人员以人身安全保障。

**(三)水域犯罪现场物证的固定**

水域犯罪现场的搜索过程中,如果发现了物证或者尸体,现场勘查人员首先应当在开展收集工作之前对犯罪现场的状况和证据进行审慎记录。① 之后则需对证据和尸体进行固定与收集工作。如果水质条件较好、水体清澈度较高,需要使用防水照相机、录像机、水下闪光灯等相关设备,对物证、尸体等证据以及整个犯罪现场进行固定。需特别注意的是,在用防水照相机对物证进行照相时,应该放置防水比例尺,以便精准地确定物证的尺寸。

如果水质条件较差、水体比较浑浊、清澈度较低,不具备水下照相条件时,犯罪现场勘查人员只能采用书面记录和现场绘图等方法对整个水域犯罪现场进行记录工作。全球卫星定位系统有助于进行现场图的绘制和证据方位的记录。特别值得注意的是,现场勘验笔录除了记录常规内容之外,还需要对水的流向、流速、盐度、深浅、浑浊度、污染度、比重以及风速、风向等相关情况进行记载;如果有漂浮物或者尸体时,还要记载漂浮物或者尸体的漂浮状态、衣着情况以及身体姿态等情况,为之后的现场分析推理,侦查工作的顺利开展提供重要的依据。

**(四)水域犯罪现场物证的提取**

犯罪现场勘查人员在完成物证固定工作之后,应当对物证进行提取。在提取物证时,为了避免水体压力对物证可能造成的损坏,应当使用专业的打捞工具,如打捞筒、浮包等,采取认真、负责、谨慎的态度,对物证实施打捞。

1. 一般物证提取

犯罪现场勘查人员收集到的所有小型物品,都可放置在塑料袋、打捞筒等容器内,然后搬至陆地。而对于笨重或者体积比较大的物品,就可以使用浮包、起重袋以及绞车等大型工具进行打捞。

2. 尸体

打捞尸体之前,犯罪现场勘查人员应该特别注意尸体的位置和衣着状态及在移动尸体过程中上述形态发生的变化,并认真做好相关记录工作。在打捞尸体的过程中,一定要注意尽量避免损坏尸体,造成新的损伤,以免增加尸体检验的难

---

① 李昌钰、蒂莫西·M. 帕姆巴奇、玛丽莲·T. 米勒著:《李昌钰博士犯罪现场勘查手册》,郝宏奎等译,中国人民公安大学出版社 2006 年版,第 236 页。

度，特别是高度腐败的尸体。搬运尸体时，应该尽量使用担架或者类似工具，避免造成新的伤痕或者黏附上新的物质或者原来黏附的物质脱离。除了收集尸体外，现场勘查人员还应当提取水样，并测量水温，如果条件允许的情况下，还应当测量水面和水底的温度。①

**(五)水域犯罪现场物证的保存**

1. 水域环境对物证的影响

大多数物体在水中的腐败速度要比在陆地上慢，特别是在咸水中收集到的物体。不仅如此，通常情况下，证据物品一旦被从水中取出，就会迅速被氧化或发生其他破坏情况。因此，现场勘查人员在保存物证时，应充分考虑水域环境对证据的影响因素，从而采取正确合理的处理方法。

2. 物证的保存

现场勘查人员应当遵循特定的程序对收集到的证据或者物体进行相应的处理。对于提取的物证腐败程度较轻或者没有明显的腐败症况，则可先行对其进行干燥处理，随后送至实验室进行进一步的化验分析。对于发现含铁的金属物品如枪支、凶器等，从水中收集上来之后容易迅速被氧化，因此应当将此类物品迅速放入注入该物品被收集时所处水域中的水样的容器内，保持其原来所处的水环境，减缓氧化，并尽快送至距离最近的实验室。对于腐败程度中等或者较为明显的物品，则需要专业水质专家采用专业技术对该物品进行保存。如果某些证据物品的腐败程度非常严重，无法予以固定及提取，则应尽快对该物品所处的现场状况及物品本身的状态进行详细记录，然后将其包装在医用塑料袋中，防止状态进一步恶化。

水域犯罪现场勘查除了现场保护、现场勘验(包括现场搜索)以及现场勘验检查记录等内容外，现场勘查的有效组织与正确指挥是保证水域犯罪现场勘查工作顺利、有序进行的重要保障。因此，随着侦查技术的不断提高，水域犯罪案件的侦查应该得到更多重视，尤其要全方位提高专业侦查人员的理论素质和实践能力。同时制定并完善水域犯罪现场勘查的相关技术标准，从而促进水域犯罪现场勘查的质量能够得以全面的改善和提高。

## 二、海上犯罪现场勘查

海上犯罪现场主要指犯罪行为人在海上船舶、海域和沿海滩涂上实施犯罪以

---

① 李昌钰、蒂莫西·M. 帕姆巴奇、玛丽莲·T. 米勒著：《李昌钰博士犯罪现场勘查手册》，郝宏奎等译，中国人民公安大学出版社2006年版，第236页。

及留有犯罪痕迹物证的一切场所和地点。① 犯罪现场勘查与取证是刑事侦查工作的起点和基础,但是由于海域、船舶和沿海滩涂的环境特殊,海上犯罪现场勘查与取证相比陆上具有更大难度和独特要求,成为公安机关海上刑事侦查工作面临的现实挑战。因此,海上犯罪现场勘查与取证技术特色研究具有必要的现实意义。

**(一)海域犯罪现场勘查**

海域犯罪现场主要指犯罪行为人在海上航行、作业、停泊的船舶上或钻井平台上抢劫杀人后将尸体、作案工具等证据抛入海中而形成的现场。② 很多海上抢劫杀人案件表明,将尸体、作案工具抛人海中是犯罪行为人逃避侦查、处理物证的主要选择。海域现场多为第二现场。在茫茫大海中寻找几个证据宛如大海捞针,因此,海域犯罪现场勘查不仅难度大,而且技术条件要求高。

**(二)海域犯罪现场勘查技术**

1. 海底证物的搜索与打捞

海域现场勘查涉及一个重要问题就是海底证物的搜索与打捞问题。海底证物的搜索与打捞是海域犯罪现场勘查的重点和难点。由于受海流的影响,海底证物会漂移出原始现场所处海域,因此及时搜索与打捞海底证物尤其关键。海底证物的搜索与打捞涉及声学、机器人学、海洋测绘学等学科技术领域,必须借助先进的器材、装备,由专业人员实施,专业技术性强,且花费成本高。

2. 海中尸体检验

由于海水温度不同,尸体在海中分解需要的时间也不同。因此,海中尸体检验具有独特的要求。在冷水中,导致尸体胀气的细菌作用放缓,从而使尸体沉在海底。在7℃以下的海水中,尸体在几周后被打捞上来时几乎可以保持原状,五年后其骨骼仍然可以辨认。但在热带海域,情况则完全不同。热点海域温度较高,尸体胀气迅速,一般情况下在三四天后便会漂浮到水面,极易受到海鸟鱼虫的啃食和海浪的拍打。

**(三)海上犯罪现场取证技术——以照相取证**

现场照相是现场记录中不可缺少的重要组成部分,是固定和揭示现场证据的技术手段之一,可为物证检验鉴定提供客观、真实的依据。

1. 海上犯罪现场拍摄工具

在海上犯罪现场照相取证过程中,由于现场定位难,可使用带有定位功能的数码相机,这样可以确定犯罪现场的大致方向与位置,为寻找犯罪工具提供一定

① 张辉:"海上犯罪现场勘查与取证研究",载《公安海警学院学报》2012年第2期。

② 同上。

的线索。为了克服海上天气恶劣、透明度低的缺点以及能够进行夜间案件勘查及取证的需要,可采用红外数码照相机拍摄。另外,海上犯罪现场范围一般比较大,目标较远,应带广角、长焦镜头以备使用。

2.海上犯罪现场拍摄内容及要点

海上犯罪现场照相的内容和一般犯罪现场照相的要求是相同的,即方位照相、概貌照相、重点部位照相和现场细目照相。在陆地上使用的取证技术可以适用于海上犯罪现场,但考虑到海上犯罪现场的特点,提取犯罪现场痕迹物证要利用新的技术,现场照相的方法需要灵活变通。关键之处在于如何结合海上犯罪现场的实际情况(如天气条件、船舶结构、滩涂性质、海域深度等)做好现场拍摄工作。

海上环境不同于陆地,明显的特征是现场宽阔、无明显标志物,在拍摄现场方位时,不易在犯罪现场附近找到固定的标志物作为参照。① 在拍摄的过程中,先采用广角镜头拍摄犯罪现场及其周边环境,选择一个相对固定的物体作为参照物,如停靠的渔船、近岸建筑物等,以此来标示现场方位。

在拍摄的过程中,要考虑当时案发的实际情况,充分利用现有的仪器、设备和技术进行拍摄。例如,由于风浪的影响,船舶常处于摇晃状态,因此在拍摄现场照片时要启动相机的防震功能。雨雪天气时用较高的快门速度进行拍摄,可以避免雨点和雪花形成线形影像等。

犯罪现场照相的实施步骤一般是先拍原始后拍移动,先拍急后拍缓,先拍低后拍高,先拍易后拍难。由于海上气候变化快,常出现雨雪天气并多雾,加上风浪的撞击,导致船舶的晃动,使犯罪现场的原始状况遭到破坏,尤其是潜在的痕迹物证。为了防止案件侦破工作的延误,可先拍摄细目照片,对痕迹物证固定、提取,再拍摄现场的其他内容。总之,海上犯罪现场照相在遵循一般现场照相的基础上,要结合当时的实际情况灵活把握。

为了有效侦破海上发生的各类案件,海上执法人员既要善于把陆地犯罪现场照相取证技术应用于海上犯罪现场的勘查取证之中,又要根据海上犯罪现场的实际情况灵活使用各种勘查手段和取证技术条术,与此同时最好能够了解和掌握一些船舶和航海学的专业知识,提高勘查质量和效率。

**(四)海上犯罪现场勘查证据管理**

1.规范海上犯罪现场勘查证据管理

海上犯罪现场勘查资料的管理工作要想充分发挥现场勘查在侦查破案中的作用,就必须规范勘查资料的管理工作,具体有以下两个方面内容:

① 童冬生、王圣江:“海上犯罪现场照相取证研究”,载《净月学刊》2014年第5期。

第一,切实做好现场勘查资料的档案管理。勘查结束后,勘查工作人员应及时对现场收集到的资料(现场笔录、照片、绘图等)进行整理制作并存入档案,以备日后查证。对于其他现场信息资料切不可疏漏遗忘,也应分门别类的进行存档,实现统一管理。

第二,努力提高现场勘查资料的网络化管理水平。新形势下,所有的侦查部门应该相互支持,协力合作,实现人才、物质、技术、信息资源优势共享,共同致力于研发海上犯罪现场勘查网络信息管理系统,将各个专业的信息进行系统处理,实现输入、检索以及分析运转机制的一站式联动,提高勘查资料和信息的传递速度和使用效率。

2. 完善物证管理工作

第一,规范痕迹物证的提取、送检、受检工作。各级刑技部门应建立规范化的物证档案室并安排专门管理员,妥善管理好物证档案材料。提取痕迹物证以及送检、受检工作人员应严格遵守相关的物证交接、文书制作以及检材保管的程序。

第二,建立健全物证销毁制度。任何痕迹物证都有一定的时效性,不可能永远发挥作用。[①] 随着案件的复杂程度的增加,伴随检验提取的范围不断扩大,可供利用的痕迹物证也越来越多,越来越细。这就要求我们建立适时的物证销毁制度,如仿照档案管理期限设置物证保存期限(长期和短期),当然要结合犯罪案件性质和难度设置,并且允许续期或者提前销毁,这样根据系统提示自动进行物证销毁,以便减轻物证保管人员的工作压力,提高物证管理工作的效率。

**(五)海上犯罪现场勘查指挥处置**

海上现场勘查除了现场保护、现场勘验(包括现场搜索)以及现场勘验检查记录等内容外,现场勘查的有效组织与正确指挥是保证水域犯罪现场勘查工作顺利、有序进行的重要保障。

第一,着重提高海上勘查指挥人员业务素质。海上犯罪由于其犯罪现场的独特性,要求勘查指挥人员除了具备侦查专业方面的知识外,还要了解天文、地理、气象、航海、法医学、海洋学等方面的知识。现阶段,勘查指挥人员由行政干部担任,对现场勘查业务缺乏理论功底。侦查部门在今后的勘查领域除了勘查设备等硬件设施的投入更要重视对勘查指挥人员专业素质的培养,加强专业高效现场勘查指挥人才队伍建设。

第二,落实海上现场勘查指挥责任制,正确协调好各方面关系。勘查现场时往往到场的领导较多,既可能有当地党政领导,也可能有上级总队、支队的领导。

---

① 孙溯:"对海上犯罪现场勘查工作的几点思考",载《广东海洋大学学报》2011年第2期。

在这种情况下必须明确指挥关系和责任。应严格按照相关规定,按原则确定现场勘查指挥员,落实指挥责任,切不能以到达现场的领导同志的职务高低作为确定现场指挥员的依据。

第三,加强现勘工作与侦查工作的沟通与互动。侦查破案是一个有机的完整体,而海上刑事案件的侦查工作更是需要现勘与侦查部门协同合作,才能保证整个侦查工作的顺利进行。如果缺乏良好的沟通与合作,部门之间必然各行其是,难以形成合力,贻误侦破时机,拖延整个破案工作。因此,必须建立勘查工作与侦查工作的良性互动,明确各部门工作范围和工作职责,形成各部门间工作协调一致、紧密衔接的局面。

由于船舶、海域和沿海滩涂等特殊环境,海上犯罪现场在现场定位、现场保护和现场勘验等方面要比陆上现场具有较大难度,海上犯罪现场勘查与取证虽然在基本方法、步骤、原理和规则上与陆上相同,但在具体方式方法和一些取证技术上具有不同于陆上的特色。因此,海上执法办案人员既要善于把陆上现场勘查手段与技术应用到海上犯罪现场勘查,又要根据海上犯罪现场的独特处,研究并灵活应用具有海上特色的现场勘查手段和取证技术。

## 三、船舶犯罪现场勘查取证

### (一)船舶犯罪现场保护

船舶犯罪现场是海上犯罪现场的重要组成部分,船舶犯罪现场勘查是获取海上犯罪证据的重要途径。[①] 保护好船舶犯罪现场,是搞好船舶犯罪现场勘查和侦破海上刑事案件的前提和保障。侦查工作实践证明,现场勘查的质量高低,除了与勘查人员的专业素质和勘查设备有关外,在很大程度上还取决于犯罪现场保护的情况。[②]

船舶犯罪现场破坏因素既有自然因素,即海上风、雨、雪、海浪等自然现象对现场状态的破坏;也存在人为因素,即犯罪行为人故意破坏现场状态或伪造现场和船员、渔民、边防海警官兵等对现场造成的非故意性破坏。

1. 船舶犯罪现场的一般保护

(1)船舶犯罪现场保护的一般方法

《公安机关刑事案件现场勘验检查规则》第 15 条规定:“负责保护现场的人民警察应当根据案件具体情况,划定保护范围,设置警戒线和告示牌,禁止无关人

---

① 张辉:“海上犯罪现场勘查与取证研究”,载《公安海警学院学报》2012 年第 2 期。

② 李宝宇:“船舶犯罪现场保护工作探讨”,载《公安海警学院学报》2012 年第 4 期。

员进入现场。”第16条规定：“负责保护现场的人民警察除抢救伤员、紧急排险等情况外，不得进入现场，不得触动现场上的痕迹、物品和尸体；处理紧急情况时，应当尽可能避免破坏现场上的痕迹、物品和尸体，对现场保护情况应当予以记录，对现场原始情况应当拍照或者录像。”第17条规定：“负责保护现场的人民警察对现场可能受到自然、人为因素破坏的，应当对现场上的痕迹、物品和尸体等采取相应的保护措施。”上述即是我国对船舶犯罪现场保护的一般性法律规定，船舶犯罪现场保护过程中，必须严格遵守上述规定。同时应该结合海洋气候、船舶结构、物体状态等具体情况，采取合理有效地保护措施，保证船舶犯罪现场勘查的质量。

(2)船舶犯罪现场的特殊保护方法

整个船舶划定为保护范围，设置警戒线和告示牌。由于船舶空间范围比较狭小，现场范围不大，现堪工作人员可以将整个船舶划作保护区域，对知情船员、渔民等进行登记，用醒目的警示标记如警示带、绳索等把船舶加以圈定，同时设置警告牌。然后组织人员力量防止船员、渔民及其他无关人员进入警戒范围。在组织船员渔民等撤离船舶犯罪现场时，要尽可能减少对船舶犯罪现场的变动，防止破坏现场上的痕迹、物证或是将与案件无关的痕迹、物品遗留到船舶现场给现场勘查工作带来困难。

气候条件发生变化时，应对明显的痕迹、物证采取保全、维护措施。如船舶甲板上的痕迹、物证容易受到气候条件的影响，气候的变化往往给船舶甲板上的痕迹、物证带来带来不可逆的破坏。因此，保护船舶犯罪现场的边防海警官兵应当对犯罪现场上明显、易变的犯罪痕迹、物证采取适当的保护措施，以免船舶甲板上的痕迹、物证遭到自然因素的破坏。

2. 船舶犯罪现场保护的具体方法

(1)船舶犯罪现场痕迹、物证的保护方法

船舶犯罪现场痕迹、物证的保护方法主要有标示保护、记录保护、遮盖保护和转移保护，根据痕迹、物证自身的性质特点和所处环境状况，可以选择一种或几种综合的保护方法。

①易销蚀痕迹、物证的保护：对于遗留在船舶甲板上的手印、足迹等痕迹将遭到风、雨、雪、海浪等自然因素的侵袭而销蚀时，可用篷布、塑料薄膜等覆盖物进行遮盖性保护。对于那些如血迹、毛发、鞋袜、衣裤和某些可疑的器物等物品，则可以采取提取性的方法保护。

②易挥发痕迹、物证的保护：对于遗留在船舶犯罪现场因自身的性质而易于消散的痕迹、物证，例如犯罪人遗留在甲板上的雪足迹、水渍足迹等痕迹，可以采用照相、录像的方法直接提取。对于带有气味的物证，可以采取提取性的方法保

护,提取时要注意防止破坏嗅源。对于挥发性的物证,如在船舶火灾现场发现有残余汽油的容器,可以采用封闭性的保护方法,杜绝挥发性气体的消失。

③易疏忽痕迹、物证的保护:对于处在船舶通道上易于被人疏忽而遭踩踏、触摸破坏的现场痕迹,除采用遮盖的方法进行保护外,更多的是采取提示性的保护方法,即将留有痕迹的地方用粉笔或亮色笔标示出来或用警示带圈划出来,使来往人员注意回避,防止不慎破坏。

④易破坏痕迹、物证的保护:对于因采取紧急措施如抢救伤员、扑灭火险等存在将船舶犯罪现场痕迹、物证破坏的风险时,可以采用挪动的方法保护,将船舶犯罪现场的痕迹、物品尽可能地移至现场其他地方。挪动现场物品时,要制作详细的记录,把挪动前的位置、状态及相互关系等关键信息记载清楚。

(2)船舶犯罪现场尸体的保护方法

处于船舶犯罪现场上的尸体,如需急救时,需记录下当时状况和周围物品的位置,及时收集周围群众的反映,同时进行局部的封锁。如确已死亡,则立即封锁现场,保持尸体及其周围环境、痕迹、物品的原始状态,不准随意搬抬和转移尸体,也不能检查和翻动尸体上衣物。如果现场有呕吐物、排泄物、食品、饮料及器物等,要妥善提取保存。

船舶犯罪现场上对尸体进行保护时,要特别注意对尸体衣物进行仔细的保护。对于因救护工作的需要而脱下的衣物,要逐一找回,妥善保存。通过尸体上的衣物,不仅可以判断死者的身份特征,还可以收集衣服上黏附的毛发、血迹等微量物证。对恶劣气体条件下船舶犯罪现场上的尸体要给予特殊的保护。如果遇到下雨、下雪等恶劣天气条件时,船舶犯罪现场保护人员应当用草席、塑料薄膜等物品进行覆盖,以防止尸体上附着的毛发、血迹等痕迹、物证被破坏。需要特别注意的是,用来遮盖尸体的草席、塑料薄膜等物品不能有污染物和异常气味,防止尸体受到污染,影响诉讼证据的证据资格和证明能力。

**(二)船舶犯罪现场常见痕迹物证提取**

船舶犯罪现场是海上犯罪的主要现场,也是海上犯罪痕迹物证的主要载体。① 船舶犯罪现场易受海上自然环境的影响,其痕迹物证与陆地上犯罪现场痕迹物证相比,有其自身的独特性,更易遭到破坏,加大海警侦查勘验的难度。因此,快速有效地提取船舶犯罪现场上的痕迹物证,是打击海上犯罪的关键工作。

对于犯罪现场所有的痕迹、物证均应遵循先固定后提取的原则,海上犯罪现场亦不例外,即对于犯罪现场痕迹、物证首先应当利用所有可能的条件和工具进

---

① 王圣江:"船舶犯罪现场足迹的提取技术",载《公安海警学院学报》2011 年第 1 期。

行观察、判明有关情况，并通过摄像、拍照等方式加以固定后再予以提取。①

1. 血手印显现及提取方法

(1)显现原理

血液中存在过氧化氢酶及血吟琳，当四甲基联苯胺(TMB)与血痕接触时，新鲜血痕中的过氧化氢酶能使过氧化氢释放出初生态氧；陈旧血痕中血叶琳环上的铁离子能起触媒作用，使过氧化氢释放出初生态氧。初生态氧与四甲基联苯胺(TMB)发生氧化反应，生成蓝绿色的四甲基联苯胺蓝，从而使血手印呈蓝绿色显出。②

(2)提取方法

被显现出的手印，可根据血手印的特性以及于印载体的自然条件，选择适宜的提取方法，如照相提取法、实物提取法等。

2. 船舶犯罪现场足迹的提取

在船舶犯罪现场上寻找、发现以及确定保护、提取犯罪嫌疑人足迹是侦破海上犯罪的一个重要环节。在现场勘验时，应根据船舶结构、海上犯罪类型以及海上天气等具体情况，全面、细致地寻找和保护与犯罪有关联的足迹，由于海上的自然条件以及船舶甲板潮湿的特性，在船舶犯罪现场中遇到最多的便是水渍足迹和血足迹(参照上述血手印的显现及提取方法即可)。

(1)船舶犯罪现场足迹的寻找

寻找犯罪嫌疑人足迹，根据船舶的具体结构类型，按照由甲板到室内、由室内向甲板，或由下而上的顺序进行，明确寻找发现现场足迹的重点部位以及重点物体，把主要精力放到重点部位上，而后再顾及其他部位。

(2)水渍足迹

水渍足迹是指带水鞋底接触干燥地面或者是犯罪嫌疑人在潮湿地面上行走后所遗留的足迹，本书所讲的水渍足迹是属于后者原因形成的。由于液态水的留痕作用和特点，再加上人的行走特点海上风浪以及雨雪天气的影响，水渍足迹具有反差小、变化快、易消失等特点，一经发现要及时固定。

在水渍足迹形成的初期，由于水分子之间的引力和粘滞作用，使局部水液堆积，并形成凹凸隆起状图案。在侧光照射下，不断调整侧光的照射角度，直到水渍足迹同承痕体显示出明显的立体感和反差对比为止，拍摄时在水渍足迹旁放置比例尺，保持镜头光轴正对足迹中心垂直拍摄即可。为减缓足迹中水分的蒸发，可

---

① 王国民主编:《犯罪现场勘查》，四川大学出版社 2008 年版，第 92 页。

② 王圣江、王海平、童冬生、高峰:“船舶犯罪现场常见痕迹物证提取方法”，载《公安海警学院学报》2014 年第 1 期。

以采用冷光源照明。

水渍足迹一般应当先用硫酸汞粉末(白色粉末)染色固定,显现出黄色足迹后方可提取。[①] 足迹提取方法主要有:侧光拍摄法、定向反射拍摄法、偏振光拍摄法、染色固定法。

3. 船舶痕迹的提取方法

所谓船舶痕迹,是指用做或能够用做水上运输工具的各类水上船舶,由于舵手或犯罪嫌疑人在驾船航行时,违反避碰规则,致使两船相撞,在船体上形成的断裂、孔洞、擦蹭、燃烧及附着物质痕迹。

(1)船舶痕迹的认定检验

船舶痕迹的认定检验主要依据的是形象特征检验的方法。

①根据船舶碰撞的现场状况,认真分析、研究船舶碰撞痕迹特征形成的角度和方向。

②仔细观察船体断裂残块边缘的形态特征,断裂边缘有无缺损特征。

③认真分析船舶断裂的原因,对船舶痕迹和散落船体残块进行定位,以确定船舶发生碰撞的位置、角度以及船舶碰撞前的航行速度等。

④要注意区分、辨别断裂痕迹是碰撞形成的还是炸药爆炸作用形成的;注意检验船体上有无枪弹、工具痕迹。

⑤通过船体表面油漆取样,进行物理、化学检验鉴定,认定肇事船舶。

(2)船舶痕迹的固定、提取

首先,要用照相的方法对船舶痕迹进行拍照提取,对于较大的痕迹全貌要采取连续拍照的方式提取痕迹;其次,测量船体上痕迹的长、宽、深度及痕迹形成的角度,并对其具体部位进行标定,尤其是痕迹上的附着物要注意固定,如擦刮形成的油漆等;最后,对于船体断离的残块部件,要进行整体分离痕迹的检验,判断和确定船体的断裂点。

4. 枪弹痕迹的提取方法

海上发生的抢劫案件,在船舶犯罪现场通常也会发现枪弹痕迹,寻找、提取射击弹头、弹壳是获取破案线索和证据材料的前提,也是枪弹痕迹物证检验工作的基础。

(1)提取现场弹头

在船舶犯罪现场发现射击弹头后,应首先照相固定,然后小心提取。提取弹头应用带橡皮头的镊子夹取,以免在弹头上产生新的痕迹。提取弹头时,还应同

---

① 王国民主编:《犯罪现场勘查》,四川大学出版社 2008 年版,第 109 页。

时提取弹头的分离物。对提取的弹头,要用干净的棉花、纱布等分别包装,并标注好提取的时间、船舶名称及船舶上的位置、数量、提取人姓名和编号。

(2)提取现场弹壳

根据测试,排出的弹壳一般在射击点5米以内,也即应该在射击者所在位置为中心的5米左右的直径范围内重点寻找。[①] 在船舶犯罪现场上发现的射击弹壳,应先拍照固定,小心提取。对于那些可以直接观察到的射击弹壳,可直接提取;对提取到的嫌疑枪支里面的弹壳应退壳提取;对于散落埋藏在船舶货舱砂土、煤里面的弹壳,应小心筛选提取,提取方法参照弹头收集法。提取到的弹壳与弹头应分别包装,并注明发现的时间、船名、地点、数量、编号和提取人姓名等。

---

① 王国民主编:《犯罪现场勘查》,四川大学出版社2008年版,第132页。

# 附　录

公(　　)勘〔20　〕　号

## 现场勘验检查工作记录

制作单位

### 现场勘验检查笔录制作要求

一、勘验检查笔录必须由本案现场勘验检查人员制作。

二、填写文字必须打印或者用蓝、黑色墨水书写。

三、勘验检查笔录内容必须客观、全面;“勘验检查情况”栏记录内容包括现场方位和环境情况;中心现场情况;现场变动状况;与范围有关的痕迹和物品的名称、部位、数量、性状、分布等;尸体的位置、姿势、衣着、随身携带物品、损伤、血迹分布、形状和数量等。

四、现场勘验检查笔录使用语言文字必须规范准确,计量单位必须使用国家有关标准,日期使用公历。

五、现场勘验检查笔录可根据需要另加续页,并按顺序编排页码。

六、现场勘验检查笔录固定格式中内容无法填写的,可在空格内画一条1厘米以上倾斜角度为45°左右的斜线。

七、现场勘验检查笔录制作后应当在制作日期上加盖主勘单位公章。

# 现场勘验检查笔录

公(　)勘〔20　〕　号

20 ____年____月____日____时____分______________________________接到__________________________________________的________________报告□/指派□:________________________

现场勘验检查于20 ____年____月____日____时____分开始,至20 ____年____月____日____时____分结束。

现场地点:________________________________市(区、自治州、盟)________________县(市、区、旗)______________________________________________________________。

天气情况:温度____℃;相对湿度____;风向____;阴□/晴□/雨□/雪□/雾□。

勘验检查前现场的条件:变动现场□/原始现场□。

现场勘验检查利用的光线:自然光□灯光□。

共____页　　　　　　　　　　　　　　　　　　　　第____页

现场勘验检查指挥由__________________________________________________担任。

勘验检查情况:______________________________________________________
______________________________________________________________________
______________________________________________________________________
______________________________________________________________________
______________________________________________________________________
______________________________________________________________________
______________________________________________________________________
______________________________________________________________________

第____页

**现场勘验检查提取痕迹、物证登记表**

| 序号 | 名称 | 提取部位 | 提取方法 | 数量 | 提取人 |
|---|---|---|---|---|---|
| | | | | | |
| | | | | | |
| | | | | | |
| | | | | | |
| | | | | | |
| | | | | | |
| | | | | | |
| | | | | | |
| | | | | | |
| | | | | | |
| | | | | | |
| | | | | | |
| | | | | | |
| | | | | | |
| | | | | | |
| | | | | | |
| | | | | | |
| | | | | | |
| | | | | | |
| | | | | | |
| | | | | | |
| | | | | | |
| | | | | | |
| | | | | | |
| | | | | | |

第____页

现场勘验检查制图____张;照相____张;录像____分钟;录音____分钟。

现场勘验检查记录人员:

笔录人____________________

制图人____________________

照相人____________________

录像人____________________

录音人____________________

现场勘验检查人员:

单位______________职务______________本人签名______________

单位______________职务______________本人签名______________

单位______________职务______________本人签名______________

单位______________职务______________本人签名______________

单位______________职务______________本人签名______________

现场勘验检查见证人:

性别____年龄____岁,单位或地址______________签名______________

性别____年龄____岁,单位或地址______________签名______________

二______年____月____日

第____页

# 后　记

本书主要依据2012年修正的《刑事诉讼法》、2013年施行的《公安机关办理刑事案件程序规定》等最新相关法律法规以及现场勘查实务的部分变化而作。

本书共分十二章来展开，以犯罪现场勘查定位为起点，梳理了犯罪现场勘查的发展，并针对主要法治国家的刑事案件现场勘查规则进行研究，对当前中国犯罪现场勘查的各个程序运作环节进行讨论，还选择了几类重要的犯罪现场勘查进行分析。在本书的结构体例安排上，体例较为完整，结构安排也较为系统和全面。先对犯罪现场勘查的主要原理进行简述，结合现场勘查学界和实践部门遇到的现实障碍进行分析。在行文中，作者尽量保持了简洁的行文风格，有叙有论，说理较为透彻。

《刑事案件现场勘查体制研究》在倪铁自2005年始历年积累讲义基础上编就而成，其中吸收了美国《刑事侦查学》的诸多资料。本书的完成离不开华东政法大学刑事司法学院杨正鸣院长的指导和督促，非常感佩杨院长的睿智卓识和豁达宽容，更感谢他多年来对笔者的支持和鼓励！很多研究生为本书的写作提供了帮助，他们是沈臻懿、胡裕岭、王哲、李睿劼、饶佳倩、张艳凤、赖佩君、艾娜燕、马健，沈臻懿博士对本书的贡献尤为重大，胡裕岭学友校正了本书中的法条，在此表示最为诚挚的谢忱！

在本书写作过程中作者研读、整理和参考了众多犯罪现场勘查学领域的优秀著作、论文、教材等，在众多方面借鉴和吸收了前人的优秀科研成果，作者在注释中都一一加以体现。在此向为本书提供参考思路和学术借鉴的专家学者表示我们最诚挚的谢意。并向为本书出版付出辛勤努力的出版社各位领导和编辑表示我们衷心的感谢！

在写作过程中，作者力图面面俱到，付出辛勤的劳动和努力，但仍然存在不尽完善之处，诚挚地期盼各位专家、学者和广大读者批评指正！

2016 年 4 月写于云间玉泊湖

**图书在版编目(CIP)数据**

刑事案件现场勘查体制研究/倪铁著.—北京:法律出版社,2016.6(2017.8重印)
(公安学文库)
ISBN 978-7-5118-9726-8

Ⅰ.①刑… Ⅱ.①倪… Ⅲ.①刑事犯罪—现场勘查—研究 Ⅳ.①D918.4

中国版本图书馆CIP数据核字(2016)第160229号

**刑事案件现场勘查体制研究**
**XINGSHI ANJIAN XIANCHANG KANCHA TIZHI YANJIU**

倪 铁 著

策划编辑 沈小英
责任编辑 沈小英 吴 镝
装帧设计 李 瞻

**出版** 法律出版社
**总发行** 中国法律图书有限公司
**经销** 新华书店
**印刷** 固安华明印业有限公司
**责任印制** 吕亚莉

**编辑统筹** 财经出版分社
**开本** 720毫米×960毫米 1/16
**印张** 24.25 **字数** 429千
**版本** 2016年6月第1版
**印次** 2017年8月第2次印刷

法律出版社/北京市丰台区莲花池西里7号(100073)
网址/www.lawpress.com.cn
投稿邮箱/info@lawpress.com.cn
举报维权邮箱/jbwq@lawpress.com.cn
销售热线/010-63939792
咨询电话/010-63939796

中国法律图书有限公司/北京市丰台区莲花池西里7号(100073)
全国各地中法图分、子公司销售电话:
统一销售客服/400-660-6393
第一法律书店/010-63939781/9782 西安分公司/029-85330678 重庆分公司/023-67453036
上海分公司/021-62071639/1636 深圳分公司/0755-83072995

**书号**:ISBN 978-7-5118-9726-8 **定价**:70.00元
(如有缺页或倒装,中国法律图书有限公司负责退换)